FRÜHWACHT
BILDUNGSSTANDARDS
IN DER GRUNDSCHULE

BILDUNGSSTANDARDS IN DER GRUNDSCHULE
Bildungsstandards und Vergleichsarbeiten aus der Sicht von deutschen und finnischen Lehrkräften

von Annette Frühwacht

VERLAG JULIUS KLINKHARDT

BAD HEILBRUNN 2012

Die vorliegende Arbeit wurde von der Philosophischen Fakultät II der Julius-Maximilians-Universität Würzburg unter dem Titel „Bildungsstandards in der Grundschule. Wie verstehen Grundschullehrkräfte in Deutschland und Finnland Bildungsstandards und wie nehmen Bildungsstandards Einfluss auf den Unterricht?" als Dissertation angenommen (Tag des Kolloquiums: 01.02.2012).

Dieser Titel wurde in das Programm des Verlages mittels eines Peer-Review-Verfahrens aufgenommen. Für weitere Informationen siehe www.klinkhardt.de.

Bibliografische Information der Deutschen Nationalbibliothek
Die Deutsche Nationalbibliothek verzeichnet diese Publikation
in der Deutschen Nationalbibliografie; detaillierte bibliografische Daten
sind im Internet abrufbar über http://dnb.d-nb.de

Grafik auf Umschlagseite 1: © Annette Frühwacht.
Druck und Bindung: AZ Druck und Datentechnik, Kempten.
Printed in Germany 2012.
Gedruckt auf chlorfrei gebleichtem alterungsbeständigem Papier.

ISBN 978-3-7815-1876-6

Abkürzungsverzeichnis

BS	Bildungsstandards
IGLU	Internationale Grundschul-Lese-Untersuchung
IP	Interviewpartner
IQB	Institut zur Qualitätsentwicklung im Bildungswesen
ISB	Staatsinstitut für Schulqualität und Bildungsforschung
KMK	Ständige Konferenz der Kultusminister der Länder in der Bundesrepublik Deutschland
LP	Lehrplan
NZ	Nationale Zielvereinbarungen
OECD	Organisation for Economic Co-operation and Development (Organisation für wirtschaftliche Zusammenarbeit und Entwicklung)
PISA	Programme for International Student Assessment
SINUS	Steigerung der Effizienz des mathematisch-naturwissenschaftlichen Unterrichts
SoC	Stages of Concern
TIMSS	Third International Mathematics and Science Study Trends in Mathematics and Science Study
VERA	Vergleichsarbeiten

Vorwort

Die 2002 von der KMK beschlossene Einführung nationaler Bildungsstandards zunächst für die PISA-relevanten Fächer gehört zweifellos zu den gravierendsten und folgenreichsten Entscheidungen der jüngeren deutschen Schulgeschichte. Denn sie bedeutet in zweierlei Hinsicht einen Paradigmenwechsel in der staatlichen Steuerungspolitik von Schule: zum einen durch die Ablösung der traditionellen sogenannten Inputsteuerung durch eine verstärkte Outputsteuerung; zum anderen durch die Zentralisierung wichtiger curricularer Entscheidungsbefugnisse von der Länder- auf die Bundesebene. Begründet wird dieser Paradigmenwechsel mit der Hoffnung auf eine Verbesserung und Homogenisierung der Leistungen deutscher Schüler besonders in den Fächern Deutsch, Mathematik, Naturwissenschaften und Fremdsprachen durch Steigerung der Unterrichtsqualität.

Ob diese Hoffnung berechtigt ist, lässt sich derzeit noch nicht definitiv abschätzen. Dass dieser Paradigmenwechsel gravierende Auswirkungen auf den Unterrichtsalltag deutscher Schulen hat und zunehmend haben wird, steht aber außer Frage. Allerdings haben die bisherigen wissenschaftlichen Aussagen darüber noch weitgehend hypothetischen Charakter. Empirisch abgesicherte Ergebnisse sind noch rar. Das betrifft insbesondere die Frage nach der konkreten Rezeption und Nutzung von Bildungsstandards und der damit verbundenen Vergleichsarbeiten durch die Lehrkräfte.

Die vorliegende Studie von Annette Frühwacht trägt dazu bei, diese Forschungslücke zu schließen indem sie auf qualitativ-explorativem Wege aufschlussreiche Einblicke in das Rezeptions- und Nutzungsverhalten der Lehrer bezüglich der Bildungsstandards und Vergleichsarbeiten eröffnet. Sie beschränkt sich dabei zunächst auf den Bereich der Grundschule und auf Bayern, erweitert das Forschungsfeld aber durch einen äußerst instruktiven Ländervergleich mit dem „PISA-Sieger" Finnland, um den Einfluss länderspezifischer Regelungskontexte zu ermitteln.

Dabei zeigt sich, dass aufgrund der unterschiedlichen Regelungskontexte in Finnland alle intendierten Funktionen der nationalen Bildungsstandards erfüllt werden, während sich in Bayern diese Funktionen nur partiell entfalten können. Vor allem die in Deutschland mit den Bildungsstandards verbundenen Steuerungs- und Orientierungsabsichten für den Unterricht sowie die daran geknüpften didaktisch-methodischen Innovationserwartungen scheinen sich nicht zu erfüllen. Allenfalls durch die im Zusammenhang mit den Bildungsstandards durchgeführten Vergleichsarbeiten wie z.B. VERA üben Bildungsstandards einen indirekten Einfluss auf den Unterricht aus.

Dieser zentrale Befund der vorliegenden Studie ist nicht nur lehrplantheoretisch höchst interessant, sondern kann auch hilfreiche Anregungen für die Bildungspolitik geben.

Deshalb ist der Arbeit von Frau Frühwacht eine weite Verbreitung zu wünschen.

Würzburg im Juli 2012, Prof. Dr. Walter Müller

Danksagung

DANKE möchte ich allen sagen, die mich während der Erstellung dieser Arbeit unterstützt haben. Danke meinen Eltern, Rita und Roland, meinen Großeltern, Marianne und Xaver, Tobias, meinen Geschwistern, Monika, Jürgen und Susanne, meinen Doktorvätern, Prof. Dr. Walter Müller und Prof. Dr. Uwe Maier, meiner Kollegin Carolin Ramsteck, den studentischen Hilfskräften, Lea, Maria, Melanie, Stephan, für ihren fachlichen Rat Michaela Vogt und Dr. Sigrid Zeitler, den Lehrstühlen für Schulpädagogik in Würzburg und Nürnberg, allen meinen akademischen Lehrern, dem Oberseminar Schulpädagogik 2009-2011, den Stiftern Drs. Lore und Robert Hofmann für die finanzielle Unterstützung und ganz besonders allen befragten Lehrerinnen und Lehrern, die mir ihr Vertrauen schenkten und Einblick in ihre Arbeit gewährten.

Nürnberg im Juli 2012, Annette Frühwacht

Zusammenfassung

Ziel dieser qualitativ-explorativen Studie mit der Fragestellung *Wie verstehen Lehrkräfte Bildungsstandards und wie nehmen Bildungsstandards Einfluss auf den Unterricht?* ist ein Beitrag zur schulpädagogischen Forschung über Bildungsstandards in der Grundschule.

Die Bildungsstandards werden in der vorliegenden Studie als curriculare Steuerungsinstrumente verstanden, weshalb neben dem Forschungsstand zu Bildungsstandards und standardisierten Leistungsvergleichen auch an die Lehrplanwirksamkeitsforschung angeschlossen wird.

Mit drei verschiedenen theoretischen Grundlagen richtet die Studie unterschiedliche Perspektiven auf die vier forschungsleitenden Teilfragestellungen:

- (A) Wie rezipieren und nutzen Grundschullehrkräfte Bildungsstandards?
- (B) Wie rezipieren und nutzen Grundschullehrkräfte Vergleichsarbeiten?
- (C) Welchen Einfluss haben länderspezifische Regelungskontexte auf das Rezeptionsverhalten von Lehrkräften?
- (D) Welches Reformelement der standardbasierten Reform hat den größten Einfluss auf die professionelle Reflexion?

Die Theorie des Lehrplans (Vollstädt, Tillmann, Rauin, Höhmann & Tebrügge, 1999) ermöglicht mit der Reduktion der Komplexität des Forschungsgegenstands die lehrplantheoretische Verortung der Bildungsstandards, während das Unterrichtsentwicklungsmodell (Helmke, 2009) verschiedene Phasen der Beschreibung des Innovationsprozesses und die Beachtung von beeinflussenden Kontextfaktoren erlaubt. Die Stages of Concern (Hall & Hord, 2011) bieten ergänzend dazu eine akteurzentrierte Sichtweise auf das Rezeptionsverhalten von Adressaten einer Innovation.

In einer qualitativen Interviewstudie wurden Grundschullehrkräfte in Bayern (N=20) in einem leitfadengestützten Interview zu ihrem Rezeptions- und Nutzungsverhalten bezüglich Bildungsstandards und Vergleichsarbeiten befragt. Die Transkripte wurden computergestützt (MAXQDA) thematisch strukturiert und abduktiv Kategorien gebildet. Für die dritte Teilfragestellung (C) wurde die Fallauswahl um Lehrkräfte aus Finnland (N=10) ergänzt, wodurch ein qualitativer Ländervergleich vorgenommen werden konnte. Dazu wurden die finnischen Interviews ebenfalls thematisch strukturiert und abduktiv kategorisiert.

Die Ergebnisse zeigen, dass (A) die Bildungsstandards von den Lehrkräften vor allem als externe Verordnung wahrgenommen werden und in erster Linie über ihr nebensteuerndes Element der Vergleichsarbeiten auf Unterrichtsebene genutzt werden. Hinsichtlich Fragestellung (B) zeigen die Interviewaussagen, dass die Vergleichsarbeiten besonders im Vorfeld der Testdurchführung Unterrichtsveränderungen hervorrufen, während die Testrückmeldungen in vielen Fällen nicht zur testbasierten Unterrichtsentwicklung führen. Die dritte Fragestellung (C) nach dem Einfluss von institutionellen Regelungskontexten konnte die theoretisch analysierten Vorteile für das finnische Implementationsverfahren und die Konzeption der Standards bestätigen. Finnische Lehrkräfte haben ein homogenes Verständnis von Standards und schätzen die hohe Beteiligung von Praktikern am Implementationsverfahren. Als einflussreichstes Reformelement der standardbasierten Reform (D) stellte sich die Testdurchführung von VERA heraus. Im Gegensatz zu den VERA-Rückmeldungen und den Bildungsstandards können die Testaufgaben viel häufiger inhaltliche und methodische Veränderungen des Unterrichts anregen. Mit ihren Ergebnissen reiht sich die Studie in die empirisch-schulpädagogische Forschung zu Bildungsstandards und Vergleichsarbeiten ein und gibt über deren Verhältnis Aufschluss. Besonders der Erkenntnis, dass nicht die VERA-Rückmeldungen, sondern hauptsächlich die Testdurchführung einflussreich auf Lehrerhandeln zu sein scheint, sollte in weiteren Studien nachgegangen werden.

1 Einleitung

Bildungsstandards stellen eine Neuheit im Kontext curricularer Vorgaben für den Grundschulunterricht dar. Die Entscheidung der Kultusministerkonferenz (KMK) im Jahr 2002, nationale Bildungsstandards zu entwickeln, erfolgte nur ein Jahr nach der Veröffentlichung der ernüchternden PISA[1]-Ergebnisse 15-jähriger deutscher Schüler. Die Resultate waren Auslöser für öffentliche Diskussionen über die Leistungsfähigkeit des deutschen Schulsystems und Forderungen nach Veränderungen in der Bildungspolitik. Politiker reagierten auf diese Forderungen mit großem Reformeifer in allen Stufen des Bildungssystems. Maßnahmen waren zum Beispiel der Ausbau der Ganztagsbetreuung, verstärkte individuelle Förderung von Schülern und die Verbesserung der Lehrerausbildung durch Standardisierung. In curricularer Hinsicht war die Einführung nationaler Bildungsstandards die zentrale Maßnahme der Bildungspolitiker, um die Qualität im Schulsystem anzuheben.

Mit den Bildungsstandards werden Kompetenzen, die zu bestimmten Zeiten von Schülern erreicht werden müssen, festgelegt und damit der Outcome definiert. Somit wird die bisherige Input-Steuerung über Lehrpläne um die Outcome-Steuerung ergänzt. Dadurch versprechen sich die Bildungspolitiker eine höhere Kontrollierbarkeit des unterrichtlichen Geschehens, da das Erreichen der Bildungsstandards mittels zentraler Vergleichsarbeiten (VERA) überprüft wird. Sie gehen davon aus, dass Rechenschaftslegung auch eine Leistungssteigerung bewirkt.

Entscheidend bei der Implementation von Reformen, insbesondere von Top-down-Implementationen wie der standardbasierten Reform, ist jedoch, ob diese die Unterrichtsebene tatsächlich erreichen und Veränderungen initiieren. Deshalb ist eine sorgfältige Implementation für den Erfolg der Innovation ausschlaggebend. Beim Implementationsprozess der Bildungsstandards jedoch wurden die vielfältige Befundlage der internationalen Implementationsforschung nicht berücksichtigt und zum Beispiel Praktiker nicht an der Implementation der standardbasierten Reform beteiligt.

Neben den Ergebnissen der Implementationsforschung schließt die vorliegende Studie auch an Forschungsergebnisse zu Innovationen sowie an Forschungen zu Bildungsstandards und standardisierten Leistungsvergleichen an.

Die Studie möchte einen Beitrag leisten, das Rezeptions- und Nutzungsverhalten von Grundschullehrkräften in Bezug auf Bildungsstandards zu erforschen. Nachdem die überwiegende Zahl der bisherigen Studien entweder das Rezeptions- und Nutzungsverhalten von Lehrkräften in Bezug auf Bildungsstandards oder auf Vergleichsarbeiten untersucht hat, verbindet die vorliegende Studie beide Reformelemente und möchte so Aufschluss über deren Verhältnis zueinander liefern. Zudem wird erforscht, inwieweit institutionelle Rahmenbedingungen die Lehrerrezeption beeinflussen. Dazu wird das Forschungsfeld um die finnische Perspektive erweitert. Der explorative Ländervergleich als Teilbereich der vorliegenden Studie soll Aufschluss darüber geben, inwieweit äußere Rahmensetzungen Lehrerhandeln in Bezug auf nationale Zielvorgaben im Schulwesen

---

[1] Programme for International Student Assessment.

beeinflussen können. Der Vergleich wird zwischen Finnland und Bayern vorgenommen, deren Schüler jeweils bei der PISA-Studie überdurchschnittliche Leistungen gezeigt haben. Zudem wurden in einer Analyse der Gemeinsamkeiten aller PISA-Sieger nationale Leistungsstandards als ein Faktor für erfolgreiche PISA-Studienteilnehmer identifiziert (Bundesministerium für Bildung und Forschung, 2007a).

Darüber hinaus möchte die Arbeit einen Beitrag zur schulpädagogischen Forschung zum Lehrerberuf leisten, da durch PISA, TIMSS[2] und andere internationale Vergleichsstudien vor allem die Schülerleistung in den Fokus der empirischen Forschung gerückt ist, während das Interesse an der Forschung zum Lehrer nachgelassen hat.

Aus diesen Ausführungen ergibt sich folgende Hauptfragestellung für die Studie:

Wie verstehen Lehrkräfte Bildungsstandards und wie nehmen Bildungsstandards Einfluss auf den Unterricht?

1.1 Aufbau der Arbeit

Das *einleitende Kapitel* ordnet das Forschungsvorhaben in den gesellschaftlichen Kontext ein und erläutert den Forschungsgegenstand. Der Schwerpunkt liegt auf der Beschreibung der Bildungsstandards. Als weitere Forschungsgegenstände werden Vergleichsarbeiten, curriculare Innovationen und deren Implementation sowie der Lehrer dargestellt.

Im anschließenden *Theoriekapitel* wird zunächst der Forschungsstand erläutert, der für das Forschungsvorhaben relevant ist. Dazu werden Ergebnisse der Lehrplanwirksamkeitsforschung, der Forschung zur Implementation der Bildungsstandards und der Forschung zu standardisierten Leistungsvergleichen dargestellt. Danach werden die theoretischen Grundlagen der Arbeit skizziert, in deren Zusammenhang die Theorie des Lehrplans (Vollstädt et al., 1999), das Unterrichtsentwicklungsmodell (Helmke, 2009) und die Stages of Concern (Hall et al., 2011) vorgestellt werden. Das Kapitel schließt mit den Länderberichten der Forschungsfelder Bayern und Finnland.

Das Kapitel *Forschungsdesiderata und Fragestellung* beginnt mit der Zusammenfassung des Forschungsstands und den daraus resultierenden Forschungsdesiderata. Aus den Desiderata werden Fragestellungen entwickelt und erläutert.

Im anschließenden Kapitel *Methode* werden die Vorgehensweisen bei Datenerhebung, Datenaufbereitung und Auswertung des Datenmaterials beschrieben. Zudem werden verschiedene qualitätssichernde Maßnahmen dargestellt.

Die Darstellung der *Ergebnisse* orientiert sich an den Fragestellungen und stellt zunächst jeweils die Rezeption und Nutzung von Bildungsstandards und Vergleichsarbeiten dar. Zur Fragestellung nach dem Einfluss von länderspezifischen Regelungskontexten auf das Rezeptionsverhalten von Lehrkräften werden die Daten des Ländervergleichs be-

---

[2] Bis 2003 bedeutete das Akronym TIMSS Third International Mathematics and Science Study, wurde jedoch seit der TIMS-Studie 2003 in Trends in Mathematics and Science Study umbenannt. An dieser Tatsache lässt sich die hohe Bedeutung der TIMS-Studie von 1997 erkennen, da das Akronym für eine Trendwende steht, sodass es nicht mehr verändert werden sollte.

schrieben. Abschließend werden die Ergebnisse zum Einfluss unterschiedlicher Reformelemente der standardbasierten Reform vorgestellt.

Anschließend werden die Ergebnisse unter *theoretischen Perspektiven* ausgewertet. Dazu werden die im Theoriekapitel vorgestellten Theorien auf die Fragestellungen angewandt, wodurch diese neue Einsichten in das Datenmaterial bieten.

In der *Diskussion* werden zunächst die Ergebnisse und deren Betrachtung unter den zuvor vorgestellten theoretischen Perspektiven zusammengefasst und interpretiert. Bevor dann die empirischen Ergebnisse mit der theoretischen Kritik zur Legitimationsproblematik der Bildungsstandards verknüpft werden, werden die Limitationen der Studie erläutert. Außerdem erfolgt in diesem Kapitel die Einordnung der Forschungsergebnisse in den schulpädagogischen Forschungskontext und es werden Perspektiven für die curriculare Bildungspolitik eröffnet.

Abschließend werden Anknüpfungspunkte für zukünftige Forschungen dargelegt.

1.2 Begriffliche Anmerkungen

Zur besseren Lesbarkeit wird auch im Kontext der Forschungen in Finnland von Bildungsstandards gesprochen, obwohl dort der Begriff *Standard* in der bildungspolitischen Diskussion vermieden wird (Linnakylä, 2004). Dort heißen die curricularen Vorgaben *Opetussuunnitelman perusteet*, was so viel wie Rahmenlehrplan für die Gemeinschaftsschule (erste bis neunte Klasse) bedeutet. Die darin gesetzlich festgeschriebenen nationalen Bildungsziele werden jedoch im Forschungsvorhaben als Pendant zu den deutschen Bildungsstandards untersucht, weshalb eine begriffliche Angleichung die Lesbarkeit erleichtern soll.

Der Autorin ist bewusst, dass der Lehrerberuf gerade in der Primarstufe stark feminisiert ist. Um aber umständliche und komplizierte Satzkonstruktionen zu vermeiden, wird einheitlich das generische Maskulin verwendet, worin beide Geschlechter gleichermaßen eingeschlossen sind.

1.3 Gesellschaftlicher Kontext der standardbasierten Reform

Etwa 671 000 Treffer erhält man, wenn man den Begriff *PISA-Studie* in die Suchmaske des Internetsuchdienstes Google eingibt. Diese hohe Trefferquote korrespondiert mit dem starken öffentlichen Interesse an den Ergebnissen der Studie, die vermutlich vor allem deshalb so kontrovers in der Gesellschaft diskutiert wurden, da sie unerwartet die Leistungen deutscher Schüler im Vergleich zu anderen Industrienationen als unterdurchschnittlich auswiesen. Die Reaktionen sind mit dem Sputnik-Schock der 1960er-Jahre vergleichbar. Diesmal sind es wieder vor allem wirtschaftliche Ängste, die den Ergebnissen der PISA-Studie einen breiten Adressatenkreis bescheren. PISA, durchgeführt von der Organisation für wirtschaftliche Zusammenarbeit und Entwicklung (OECD), will Regierungen Auskunft darüber geben, wie wettbewerbsfähig ihre Wirtschaft zukünftig sein wird. Bei einem solchen Ergebnis, das bei nur oberflächlicher Betrachtung als verheerend bezeichnet werden kann, ist es deshalb auch nicht verwunderlich, dass die

Gesellschaft, die mit ihren Steuern das Schulsystem finanziert, den Staat auffordert, seiner Legitimationspflicht nachzukommen. Darüber hinaus wächst auch im schulischen Bereich der Wunsch, Verantwortlichkeiten und Rechenschaftspflichten einzufordern, wie es in anderen Lebensbereichen längst üblich ist. Durch die Formulierung von Bildungsstandards wird definiert, was Schüler zu bestimmten Zeiten können müssen. Der Lehrer trägt hierfür die Verantwortung (Responsibility) und auch die Schüler werden dadurch gegenüber der Gesellschaft rechenschaftspflichtig (Accountability). Bildungsstandards geben zu diesen Rechenschaftslegungen eine einheitliche Norm vor und haben dadurch den Status einer „gesellschaftliche[n] Konvention" (Tenorth, 2005, S. 30), nämlich das Bild, das die Gesellschaft von erfolgreichen Absolventen hat. Diese Konvention wird von der Bildungspolitik umgesetzt. So ist der gesellschaftliche Bereich mit der bildungspolitischen Steuerung verbunden und in ihrem Aufeinander-Reagieren und Interagieren gestaltet diese Wechselbeziehung Entscheidungen im Schulsystem maßgeblich mit.

1.4 Forschungsgegenstand

1.4.1 Bildungsstandards

1.4.1.1 Bildungspolitischer Hintergrund

Seit Jahrzehnten versucht der Staat über Lehrpläne Einfluss auf schulisches Lernen und Lehren zu nehmen. Damit erfüllt er seine Legitimationspflicht, die er gegenüber der Gesellschaft besitzt. Allerdings zeigt die empirische Forschung, dass traditionelle Lehrpläne nicht in der Lage sind, unterrichtliches Handeln direkt zu steuern und dass auch die Implementation immer neuer Lehrpläne in der traditionellen Form keine Erhöhung der Steuerungsfunktion bewirken kann (u.a. Wacker, 2008; Vollstädt et al., 1999). Deshalb impliziert die Input-Vorgabe seitens des Staates ein großes Vertrauen in Lehrkräfte, die durch Staatsexamina damit beauftragt werden, die staatlichen Vorgaben umzusetzen. Bereits 1997 haben die Konstanzer Beschlüsse der Kultusministerkonferenz eine erneute „empirische [...] Wende in der Erziehungswissenschaft" (Köller, 2010, S. 532) eingeläutet. Daraufhin nahm Deutschland an internationalen Schulleistungsvergleichsstudien teil, um den Leistungsstand des deutschen Schulsystems im Vergleich zu anderen Wirtschaftsnationen zu prüfen. Die erste internationale Schulleistungsvergleichsstudie war TIMSS, die das deutsche Schulsystem nicht im Spitzenbereich der Industrienationen auswies. Daraufhin begannen bereits erste Überlegungen, die staatlichen Regelungen zur curricularen Steuerung zu ändern. Mit Veröffentlichung der Ergebnisse der ersten PISA-Studie im Jahr 2001 interessierte sich auch die Öffentlichkeit für den – gemäß dieser Ergebnisse – verheerenden Zustand des deutschen Schulsystems (Reusser & Halbheer, 2008). Damit gerieten die Bildungspolitiker unter Handlungsdruck und Beschlüsse, die seit TIMSS auf ihre Verabschiedung warteten, wurden rasch umgesetzt (Bos & Postlethwaite, 2002; Reiche, 2004). Hier zeigt sich ein häufiges Handlungsmuster der deutschen Bildungspolitik, die Veränderungen im Schulsystem vor allem aus sozioökonomischen Gründen betreibt, während Seliner-Müller und Künzli (1998) sowie Biehl et al. (1998) zeigen konnten, dass in der Schweiz Veränderungen im Schulsystem in erster Linie aus pädagogischen Motiven heraus vollzogen werden.

Als wichtigste Neuerung wurde die Notwendigkeit gesehen, die Input-Steuerung in eine Outcome-Steuerung zu überführen. Damit soll die Umsetzung staatlicher Vorgaben nicht länger dem Handeln der Lehrkräfte überlassen werden, sondern es werden überprüfbare Ziele vorgegeben, über deren Erreichen Lehrkräfte Rechenschaft ablegen sollen. Diese Veränderung wurde von der Tatsache begünstigt, dass in einer Analyse aller PISA-Siegerländer die Vorgabe von national einheitlichen Lernzielen als ein Merkmal erfolgreicher Bildungssysteme identifiziert wurde (Bundesministerium für Bildung und Forschung, 2007a).

Mit der Einführung von nationalen Bildungsstandards wurden in Deutschland erstmals einheitliche curriculare Standards festgelegt, deren Implementation jedoch gemäß des deutschen Kulturföderalismus in der Hand jedes einzelnen Bundeslandes liegt. Die Politik verspricht sich von den Bildungsstandards eine Erhöhung staatlicher Steuerung, die vor allem durch die zur Überprüfung der Standards eingeführten nationalen Vergleichsarbeiten erreicht werden soll. Damit soll der Legitimationspflicht des Staates gegenüber der Gesellschaft Rechnung getragen werden. Die Bildungsstandards sind Teil der Gesamtstrategie der Kultusministerkonferenz zum Bildungsmonitoring, die 2006 verabschiedet wurde (Sekretariat der KMK, 2006). Im Dezember 2009 wurde diese durch die Konzeption zur Nutzung der Bildungsstandards zur Unterrichtsentwicklung ergänzt (Sekretariat der KMK, 2010).

Zusammenfassend stellt die Politik folgende Erwartungen an die Bildungsstandards: Qualitätssicherung und Verbesserung der Schülerleistungen, Erhöhung direkter staatlicher Steuerung, Bildungsgerechtigkeit in Deutschland trotz Kulturföderalismus und Anstoß zur Schul- und Unterrichtsentwicklung.

1.4.1.2 Konzeption der Bildungsstandards

Die KMK beschreibt Bildungsstandards in der offiziellen Verlautbarung zur Konzeption der Bildungsstandards folgendermaßen:

„Die [...] Bildungsstandards greifen allgemeine Bildungsziele auf und legen fest, welche Kompetenzen die Schülerinnen und Schüler bis zu einer bestimmten Jahrgangsstufe an wesentlichen Inhalten erworben haben sollen. Die Bildungsstandards konzentrieren sich auf Kernbereiche eines Fachs und beschreiben erwartete Lernergebnisse. [... Sie sind; AF] somit eine Mischung aus Inhalts- und Outputstandards [...]. Sie beziehen sich auf das im Durchschnitt erwartete Niveau der Leistungen von Schülerinnen und Schülern am Ende der Jahrgangsstufe 4 [...], beim Hauptschulabschluss bzw. beim Mittleren Schulabschluss und sind damit Regelstandards." (Sekretariat der KMK, 2005, S. 9).

Die Merkmale der KMK-Bildungsstandards sind demnach (Sekretariat der KMK, 2005):
- Fachspezifische Formulierung,
- Fachbezogene Kompetenzen, einschließlich zugrundeliegender Wissensbestände,
- Ausrichtung am kumulativen Lernen,
- Eröffnung von Gestaltungsspielräumen für Schulen durch Formulierung von Kernbereichen,
- Beschreibung der Leistungserwartungen in konkreten Anforderungsbeispielen,

- Regelstandards und
- Veranschaulichung durch Aufgabenbeispiele.

Bezugspunkt der Bildungsstandards sind die Produkte schulischen Lernens, weshalb sie zur Gruppe der Performancestandards oder Outputstandards gezählt werden. Da sie aber auch inhaltliche Kernbereiche definieren, sind sie zudem Contentstandards. Hinsichtlich der Niveauanforderungen müssen sie als Regelstandards bezeichnet werden.

Künzli (2006) empfiehlt allerdings in Bezug auf die Entwicklung nationaler Bildungsstandards in der Schweiz „learning opportunities" (Künzli, 2006, S. 100; Herv.i.O.) zu formulieren, weil sie dem europäischen Bildungsverständnis, dem die Beschäftigung mit den Inhalten zu eigen ist, am nächsten kommen. Sie sind ähnlich wie die Lehrpläne ausreichend deutungsoffen, um individuelle Bildungsprozesse zu ermöglichen, aber auch hinreichend bestimmt, um vergleichbare Bildungschancen herzustellen.

Bildungsstandards wurden von der KMK für die Gelenkstellen des deutschen Bildungssystems, also für die Jahrgangsstufen vier, neun und zehn festgelegt. Für den Mittleren Schulabschluss gab es bereits nationale Vereinbarungen, die als Orientierung für die Entwicklung der entsprechenden Bildungsstandards dienten. Da die Ergebnisse der ersten PISA-Studie gezeigt hatten, dass es in Deutschland große Leistungsüberlappungen zwischen den Schularten gibt, formulierte man abschlussbezogene und nicht schulartspezifische Standards. Die Standards wurden für die von der Kultusministerkonferenz als elementar erachteten Fächer Deutsch, Mathematik und die erste Fremdsprache erarbeitet. Später wurden auch für die Fächer, die in der PISA-Studie unter scientific literacy fallen, Bildungsstandards festgelegt. Dass nun auch andere Fächer in das Konzept der Bildungsstandards aufgenommen werden wollen, wertet man von Seiten der KMK als Erfolg, da sich die Bildungsstandards angeblich schon zu einem Markenzeichen entwickelt hätten. Meines Erachtens ist dies aber eher ein Ausdruck der Marginalisierung der Fächer, für die bisher keine Bildungsstandards formuliert wurden und die sich dadurch eine Aufwertung und Gleichstellung ihres Fachs erhoffen.

Die Entwicklung der jeweiligen Bildungsstandards wurde in die Hand von Arbeitsgruppen gelegt, die sich aus Fachdidaktikern und Schulpraktikern zusammensetzten und auf Grundlage der Standards der amerikanischen Mathematikvereinigung, dem gemeinsamen europäischen Referenzrahmen für Sprachen und Kompetenzmodellen großer Studien (z.B. PISA) sowie der von der KMK in Auftrag gegebenen wissenschaftlichen Expertise Entwürfe erarbeiteten. Diese wurden im Rahmen von Fachtagungen diskutiert, verändert und dann von der Kultusministerkonferenz beschlossen.

Die Kultusminister begründen das Formulieren von Regelstandards mit einer langfristigen empirischen Überprüfung, die einer sinnvollen Formulierung von Mindeststandards vorausgehen muss. Erst nach Erfahrungen und wissenschaftlichen Untersuchungen der Bildungsstandards können Mindeststandards formuliert werden, die weder Unter- noch Überforderung für die Schüler bedeuten (Sekretariat der KMK, 2005).

Es wird davon ausgegangen, dass die Bildungsstandards die traditionellen Lehrpläne und Rahmenrichtlinien langsam ablösen, die dann auf Kerncurricula konzentriert werden. Altrichter und Posch (2007) sehen diesen allmählichen Implementationsweg gerade im Hinblick auf die geringe Akzeptanz der Bildungsstandards bei Lehrkräften kritisch. Denn bei geringer Akzeptanz ist es wichtig, eine deutlich veränderte Situation für die Adressaten der Innovation zu schaffen, um eine rein oberflächliche Anpassung zu verhindern. Die Implementation der Bildungsstandards für den mittleren Schulabschluss erfolgte national einheitlich zum Schuljahr 2004/2005, die Bildungsstandards für den Primarbereich wurden zum Schuljahr 2005/2006 in allen deutschen Bundesländern offiziell implementiert.

Die Vermittlung zwischen Bildungsstandards und konkreten Aufgaben einer schülerorientierten Unterrichtspraxis, die sich an Lernprozessen und Lernprodukten ausrichtet, kommt den Kompetenzmodellen zu, die damit eine wichtige Vermittlerrolle einnehmen sollen. Umfangreiche Aufgabensammlungen, die von staatlichen Stellen, wie zum Beispiel vom Institut zur Qualitätsentwicklung im Bildungswesen (IQB), entwickelt werden, sollen dazu beitragen, Bildungsstandards für die Unterrichtspraxis nutzbar zu machen. Zudem soll Lehrkräften dadurch vermittelt werden, wie Bildungsstandards im Unterricht konkretisiert und eingesetzt werden können. Böttcher (2006) stellt zur Diskussion, ob Aufgaben angemessen sind, um zu abstrakt formulierte Standards zu konkretisieren oder ob nicht besser die Bildungsstandards selbst klarer gefasst werden sollten. Popham (2003) jedoch sieht die Implementation über Aufgaben als legitime Form der Einführung von curricularen Neuerungen an. Oelkers (2010) gibt im Zusammenhang mit der Einführung von Bildungsstandards grundsätzlich zu bedenken, dass jene keine direkte Wirkung auf die Unterrichtspraxis von Lehrern erzielen können. Ihr Inhalt wird durch zentrale Tests und Sekundärmittel vorgegeben. Vor allem Schulbücher sind seiner Meinung nach weit einflussreicher als staatliche curriculare Vorgaben.

Der Kultusministerkonferenz ist es wichtig darauf hinzuweisen, dass sie die Entwicklung der Bildungsstandards keineswegs als abgeschlossen betrachtet, sondern diese vielmehr als einen Prozess versteht. Dazu ist es notwendig, die jetzt eingeführten Bildungsstandards in der Schulpraxis zu überprüfen und gegebenenfalls zu modifizieren.

Um die Einhaltung der Bildungsstandards zu gewährleisten, hat sich jedes Bundesland verpflichtet, zentrale Vergleichsarbeiten durchzuführen. Im Primarbereich werden diese seit Mai 2008 national einheitlich in den Dritten Klassen geschrieben.

1.4.1.3 Expertise zur Entwicklung nationaler Bildungsstandards

Nach dem Beschluss der KMK im Jahr 2002, nationale Bildungsstandards zu entwickeln, wurde eine Arbeitsgruppe unter Leitung von Prof. Eckhard Klieme damit beauftragt, Richtlinien für die Standardentwicklung vorzugeben. Die von dieser Arbeitsgruppe erstellte Expertise gilt seit ihrer Veröffentlichung als der erziehungswissenschaftliche Anspruch, der an die deutschen Bildungsstandards gestellt wird, und als der Maßstab, an dem diese gemessen werden.

In der nach ihrem Erstautor benannten Klieme-Expertise (Bundesministerium für Bildung und Forschung, 2007b) werden folgende Merkmale guter Standards aufgeführt. Diese bestehen in:

- Fachlichkeit: Bildungsstandards sollen inhaltlich klar definiert sein und Schlüsselqualifikationen nur fachspezifisch fordern.
- Fokussierung: Die Fokussierung soll die Möglichkeit einer echten Orientierungsfunktion der Bildungsstandards für Lehrkräfte ermöglichen, indem wenige verbindliche Inhalte festgelegt werden und dadurch neue Freiheiten entstehen.

- Kumulativität: Bildungsstandards sollen dem aufbauenden Wissen Rechnung tragen, indem Standards einer höheren Stufe die Inhalte der unteren Stufen mit einschließen. So soll kurzschrittiges Lernen verhindert werden.
- Verbindlichkeit für alle: Indem die Standards als Mindeststandards formuliert werden, erhalten sie schulformübergreifend Verbindlichkeit für alle. Zudem wirken Mindeststandards dem im deutschen Schulsystem gegenwärtigen defizitorientierten Beurteilungsmaßstab entgegen.
- Differenzierung: Die einzelnen Kompetenzstufen differenzieren die Mindeststandards und ermöglichen eine individuelle Umsetzung für einzelne Länder, Schulen und Schulformen. So tragen sie zur Profilbildung bei.
- Verständlichkeit: Die Bildungsstandards sollen klar und verständlich formuliert sein, sodass sie auch Eltern und Schülern zur Orientierung dienen.
- Realisierbarkeit: Es ist darauf zu achten, dass die Anforderungen der Bildungsstandards die Lehrenden und Lernenden zwar herausfordern, aber dennoch lösbare Aufgaben an die Beteiligten stellen.

Dass die Bildungspolitik nicht in allen Punkten den Vorschlägen der Experten gefolgt ist, zeigt folgende Tabelle der in der Klieme-Expertise geforderten und von der Bildungspolitik nicht umgesetzten Merkmale guter Standards.

Tab.1: Vergleich der Merkmale von Bildungsstandards (Unterschiede sind hervorgehoben).

KMK	Klieme-Expertise
Fachspezifische Formulierung	Fachlichkeit
Fachbezogene Kompetenzen	
Ausrichtung am kumulativen Lernen	Kumulativität
Formulierung von Kernbereichen	Fokussierung
Leistungserwartung in konkreten Anforderungsbeispielen beschrieben	Differenzierung
Regelstandards	*Mindeststandards, Realisierbarkeit, Verbindlichkeit für alle*
Veranschaulichung durch Aufgabenbeispiele	Veranschaulichung

Dieses Spannungsverhältnis zwischen wissenschaftlicher Expertise und politischen Entscheidungen ist ein ebenso altes wie auch aktuelles Problem der deutschen Bildungspolitik. Bereits 1977 analysierten Blankertz und Ruprecht das Misstrauen gegenüber Wissenschaftlergruppen als Ursache für unwirksame Curriculum-Entwicklungen. Zudem nennen sie die starke zeitliche und ressourcenmäßige Begrenzung sowie fehlenden Innovationsspielraum solcher Expertengruppen als Mängel der Einbindung wissenschaftlicher Expertise in die deutsche Bildungspolitik. Diese Aspekte gelten auch im Zusammenhang mit der Erarbeitung von Empfehlungen durch die Expertengruppe um Eckhard Klieme, die unter großem zeitlichen Druck eine Expertise erstellen musste (Beschluss für KMK-Bildungsstandards im Jahr 2002, Vorlage der Expertise im Jahr 2003), während gleichzeitig von weiteren Gremien die eigentlichen Bildungsstandards bereits erarbeitet wurden.

Darüber hinaus wurde der Klieme-Expertise auch in der Hinsicht nicht gefolgt, dass die Kompetenzmodelle, die als Schnittstelle zwischen Bildungsstandards und Unterricht die

Bildungsstandards für die unterrichtliche Arbeit öffnen sollen, bislang nur als Beschreibungsmodelle und nicht als Entwicklungsmodelle formuliert sind.

1.4.1.4 Erziehungswissenschaftliche Kritik an Bildungsstandards

Bildungsstandards?!

Innerhalb der Erziehungswissenschaften dominiert die Kritik an den KMK-Bildungsstandards. Vor allem die Bezeichnung als *Bildungs*-Standards führt zu heftigen Diskussionen[3], da der Begriff *Standard* in erster Linie im ökonomisch-technischen Bereich verwendet wird und dort die Vereinheitlichung technischer Vorgänge bezeichnet. Vor diesem Hintergrund entfaltet sich die vielfältige Kritik an den Bildungsstandards. Doch nach Köller (2010) können die Standards mit ihrem Verständnis der Kompetenzorientierung auch bildungstheoretisch verortet werden. Indem sie darauf abzielen, Basisqualifikationen zu vermitteln, gewährleisten sie die Teilhabe am gesellschaftlichen und beruflichen Leben und sind somit Grundlage für ein Leben als mündiger Staatsbürger (Köller, 2010). Des Weiteren werden die Bildungsstandards in der Klieme-Expertise bildungstheoretisch so begründet, dass – ebenso wie in der klassischen Bildungstheorie auch – bei den Kompetenzmodellen, die die Bildungsstandards beschreiben, der Grad an Reflexivität Indikator für die Graduierung ist.

Benner (2002) hingegen kritisiert, dass die Bildungsstandards in Anlehnung an die Kompetenzdefinition der PISA-Studie entwickelt wurden. Seiner Meinung nach ist durch die Anlage der PISA-Studie, die ohne bildungstheoretische Rahmung auskommt, keine Ableitung von Curriculum-theoretischen Konsequenzen möglich. TIMSS und PISA wurden als unhinterfragte Legitimation für Bildungsstandards hergenommen und von der Gesellschaft akzeptiert (Klein, 2010). Ebenso kritisieren auch Müller (2007) und Ruhloff (2007) die Einführung von Standards, die ihrer Meinung nach Ausdruck einer Ökonomisierung von Bildung sind. Standards sind vermutlich zwar in der Lage, ein durchschnittliches Leistungsniveau anzuheben, können allerdings keine Leistungsexzellenz fördern. Dies beschreibt bereits Fischer im Zusammenhang mit der Curriculum-Bewegung der 1970er-Jahre, wenn er in der stärkeren ökonomischen Ausrichtung des Bildungswesens die Gefahr sieht, dass das lernende Individuum zur „Funktionseinheit" (Fischer, 1972, S. 148) degradiert wird. Außerdem wird von Klein (2010) kritisiert, dass Bildungsstandards nicht die schulische Selbstbestimmung in vollem Umfang garantieren, sondern den einzelnen Schulen nur den Teilbereich des funktionsgerechten Verhaltens von Selbstbestimmung gewähren.

Die beschriebene Kritik kann in folgende fünf zentrale Thesen zugespitzt werden, die im Diskussionsteil der Arbeit mit den empirischen Ergebnissen der vorliegenden Studie in Beziehung gesetzt werden.

Bildungsstandards führen zum Teaching-to-the-test

Teaching-to-the-test, also eine Ausrichtung des Unterrichts an Testinhalten, ist einer der größten Kritikpunkte an Bildungsstandards. Er betrifft vor allem die zur Überprüfung der Bildungsstandards durchgeführten Vergleichsarbeiten. Begründet wird er mit Erfahrun-

---

[3] Zur Diskussion um die Bezeichnung der Standards als *Bildungs*standards siehe u.a. Criblez, Oelkers et al. 2009, Kapitel 7.1: Bildungsstandards: Ein Begriff erzeugt pädagogische Fronten.

gen aus dem angloamerikanischen Raum, wo zentrale Tests zu sehr negativen Begleiterscheinungen, wie zum Beispiel Cheating, geführt haben (von der Groeben, 2005). Teaching-to-the-test wird in der erziehungswissenschaftlichen Kritik (Müller, 2007) überwiegend negativ gesehen. Es wird moniert, dass für die Testvorbereitung wertvolle Unterrichtszeit verloren geht, Aufgaben trainiert und Inhalte speziell für die Tests geübt werden (Müller, 2007). Im Gegenzug werden Inhalte eines weit gefassten Bildungsverständnisses, vor allem im künstlerisch-kreativen Bereich, den überprüfbaren Zielen untergeordnet (von der Groeben, 2005).

Bildungsstandards bergen die Gefahr eines Schulrankings
In England werden die Ergebnisse von Schulleistungsvergleichstests in Form von Tabellen, die an Sporttabellen erinnern, veröffentlicht. Dieses sogenannte *Naming and Blaming* beeinflusst häufig die Eltern bei der Schulwahl. Deshalb steht es auch im engen Zusammenhang mit Teaching-to-the-test, da ein gutes Abschneiden für Schulen überlebensnotwendig sein kann. Schlechte Ergebnisse bei zentralen Tests können Konsequenzen nach sich ziehen, die bis zur Schließung der Schule reichen können (Coffield, 2011). Durch die Vergleichsarbeiten wird auch in Deutschland in einer Vollerhebung die Leistung jedes einzelnen Schülers einer bestimmten Jahrgangsstufe erfasst. Bislang wird auf die Veröffentlichung von Rangplätzen verzichtet, jedoch sind alle Daten zentral vorhanden, was eine Veröffentlichung ohne großen Aufwand möglich macht (Müller, 2007). Seit dem Schuljahr 2009/2010 wird bereits auf den individuellen Schülerrückmeldebogen, welche die Eltern erhalten, auch das Klassenergebnis veröffentlicht, was einen Vergleich zumindest mit den Parallelklassen erlaubt. Dies könnte als erste Tendenz in Richtung eines stärkeren Vergleichs gesehen werden. Fürstenau (2007) verweist in diesem Zusammenhang auf die immer stärker wahrnehmbare Konkurrenz zwischen Einzelschulen. Durch die Einführung freier Schulwahl in vielen Bundesländern könnten Testergebnisse zentrale Entscheidungsgrößen für Eltern werden und sich eine Diskriminierung von Schulen mit einer sehr leistungsschwachen Schülerklientel einstellen. Dadurch könnte es, ähnlich wie in England, zu einer Benachteiligung leistungsschwacher Schüler bei der Schulwahl kommen, da diese von den Schulen aus Angst vor Verschlechterung der Schulergebnisse nicht aufgenommen werden.

Bildungsstandards führen zu einem Narrowing of the curriculum
Narrowing of the curriculum bedeutet, dass sich Unterricht inhaltlich und methodisch immer stärker an den Vorgaben der zentralen Tests ausrichten wird und dadurch eine Nivellierung von Anforderungen eintritt (Klein, 2010). Damit ist diese Befürchtung eng mit der These vom Teaching-to-the-test verknüpft, nimmt aber insbesondere den inhaltlichen Bereich von Unterricht in den Blick. Die Nivellierung von Inhalten könnte zum einen ganze Fächer betreffen, die marginalisiert werden, da für sie keine Bildungsstandards definiert wurden. Es könnten aber auch einzelne Teilbereiche in Mathematik oder Deutsch, die in den zentralen Tests selten oder überhaupt nicht abgefragt oder getestet werden, vernachlässigt werden. In diesen Fällen würde der Unterricht auf relevante Testinhalte und Testdesigns eingeschränkt. Kritisiert wird daran, dass vor allem musische Fächer und persönlichkeitsbildende Bereiche des Unterrichts betroffen sind. Standardisierung und die damit verbundene Konzentration auf einige wenige zentrale Inhalte birgt

die Gefahr der Verengung des Curriculums, vor allem wenn die zentralen Inhalte in Tests abgefragt werden (Brügelmann, 2004).

Bildungsstandards sind zugleich Ziel und Mittel der Unterrichtsentwicklung

Standards geben eine Norm vor, die es ermöglicht Erfüllung oder Nicht-Erfüllung zu testen. Die Bildungsstandards geben Standards für den Unterricht vor und sind zugleich das Ziel, das erreicht werden soll. Darüber hinaus sind sie eine externe Zielvorgabe, weshalb Unterricht nicht daraufhin überprüft wird, ob die vom Lehrer für wichtig erachteten Inhalte erreicht wurden, sondern ob die Standards erfüllt werden (Heid, 2007). Dadurch kann eine Divergenz entstehen zwischen Zielen des einzelnen Lehrers und den Standards, die geprüft werden. Dabei wird impliziert, dass die Standarderfüllung einen qualitativ höherwertigen Unterricht voraussetzt. Ruhloff (2007) kritisiert in diesem Zusammenhang, dass Standards nicht zwingend Qualität sichern und verbessern, sondern in erster Linie nur dafür sorgen können, Gleichförmigkeit herzustellen.

Bildungsstandards manifestieren die Lücke zwischen Unterricht, Wissen und Kompetenz

Bildungsstandards werden sehr stark über die Aufgaben definiert, die zu ihrer Überprüfung eingesetzt werden. Da es sich dabei um Testaufgaben handelt, verschwimmt im unterrichtspraktischen Alltag immer mehr die Grenze zwischen Testaufgabe und fachdidaktischer Aufgabe. Die Lösungen werden unhinterfragt übernommen und stehen als Maßgabe über allem. Die größte Gefahr sieht Benner (2007) allerdings darin, dass die Testaufgaben und deren Verwendung zur Norm für guten Unterricht werden. Unterrichtsqualität wird danach bemessen, wie viele Aufgaben des PISA-Typs vom Lehrer eingesetzt werden, weil dies als Indikator für innovativen und guten Unterricht erachtet wird. Aus der Perspektive einer Bildungstheorie, die das eigene Suchen des zu Bildenden betont, wird diese Form des Unterrichts, die nur Aufgaben und Lösungen, aber nicht den Lösungsweg beachtet, abgelehnt. Nach Meinung Benners (2007) wird deshalb durch die Bildungsstandards eine Lücke zwischen Kompetenz, Unterricht und Bildung manifestiert, die aus einem verengten Kompetenzbegriff der Bildungsstandards entsteht. Für ihn beinhaltet Kompetenz nicht nur das Sich-Sammeln und Ordnen, sondern auch das *petere*, das Suchen und sich Ausprobieren, was in einem System von Aufgaben und Lösungen negiert wird.

1.4.2 Vergleichsarbeiten

Die Vergleichsarbeiten in Deutschland dienen der Überprüfung der Bildungsstandards und sind damit deren Operationalisierung. Sie werden als entscheidendes Beiwerk der Implementation der Bildungsstandards erachtet, um deren Idee in die Schulen zu tragen. „Durch ihre orientierende Funktion und Publizität – innerschulisch wie auf Landesebene [..., AF] – kommt den Vergleichsarbeiten auf diese Weise eine wichtige Funktion bei der Implementation von Rahmenordnungen und Bildungsstandards zu." (Helmke, 2007, S. 224).

Die Klieme-Expertise fordert in ihren Ausführungen zur Qualitätskontrolle der Bildungsstandards eine schulübergreifende Testentwicklung. Als Prinzipien für die Tests schlagen sie die kriteriale Norm vor, wobei die Kriterien Kompetenzstufen entsprechen sollen. Zudem sollen die differenzierten Bildungsstandards mehrdimensional durch die Aufgaben überprüft werden, um das Ziel der Qualitätsentwicklung von Schulen aussagekräftig unterstützen zu können. Der Forderung nach einem nationalen Institut, welches die Testentwicklung professionell leiten soll, wurde mit der Gründung des IQB im Jahr 2004 Rechnung getragen.

Nach Köller (2010) lief die Entwicklung der standardbasierten Testinstrumente in Deutschland nach folgenden Schritten ab:

Zunächst wurden die einzelnen Kompetenzen, die durch die Bildungsstandards festgeschrieben werden, konkretisiert, um anschließend Trainingsmaterial für die künftigen Aufgabenentwickler zu erstellen. Anhand dieses Übungsmaterials wurden Lehrkräfte in regionalen Gruppen geschult, um adäquate Aufgaben formulieren zu können. Die dann entwickelten Aufgaben wurden einer wissenschaftlichen Expertise durch erfahrene Erziehungswissenschaftler unterzogen, bevor sie stichprobenartig auf die Gütekriterien (Objektivität, Validität, Reliabilität) in der Praxis überprüft wurden. Erst dann erfolgte eine Normierung der Aufgaben. In einem letzten Schritt formulierte man Kompetenzstufen, die eine Interpretation der Testaufgaben erlauben und gleichsam eine kriteriale Bezugsnorm herstellen.

VERA-Aufgabenentwickler müssen darauf achten, dass sie die Aufgaben so gestalten, dass sie von den Lehrkräften vor Ort ökonomisch und objektiv ausgewertet werden können (Siebenborn, 2005). Dies führt zwangsläufig zu einem speziellen Aufgabentyp, der mehrere Lösungswege und qualitativ auszuwertende Antworten ausschließt. Auch Siebenborn (2005), die als VERA-Aufgabenentwicklerin arbeitet, sieht die Gefahr eines Teaching-to-the-test, wenn „der Unterschied von Lern- und Testaufgaben ignoriert [wird]" (Siebenborn, 2005, S. 47).

Heller und Hany (2002) fassen die Kritikpunkte an standardisierten Schulleistungsmessungen von pädagogischer Seite zusammen. Sie verweisen besonders auf die Aspekte der curricularen Validität, also der Anpassung der Testinhalte an die Lehrpläne, und die Bedingung, dass in solchen Tests neben der Beachtung der Lernergebnisse – von Heller und Hany als Beachtung der „Lernleistungsunterschiede" (2002, S. 97) bezeichnet – auch Antezedensbedingungen zum Tragen kommen müssen. Diese Kritikpunkte können auch in Forderungen an die Testkonstruktion der zentralen Vergleichsarbeiten gewandelt werden. Die curriculare Validität eines nationalen Tests ist durch die einheitliche Formulierung der Bildungsstandards durch die KMK, die damit eine national objektive Norm vorgibt, in einem bildungsföderal organisierten Staat wie Deutschland erst möglich geworden. Anders als bei international vergleichenden Studien, die zusätzlich zu den fachlichen Leistungen auch umfangreiche Kontextfaktoren erfassen, um Adjustierungen vornehmen zu können, konzentrieren sich die zentralen Vergleichsarbeiten ausschließlich auf fachliche Leistungen. Nach Weinert (2002) sind diese fachlichen Leistungen, für die es nur ansatzweise außerschulische Lerngelegenheiten gibt, die beste Möglichkeit, die Wirksamkeit des Unterrichts zu erfassen.

Die Ziele, die man an die zentralen Vergleichsarbeiten knüpft, beziehen sich auf fast alle Wirkungsebenen von Schule. Den Schülern und Eltern sollen sie geforderte Lernziele transparent machen und den Lehrern Orientierung zur Konzentration auf das Wesentliche und Möglichkeiten zur Selbsteinschätzung der Effektivität des eigenen Unterrichts geben. Auf Ebene der Einzelschule wird erwartet, dass die Vergleichsarbeiten eine schulinterne Diskussion über Lernergebnisse anregen sowie die Kooperation unter den Lehrkräften fördern. Zudem sollen sie das Nachdenken über den Unterricht initiieren und die Ergebnisse einen Beitrag zum Schulentwicklungsprozess leisten. Außerdem werden durch die nationale Vergleichbarkeit solche Schulen auf nationaler Ebene erkennbar, die besondere Unterstützung brauchen, um die geforderten Ziele zu erreichen. Für das gesamte Schulsystem wird eine Effizienzsteigerung erwartet (Bundesministerium für Bildung und Forschung, 2007b). Es bleibt abzuwarten, ob die Ergebnisse wirklich konkrete Nutzungsmöglichkeiten für den Unterricht bieten. Dieses Problem wird von Weinert (2002) mit der mangelnden Erfahrung deutscher Lehrkräfte im Umgang mit Ergebnissen aus internationalen Vergleichsstudien zurückgeführt.

Die durchführenden Wissenschaftler der zentralen Vergleichsarbeiten weisen zudem darauf hin, dass VERA auch dazu beiträgt, die von der KMK beschlossenen Standards für die Lehrerbildung[4] aufzubauen. Denn die Ergebnisse können den Lehrern dabei helfen, die Qualität des eigenen Unterrichtens zu überprüfen, wie dies von der KMK gefordert wird. Neben dem möglichen Blick auf die Entwicklung von Kompetenzen bei den Lehrkräften sehen die Wissenschaftler in den zentralen Vergleichsarbeiten auch Vorteile für die Schüler. Die Ergebnisse von VERA erlauben es, die Leistungen einzelner Schüler nicht nur klassenbezogen, sondern auch in landesweitem Maßstab einzuordnen, um daraus Rückschlüsse ziehen zu können. Dennoch versteht sich VERA nicht als Instrument, das konkrete Verbesserungsvorschläge für die Unterrichtsentwicklung liefert, sondern als Diagnoseinstrument, das den Lehrern hilft, Stärken und Schwächen des eigenen Unterrichts festzustellen. Deshalb sollen sich auch Schulen nicht mit anderen Schulen vergleichen, sondern in der Auseinandersetzung mit den erreichten Leistungen der eigenen Schüler Maßnahmen zur Unterrichts- und Schulentwicklung erarbeiten (Crössmann, 2010). Um den Blick der Schulen auf sich selbst und die eigenen erreichten Leistungen zu lenken, werden diesen zunächst nur die Schülerergebnisse zurückgemeldet, bevor dann später der Landesschnitt veröffentlicht wird. Es wird deutlich, dass bei VERA die Schulen eine sehr starke Position bei der Durchführung und im eigenständigen Ziehen von Konsequenzen aus den Ergebnissen haben. Dies erfolgte zum einen aus pragmatischen Gründen, da durch externe Testleiter und Testauswerter hohe Kosten anfallen würden, zum anderen sollen dadurch allerdings auch die Einzelschule gestärkt sowie die Akzeptanz für Vergleichsarbeiten erhöht werden. Die damit einhergehenden nötigen Restriktionen bei der Beurteilung der erhobenen Daten werden als geringeres Übel im Vergleich zu den Vorteilen der Eigenständigkeit bei der Testdurchführung erachtet (Isaac, Halt, Hosenfeld, Helmke & Groß Ophoff, 2006).

Zusammenfassend lässt sich sagen, dass die standardbasierten Testinstrumente – gedacht als Diagnoseinstrumente – die Akzeptanz der Bildungsstandards bei Lehrkräften erhöhen und vor allem zur Unterrichtsentwicklung dienen sollen (Köller, 2010). Jedoch sieht Oelkers (2010) die Gefahr, dass standardisierte Tests gerade dazu führen werden, dass sich die Diagnosekompetenz von Lehrkräften verschlechtern könnte, da sich die Lehr-

---

[4] Der Beschluss vom 16.12.2004 zu den Standards für die Lehrerbildung findet sich in: Sekretariat der KMK (2004). Im Wesentlichen folgt der Beschluss den Vorschlägen der Expertise von Ewald Terhart (2002).

personen infolge von VERA mehr auf die Testergebnisse als auf ihr eigenes Urteilsvermögen verlassen.

1.4.3 Curriculare Innovationen und deren Implementation

Eine Innovation ist allgemein gesprochen etwas Neu-Geschaffenes und leitet sich vom lateinischen Wort *novus* (= neu) ab. Vor diesem Hintergrund wird verständlich, dass die Innovation allein nicht ausreicht, um tatsächlich auch Handeln zu verändern. Die Bildungspolitik benennt den Vorgang, der nötig ist, um curriculare Innovationen im Schulalltag wirksam zu machen, Implementation. Implementation wird dabei als ein Prozess verstanden, in dem Neues „an einem angezielten sozialen Ort (Schule, Organisation) aufgenommen und in den dafür vorgesehenen Situationen nach und nach als Standardpraktik übernommen wird" (Altrichter & Wiesinger, 2004, S. 220). Dieser Prozess wird von vielen Faktoren beeinflusst. Dabei muss vor allem das individuelle Aushandeln des Subjekts mit der Innovation berücksichtigt werden. Denn nach der Theorie der personalen Konstrukte (Kelly, 1955) entwickeln Adressaten eine je eigene Vorstellung von einer Innovation, die von Vorerfahrungen und der sozialen Einbettung geprägt ist. In diesem Zusammenhang spricht Giddens (1995, S. 102) von der „Rückbettung" der Innovation, die orts- und zeitgebunden ist und deshalb unterschiedlich wahrgenommen wird. Es ist deshalb wichtig, dem Individuum genügend Zeit und Raum in der Auseinandersetzung mit der Innovation zu geben und diesen Raum nicht durch Standardisierung einzuschränken (Simmel, 1992), da der Adressat der Innovation eine Differenzwahrnehmung zwischen bisherigen Vorstellungen und den neuen Vorgaben der Innovation verarbeiten muss (Hasselhorn & Gold, 2009). In Anbetracht dieser komplexen Vorgänge wird die Bezeichnung dieses Prozesses mit dem Begriff Implementation kritisiert. Denn dieser ist technisch konnotiert und Oelkers (2010) moniert, dass der komplizierte Weg von Innovationen in die Praxis durch diesen Begriff nicht adäquat beschrieben wird. Seiner Meinung nach ist es utopisch zu glauben, dass man das Handeln von Subjekten in ähnlicher Weise steuern kann wie ein Auto. Er sieht die Gefahr, dass ein nicht ernst genommener Implementationsprozess dazu führt, dass sich Lehrkräfte nur oberflächlich anpassen, indem sie ihr Methodenrepertoire erweitern oder umstellen. Eine wirkliche Nachhaltigkeit kann seiner Meinung nach so nicht erreicht werden. Oelkers kritisiert weiter, dass ein reines Reden vom Wechsel der Inputsteuerung zur Outputsteuerung noch keine bessere Unterrichtspraxis macht. Nur wenn die Politik in ihren Maßnahmen berücksichtigt, dass für Lehrer der Unterricht das Kerngeschäft ist und Innovationen von ihnen daher immer darauf abgeprüft werden, ob sie Verbesserungen für die Unterrichtspraxis versprechen, können Innovationen eine tatsächliche Veränderung bewirken. Zudem muss sich eine Innovation dem Problem stellen, dass bei Praktikern große Skepsis gegenüber Neuerungen herrscht. Viele assoziieren mit curricularen Innovationen aufgrund ihrer Erfahrungen negative Aspekte wie zum Beispiel höhere Arbeitsbelastung. Außerdem nehmen Adressaten einer Innovation häufig eine große Diskrepanz zwischen sich und den Entwicklern der Innovation wahr, die den Implementationsprozess negativ beeinflussen kann. Altrichter und Heinrich (2006) kritisieren, dass von Seiten der Bildungspolitik Implementationsprozesse unvollständig ausgeführt werden, wenn finanzielle Mittel in erster Linie für die Öffentlichkeitsarbeit verwendet werden, anstatt konkrete Unterstützungsangebote für Praktiker zur Verfügung zu stellen. Denn Fortbildungen für die Adressaten der Innovation werden als zentrales Kriterium für eine erfolgreiche Implementation erachtet.

Nach Bähr (1999) sollten neue Lehrpläne, also curriculare Innovationen, nicht mehr als Produkt eingeführt werden, sondern Anstoß zur eigenen Ausarbeitung von Lehrplänen durch die Lehrerkollegien an den Schulen selbst sein.

1.4.4 Lehrer

Typisch für den Lehrerberuf in der Grundschule ist die antihierarchische Organisation, die durch die neue Beurteilungspflicht der Rektoren ins Wanken geraten könnte. Dennoch ist das Egalitäts-Prinzip stark verbreitet. In einer Studie zeigt Lortie (1975), dass Lehrer nur wenig miteinander kooperieren. Wenn sie doch zusammenarbeiten, geschieht dies paarweise mit befreundeten Kollegen, aber immer außerhalb des Klassenzimmers. Die Aussagen der befragten Lehrkräfte zu Kooperation mit Kollegen machen deutlich, dass zwar eine grundsätzliche Bereitschaft zur Zusammenarbeit besteht, aber nicht umgesetzt wird. Falls doch kooperiert wird, werden Kollegen als Ideengeber oder Vergleichsmaßstab betrachtet. Durch dieses Verhalten kommt es zu einem sehr eigenzentrierten Berufsverhalten der Lehrkräfte (Rolff, 2002). Doch gerade die Zusammenarbeit von Lehrkräften als Lerngemeinschaften fördert sogenanntes Lehrerlernen und wird als Erfolgsvariable für Unterrichtsentwicklung gesehen (Bonsen & Rolff, 2006). Im angelsächsischen Raum ist die Idee von sich gemeinsam entwickelnden Lehrerkollegien weit stärker verbreitet als in Deutschland, wo erst in den letzten Jahren versucht wird (z.B. durch die Vergleichsarbeiten) die Zusammenarbeit von Lehrkräften zu verstärken. Hierin wird der Schlüssel zur nachhaltigen Unterrichtsentwicklung gesehen (Rolff, 2007).

Die einzelnen Lehrer sind wichtige Adressaten von Implementationsprozessen, da es letztlich darauf ankommt, ob sie ihren Unterricht umstellen. Bromme (1992) sieht als Bereiche des professionellen curricularen Wissens von Lehrkräften unter anderem die „Philosophie des Fachinhaltes" (Bromme, 1992, S. 96), die eine Bewertung der curricularen Inhalte durch den Lehrer bedingt, und das „fachspezifisch-pädagogische Wissen" (Bromme, 1992, S. 97), welches das lehrplantheoretische Verständnis einer Lehrkraft durch Erfahrungen prägt. Um das Alltagshandeln von Lehrkräften, das vom professionellen curricularen Verständnis geleitet wird, umzustrukturieren, ist es notwendig, das Curriculum Script – also die subjektiven Theorien der Lehrkräfte zum Lehrplan – zu verändern (Bromme, 1992). Dies hat sich aber gerade bei langjähriger Berufserfahrung stark stabilisiert und entspringt einem komplexen Vorgang der Auseinandersetzung (Kelly, 1955), weshalb curriculare Innovationen nur durch komplexe Vorgänge darin integriert werden. Besonders bei unübersichtlichen Unterrichtssituationen, die schnelles Handeln erfordern, sind die schon seit eigenen Schulzeiten verinnerlichten Skripts handlungsleitend (Blömeke, Eichler & Müller, 2003). Zudem gelten Lehrer als reformunwillig, was auch damit zusammenhängt, dass ein Lehrer in seiner Schullaufbahn sehr häufig mit Neuerungen in Berührung kommt, die entweder nach einiger Zeit wieder abgeschafft werden oder mit Mehrarbeit verbunden sind. Nach Oelkers sind Lehrer „Utilitaristen" (Oelkers, 2010, S. 9), die curriculare Innovationen auf deren Nutzen hin abprüfen, der vor allem als ein Nutzen für den eigenen Unterricht erkannt werden muss. Studien zeigen, dass sie in erster Linie dazu bereit sind, ihre Methoden umzustellen (Barfknecht & von Saldern, 2010; Koch, Groß Ophoff, Hosenfeld & Helmke, 2006). Lehrer sind aber auch „Idealisten" (Oelkers, S. 10), die ihre Vorstellung von Unterricht gegen Neuerungen verteidigen, was grundsätzlich vorhandene Abwehrhaltungen gegenüber Innovationen begünstigen oder verstärken kann.

2 Theoretische Überlegungen

2.1 Stand der Forschung

Bildungsstandards können als curriculare Dokumente forschungslogisch in den Kontext der Lehrplanwirksamkeitsforschung eingeordnet werden. Zudem werden in den folgenden Abschnitten die bereits bestehende Forschung zur Implementation der Bildungsstandards und die Forschung zu standardisierten Leistungsvergleichen skizziert.

2.1.1 Lehrplanwirksamkeitsforschung

Bildungsstandards intendieren als staatliche Dokumente, Lehren und Lernen an Schulen zu steuern. Ebenso wie Lehrpläne stellen sie einen Kompromiss zwischen fachlichen und funktionalen Anforderungen dar und zählen deshalb zu curricularen Dokumenten (Klieme, 2004). Unter dem Aspekt der Beeinflussung schulischen Unterrichtens zur Erhöhung der Wirksamkeit der bestehenden Lehrpläne, können Bildungsstandards als curriculares Steuerungsinstrument gesehen werden (Müller, 2007). Deshalb ist im Zuge der Forschung zur Implementation der Bildungsstandards ein Anschluss an die Forschungen zur Lehrplanwirksamkeit angeraten. Denn die Studie von Rauin und Maier (2007) zeigt, dass Bildungsstandards von Lehrkräften ebenso wie Lehrpläne als Input wahrgenommen werden. Auch Diemer (2010) belegt mit seiner Studie, dass Vergleichsarbeiten, die auf Grundlage der Bildungsstandards erstellt werden, von Lehrkräften ähnlich wie Lehrpläne als Inputsteuerung gesehen werden. Im Folgenden werden ausgewählte und für die Fragestellung bedeutsame Studien vorgestellt.

Im Zuge der Überarbeitung der bayerischen Lehrpläne für die Grundschulen in den 1970er-Jahren wurden von Bittlinger et al. (1980) in Zusammenarbeit mit dem Staatsinstitut für Schulpädagogik 2019 Lehrkräfte in einer Fragebogenuntersuchung zu ihren Erfahrungen und sachbezogenen Urteilen bezüglich des Lehrplans befragt. Ziel dabei war, Ansatzpunkte für die Überarbeitung der bestehenden Lehrpläne zu gewinnen. Die Studie steht ganz im Zeichen der 1970er-Jahre mit ihrem Ringen um das Verhältnis zwischen Kind- und Fachorientierung. Im theoretischen Teil über den bestehenden Lehrplan von 1971 kritisieren Bittlinger et al. den Mangel an Angaben über die zu erreichenden „Schüler-Dispositionen" (Staatsinstitut für Schulpädagogik München, 1980, S. 34). Gemeint sind damit fehlende Zielvereinbarungen, die zu einer Überbetonung der ausführlich dargelegten methodischen Aspekte führen. Zentraler Untersuchungsgegenstand waren die Einstellungen der Lehrer gegenüber Lehrplänen[5]. So lautete die Hauptforschungsfrage: *Wie wirken sich die unterschiedlichen Einstellungen auf die Beurteilung von Lehrplänen aus?* Als Hauptfaktoren der Studie wurden die Änderungsbereitschaft im Vergleich zur Konservativität, die Einstellung bezüglich der eigenen fachwissenschaftlichen Orientierung sowie die Einstellung gegen oder für Kind-

---

[5] Im speziellen Teil der Untersuchung wurden Lehrkräfte zu den Inhalten einzelner Fachbereiche befragt. Dies ist für die in dieser Arbeit gestellte Fragestellung nicht relevant und wird deshalb nicht beschrieben. Ergebnisse hierzu können in: Staatsinstitut für Schulpädagogik München (1980) nachgelesen werden.

orientierung der Lehrkräfte erfasst. Bezüglich des ersten Faktors konnte ermittelt werden, dass die Änderungsbereitschaft der Lehrer von deren Alter und Dienststellung abhängig ist. Vor allem jüngere Lehrer, Seminarleiter und Rektoren stehen demnach Innovationen positiv gegenüber. Als einflussreichster Faktor auf das Verhältnis zum Lehrplan konnte der Grad an fachwissenschaftlicher Orientierung der Lehrer identifiziert werden. Ein weiteres wichtiges Ergebnis war der Wunsch der Lehrpersonen nach mehr didaktischem Informationsmaterial zu den Lehrplänen.

Eine wichtige Untersuchung zur Wirksamkeit von Lehrplänen stellt die hessische Studie *Lehrpläne im Schulalltag* dar, die von 1993 bis 1997 von einer Forschungsgruppe um Vollstädt, Tillmann und Rauin (1999) durchgeführt wurde. Die Studie widmet sich dem Lehrplan aus der Sicht hessischer Sekundarstufenlehrer. Angelegt ist sie als konkrete Evaluationsstudie zur wissenschaftlichen Begleitung der hessischen Lehrplanrevision von 1993 bis 1996 in der Sekundarstufe I sowie als allgemeine Lehrplanforschung, die der Fundierung der lehrplantheoretischen Diskussion dienen soll. In der Studie wird die Fragestellung aufgrund der Unterscheidung zweier Wirkungsebenen entwickelt. Auf der Ebene des individuellen Lehrerhandelns wurden jeweils fach- und schulformspezifische Unterschiede in der Rezeption, Bewertung und unmittelbaren Verwendung von Lehrplänen zum Thema gemacht. Da in Bezugnahme auf die Systemtheorie Lehrerhandeln immer innerhalb des Systems Schule betrachtet werden muss, wurde auch gefragt, inwieweit das institutionell geprägte Lehrplanverständnis den Umgang mit Lehrplänen beeinflusst. Außerdem wurden Formen und Intensität curricularer Kooperation untersucht. Das methodische Vorgehen wurde aufgrund der komplexen Forschungsfragen kombiniert gewählt. Um das Verhältnis der Lehrer zum Lehrplan zu erforschen, wurden standardisierte Befragungen, qualitative Interviews, Beobachtungen und Materialanalysen durchgeführt. Da vor allem für die wissenschaftliche Begleitstudie Veränderungen in der Lehrerwahrnehmung interessant waren, wurden die Daten zu zwei Messzeitpunkten erhoben. Diese Testzeitpunkte lagen jeweils vor Einführung der neuen Lehrpläne und einmal nach der Lehrplanrevision. Da die Studie im Zuge der Lehrplanrevision in Hessen durchgeführt wurde, wurden auch die Erwartungen der Lehrkräfte an die neuen Lehrpläne untersucht. Die Autoren konzentrieren die Ergebnisse der Erwartungen der Lehrenden an Lehrpläne auf folgende Forderung: *„Gebt uns knappe, gut lesbare, fachlich orientierte Pläne, die verbindliche Festlegungen für die Grobstruktur des Unterrichts treffen, ansonsten aber unsere Handlungsfreiheit nicht einschränken."* (Vollstädt et al., 1999, S. 94; Herv.i.O.). Allerdings muss auch bemerkt werden, dass – wie schon aus Vorgängerstudien (Santini, 1971; Bleidick, Confent & Wiemken, 1976) bekannt – unterschiedliche Erwartungen an den Umfang des Lehrplans gestellt wurden. Vollstädt et al. (1999) konnten jedoch durch eine differenziertere Befragung in Erfahrung bringen, dass sich Lehrkräfte sehr wohl umfangreiche Handreichungen zum Lehrplan wünschen, dass aber die verpflichtenden Teile sehr gering sein sollen (Rauin, 1995). Inhalte des Lehrplans mit verpflichtendem Charakter werden von Lehrkräften als Einschränkung ihrer pädagogischen Freiheit empfunden. Vor allem externe Kontrollen von Lehrplanvorgaben werden vom Großteil der Lehrerschaft entschieden abgelehnt. Erstaunlich waren dann die Ergebnisse der Lehrerbefragung nach Einführung der neuen Rahmenlehrpläne. Denn obwohl die neuen curricularen Vorgaben in weiten Teilen den Lehrererwartungen entsprachen, fanden sie kaum Eingang in das alltägliche Unterrichtshandeln. Die Ergebnisse der Studie zeigen eine für Lehrplanautoren ernüchternd geringe Rezeption der Lehrpläne durch Lehrer. Somit ist eine direkte Orientierungsfunktion nur geringfügig gegeben. Es konnte sogar eine hohe Lehrplanskepsis der Lehrer gegenüber den neuen Lehrplänen festgestellt werden. Vor allem mit steigender Berufserfahrung werden die Lehrpläne nur wenig beachtet. Dies wird von den Autoren auf das Curriculum Script zurückgeführt, welches mit steigender Berufserfahrung stärker ausgeprägt ist. Nur wenn diese Curriculum Scripts von den Innovationen der neuen Lehrpläne erreicht werden, können jene eine Orientierungsfunktion für den Schulalltag ausüben. Die Änderung der Curriculum Scripts dauert einige Jahre, weshalb die tatsächliche Orientierungsfunktion von curricularen Neuerungen auch erst einige Jahre nach deren Einführung überprüfbar ist. Allerdings wurde in den qualitativen Interviews eine indirekte Orientierungsfunktion durch die Lehrpläne deutlich. Differenzierter betrachtet zeigte sich, dass Lehrpläne in erster Linie für die langfristige Stoffverteilung herangezogen werden. Dies gilt insbesondere für lehrgangartig aufgebaute Fächer, wie zum Beispiel Mathematik. Außerdem wurde deutlich, dass Lehrplanablehnung oder -zustimmung maßgeblich von pädagogischen Grundpositionen abhängen. Je nachdem, ob Lehrer die Funktion von Schule in der fachlichen oder erzieherischen Betreuung der Schüler betonen, lehnen sie Lehrpläne, die vor allem den fachlichen Auftrag von Schule formulieren, ab oder stimmen ihnen zu. Die Empfehlungen der Autoren, die massiv Kritik an der Input-Steuerung des Schulsystems üben, gehen dahin, die Lehrpläne entsprechend der Lehrererwartungen zu optimieren. Wesentlich erscheint ihnen aber ihre zweite Empfehlung, die eine Veränderung der Lehrplanstruktur vorsieht. Adressaten sollen nicht mehr die einzelnen Lehrkräfte vor Ort, sondern die Einzelschulen sein. Denn Innovationen durch neue Lehrpläne sind nur möglich, wenn die Schulcurricula verändert werden. Die Autoren fordern dazu auf, den curricularen Aspekt auf dem Weg zur Entwicklung der teilautonomen Einzelschule nicht länger zu vernachlässigen. Die Lehrpläne der Schule der Zukunft sehen sie als formulierte Leistungsstandards, die der Einzelschule genügend Raum zur Profilbildung und inhaltlichen wie pädagogischen Gestaltung lassen.

Innerhalb dieses Projekts analysierte Höhmann (2002) die Lehrerinterviews aus innovationstheoretischer Perspektive. Zudem vergleicht sie die Lehrplanreform der 1990-Jahre mit der Reform der 1970er-Jahre. Dabei untersuchte sie Probleme der damals aktuellen Reform während der Initiationsphase, der Implementationsphase und der Phase der Inkorporation. Höhmann sieht vor allem in einer frühzeitigen Beteiligung von Lehrkräften an der Entwicklung von neuen Lehrplänen die größten Chancen für eine erfolgreiche curriculare Innovation. Weiter schließt sie aus den negativen Befunden in Hessen, dass eine Innovation von der Veränderung von Bezugssystemen (Stundentafel usw.) unterstützt werden sollte. Resümierend erläutert Höhmann das Problem des politischen Interesses, das häufig mit Lehrplanreformen verbunden ist und aufgrund von Legislaturperioden zu kurzschrittigen Innovationseinheiten führt. Außerdem nennt sie als innovationsfördernde Form staatlicher Lehrpläne eine Präzisierung der Inhalte und eine sinnvolle Verknüpfung zwischen dem allgemeinen und dem unterrichtspraktischen Teil der curricularen Vorgaben. Zusammenfassend erscheint es ihr besonders wichtig, Lehrer frühzeitig in den curricularen Entwicklungsprozess einzubinden, den direkten unterrichtspraktischen Nutzen aufzuzeigen und auch die sekundäre Lehrplanbindung bei Lehrplanrevisionen zu beachten. Denn mit ihrer Analyse kann sie zeigen, dass Lehrplanreformen nicht automatisch innovativ sind, sondern es einer intensiven und langfristigen Anstrengung bedarf, neue Lehrpläne im Schulalltag wirksam werden zu lassen.

Künzli und Santini-Amgarten (1999) kritisieren die Annahmen anderer Lehrplanwirksamkeitsstudien, die dann von ernüchternden Ergebnissen sprechen, wenn Lehrkräfte die Lehrpläne nicht exakt kennen und täglich verwenden. Nach ihrer Auffassung ist die tägliche Steuerung von Unterricht nicht Aufgabe von Lehrplänen. Lehrpläne haben ihrer Meinung nach eine stabilisierende und gleichzeitig auch eine irritierende Funktion für die Unterrichtspraxis, die am stärksten von den subjektiven curricularen Normen der Lehrkräfte geprägt wird. Ergebnisse ihrer empirischen Fragebogenuntersuchung in der Schweiz zeigen auf, dass Lehrpläne Innovationen an Schulen stabilisieren, aber keine grundlegenden Neuerungen, die diametral zur bestehenden Praxis stehen, anstoßen können.

2.1.2 Forschung zur Implementation der Bildungsstandards

Beer (2006) überprüfte mittels einer Fragebogenstudie im österreichischen Bundesland Wien ein Jahr nach Einführung der Bildungsstandards in Österreich die These, ob Bildungsstandards geeignet sind, Qualitätssicherung und Qualitätsentwicklung an Schulen zu bewirken. Dazu befragte er Lehrkräfte aus Volks- und Hauptschulen sowie Gymnasien. Hauptergebnis seiner Untersuchung war eine ablehnende Haltung der Lehrerschaft gegenüber Bildungsstandards.

Altrichter und Posch gaben 2007 eine Zusammenschau wichtiger empirischer Studien zur Implementation der Bildungsstandards in Österreich. Die Synopse bezieht sich auf Studien, die während der Pilotphasen zur Implementation der Bildungsstandards durchgeführt wurden. Altrichter und Posch (2007) kritisieren, dass in den Forschungsdesigns der vier analysierten Studien ausschließlich die Lehrerperspektive betrachtet und deshalb das Setting nicht vollständig erfasst wird. Eine Zusammenschau der Ergebnisse ergibt eine insgesamt geringe Akzeptanz von nationalen Bildungsstandards durch Lehrkräfte, die sich auch im Zuge der Beschäftigung mit ihnen nicht erhöht. Jedoch ist bemerkenswert, dass die Studie von Freudenthaler und Specht (2006) zu dem Ergebnis kommt, dass Grundschullehrkräfte von allen Lehrergruppen die positivste Einstellung zu Bildungsstandards haben. Dies wird darauf zurückgeführt, dass in der Grundschule aufgrund der Übertrittsentscheidung der Wunsch nach national einheitlichen Zielvorgaben am stärksten besteht. Die tatsächliche Nutzung von Bildungsstandards für die tägliche Unterrichtsarbeit wird in den Studien als sehr niedrig bezeichnet. Als Gründe für die geringe Akzeptanz der Innovation werden fehlende Fortbildungen und mangelnde Kompetenzen von Lehrern angeführt, die für die Umsetzung nötig wären. Zudem werden Bildungsstandards als externe Beeinflussung und als Unterbrechung des Unterrichts angesehen und nur selten in die Unterrichtsarbeit integriert. In Österreich scheinen sich die Bildungsstandards allerdings stimulierend auf den kollegialen Austausch auszuwirken, wobei dieser vor allem informell und fachbezogen stattfindet. Der Implementationsweg an sich wird kritisch betrachtet, da die standardbasierte Reform in Österreich zu unverbindlich, mit zu wenigen Ressourcen und als Top-down-Implementation eingeführt wurde, wodurch sie nicht vollständig bei den Praktikern, die sie umsetzen sollen, angekommen ist. Jedoch bewerten Altrichter und Posch die Implementation in Pilotphasen als positiv, da nach der ersten Pilotphase Mängel ausgeglichen werden konnten. Allerdings geben sie zu bedenken, dass alle analysierten Studien vor Einführung der standardbezogenen Tests erhoben wurden, von denen nach ihrer Einschätzung aber der größte Innovationsdruck ausgehen wird. Sie empfehlen einen Implementationsweg, der gerade am Beginn die Strukturen so stark umstellt, dass eine Auseinandersetzung mit der Reform zwingend erforderlich ist, sodass eine rein oberflächliche Anpassung überhaupt nicht erst ermöglicht wird. Dieser Weg erscheint den Autoren im Fall der Bildungsstandards sinnvoll, da die Zustimmung zu den Bildungsstandards bei Lehrkräften sehr gering ist. Problematisch sehen Altrichter und Posch die Tatsache, dass die Einführung der Standards von den Lehrkräften in erster Linie als bürokratische Vorschrift und nicht als Herausforderung zur Unterrichtsentwicklung gesehen wird.

Im Jahr 2009 wurde vom Bundesinstitut Bildungsforschung, Innovation & Entwicklung des österreichischen Schulwesens mit 1 400 Lehrkräften der Sekundarstufe I eine Fragebogenuntersuchung zum Implementationsstand der Bildungsstandards durchgeführt (Grillitsch, 2010). In dieser Studie ging es darum, die Einschätzungen von Praktikern in Bezug auf Informiertheit, Relevanz für die Unterrichtsgestaltung und auf die Notwendigkeit einer externen Unterstützung zu erfassen. Ergebnis der Befragung war, dass sich die Lehrkräfte über allgemeine Merkmale der Bildungsstandards gut informiert fühlen, aber bei speziellen Themen, wie zum Beispiel der gesetzlichen Verordnung der Standards, nur einen geringen Informationsgrad besitzen. Des Weiteren stehen die Praktiker laut Studie den Bildungsstandards weder ganz positiv noch ganz negativ gegenüber. Es werden ebenso problematische Aspekte, wie die Gefahr eines Schulrankings oder verstärkter Kontrolle, gesehen als auch positive Aspekte, wie zum Beispiel der Beitrag der Bildungsstandards zur Qualitätsentwicklung und Förderung von Chancengleichheit. Darüber hinaus fühlen sich Lehrkräfte vor allem bei der Umsetzung der Bildungsstandards in der Unterrichtspraxis zu wenig unterstützt. Sie äußern den Wunsch nach praxisorientierten Materialien und verbesserten Fortbildungsangeboten. Ein wichtiger Zusammenhang, der aufgrund der Ergebnisse hergestellt werden kann ist, dass Lehrkräfte, die sich gut informiert fühlen und an Fortbildungsveranstaltungen teilgenommen haben, den Bildungsstandards positiver gegenüberstehen und weniger oft problematische Aspekte thematisieren. Insgesamt zeigen die Ergebnisse der Studie, dass Bildungsstandards noch nicht in der Praxis angekommen sind und es noch Zeit und intensive Unterstützung braucht, bis sie Teil des professionellen Handlungswissens von Lehrkräften werden.

Eine umfangreiche Studie über die Auswirkungen der Bildungsstandards auf unterrichtspraktischer Ebene in Deutschland wurde von einem Forscherteam um Rauin und Maier (2007) im Zuge der Bildungsplanreform 2004 in Baden-Württemberg vorgelegt. Das Land Baden-Württemberg hat als erstes deutsches Bundesland Bildungsstandards eingeführt, deren Implementation von weiteren Reformmodulen innerhalb der Lehrplanrevision begleitet war. Die Studie *Bildungsstandards – Auswirkungen auf Leistungsmessung und Unterricht* möchte einen „Beitrag zur Beschreibung der ersten Bildungsstandards aus Lehrersicht" (Rauin et al., 2007, S. 52) leisten. Sie bezieht sich in ihren Ausführungen vor allem auf den Unterricht an der Hauptschule. Als Forschungsfragen standen die Rezeption der Bildungsstandards im Rahmen der Bildungsplanreform 2004 durch die Lehrkräfte und die konkreten Auswirkungen auf den Unterricht im Mittelpunkt. Da die Autoren davon ausgehen, dass Innovationen der Unterrichtspraxis immer innerschulisch entwickelt werden, stellt sich auch die Frage, inwieweit Bildungsstandards die Schulautonomie fördern. Die Fragestellungen zur Implementation von Bildungsstandards orientierten sich an der Lehrplanwirksamkeitsforschung, weil Bildungsstandards als neue Lehrpläne verstanden werden, da sie „staatlich verordnete Dokumente [sind; AF], die vorgeben, was an Schulen unterrichtet werden soll" (Rauin et al., 2007, S. 6). Zudem entspricht die äußere Form der Bildungsstandards stark den traditionellen Lehrplänen, weswegen ihnen eine ähnlich schwache Steuerungsfunktion unterstellt wird. Genauso wie bei traditionellen Lehrplänen vermuten die Autoren eine starke sekundäre Lehrplanbindung über Lehr- und Lernmittel. In methodischer Hinsicht stützen sich die Ergebnisse auf eine standardisierte längsschnittliche Lehrerbefragung, die von 2004 bis 2006 zu drei Messzeitpunkten durchgeführt wurde. Diese war kombiniert mit einer regional begrenzten Interviewstudie sowie einer Dokumentenanalyse. Die Analyse der Klassenarbeitsaufgaben sollte die tatsächliche Unterrichtspraxis widerspiegeln. Die Ergebnisse der Studie stehen in der Tradition der Lehrplanwirksamkeitsforschung. Bildungsstandards werden wie traditionelle Lehrpläne als curriculare Inputvorgabe verstanden. Obwohl diese grundsätzlich von den befragten Lehrern befürwortet werden, haben sie keine grundlegenden Innovationen der Unterrichtspraxis zur Folge. Zusammenfassend kann die erste Forschungsfrage nach der Rezeption der Bildungsplanreform 2004 durch die Lehrkräfte mit einem ernüchternden Ergebnis beantwortet werden. Vor allem im Hinblick auf die Bildungsstandards sind die Lehrkräfte noch nicht ausreichend informiert. Rauin et al. (2007) erklären dies damit, dass im Zuge der Bildungsplanreform zahlreiche organisatorische Veränderungen (z.B. neue Fächerverbünde) vorgenommen werden mussten, denen vorrangig Aufmerksamkeit geschenkt wurde. Die Vergleichsarbeiten werden von Hauptschullehrern moderat positiv bewertet, jedoch sank die Zustimmung im Laufe der Längsschnittstudie leicht. Ein bedeutendes Ergebnis war, dass Hauptschullehrer den Reformen weit positiver gegenüberstanden als ihre Kollegen an Realschulen und vor allem an Gymnasien. Dies wird mit der unterschiedlichen professionstypischen Einstellung erklärt. Während Hauptschullehrer sich vor allem als Pädagogen verstehen und damit von Reformen Verbesserungen für die Schüler erwarten, empfinden Gymnasiallehrkräfte neue Lehrpläne als Eingriff in ihre Fachkompetenz. Die Veränderungen in der Aufgabenkultur waren Thema der zweiten Forschungsfrage. Aufgrund undeutlicher Kategoriensysteme im Fragebogen können die Autoren nur vorsichtige Zusammenhänge vorstellen. Es zeigte sich aber eine große Diskrepanz zwischen den Selbstauskünften der Lehrer und den Ergebnissen der non-reaktiven Daten. Während die Lehrkräfte – wohl auch aus Gründen der sozialen Erwünschtheit – ihre Aufgaben entsprechend den neuen Forderungen empfanden, konnte dies in den Klassenarbeiten nicht festgestellt werden. Vor allem offene Aufgaben werden sehr selten gestellt. Rauin et al. (2007) sehen im damaligen Stadium kaum Innovationspotenzial durch Bildungsstandards in Baden-Württemberg. Damit hat sich in Tradition zur Lehrplanwirksamkeitsforschung bewahrheitet, dass Top-down-Prozesse wenig erfolgsversprechend für die Entwicklung von Schule sind. Zum Zeitpunkt der Studie war unklar, ob Vergleichsarbeiten die Steuerungswirkung von Bildungsstandards erhöhen können. Als Empfehlungen für die Bildungspolitik geben die Autoren das Ziel einer internen Evaluation und datengestützter Unterrichtsentwicklung an. Zudem mahnen sie einen verantwortungsvollen Umgang des Staates mit den Ergebnissen externer Evaluationen an.

Böttcher und Dicke führten 2007 eine Befragung unter Deutschlehrern an Real- und Mittelschulen in drei verschiedenen Bundesländern (Sachsen, Nordrhein-Westfalen, Baden-Württemberg) durch, um deren Einstellung zu Bildungsstandards zu erfassen (Böttcher & Dicke, 2008). In dieser Studie wurde besonderer Wert auf die länderindividuellen Unterschiede bei der Implementation der Standards und deren Einfluss auf die Einstellung der Lehrkräfte gelegt. Jedoch ergaben die Ergebnisse keine signifikanten Länderunterschiede, weshalb auf einen ausgeprägten Ländervergleich in der Ergebnisdarstellung verzichtet wurde. Ein Ergebnis der Befragung bestand in der geringen Orientierungsfunktion der Bildungsstandards. Die Mehrheit der Lehrkräfte gibt an, dass sie die Bildungsstandards nicht oder nur wenig kennt. Dies könnte nach Böttcher und Dicke daran liegen, dass in allen drei untersuchten Bundesländern die Bildungsstandards nicht in die Lehrpläne integriert, sondern parallel dazu implementiert wurden. Dieser Weg erscheint aufgrund der Ergebnisse als nicht erfolgversprechend. In Diskrepanz zur weit verbreiteten Nicht-Nutzung der Standards steht der Befund, dass die Bildungsstandards unter den befragten Lehrkräften eine hohe Zustimmung erfahren. Eventuell können die anscheinend widersprüchlichen Ergebnisse damit erklärt werden, dass sich ein Großteil der Lehrerschaft bei der Reform nicht ausreichend unterstützt fühlt. Die Ergebnisse erwecken den Eindruck, dass die Zielgruppe der Reform nicht erreicht wurde. Die Frage nach guten Standards beantworten Lehrer mit dem Wunsch nach einer Kombination von Kompetenz- und Inhaltsstandards. Bei der Formulierung der Standards ist den Lehrern zudem eine hinreichende Konkretisierung in Beispielen wichtig. Böttcher und Dicke resümieren, dass es für eine Erhöhung der Steuerungswirkung unerlässlich ist, die Bildungsstandards in die Lehrplanarbeit einzubinden und ausreichende Unterstützungssysteme aufzubauen.

2008 veröffentlichte Wacker eine empirische Untersuchung zur Frage, ob Bildungsstandards wirksame Steuerungselemente der Bildungsplanung darstellen. Die Untersuchung befasste sich mit den Auswirkungen der Implementation von Bildungsstandards auf die Arbeit von Realschullehrern in Baden-Württemberg. Die Daten wurden sowohl anhand eines umfangreichen Fragebogens als auch durch Beobachtungen und Interviews einer explorativen qualitativen Feldstudie erhoben. Ziel der Studie war die Beantwortung der Frage, ob die intendierten Ziele, die mit den Bildungsstandards und ihrer Implementierung verknüpft waren, erreicht wurden. Als theoretische Rahmung wurde eine Kombination aus dem Hierarchie-Bürokratie-Ansatz von Weber (1956) und dem System der losen Kopplung (Weick, 2009) gewählt, um die Verknüpfung zwischen Bildungsplanung und Schulalltag darzustellen. Für die vorliegende Arbeit ist das wichtigste Ergebnis der Studie, dass die Steuerung der Bildungsstandards durch nebensteuernde Maßnahmen, wie Vergleichsarbeiten, Lehrwerke und andere Verlagsmaterialien, erreicht wird. Bildungsstandards an sich scheinen keine direkte Steuerung ausüben zu können. Dadurch, dass vor allem nebensteuernde Elemente der Bildungsstandards einflussreich sind, kommt es zu sehr heterogenen Effekten auf Schul- und Unterrichtsebene. Intendierte Effekte der Bildungsstandards werden teilweise erreicht, teilweise modifiziert umgesetzt und teilweise sogar kontraintentional von den Adressaten der Innovation ausgeführt. Hinsichtlich der kontraintentionalen Effekte ist vor allem Sekundärmaterial von Verlagen von Bedeutung, da dieses nicht staatlich zugelassen werden muss. Änderungen aufgrund der Implementation der Bildungsstandards zeigen sich vor allem in den Bereichen,

in denen die Einführung von Strukturveränderungen – zum Beispiel neuen Fächerver-
bünden – begleitet war.

Mit der theoretischen Rahmung des Stages-of-Concern-Modells von Hall und
Hord (2011) wurden am IQB empirische Begleitstudien zur Implementation der Bildungsstandards durchgeführt (Köller & Pant, 2010). Die Ergebnisse stützen sich auf
Fragebogenerhebungen bei Grundschullehrern und Lehrern der Sekundarstufe I aus den
Jahren 2006 und 2007. Im Mittelwert zeigen die Ergebnisse, dass Grundschullehrkräfte
innerhalb des Theorierahmens zu den Kooperierern gezählt werden können. Sie stehen
der Reform grundsätzlich positiv gegenüber, arbeiten aber noch nicht aufgabenbezogen
und in Zusammenarbeit mit Kollegen an der Umsetzung der Reform. Die Auswertung
der Fragebogen[6] von Mathematik-, Englisch- und Französischlehrkräften der Sekundarstufe I offenbart ein ähnliches Ergebnis. So scheint es weder signifikante Unterschiede
zwischen Grund- und Sekundarschullehrkräften, noch zwischen den verschiedenen
Fachlehrern hinsichtlich der Rezeption der Bildungsstandards zu geben. Der einzige
schulformspezifische Unterschied liegt darin, dass unter Grundschullehrkräften mehr
kooperiert wird und die Gruppe der Nicht-Engagierten geringer ist (Pant, Vock,
Pöhlmann & Köller, 2008). Lehrkräfte in Deutschland scheinen in Bezug auf die Reform
der Bildungsstandards mit selbstbezogenen Concerns (Informationssuche und Befürchtungen) und außenbezogenen Concerns (Wirkung auf Lernende und Veränderungen im
Kollegium) beschäftigt zu sein (Köller et al., 2010). Hinweise auf eine Einbindung der
Bildungsstandards in den Unterrichtsalltag geben die Ergebnisse nicht. Somit liegt die
Vermutung nahe, dass Bildungsstandards zu diesem Zeitpunkt eine sehr geringe unterrichtspraktische Relevanz hatten. Pant (2008) analysiert unter den Lehrkräften dieser
Studie aber auch die „Alarmierte[n]" (Pant et al., 2008, S. 839), die er als wichtige Adressaten weiterer Implementationsmaßnahmen sieht. Lehrkräfte dieser Gruppe geben an,
sich noch nicht mit den Bildungsstandards auseinandergesetzt zu haben. Allerdings sind
sie hochsensibel für Informationen zur Reform, für persönliche Implikationen und für
Aufgabenanforderungen, die mit der Innovation verbunden sind. Zudem konnten zu
diesem Zeitpunkt noch keine Zusammenhänge zwischen der Einstellung der Lehrkräfte
zu den Bildungsstandards und dem Leistungsniveau der Schüler hergestellt werden (Pant, Vock, Pöhlmann & Köller, 2008). Des Weiteren zeigen die Studien des IQB,
dass eine selbstverständliche Nutzung von Innovationen im Alltag davon abhängig ist,
ob die Innovation als Einschränkung oder als Eröffnung von Freiheit im eigenen Handeln wahrgenommen wird (Zeitler, Köller & Tesch, 2010). Weitere Erkenntnisse, die im
Rahmen der Implementationsbegleitforschung zu den Bildungsstandards am IQB analysiert wurden, stammen aus einer qualitativ-rekonstruktiven Analyse von Gruppendiskus-
sionen (Zeitler, Heller & Asbrand, 2012). Demnach nehmen Lehrer eine starke Differenz
zwischen Schul- und Bildungssystem wahr und konstruieren vor diesem Hintergrund
ihre Rolle, die entscheidend für ihren Umgang mit der Innovation Bildungsstandards ist.
Konstitutiv für die Rollenfindung sind die Erfahrungen, die bereits mit schulischen Ent-
wicklungsherausforderungen gemacht wurden und die Frage, inwieweit die Innovation
als Teil eines Gesamtplans für die schulische Qualitätsentwicklung wahrgenommen

---

[6]   In der vorliegenden Arbeit wird die Mehrzahl von Fragebogen mit ‚Fragebogen' angegeben. Im süddeut-
       schen Raum und Österreich ist auch die Verwendung der Mehrzahl als ‚Fragebögen' geläufig.

wird. Für Fachkonferenzen werden Bildungsstandards dann handlungsleitend, wenn sie diese als Rahmen für eigenverantwortliche Gestaltung oder als umzusetzende Vorgabe verstehen. Im ersten Fall ist ein Umgang mit Bildungsstandards im Sinne der KMK zu erwarten, während im zweiten Fall die Bildungsstandards nur an die bisherige Arbeit angepasst werden.

2.1.3 Forschung zu standardisierten Leistungsvergleichen

Empirische Forschungen zu standardisierten Leistungsvergleichen liegen vor allem aus dem angloamerikanischen Raum vor. Bei der Betrachtung der Studien muss berücksichtigt werden, dass es sich dort um High-stakes-tests handelt, also die Testergebnisse positive wie negative Folgen für Lehrer und Schulen nach sich ziehen.

Genau diesen Aspekt von Sanktionen, die aufgrund von Testergebnissen gefällt werden, betrachtet Darling-Hammond (2004). Dazu vergleicht sie unterschiedliche Systeme der Rechenschaftslegung in den USA. Sie betont, dass gerade schwächere Schüler durch standardisierte High-stakes-tests benachteiligt werden, anstatt – wie es intendiert war – besser gefördert zu werden. Ihrer Meinung nach dürfen Tests nicht überbewertet werden und die alleinige Rolle der Rechenschaftslegung übernehmen, sondern sollten nur ein Teilbereich davon sein. Ebenso wichtig wie das Testen erachtet sie vielfältige externe Unterstützungssysteme für Schulen und Lehrer und beständige Anstrengungen von Seiten der Bildungspolitik, Lehrplan und Unterricht zu entwickeln. Nur so können Tests nicht nur Informationen liefern, sondern wirksam ihrem intendierten Ziel – der Leistungssteigerung aller Schüler – dienen.

O'Day (2002) untersucht ein bürokratisches Rechenschaftslegungssystem in Chicago auf seinen Nutzen für die Schul- und Unterrichtsentwicklung. Auf Grundlage der Komplexitätstheorie analysierte sie Schule als komplexes System und entwickelte Problemfelder, die durch die Rechenschaftslegung entstehen können. So führt sie an, dass es komplexitätstheoretisch unwahrscheinlich ist, dass ausschließlich externe Regelungen, wie sie die bürokratische Rechenschaftslegung darstellt, in der Lage sein werden, interne Handlungsmuster zu beeinflussen. Darüber hinaus kritisiert sie, dass im Falle der Rechenschaftslegung für die Chicago Public Schools die Schule als Einheit und nicht der einzelne Akteur an der Schule individuell adressiert wird. Denn, so argumentiert sie, Schule besteht aus der Handlung einzelner, und nur wenn diese einzelnen Akteure ihre Handlungen ändern, kann Schul- und Unterrichtsentwicklung stattfinden. Der bürokratischen Rechenschaftslegung stellt O'Day als Alternative oder Ergänzung eine professionsverantwortete Rechenschaftslegung gegenüber. Neben vielen Vorteilen, wie zum Beispiel der höheren Zuschreibung von Erfolgen durch die Lehrer, stellt sie auch die Grenzen von zu hoher Individualität dar, die sie vor allem in der Gefährdung der Gleichheit sieht. Als Konsequenz fordert O'Day eine Kombination von bürokratisch verantworteter und professionsverantworteter Rechenschaftslegung. Dadurch können Vorteile beider Systeme – vor allem im Hinblick auf Schul- und Unterrichtsentwicklung – genutzt und negative Begleiterscheinungen minimiert werden.

Besonders in den USA, „[where, AF] children are tested to an extent that is […] unparalleled anywhere else in the world" (Kohn, 2000, S. 2), sind Forschungen zu High-stakes-tests weit verbreitet. Kohn kritisiert auf Grundlage verschiedener amerikanischer

Studien standardisierte Tests in den USA (Kohn, 1999; Kohn, 2000) und verbindet die verschiedenen Ergebnisse zu einer umfassenden Testkritik. Dabei geht er von der Prämisse aus, dass Tests sichtbare Folgen von Standards sind, die Schüler in einheitliche Kategorien einordnen und hoch-spezifisch mit zahlreichen Unterpunkten formuliert sind (Kohn, 1999). Als wichtige Erkenntnisse der empirischen Forschung zu High-stakes-tests sieht er, dass Lehrer, die sich durch standardbasierte Tests staatlich kontrolliert fühlen, auch dazu neigen, ihre Schüler unter größere Kontrolle zu stellen oder dass engagierte Lehrer keine Rektorenstellen mehr annehmen oder sogar ganz den Beruf wechseln, um nicht mehr mit dem Testen konfrontiert zu werden. Außerdem steigt unter den Lehrern der Konkurrenzkampf um gute Testergebnisse an. In den USA hat sich daraus auch ein Markt für Materialien, die Titel wie „Improving Student Achievement" tragen, gebildet. Dieser bietet Lehrern die Möglichkeit, sich schnell und effektiv zu einzelnen Themenbereichen zu informieren, um dadurch die Schülerleistung anzuheben (Nichols, 2008). Darüber hinaus verweist sie auf das weit verbreitete und empirisch belegte Cheating und darauf, dass High-stakes-tests dazu führen können, dass Lehrer lernschwache Schüler nicht mehr als Herausforderung, sondern als Bedrohung für gute Testergebnisse sehen. In Ohio haben High-stakes-tests zu einer *„overspecialization"* (Kohn, 2000, S. 28; Herv.i.O.) geführt. Um gute Testergebnisse zu erzielen, werden die Schüler bereits ab dem neunten Lebensjahr gezwungen, sich auf zwei Fächer zu konzentrieren. Kohn zieht die Schlussfolgerung, dass durch die Tests nicht das getestet wird, was sie vorgeben zu überprüfen, und dass Unterricht auf Testinhalte und vor allem Aufgabentraining reduziert wird. Dies bewirkt zwar hohe Punktzahlen bei den Überprüfungen, führt letztlich aber zu einer Verarmung des Unterrichts auf wenige Inhalte. Die Ursache dafür sieht er vor allem in den Folgen, die Tests für Lehrer und Schulen haben, weil sie einen hohen Anreiz für gutes Abschneiden schaffen. Standardisierte Tests sind in seinen Augen überhaupt nicht dazu geeignet zuverlässige Prädiktoren für zukünftige Schul- und Karrierelaufbahnen zu sein.

Nichols und Berliner (2007) zeigen anhand unterschiedlicher Schülergruppen in den USA die Auswirkungen von High-stakes-tests auf Schule und Unterricht: „[We; A.F.] demonstrate that high-stakes testing is harmful as well as ineffective" (Nichols et al., 2007, S. xvi). Somit bestätigen sich in ihren Augen die Befürchtungen, dass standardisierte Leistungstests nicht nur uneffektiv, sondern sogar schädlich für das Bildungswesen in den USA sind. Nichols und Berliner belegen in ihren Studien individuelles Cheating durch Schulen, welches sogar so weit geht, dass Schüler von den Vergleichstests ausgeschlossen werden. Die Autoren differenzieren davon institutionelles Cheating, da selbst Behörden Testergebnisse beschönigen. Dass High-stakes-tests nicht zum gewünschten Erfolg eines höheren Leistungsniveaus aller Schüler führen, wie dies im No-Child-Left-Behind-Act von 2002 (Congress of the United States of America, 2002) gefordert wurde, zeigen Untersuchungen, nach denen Lernzuwächse, die in den eigenen Tests des jeweiligen Bundesstaates deutlich wurden, in unabhängigen Tests nicht nachgewiesen werden konnten. Dies ist ein weiterer Hinweis darauf, dass zum einen die Bundesstaaten bei der Testkonstruktion Cheating betreiben, zum anderen auch, dass die High-stakes-tests nicht zu einem höheren Leistungsniveau führen. Als Alternative zu High-stakes-tests schlagen Nichols und Berliner vor, eine formative Testung zu implementieren, die den Lernprozess begleitet und auf Förderung ausgelegt ist. Zusätzlich empfehlen sie ein umfassendes System von Schulinspektion, das weniger Kontroll-, sondern vielmehr Unterstützungsfunktion haben soll. Eine weitere Forderung betrifft die Testaufgaben, die von den Lehrern vor Ort entwickelt werden und dann einer wissenschaftlichen Überprüfung unterworfen sein sollten. Darüber hinaus plädieren Nichols und Berliner für ein weites Spektrum an Leistungskontrollen, das über die klassischen schriftlichen Tests hinausgeht und zum Beispiel auch Projekte und Portfolios in die Leistungsbewertung mit einbezieht.

Lam (2004) untersucht die kanadische standardbasierte Reform. Dazu analysiert er zunächst die offiziellen Dokumente und führt danach eigene empirische Untersuchungen durch. Seine Ergebnisse und das Hinzuziehen anderer empirischer Aussagen lassen ihn zu dem Schluss kommen, dass High-stakes-tests ein Teaching-to-the-test nach sich ziehen und Schule sowie Schülerleistungen inhaltlich und methodisch verengen. Dennoch steht er Assessment und Accountability nicht ablehnend gegenüber. Er plädiert dafür, dass nicht ausschließlich die Ergebnisse solcher Tests veröffentlicht werden, sondern dass mindestens ebenso viel Aufwand in die Unterstützung der Lehrkräfte fließen muss. Er sieht nach seinen Analysen eine Balance von Druck und Unterstützung als sinnvollste Variante einer erfolgreichen Schulreform an.

Maier (2009) betrachtet in seiner Studie die testbasierte Schulreform aus ländervergleichender Perspektive. Zunächst analysiert er Differenzen zwischen angloamerikanischen Testdesigns und den unterschiedlichen Realisierungen von Leistungskontrolle und Rechenschaftslegung in Deutschland (Thüringen und Baden-Württemberg). Die Daten wurden sowohl quantitativ als auch qualitativ erhoben und bieten so umfassende Informationen zum Rezeptionsverhalten von Lehrkräften. Maier (2009) konstatiert, dass Lenkung durch Leistungsrückmeldung ein sinnvoller Weg staatlicher Steuerung ist, in Deutschland allerdings noch Entwicklungsbedarf hinsichtlich der Unterstützungssysteme und der Testdesigns herrscht. Vor allem die Auswertung der Daten durch die Lehrkräfte ist noch zu unprofessionell. Der Ländervergleich hat deutlich gemacht, dass unterschiedliche Testdesigns auch unterschiedliches Nutzungsverhalten bei Lehrkräften hervorrufen. Während das elaborierte Testsystem in Thüringen durchaus Wirkungen entfalten kann, kommt es in Baden-Württemberg zu einer weniger intensiven Nutzung der Ergebnisse von Vergleichsarbeiten (Maier, 2008).

2.2 Theoretische Grundlagen

2.2.1 Theorie des Lehrplans

Nachdem sich mit der Einführung der Bildungsstandards grundlegende Neuerungen in der curricularen Steuerung des deutschen Schulsystems ergeben, wird mit der Theorie des Lehrplans eine lehrplantheoretische Verortung der Bildungsstandards angestrebt.

2.2.1.1 *Funktionen des Lehrplans*

In seinem Werk *Die Theorie des Bildungsinhaltes und des Lehrplans* misst Weniger (1956) dem Lehrplan große Bedeutung innerhalb der Schulforschung bei. Denn über den Lehrplan können seiner Meinung nach die „irrationalen Bestandteile des Bildungsvorganges" (Weniger, 1956, S. 22) leichter erfasst und damit didaktische Überlegungen erschlossen werden. Die Funktion des Lehrplans bestimmt er folgendermaßen: „Die Aufgabe des Lehrplans ist die Festlegung der Bildungsziele und Auswahl und Konzentration [...] de[r] Bildungsinhalte" (Weniger, 1956, S. 22). Das Zustandekommen des Lehrplans beschreibt er mit dem berühmt gewordenen „Kampf geistiger Mächte" (Weniger, 1956, S. 22), wodurch er ausdrücken will, dass die Inhalte des Lehrplans von „heterogene[n] Mächten" (Weniger, 1956, S. 23) bestimmt werden, die vielfältige Interessen verfolgen.

Robinsohn fordert anstelle des Einbezugs vieler verschiedener Gruppen in die Lehrplanentwicklung 1967 in der Vorbemerkung zu *Bildungsreform als Revision des Curriculum* den Primat der Wissenschaftlichkeit bei der Erstellung des Lehrplans. Zudem führt er den Begriff *Curriculum* wieder ein, um damit begrifflich – aber vor allem inhaltlich – an die Pädagogik des Barockzeitalters anzuschließen. Damals bemühte man sich um eine gute Verbindung zwischen Zielen, Inhalten und Methoden in der Pädagogik. Robinsohn weist ausdrücklich darauf hin, dass mit dem Curriculumbegriff in seiner Theorie keineswegs eine inhaltliche Übereinstimmung mit dem Curriculumbegriff des angloamerikanischen Sprachraums besteht oder intendiert ist (Robinsohn, 1967).

In der Folgezeit konzentriert sich das Interesse am Lehrplan vor allem auf dessen Funktionen. Gegenwärtig wird deren Ausdifferenzierung mehr und mehr in einem vereinfachten Modell angegeben, in dem nur noch zwischen Legitimations- und Orientierungsfunktion unterschieden wird.

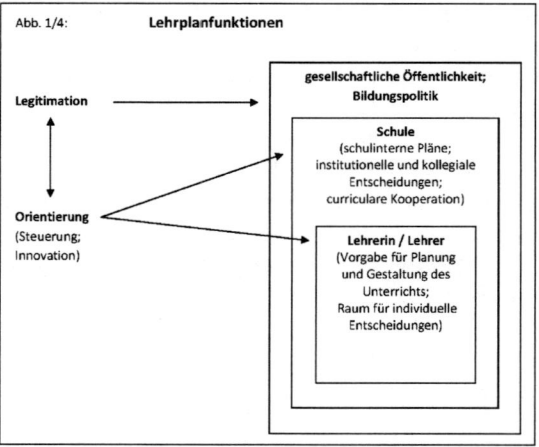

Abb.1: Die Funktionen des Lehrplans nach Vollstädt et al. (1999, S. 23).

Begründet wird dies in den unterschiedlichen Zielrichtungen, da sich die Legitimationsfunktion vor allem an einen dem Schulsystem außenstehenden Adressatenkreis (z.B. die Gesellschaft) richtet, während die Orientierungsfunktion direkt an die im Bildungssystem Tätigen – vor allem Lehrer – gerichtet ist. Dabei ist die Tendenz feststellbar, dass nicht mehr Einzellehrer, sondern Kollegien als Adressaten der Lehrpläne erkannt werden, wie dies zum Beispiel in der Bildungsplanreform 2004 in Baden-Württemberg der Fall war (Rauin et al., 2007). Damit trägt man der Erkenntnis Rechnung, dass die Schulcurricula vor Ort gleichsam als „Filter oder auch Katalysator" (Vollstädt et al., 1999, S. 21) zwischen staatlichen Lehrplänen und konkreter Unterrichtsplanung des einzelnen Lehrers fungieren.

Die Orientierungsfunktion wird dahingehend weiter ausdifferenziert, dass sie nach Vollstädt et al. (1999) die „Varianten" (1999, S. 24) der Steuerungs- und Innovationsfunktion mit einschließt. Dieser Einteilung schließen sich Rauin und Maier (2007) an und fügen als „Nuance" (Rauin et al., 2007, S. 13) noch die Anregungs- und Entlastungsfunktion hinzu. Da die Einführung neuer Lehrpläne meist mit einem Funktionswandel einhergeht und die Einführung der Bildungsstandards im Primarbereich als Ergänzung der Lehrpläne implementiert wurde, ist es für die empirische Studie zwingend erforderlich, die ausdifferenzierten Funktionen des Lehrplans näher zu betrachten. Dadurch sollen Funktionsübertragungen auf die Bildungsstandards und Funktionsverschränkungen zwischen Lehrplänen und Bildungsstandards deutlich werden.

Meines Erachtens muss stärker zwischen der Steuerungs- und der Orientierungsfunktion unterschieden werden. Es ist nicht ausreichend, die Steuerungsfunktion als Variante der Orientierungsfunktion zu verstehen. Während die Orientierungsfunktion vom Begriff *Orientierung* her mehr einen Empfehlungscharakter impliziert und damit mehr Freiräume bietet, beinhaltet der Begriff *Steuerung* einen verpflichtenden Charakter. Daraus erschließt sich, dass die Orientierungsfunktion mit der Unterstützungs- und Entlastungsfunktion von Lehrplänen verbunden ist, während sich die Steuerungsfunktion mehr der politischen Funktion von Lehrplänen zuordnen lässt. Ein weiterer entscheidender Unterschied zwischen Orientierungs- und Steuerungsfunktion besteht hinsichtlich ihrer Wirkungsrichtung. Während die Steuerungsfunktion als Top-down-Prozess zu verstehen ist, der staatliche Vorgaben *von oben* in der Schule initiieren soll, kann die Orientierungsfunktion als Bottom-up-Prozess gesehen werden, da hier auf der Ebene des individuellen Lehrerhandelns Prozesse stattfinden.

Die Innovationsfunktion geht zwar nicht begrifflich, aber doch inhaltlich auf Robinsohn zurück. Indem er die *Bildungsreform als Revision des Curriculum* fordert, entdeckt er den Lehrplan als Möglichkeit zur Gestaltung der Schule. Zahlreiche Studien der Lehrplanwirksamkeitsforschung (Vollstädt et al., 1999) zeigen ein ernüchterndes Ergebnis hinsichtlich der Innovationsfunktion von Lehrplänen, die nur geringfügig den Weg in die Unterrichtspraxis der Lehrer finden.

In der Literatur (Rauin et al., 2007) wird auch die Entlastungsfunktion zur Orientierungsfunktion gezählt, die dadurch dem innerschulischen Kontext zugeordnet wird. Der Lehrplan erleichtert maßgeblich die langfristige Unterrichtsplanung vor allem im Hinblick auf die Stoffverteilung. Biehl et al. (1999) konnten zeigen, dass dieser Aspekt bei den Lehrkräften stark im Vordergrund steht. Rauin und Maier gehen davon aus, dass die Entlastungsfunktion darin besteht, dass Lehrkräfte mit dem Lehrplan ihre „inhaltlichen und methodischen Entscheidungen *nach außen* [Herv.AF] rechtfertigen" (2007, S. 14) können. Auch Westphalen (1985) widmet ein Kapitel der „Bedeutung curricularer Legitimation für die Schule" (Westphalen, 1985, S. 32ff.), in dem die Aufgabe der Lehrer zur Legitimation der Unterrichtsinhalte nach außen thematisiert wird. Es wird deutlich, dass die Entlastungsfunktion sowohl nach innen als auch nach außen von Bedeutung ist und damit weder unter Legitimations- noch unter Orientierungsfunktion subsumiert werden kann, wenn diese in Außen- und Innenwirkung aufgeteilt sind. Sie nimmt eine Zwischenposition ein.

Für die Wirksamkeit von Lehrplänen ist die sekundäre Lehrplanbindung entscheidend. Dieser Aspekt fällt unter die Anregungsfunktion, die nicht nur vom Lehrplan allein, sondern auch von zahlreichen Sekundärmaterialien zu den Lehrplänen wahrgenommen wird.

Die Legitimationsfunktion muss zudem in Anlehnung an Biehl et al. (1998) um die politische Funktion ergänzt werden. Besonders in Deutschland sind curriculare Entscheidungen politisch geprägt. In einer vergleichenden Studie konnten Seliner-Müller und Künzli (1998) für die Schweiz sowie Biehl et al. (1998) für Deutschland zeigen, dass in Deutschland Lehrplanrevisionen in erster Linie sozio-ökonomisch motiviert sind, während in der Schweiz pädagogisch-innovative Gründe im Vordergrund stehen. Gerade im Hinblick auf die Bildungsstandards, die aufgrund der Ergebnisse einer politisch-wirtschaftlich motivierten Studie eingeführt wurden, zeigt sich ganz deutlich diese Funktion curricularer Steuerung in Deutschland.

2.2.1.2 Steuerungsmodelle

In der Literatur werden vier Grundformen curricularer Steuerung unterschieden. Während diese von Künzli (1999) in eine Matrix von Prozess/Status und direkt/indirekt eingeordnet werden, beschreiben Biehl et al. (1996) diese als philanthropisches Modell, Examen-artium-Modell, Assessment-Modell und klassisch-bürokratisches Modell.

Das philanthropische Modell wird von Künzli (1999, S. 25) in die Dimensionen „Prozess" und „direkt" eingeordnet und als „Wegvorgabe" bezeichnet. Es ist durch eine direkte Steuerung und Schulversuche an Modellschulen, die Vorbildwirkung haben sollen, charakterisiert.

Die nach Künzli (1999, S. 25) bezeichnete „Zugangskontrolle", die durch „indirekt" und „Status" näher bestimmt ist, übt ihre Steuerung durch Aufnahmeprüfungen der nächsthöheren Bildungseinrichtung aus. In dem nach Biehl et al. (1996) bezeichneten Examen-artium-Modell gibt es keine verbindlichen staatlichen Vorgaben für Abschlussprüfungen.

Über die Dimension „Status" hängt das Examen-artium-Modell mit dem Assessment-Modell zusammen. In diesem Fall wird ein Test nicht an der nächsthöheren Bildungseinrichtung gefordert, sondern eine Ergebniskontrolle an der Bildungseinrichtung durchgeführt, an der die entsprechenden Inhalte erworben wurden. Künzli (1999, S. 25) bezeichnet dieses Modell, das sich mit den Dimensionen „Status" und „direkt" bestimmen lässt, als „Ergebniskontrolle". Es entstammt der angloamerikanischen Tradition, die ohne verbindliche Lehrplaninhalte, aber mit zentralen Abgangskontrollen und Zielvorschriften arbeitet. Die große Gefahr dieses Modells besteht im sogenannten Teaching-to-the-test, indem Lehrer ihren Unterricht nur noch auf die Inhalte der Abgangskontrollen ausrichten und dadurch die Unterrichtskultur verarmt.

Von Künzli (1999, S. 25) als „Zielvorgabe" bezeichnet, stellt das klassisch-bürokratische Modell die traditionelle deutsche Form curricularer Steuerung dar. Die Dimensionen „indirekt" und „Prozess" beschreiben, dass Inhalte und schulartspezifische Normierungen vorgeschrieben sind, jedoch die Vorgaben hinterher nicht zentral überprüft werden.

Mit dem klassisch-bürokratischen Modell hatte das deutsche Schulsystem lange Zeit eine Input-Steuerung, bei der es keine regelmäßigen nachträglichen Ergebniskontrollen durch den Staat gab. Somit war es den Lehrern vor Ort anvertraut, die Lehrpläne umzusetzen. Die Ergebnisse der Lehrplanwirksamkeitsforschung zeigen, dass Lehrpläne allein die in sie gesetzten Erwartungen an die Steuerung von Unterricht anscheinend nicht erfüllen können (Vollstädt et al., 1999; Rauin et al., 2007). Mit Einführung der Bildungsstandards wurde das klassische Modell um die Ergebniskontrolle erweitert. Dadurch sollen die positiven Aspekte der beiden Modelle kombiniert und negative umgangen werden. So wird die bestehende Input-Steuerung durch eine Output-Steuerung ergänzt. Vollstädt et al. (1999) gehen davon aus, dass die standardisierten Tests der Ergebniskontrolle die curricularen Handlungsspielräume der Lehrkräfte einschränken, da sie eine Steuerungsfunktion wahrnehmen, die der individuellen Unterrichtsplanung Grenzen setzt. Somit kann von Bildungsstandards eine Erhöhung der staatlichen Steuerungsfunktion erwartet werden.

2.2.1.3   Wirkungsebenen des Lehrplans

Lehrpläne sind staatliche Dokumente, die das Schulsystem beeinflussen sollen. Die enormen Mühen und Kosten, die mit Lehrplanrevisionen verbunden sind, können nur dadurch erklärt werden, dass die einzelnen deutschen Bundesländer den Lehrplänen auf *staatlicher Wirkungsebene* eine hohe Wirksamkeit zusprechen und darüber ihre jeweilige Kulturhoheit unter Beweis stellen wollen. In Deutschland hat die Innovation des Schulsystems durch Top-down-Verordnungen eine lange Tradition, obwohl die tatsächlichen Effekte nur selten überprüft werden. Bei der Umsetzung der Lehrpläne verlässt sich der Staat gerne auf die Professionalität der Lehrkräfte vor Ort, die durch das Staatsexamen gewährleistet erscheint. Dass Lehrplänen eine Innovationsfunktion für das Schulsystem zugeschrieben wird, zeigt sich auch darin, dass Schulreformen fast immer mit neuen Lehrplänen einhergehen, wie dies zum Beispiel bei der Umstellung des Gymnasiums in Bayern zur achtjährigen gymnasialen Oberstufe (G8) zu beobachten war.

Als Wirkungsebene des *institutionellen Lehrplans* bezeichnet man die Jahresplanungen, die innerhalb der Kollegien und Fachkonferenzen entwickelt werden. Während dieser Planungsphase kann dem staatlichen Lehrplan noch eine relativ hohe Orientierungsfunktion unterstellt werden. Deshalb werden Einzelschulen als Adressaten von staatlichen Lehrplänen immer wichtiger. Kollegien werden ganz gezielt aufgefordert, gegebene Freiräume selbst zu gestalten, um dadurch das Schulprofil der jeweiligen Schule zu schärfen. Dieser Zwischenschritt beim Weg des amtlichen Lehrplans in die Klassenzimmer über die Kollegien wurde lange Zeit vernachlässigt und bei empirischen Untersuchungen unberücksichtigt gelassen (Lankes, 1991). Es war das Ziel des Lehrplans, als stärkstes Steuerungsinstrument des klassischen staatlichen Leitungsmodells unmittelbar „den konstitutiven Kern von Schule, den Unterricht des einzelnen Lehrers" (Künzli, 1999, S. 11) zu erreichen. Die Einbettung des Unterrichts in die Organisation Schule wurde nur randständig beachtet. Im Grundschulbereich spielt besonders in der dritten und vierten Jahrgangsstufe die enge Kooperation der Jahrgangsstufenlehrer aufgrund der Übertrittsentscheidung eine wichtige Rolle. Die Zusammenarbeit geht oft so weit, dass exakt gleiche Klassenarbeiten geschrieben werden. Eindeutig ist im Zusammenhang mit der Adressierung der Lehrpläne an Kollegien eine immer stärkere Entwicklung zum

Kerncurriculum verbunden, das durch weniger Stofffülle den Schulen vor Ort mehr Gestaltungsspielraum geben soll. Im aktuellen Grundschullehrplan für das Fach Heimat- und Sachunterricht bietet der Themenblock „Unser eigenes Thema" (Bayerisches Staatsministerium für Unterricht und Kultus, 2000, S. 35) Gestaltungsraum für individuelle schulische Gegebenheiten. Ob die Lehrpläne dadurch die positive Entwicklung der Einzelschule stimulieren und unterstützen können, ist noch nicht abzusehen. In jedem Fall ergibt sich durch die stärkere Berücksichtigung der Lehrerkollegien eine Akzentverschiebung curricularer Steuerung. Während nun den Kollegien große inhaltliche Freiheit gegeben wird, wird teilweise die Einschätzung der Leistung der Schüler den Lehrern entzogen und einer externen Evaluation unterstellt.

Obwohl die Kollegien als Adressaten der Lehrpläne immer wichtiger werden, ist ebenso der *einzelne Lehrer* vor Ort zu beachten. Künzli (2006) konstatiert: „Unterricht ist immer auch Lehrplanarbeit" (Künzli, 2006, S. 92). Dies greift auf die didaktische Analyse von Klafki (2006) zurück, in der der einzelne Lehrer in seiner Unterrichtsplanung aufgefordert ist, Inhalte und Ziele des Unterrichts auszuwählen und zu begründen. Nicht ohne Grund war der einzelne Lehrer lange Zeit alleiniger Adressat staatlicher Vorgaben, was auch historisch bedingt ist. Durch die Schulreform der 1970er-Jahre wurden zahlreiche kleine Landschulen, in denen nur ein Lehrer tätig war, zu größeren Schulverbänden zusammengeschlossen. Erst dadurch wurde eine verstärkte kollegiale Zusammenarbeit möglich. Zudem belegen Studien, dass der Lehrer die entscheidende Einflussgröße für die Qualität des Unterrichts ist (Helmke & Schrader, 2006). Lehrer können nach Caselmann (1964) in unterschiedliche Typen eingeteilt werden, die eine unterschiedliche Rezeption des Lehrplans zur Folge haben. Zudem ist fraglich, inwieweit der staatliche Lehrplan überhaupt noch Einfluss auf den individuellen Lehrplan hat oder ob nur noch der institutionelle Lehrplan beachtet wird. Darüber hinaus haben besonders in der Grundschule Lehrer durch das Studium unterschiedliche pädagogisch-didaktische und vor allem unterschiedliche fachliche Voraussetzungen, die die Rezeption des Lehrplans beeinflussen. Für die alltägliche Unterrichtsplanung ziehen Lehrer in erster Linie eigene frühere Unterrichtsentwürfe heran. Neue Lehrpläne empfinden Lehrer deshalb je nach Inhalt als Bestätigung oder Irritation ihrer Arbeit.

Unbestritten ist der hohe Einfluss des Sekundärmaterials auf die Unterrichtsplanung, das auch als eine eigene Wirkungsebene des Lehrplans gelten kann und somit in dieser Arbeit als *sekundäre Lehrplanebene* bezeichnet wird. Bittlinger et al. (1980) fanden in einer Befragung von Grundschullehrkräften heraus, dass sich Lehrer viele unverbindliche didaktisch-methodische Handlungsanweisungen wünschen (Staatsinstitut für Schulpädagogik München, 1980). Der Staat behält sich seinen Einfluss auf den Unterricht dadurch, dass Schulbücher staatlich zugelassen sein müssen. Aber neben den Materialien, die einer staatlichen Überprüfung unterliegen, gibt es einen schnell wachsenden und vor allem hart umkämpften Markt der Verlagsmaterialien. Da diese oft sehr teuer sind, können finanziell gut ausgestattete Schulen stärker auf sie zurückgreifen als andere Schulen. Es wird kritisch zu verfolgen sein, inwieweit diese Materialien zu einer Standardisierung von Unterricht führen. Sie werden für einen breiten Adressatenkreis produziert und können dadurch nicht auf individuelle Gegebenheiten abgestimmt sein. In der Verwendung des Sekundärmaterials geben die Lehrkräfte zudem einen Teil ihrer Professionalität im Hinblick auf Unterrichtsplanung und Leistungskontrollen ab. Zusammenfassend ist festzuhalten, dass Sekundärmaterialien eine Anregungs-, Entlastungs- und Orientierungsfunktion haben und als wichtigstes Merkmal die Unverbindlichkeit aufweisen.

2.2.2 Unterrichtsentwicklungsmodell

Das Unterrichtsentwicklungsmodell von Helmke (Helmke, 2009) ist eine häufig verwendete theoretische Grundlage von Untersuchungen, die sich mit Unterrichtsentwicklung beschäftigen. Die Stärke liegt darin, dass sowohl der Prozess der Unterrichtsentwicklung in unterschiedlichen Phasen berücksichtigt wird, als auch beeinflussende Kontextfaktoren integriert werden. Die Kontextfaktoren werden zudem in externe und individuelle Faktoren unterteilt.

Das Modell von Helmke (2009) ist ein zyklisches Verlaufsmodell zur Weiterentwicklung des Unterrichts. Darin definiert er ausgehend vom Erhalt einer neuen Information über Unterricht vier Phasen der Unterrichtsentwicklung: Rezeption, Reflexion, Aktion und Evaluation, die sich spiralförmig regelmäßig wiederholen sollen, um Unterricht zu entwickeln.

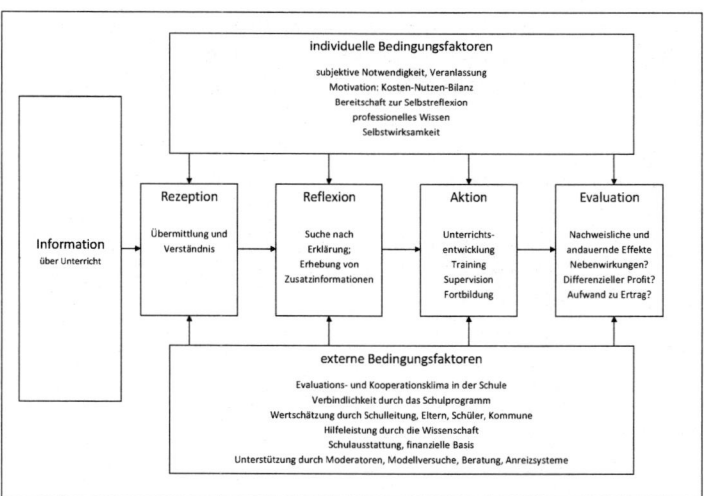

Abb.2: Modell der Unterrichtsentwicklung und ihrer Bedingungen. (Helmke, 2009, S. 309)

Die Phase der *Rezeption* ist geprägt von der Übermittlung der Information. Um Ignoranz, Missverständnisse oder Falschinterpretationen zu vermeiden, sollte bei der Darstellung auf „ihre Verständlichkeit, Relevanz, Aktualität und Korrektheit" (Helmke, 2009, S. 309) geachtet werden. Anschließend tritt in günstigen Fällen die Phase der *Reflexion* ein, in der die Lehrkräfte die neuen Informationen mit ihren eigenen subjektiven Theorien vergleichen und in Verbindung bringen. In diese Phase fällt auch das eventuelle Erheben von Zusatzinformationen. Der schwierigste Übergang wird in diesem Modell im Wechsel zur Phase der *Aktion* gesehen. Hier kommt es darauf an, dass ausreichend Motivation zur Veränderung besteht, um auch eventuelle Rückschläge aushalten zu können, ohne die Innovation in Frage zu stellen. Darauf sollte die Phase der *Evaluation* erfolgen, in der Nutzen und Relevanz der Veränderung kritisch überprüft werden. Im besten Fall ist diese Überprüfung Ausgangspunkt für das Einholen neuer Informationen und das erneute Durchlaufen des Zyklus.

Im Modell werden auch verschiedene individuelle und externe Bedingungen berücksichtigt, die beständig den Prozess beeinflussen. Als *individuelle Bedingungen* werden subjektive Theorien und stabile Gewohnheiten genannt. Zudem beeinflusst die Motivation die Entscheidung, ob rezipierte Informationen in Aktion umgesetzt werden. Darüber hinaus bestimmen das professionelle Selbstverständnis, der subjektive Leidensdruck und die Bereitschaft zur Selbstreflexion den Prozess der Unterrichtsentwicklung. Daneben spielen *soziale und institutionelle Bedingungen* eine Rolle. Das Modell berücksichtigt den Zusammenhang von Schulentwicklung und Unterrichtsentwicklung, Unterstützung durch die Schulleitung, die Verankerung von Unterrichtsentwicklung im Schulprogramm oder Schulprofil, die Evaluationskultur und das Innovationsklima einer Schule, die Wertschätzung durch Schulaufsicht, Eltern, Verbände und der Schüler sowie die Kooperation innerhalb des Kollegiums als zentrale Einflussgrößen.

Das Modell wird von Helmke in den Kontext der Lehrerfortbildung gestellt. VERA und vor allem die dazugehörigen Rückmeldungen können auch als Lehrerfortbildung, aber in jedem Fall als intendierte Unterrichtsentwicklung gesehen werden. Deshalb erscheint das vorliegende Modell zur theoretischen Rahmung der Rezeption und Nutzung von Vergleichsarbeiten als geeignet. Zudem stellt es den Lehrer und seinen Unterricht in den Mittelpunkt des Prozesses. Dadurch erlaubt es die Überprüfung der Intention von VERA, bei den einzelnen Lehrern Unterrichtsentwicklung anzuregen, und ermöglicht durch die Beachtung von Kontextfaktoren, fördernde und hindernde Variablen zu identifizieren.

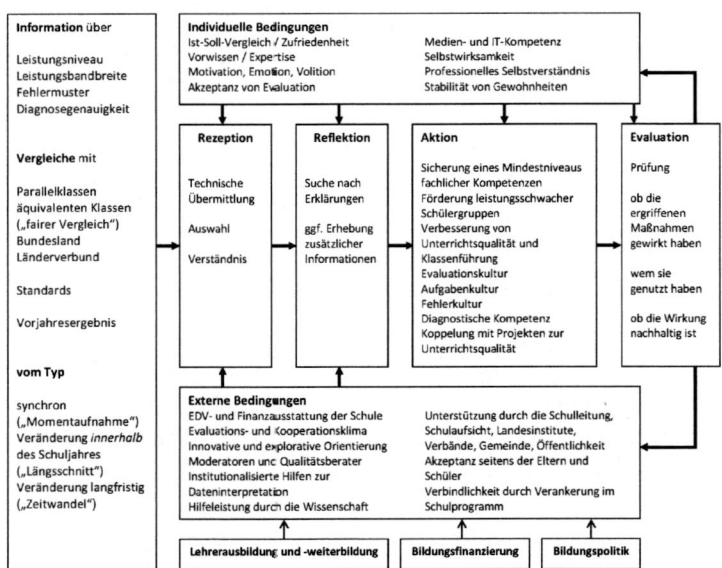

Abb.3: Unterrichtsentwicklungsmodell zu VERA. (Helmke, 2004, S. 100)

Darüber hinaus kann das Unterrichtsentwicklungsmodell auch zur theoretischen Rahmung der Implementationsforschung zu curricularen Innovationen genutzt werden. Jede curriculare Innovation intendiert – zumindest zum Teil – auch Unterrichtsentwicklung. Der vorliegende Forschungsgegenstand Bildungsstandards hat ebenso wie VERA die Intention Unterrichtsentwicklung anzuregen. Da vor allem der Aspekt der Verwendung von Bildungsstandards auf Lehrerebene erklärtes Forschungsziel dieser Arbeit ist, kann dieses Modell in der vorliegenden Studie auch für die Analyse des Implementationsprozesses der Bildungsstandards herangezogen werden. Deshalb soll neben der theoretischen Modellierung der Daten zu den Vergleichsarbeiten auch der Versuch unternommen werden, das Modell auf die Akzeptanz und Nutzung von Bildungsstandards anzuwenden.

2.2.3 Stages of Concern

Die Stärke dieser Theorie liegt in der starken Fokussierung des einzelnen Adressaten einer Innovation. So werden sowohl subjektbezogene Aspekte im Hinblick auf die Innovation, als auch Aspekte hinsichtlich der Umgebung berücksichtigt.

Hall und Hord (2011) adaptierten ein Stufenmodell von Fuller (1969), um verschiedene Stufen zur Wahrnehmung von Innovationen zu beschreiben. Ursprünglich waren vier Stufen (Unrelated, Self, Task, Impact) entwickelt worden, die durch empirische Studien in sieben Stufen, den Stages of Concern, differenziert wurden:

0. Unconcerned (Unrelated): Der Adressat ist wenig oder überhaupt nicht an der Innovation interessiert. Sein Interesse liegt bei anderen Dingen, die damit nicht in Verbindung stehen.
1. Informational (Self): Auf dieser Stufe ist der Adressat auf die Innovation aufmerksam geworden. Er möchte ganz allgemeine Informationen dazu erfahren und bringt die Innovation noch nicht mit seiner Person in Verbindung oder hat noch keine Bedenken zu den Folgen der Innovation für seine Person.
2. Personal (Self): In dieser Phase ist der Adressat über die Konsequenzen der Innovation für seine Person beunruhigt. Er überlegt, welche Anforderungen an ihn gestellt werden und ob er diese erfüllen kann. Zudem reflektiert er seine Rolle innerhalb der Innovationseinheit und finanzielle sowie statusmäßige Folgen für ihn.
3. Management (Task): Der Adressat beschäftigt sich nun mehr aufgabenbezogen mit der Innovation. Deshalb werden Handlungsabläufe, Zeitpläne und organisatorische Aspekte Zentrum der Aufmerksamkeit.
4. Consequence (Impact): Die Klienten der Innovation rücken in dieser Phase in den Fokus der Aufmerksamkeit. Die Adressaten der Innovation bedenken hierbei, welche Auswirkungen die Veränderungen auf die Klienten haben.
5. Collaboration (Impact): In der Phase der Zusammenarbeit werden für die Adressaten Strukturen der Zusammenarbeit und die Koordination der Innovation in der Adressatengruppe wichtig.
6. Refocusing (Impact): Diese Phase ist geprägt von einer Neukonzentration auf die Innovation und der Überlegung, durch welche Veränderungen noch mehr Profit aus der Innovation für alle Beteiligten entsteht.

Diese Stufen, die in Realität einen Prozess darstellen und sich hierbei Adressaten auf mehreren Stufen gleichzeitig befinden können, werden dazu herangezogen, den Akzeptanzgrad von Innovationsprozessen bei Adressaten einer Innovation zu messen. Die Diagnose soll zu einer gezielten Unterstützung der Implementation dienen.

Entscheidend für die Anwendung der Theorie der Stages of Concern ist, dass die Innovation von den untersuchten Personen auch tatsächlich als Veränderung ihrer Arbeitswirklichkeit wahrgenommen wird. Aufgrund empirischer Forschungen konnten verschiedene Concern-Profile identifiziert werden. Das Big W–Profil (Abb.4/links) zeichnet sich durch Täler bei Self und Impact sowie Spitzen bei Task und Refocusing Concerns aus. Studien zeigten, dass Lehrkräfte, die dieses Profil aufweisen, nur sehr schwer von der Innovation zu überzeugen sind. Zwar wird in diesem Profil die Innovation umgesetzt, jedoch beziehen sich Maßnahmen nur auf den Aufgabenbereich. Eine persönliche Betroffenheit und Zusammenarbeit mit Kollegen ist nicht vorhanden. Das Ziel einer Concerns-Based Implementation ist durch ein Tal bei Self und Task und eine große Spitze bei Impact (Abb.4/Mitte) gekennzeichnet. Dieses Profil ist allerdings nur selten zu finden und Ergebnis einer nachhaltigen und langfristigen Implementation. Genau entgegengesetzt verläuft das Profil der Nicht-Nutzer einer Innovation (Abb.4/rechts). Dort liegen die Spitze bei Unrelated und das Tal bei Impact. Dabei gibt es keine wesentlichen Unterschiede zwischen Nicht-Nutzern, die der Innovation positiv gegenüber stehen (roter Graph), und denen, die misstrauisch eingestellt sind (blauer Graph).

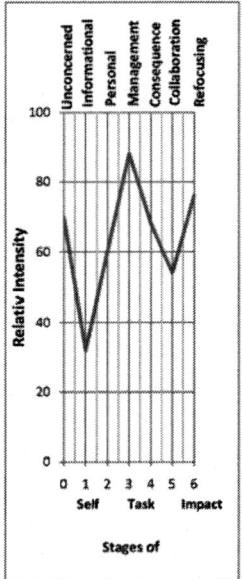 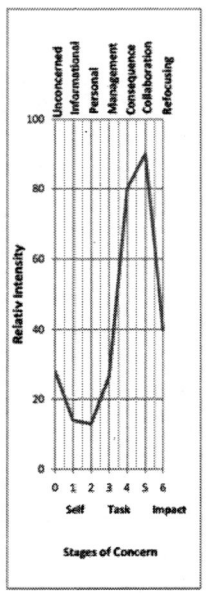 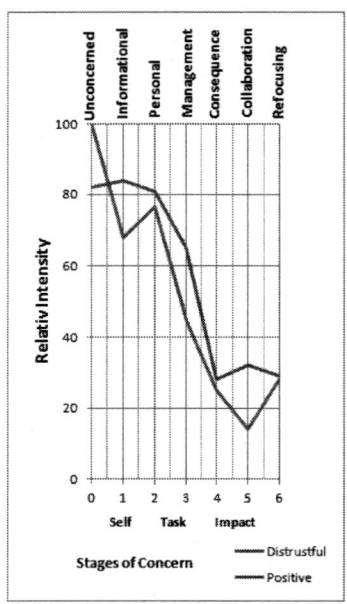

Abb.4: SoC-Profile. Links ist das Big W-Profil (Nach Hall et al., 2011, S. 82), in der Mitte ein erfolgreiches SoC-Profil (Nach Hall et al., 2011, S. 83) und rechts die Profile von Nicht-Nutzern (Nach Hall et al., 2011, S. 85) abgebildet.

Die vorgestellten Theorien bilden den theoretischen Rahmen für das Forschungsvorhaben. Mit ihren verschiedenen Schwerpunktsetzungen ermöglichen sie unterschiedliche Perspektiven auf den Forschungsgegenstand. Mit der Theorie des Lehrplans (Vollstädt et al., 1999) wird am Ende der Länderberichte eine zunächst theoretische Analyse mit der Konzeption der Bildungsstandards in Bayern und Finnland durchgeführt. Nach der Vorstellung der empirischen Ergebnisse wird diese Analyse mit den empirischen Ergebnissen verglichen. Das Unterrichtsentwicklungsmodell (Helmke, 2009) dient zunächst als Rahmen für die Entwicklung der Fragestellungen und später als Theoriefolie für die empirischen Erkenntnisse. Ebenso wird die Theorie der Stages of Concern (Hall et al., 2011) vor allem im Auswertungsteil als gegenstandsbezogene Theorie dazu verwendet, mit einer akteurzentrierten Perspektive die empirischen Ergebnisse zu betrachten.

2.3 Länderberichte

Die Länderberichte schließen das Kapitel *Theoretische Überlegungen* zum Forschungsvorhaben ab. Sie beschreiben die Forschungsfelder Bayern und Finnland mit ihren länderspezifischen Regelungskontexten zu Bildungsstandards. Zunächst werden für jedes Land die curricularen Entwicklungen der letzten Jahre aufgezeigt, anschließend daran die Konzeption der Bildungsstandards und deren Implementationsweise sowie die Kontrolle der Einhaltung der Standards vorgestellt. Abschließend werden in diesem Abschnitt die beiden Regelungskontexte mit der Theorie des Lehrplans analysiert.

2.3.1 Bayern

Mit Beginn des Schuljahrs 2005/2006 wurden an allen deutschen Grundschulen Bildungsstandards für den Primarbereich verbindlich eingeführt.

Aus Gründen der Bildungsgerechtigkeit hat es jedoch in Bayern schon länger in zentralen Abschlussprüfungen der allgemeinbildenden und fast allen beruflichen Schularten gemeinsame landesweite Standards gegeben. Die schlechten Ergebnisse verschiedener internationaler Schulleistungsvergleiche (u.a. TIMSS, PISA) gaben allerdings Anlass, neue Instrumente der Qualitätssicherung einzuführen, die in erster Linie den einzelnen Schulen verstärkt Rückmeldungen über den Leistungsstand der Schüler geben sollen. Bayern beteiligte sich daraufhin an den bundesweiten Bildungsstandards. Sie reihen sich in ein bestehendes System der Qualitätssicherung an bayerischen Schulen ein, das aus folgenden Komponenten besteht:

- „Moderne Lehrpläne, die durch ihre Orientierung an Grundwissen und Kernkompetenzen an die bundesweiten Bildungsstandards angebunden sind,
- zentrale Abschlussprüfungen,
- fachliche Betreuung der Schulen durch die regionale Schulaufsicht,
- Orientierungsarbeiten/Vergleichsarbeiten an den Grundschulen,
- Jahrgangsstufentests an den weiterführenden Schularten,
- externe und interne Schulevaluation,
- Förderung der inneren Schulentwicklung,
- Bildungsmonitoring und Bildungsberichterstattung auf Landesebene durch die bayerische Qualitätsagentur [und, AF]

- Lehramtsstudiengänge mit spezifischem Profil und eine auf die Erfordernisse der Unterrichts- und Schulentwicklung ausgerichtete Lehrerfortbildung." (Kultusministerium Bayern).

Die Implementation der deutschen Bildungsstandards erfolgte eigenverantwortlich in jedem Bundesland. In Bayern wurde diesbezüglich eine Studie beim Staatsinstitut für Schulqualität und Bildungsforschung (ISB) in Auftrag gegeben. Die Ergebnisse der Untersuchung zeigten, dass die bayerischen Lehrpläne bereits sehr gut die Anforderungen der Bildungsstandards erfüllen, womit festgestellt wurde, dass kein Handlungsbedarf hinsichtlich neuer Lehrpläne besteht (Staatsinstitut für Schulqualität und Bildungsforschung München, 2005). Somit gab es in Bayern keine entscheidenden Maßnahmen zur Implementation der Bildungsstandards, da die bereits eingeführten und implementierten Lehrpläne als ausreichend angesehen wurden.

Einzige Veränderung war, dass die bislang in bayerischen Grundschulen durchgeführten Orientierungsarbeiten ab dem Schuljahr 2007/2008 durch die verpflichtenden nationalen Vergleichsarbeiten VERA 3 ersetzt wurden. Nur noch in der zweiten Jahrgangsstufe wird zusätzlich ein zwanzigminütiger Test aus dem Bereich Deutsch/Rechtschreiben durchgeführt. Die Orientierungsarbeiten wurden seit 2002 in bayerischen Grundschulen in der zweiten und dritten Jahrgangsstufe in den Fächern Deutsch und Mathematik geschrieben. Sie dienten der frühzeitigen Diagnose von Lernrückständen und gaben den Lehrern eine Rückmeldung zur Effektivität ihres Unterrichts. Die internationalen Schulleistungsvergleiche haben die Bedeutung der Überprüfung der Wirksamkeit des Unterrichts betont und damit auch die Aufmerksamkeit auf die Unterrichtsebene gelenkt. Jedoch sind mit Mitteln der externen Evaluation, die als Bildungsmonitoring angelegt ist (z.B. PISA), nur mittelbar Rückschlüsse auf die Veränderung von Unterrichtshandeln zu schließen (Bos et al., 2002). Deshalb sollen die zentralen Vergleichsarbeiten, die auf Grundlage der Bildungsstandards erstellt werden, einen Beitrag zu mehr Informationen über die Unterrichtsebene leisten.

VERA 3 testet in jedem Jahr unterschiedliche Bereiche aus den Fächern Deutsch und Mathematik. Der Deutschtest wird an zwei Tagen in jeweils 30 und 40 Minuten durchgeführt, während Mathematik kompakt einstündig geprüft wird. Die Korrektur der Aufgaben, die zunächst federführend von den Ländern Rheinland-Pfalz und Bayern und unter der wissenschaftlichen Projektleitung der Universität Koblenz-Landau entwickelt wurden und seit dem Schuljahr 2009/2010 zentral vom IQB erstellt werden, liegt bei den jeweiligen Lehrkräften, die auf der Grundlage zentraler Bewertungsvorgaben die geschriebenen Tests korrigieren. Die Tests sollen von den Lehrkräften nicht zur Benotung herangezogen werden. Eine Rückmeldung über den Leistungsstand der Klasse im Vergleich zu anderen Schulklassen wird zeitnah vom ISB gegeben. Auch die Eltern erhalten einen Bericht zum erzielten Leistungsstand ihres Kindes, der dann Thema eines individuellen Beratungsgesprächs mit dem Lehrer sein soll.

Das ISB weist darauf hin, dass VERA 3 vor allem dem Bildungsmonitoring dient und Aussagen zum Leistungsstand der Klasse im Durchschnitt anzeigt. Individualdiagnosen sollen weiterhin durch die Klassenarbeiten, die vom Einzellehrer in seinem pädagogischen Ermessen gestellt werden, erfolgen (Staatsinstitut für Schulqualität und Bildungsforschung München, 2005).

Es wird deutlich, dass die Bildungsstandards in Bayern als Teil der curricularen Steuerung verstanden werden. Deshalb ist eine lehrplantheoretische Verortung der Bildungsstandards angeraten. Vor der empirischen Analyse ist es nötig, zunächst eine theoretische Verhältnisbestimmung zwischen Bildungsstandards und Lehrplan vorzunehmen, was im Folgenden unter den leitenden Aspekten der Lehrplantheorie: Funktionen, Steuerungsmodelle und Wirkungsebenen vorgenommen wird.

Funktionen

In einem Vergleich hinsichtlich der Funktionen zwischen Lehrplänen und Bildungsstandards gibt es sowohl Überschneidungen, Funktionsverschiebungen als auch je spezifische Funktionen von Lehrplänen und Bildungsstandards.

Funktionen, die nur der Lehrplan erfüllt, sind die Entlastungs- und Anregungsfunktion. Die Entlastungsfunktion bezieht sich sowohl auf die Hinweise im Lehrplan zur Unterrichtsvorbereitung (z.B. Stoffverteilungspläne) als auch auf die Entlastung gegenüber Eltern, da nicht jeder Unterrichtsinhalt individuell gerechtfertigt werden muss. Auch Scholl (2009) verweist darauf, dass die traditionellen Lehrpläne nicht überflüssig werden, da nur sie mit ihrer inhaltlichen Ausgestaltung die Entlastungsfunktion umfassend erfüllen. Denn die Festlegung fachlicher Grundlagen bildet eine unerlässliche Ergänzung der Bildungsstandards (Reusser et al., 2008).

Die Entlastungsfunktion ist eng mit der Legitimationsfunktion verbunden und ist für die Bildungsstandards nicht mehr explizit als eigenständige Funktion erwähnt, sondern in die Legitimationsfunktion integriert. Neben der Legitimationsfunktion haben Lehrplan und Bildungsstandards auch die Orientierungsfunktion gemeinsam. Allerdings sind hier unterschiedliche Gewichtungen vorzufinden. Während Lehrpläne kurzfristiger, das heißt meist auf ein Schuljahr angelegt sind, sollen Bildungsstandards die Kumulativität von Wissen fördern und entlasten dadurch die Lehrer bezüglich der längerfristigen Planung. In die Orientierungsfunktion der Bildungsstandards ist somit der Aspekt der Planungshilfe, die bei Lehrplänen der Entlastungsfunktion zugeordnet werden, integriert. Aufgabenbeispiele von staatlichen Instituten (z.B. IQB, ISB) werden entwickelt, um Bildungsstandards als Orientierung für die Unterrichtsplanung zu erschließen. Die politische Funktion ist in weiten Teilen an die Bildungsstandards übergegangen. Mit zahlreichen neuen Lehrplänen wurde immer wieder – ohne erkennbaren Erfolg – versucht, das Bildungswesen zu verbessern. Nun überträgt man die politische Funktion an die Bildungsstandards, da auch die OECD nationale Leistungsstandards als wirksames Mittel zur Verbesserung eines Bildungswesens empfohlen hat (Bundesministerium für Bildung und Forschung, 2007b). Zudem muss dies auch im Zusammenhang mit der stärkeren Europäisierung gesehen werden. In Zeiten eines vereinten Europas und einer zunehmenden Globalisierung sind Alleingänge einzelner Bundesländer in Bildungsfragen nicht mehr zeitgemäß. Lehrpläne und Bildungsstandards haben außerdem die Innovationsfunktion gemeinsam. Beide sind staatliche Dokumente, mittels derer der Versuch unternommen wird, Schule und Unterricht zu verändern. Dies steht im Zusammenhang mit der Steuerungsfunktion, die allerdings große inhaltliche Unterschiede zwischen Lehrplänen und Bildungsstandards aufweist. Während die Lehrpläne eine Inputsteuerung begünstigen, ermöglichen Bildungsstandards eine Outputsteuerung.

Neben den Lehrplanfunktionen, die nur der Lehrplan besitzt und die Lehrplan und Bildungsstandards gemeinsam erfüllen sollen, gibt es auch spezifische Funktionen der Bildungsstandards. Durch VERA als Testverfahren, das auf den Bildungsstandards basiert, werden die Standards eine Rückmeldefunktion haben. Dadurch sollen Lehrer mehr Verantwortung für ihr unterrichtliches Tun übernehmen und eine Fähigkeit zur Eigenreflexion aufbauen, was in wissenschaftlichen Kreisen als Schlüssel zu einer höheren Unterrichtsqualität gesehen wird (Helmke et al., 2006). Diese Funktion wird als die große Stärke der Bildungsstandards gesehen und tatsächlich ist sie im deutschen Bildungswesen einmalig. Zudem wird den Bildungsstandards mittels der Testergebnisse eine Beratungsfunktion zugesprochen, indem sie als Grundlage von Beratungsgesprächen von Lehrern, Schülern und Eltern dienen sollen. Allerdings sollen die Testergebnisse keine Bedeutung im Zusammenhang mit den Regelungen für die schulische Laufbahnentscheidung haben (Bundesministerium für Bildung und Forschung, 2007b). Dies soll in der pädagogischen Verantwortung der einzelnen Lehrkraft verbleiben, die auf individuelle Kontextvariablen der Schüler eingehen kann. Die Beratungsfunktion erfüllen die Bildungsstandards auch dadurch, dass sie einen externen Maßstab für Unterricht darstellen und dadurch Grundlage für die Beratung der Lehrkräfte hinsichtlich der Unterrichtsentwicklung sein können. Allerdings steht die Beratungsfunktion in einer Spannung zur Kontrollfunktion, da eine vertrauensvolle Beratung nur ohne Angst vor negativen Konsequenzen fruchtbar wird. Hier ist darauf zu achten, dass in der Praxis die Beratungsfunktion und nicht die Kontrollfunktion der Bildungsstandards im Vordergrund steht. Die Kontrollfunktion bezieht sich neben der Erhöhung staatlicher Kontrolle über Unterricht auch auf Eltern und Schüler, die durch Bildungsstandards in die Lage versetzt werden sollen, Unterrichtsinhalte nun noch gezielter auf ihre Relevanz überprüfen zu können. Unterstützung sollen die Bildungsstandards den Lehrkräften hinsichtlich der Unterrichtsplanung geben. Die Bildungsstandards sollen die Konzentration auf die wesentlich zu erreichenden Kompetenzen eines Fachs verdeutlichen und der Maßstab zur Unterrichtsgestaltung sein.

Steuerungsmodelle
Mit den Bildungsstandards wird das klassisch-bürokratische Steuerungsmodell um die Ergebniskontrolle ergänzt. Somit besteht hier kein Widerspruch, sondern eine Ergänzung der bisherigen Inputorientierung. Allerdings wird dadurch auch die Steuerungsfunktion des Staates erhöht, da nun sowohl Lehrpläne als auch Bildungsstandards Vorschriften für den Unterricht vorgeben.
Hinsichtlich der Steuerung grenzen sich Lehrpläne nach Köller (2010) auch dadurch von den Bildungsstandards ab, indem sie Unterrichtsinhalte vorgeben, während Bildungsstandards ausschließlich schülerorientiert formuliert sind. Wenn offizielle Dokumente (Staatsinstitut für Schulqualität und Bildungsforschung München, 2006) von einem „integrierten Steuerungssystem" (Staatsinstitut für Schulqualität und Bildungsforschung München, 2006, S. 12) sprechen, ist fraglich, welche der beiden Steuerungsfunktionen integriert wird. Durch Betrachten der Aussagen von Politik und Wissenschaft ist davon auszugehen, dass mit zunehmender Konzentration der Lehrpläne auf Kerncurricula die Bildungsstandards den äußeren Rahmen bilden, in den die Kerncurricula mit inhaltlichen Festlegungen integriert sind.

Anders als bei Lehrplänen stehen bei Bildungsstandards nicht mehr Programm und cur-riculare Formulierungen im Vordergrund, sondern der Paradigmenwechsel zeigt sich in erster Linie in den starken Bemühungen in den Bereichen Evaluation, Qualitätssicherung und Schulentwicklung (Künzli, 2006). Daran sieht man, dass die Bildungsstandards – anders als die Lehrpläne davor – nicht mehr ihren Wert in sich tragen, sondern Grundla-ge eines Systems aus Überprüfung und Vergleich sind.

Wirkungsebenen

Während Lehrpläne traditionell in erster Linie an den einzelnen Lehrer und erst in jünge-rer Zeit auch an das Kollegium adressiert sind, richten sich Bildungsstandards ganz ex-plizit an die Lehrerkollegien vor Ort. Diese werden aufgefordert, mit Hilfe der Bil-dungsstandards eigene schulspezifische Curricula zu entwickeln. Dadurch erhalten Lehrkräfte nicht nur angenehme Freiheiten, sondern es entstehen daraus auch neue Her-ausforderungen, denen in der Lehrerausbildung und der Lehrerfortbildung Rechnung zu tragen ist (Scholl, 2009).

Zudem sind Produktkontrollen, wie sie sich in den an den Bildungsstandards orientierten Vergleichsarbeiten zeigen, im Gegensatz zu Prozesskontrollen, die durch den Lehrplan bewirkt werden, auf die Analyse der Schülerleistungen ausgerichtet. Somit entwickelt sich Unterricht zum Mittel der Aneignung des notwendigen Stoffes, der in den Produkt-kontrollen abgefragt wird. Hopmann (2000) vermutet, dass sich dadurch auch die didak-tische Forschung in diese Richtung entwickeln wird.

Eine wichtige, in der Forschung bislang stark vernachlässigte Ebene, ist die sekundäre Lehrplanebene. Auf dieser wirken die bereits erstellten früheren Unterrichtsstunden der Lehrkräfte und Unterrichtsmaterialien pädagogischer Verlage. Seit Einführung der Bil-dungsstandards ist ein großer und hart umkämpfter Markt entstanden, der die Umsetzung der Bildungsstandards in der Schulpraxis erheblich beeinflussen könnte. Zum Beispiel bietet der STARK-Verlag Übungsbücher im selben Format wie zur Vorbereitung auf die Abiturprüfungen auch für das Training zur Erreichung der Bildungsstandards nach der vierten Klasse an (Karakava & Ullmann, 2008).

Tab.2: Vergleich von Funktionen, Steuerungsmodellen und Wirkungsebenen zwischen Bildungsstandards und Lehrplan.

	Bildungsstandards	**Lehrplan**
Funktionen	Orientierungsfunktion	Orientierungsfunktion
	Politische Funktion	Politische Funktion
		Entlastungsfunktion
	Steuerungsfunktion	Steuerungsfunktion
	Innovationsfunktion	Innovationsfunktion
		Anregungsfunktion
	Legitimationsfunktion	Legitimationsfunktion
	Beratungsfunktion	
	Rückmeldefunktion	
	Unterstützungsfunktion	
	Kontrollfunktion	
Steuerung	Ergebniskontrolle	Zielvorgabe
Wirkungsebenen	Institutioneller Lehrplan	Institutioneller Lehrplan
	Sekundäre Lehrplanebene	Sekundäre Lehrplanebene
	Einzellehrer	Einzellehrer

In der zusammenfassenden Übersicht werden Gemeinsamkeiten, aber auch Unterschiede zwischen Bildungsstandards und Lehrplan deutlich. Besonders auffällig ist die größere Zahl an Funktionszuschreibungen der Bildungsstandards.

Nach dieser theoretischen Analyse des Regelungskontextes in Bayern werden nun analog die institutionellen Rahmenbedingungen in Finnland dargestellt.

2.3.2 Finnland

Finnland wird seit Veröffentlichung der ersten PISA-Ergebnisse als Ideal für Bildungspolitik gesehen. Besonders das finnische Konzept der nationalen Leistungsstandards wird als vorbildlich erachtet. Im Folgenden wird das Konzept der Bildungsstandards in Finnland innerhalb des curricularen Regelungskontextes vorgestellt.

Die finnischen Behörden geben in einer Erklärung zum PISA-Erfolg an, dass unter anderem die hohe Autonomie der kommunalen Schulträger, die nur den landesweiten Bildungsstandards verpflichtet sind, eine der Ursachen für den finnischen Erfolg bei der internationalen Schulleistungsstudie ist (The Finnish National Board of Education, 2010). Die Autonomie der Schulen sowie eine unbedingte Gleichheit sind darüber hinaus zwei der leitenden Grundsätze des finnischen Bildungssystems, die als weitere Gründe für den PISA-Sieg angeführt werden.

Nationale Bildungsstandards gibt es seit den 1980-Jahren, als schulstrukturelle Veränderungen (Einführung einer Gemeinschaftsschule von der ersten bis zur neunten Klasse) von Lehrplanreformen begleitet wurden. In diesem Zusammenhang wurden 1985 Kern-Rahmenlehrpläne mit Standards für alle Schulfächer eingeführt, die weiterhin den Egalisierungsgedanken im nun stark deregulierten finnischen Schulsystem gewährleisten sollten. Die überarbeitete Fassung der Rahmenlehrpläne, die im Jahr 1994 veröffentlicht wurde, gewährte den Schulen und Lehrkräften noch mehr curriculare Freiheit, sodass die Gleichheit in erster Linie durch das zentral gestellte Abitur sichergestellt wurde.

Ende der 1990-Jahre stellte man allerdings nach der ersten Dekade der deregulierten Schulpolitik eine Ungleichheit zwischen einzelnen Schulen fest (Halinen, 2008). Da sich Finnland dem obersten Ziel der Chancengerechtigkeit verpflichtet fühlt, reagierte das Zentralamt für Unterrichtswesen 2004 mit einem wieder detaillierteren Rahmenlehrplan. In den Jahren zuvor war der Rahmenlehrplan von über 650 Seiten auf 100 Seiten geschrumpft (Halinen, 2008). Besonders die Vorgaben zur Bewertung der Schüler wurden noch ausführlicher festgeschrieben, da in diesem Bereich die größten Disparitäten festgestellt wurden.

Im finnischen erziehungswissenschaftlichen Diskurs wird nicht von *Standards* gesprochen, da dieser Begriff in Finnland in Bezug auf Bildung verpönt ist (Linnakylä, 2004). Aus diesem Grund wird in den staatlich vorgegebenen Richtlinien der Begriff Standard bewusst nicht verwendet. Die Finnen haben aber nicht nur einen anderen Begriff für ihre Leistungsstandards, sondern auch ein völlig anderes Konzept curricularer Steuerung. Die Konzeption der finnischen *Standards* besteht aus der Festlegung von nationalen Lernzielen, zentralen Kerninhalten und Kriterien für die Abschlussbeurteilung der Schüler (Linnakylä, 2004). Außerdem werden in den nationalen Rahmenlehrplänen die Mindestjahresstunden für die einzelnen Fächer und Lernziele vorgegeben, die Gesetzescharakter haben (Halinen, 2008). Somit können die Standards als Performance Standards und Content Standards bezeichnet werden. Inhaltlich beziehen sich diese nicht nur auf kognitive Fähigkeiten, sondern berücksichtigen auch sozial-emotionale und kreative Lernziele (Linnakylä, 2004).

Die Rahmenlehrpläne werden alle zehn Jahre in einem offenen Prozess überarbeitet und sollen für Lehrer und Eltern gleichermaßen eine Orientierungshilfe darstellen. Das 1994 in Helsinki gegründete Opetushallitus, das Zentralamt für Unterrichtswesen, ist mit der Ausarbeitung der Rahmenlehrpläne und der Koordinierung der Informations- und Evaluationspolitik betraut. Das Opetushallitus untersteht direkt dem finnischen Bildungsministerium.

Die Entwicklung der nationalen Rahmenlehrpläne ist transparent. Man spricht in diesem Zusammenhang vom sogenannten „Aquariumsexperiment" (Halinen, 2008, S. 103). Wie bei einem Aquarium mit gläsernen Scheiben sollen auch die Vorgänge während der Erarbeitung der Rahmenlehrpläne für alle sichtbar und nachvollziehbar sein. Dazu werden die Entwicklungen im Internet dargelegt und zur Diskussion gestellt. Daran wird deutlich, dass die finnische Politik ein starkes Streben nach Konsens hat.

Die Dezentralisierung im finnischen Schulsystem zeigt sich in der Entwicklung der kommunalen Lehrpläne, die als ein „dynamische[s] Modell" (Buchberger & Buchberger, 2005, S. 160) bezeichnet werden kann. Der Rahmenlehrplan wird auf Ebene der einzelnen Kommune in einen lokalen Lehrplan umgesetzt. Bei der Entwicklung dessen arbeiten Behörden, Lehrer und alle an der Schule tätigen Personen sowie die Eltern mit. Auch die Schüler werden zu ihren Wünschen und Anregungen befragt, denn schließlich steht dabei das Wohlbefinden der Schüler im Mittelpunkt. Bedeutsam ist auch die große Einflussmöglichkeit der Lehrkräfte, deren Expertise hoch geschätzt wird. Zudem zeigt sich darin die Anerkennung der Lehrkräfte als Experten für Unterricht (Halinen, 2008). Die Lehrer können somit den Lehrplan maßgeblich mitbestimmen.

Die Überprüfung der finnischen Leistungsstandards erfolgt auf drei verschiedenen Ebenen mit einer je eigenen Zielsetzung. Die erste Evaluationsebene ist die staatliche Ebene. Seit 1994 führt das Opetushallitus im Fünf-Jahres-Rhythmus Evaluationen durch, die die Effizienz des Schulsystems überprüfen sollen. Diese staatliche Überprüfung ist damit ein Bildungsmonitoring, da allgemeine Erkenntnisse zur Leistungsfähigkeit des finnischen Schulsystems erforscht werden. Auch das Design der Studie spricht für ein Monitoring, da Schüler und Schulen stichprobenartig ausgewählt werden. Die Evaluationsaufgaben beziehen sich zu 80 Prozent direkt auf die Aussagen in den Rahmenlehrplänen (Domisch, 2004) und gewährleisten dadurch eine regelmäßige Überprüfung der Verwirklichung der nationalen Standards.

Die Kontrolle der Einhaltung der lokalen Kerncurricula durch die Kommunen ist die zweite Ebene des umfangreichen finnischen Evaluationssystems. Die Gemeinden sollen selbst regelmäßig prüfen, inwieweit die kommunal erarbeiteten Lehrpläne den staatlichen Vorgaben entsprechen (Halinen, 2008). Damit gibt es für die Schulen auch eine externe Evaluation.

Die dritte Ebene der Evaluation findet auf schulischer Ebene statt. Seit 1999 sind die Schulen gesetzlich verpflichtet, sich regelmäßig selbst zu evaluieren und aus den Ergebnissen Entwicklungsaufgaben abzuleiten (Halinen, 2008). Diese Ebene stellt damit eine interne Evaluation an der einzelnen Schule dar.

In tabellarischer Form kann das finnische Evaluationssystem folgendermaßen dargestellt werden:

Tab.3: Das finnische Evaluationssystem auf drei Ebenen.

Überprüfungsebene	Form
Nationales Bildungswesen	Bildungsmonitoring
Kommune	Externe Evaluation
Einzelschule	Interne Evaluation

Es wird deutlich, dass Finnland bei einer zunächst scheinbar großen Freiheit für Kommunen und Schulen dennoch über ein sehr engmaschiges Evaluationssystem verfügt. Aber nur so kann der Anspruch nach nahezu gleichen Bildungschancen für alle Bewohner Finnlands gewährleistet werden. Jedoch liegen die Überprüfungen auch in der Hand der Kommunen und der einzelnen Schulen. Zudem beziehen sie sich in erster Linie auf Ausstattung und Schulklima an den einzelnen Schulen und nicht ausschließlich auf Schülerleistungsaspekte. Ziel dieser Evaluationen ist somit nicht nur die Überprüfung der staatlich festgesetzten Lernziele (Overesch, 2007).

Auffällig ist die hohe Varianz und Differenzierung des Evaluationssystems, die individuelle und gezielte Rückmeldungen ermöglichen. Durch die starke Beteiligung der in der Schule handelnden Personen kann eine hohe Akzeptanz des Evaluationssystems vermutet werden. Zudem ist bereits das Design des Evaluationssystems so angelegt, dass keine nationalen Rankings möglich sind, da keine flächendeckende Überprüfung der Einhaltung der Standards durch nationale Tests stattfindet. Evaluationen an der einzelnen Schule sind Grundlage für die stichprobenartige Überprüfung der Standards (Halinen, 2008). Somit fehlen Daten, um landesweite Schulrankings zu erstellen. Dies ist auch so gewollt, da man die Ansicht vertritt, dass nur die Experten an den Schulen selbst (Schulleitung, Lehrer, Eltern, kommunale Schulbeamte) Schule entwickeln können (Domisch, 2004). Die Veröffentlichung der nationalen Evaluationsergebnisse dient jeder einzelnen Schule dazu, sich selbst einzuschätzen und zu vergleichen. Dies wird als wirksamer für die Schulentwicklung erachtet als die Veröffentlichung eines Rankings aller Schulen. Grund dafür ist die Befürchtung, dass Rangplätze als statisch wahrgenommen werden und bei den betroffenen Schulen Frust oder Selbstzufriedenheit erwecken, wodurch das eigentliche Ziel der Qualitätsentwicklung nebensächlich wird (Domisch, 2008).

Zusammenfassend lässt sich über das finnische Evaluationssystem Folgendes sagen: Finnische Schulpolitik ist geprägt von Dezentralisierung, Deregulierung und Evaluation (Overesch, 2007). Evaluation auf nationaler Ebene wird in erster Linie mittels Information erreicht. Eine flächendeckende Überprüfung der nationalen Lernziele wird in diesem deregulierten Steuerungssystem als nicht notwendig erachtet (Halinen, 2008). Mit Einführung der nationalen Rahmenlehrpläne wurde sogar die Schulaufsicht abgeschafft, da sie als ineffektiv angesehen wurde (Domisch, 2004).

Nachdem die bildungspolitischen Rahmenbedingungen sowie die Konzeption der Standards und deren Implementation vorgestellt wurden, werden die finnischen Bildungsstandards, ebenso wie die deutschen Bildungsstandards, mit der Theorie des Lehrplans analysiert. Ein Vergleich beider Konzeptionen schließt sich an diesen Abschnitt an.

Funktionen

Die finnischen Bildungsstandards haben eine Unterstützungsfunktion für den Lehrer, der die in den Rahmenlehrplänen ausführlich beschriebene *gute Kompetenz*, die das anzustrebende Niveau definiert, als Beurteilungsgrundlage für die Beschreibung des Lernfortschritts des einzelnen Schülers verwenden muss. Zudem bilden diese Beschreibungen den Bewertungsmaßstab, inwieweit ein Schüler die staatlich vorgegebenen Ziele erreicht hat.

Die Rückmeldefunktion erfüllen die Standards, indem sie Grundlage einer ständigen Evaluationskultur in finnischen Schulen sind, die dem Schüler ein genaues Bild über seinen Leistungsstand vermitteln soll (Zentralamt für Unterrichtswesen Helsinki, 2004). In erster Linie zielt die Rückmeldefunktion aber auf die Lehrenden ab, die durch die Evaluationen an der einzelnen Schule einen genauen Kenntnisstand über die Wirksamkeit ihres Unterrichts erhalten sollen. Dies entspringt der finnischen Überzeugung, dass vor allem die Lehrenden vor Ort das Schulsystem verbessern können und ist Grundlage des finnischen Systems der Freiheit und Verantwortung für Lehrende (Domisch, 2004).

Des Weiteren erfüllen die Leistungsstandards eine Orientierungsfunktion für die Lehrkräfte, da die Standards Ziele und zentrale Inhalte vorgeben. Die konkrete Ausarbeitung von Lernzielen nehmen die einzelnen Kommunen und Schulen individuell vor.

Aufgrund der Tradition haben Standards in Finnland eine hohe politische und gesellschaftliche Funktion, denn es wird großer Wert auf Konsens in der Gesellschaft gelegt, weshalb auch eine breite Akzeptanz für Anforderungen, die an Schüler gestellt werden, erreicht werden soll. Soweit es möglich war, wurden deshalb alle gesellschaftlichen Gruppen in die Entwicklung der Rahmenlehrpläne mit einbezogen oder zumindest eine Stellungnahme von ihnen zu den Standards eingeholt.

Steuerungsmodell

Die Steuerung im finnischen Schulsystem wird mittels der Rahmenlehrpläne, in denen Ziele, zentrale Inhalte und die verpflichtenden Stundentafeln festgeschrieben sind, ausgeübt (Domisch, 2004). Zudem regulieren die Gesetzgebung, die Evaluationen des Schulsystems, die Informationsvermittlung und das Finanzierungssystem die finnische Gemeinschaftsschule (Merimaa, 2009). Die Entwicklung der Standards, die in den Rahmenlehrplänen festgeschrieben sind, ist ein offener Prozess, an dem sehr viele gesellschaftliche Gruppen beteiligt sind und dessen Fortschritt im Internet dokumentiert und zur Diskussion gestellt wird. Zudem nehmen alle gesellschaftlichen Gruppen und die Wirtschaft Stellung zu den ausgearbeiteten Plänen. Dadurch möchten man – gemäß der finnischen Konsenskultur – die Standards auf eine breite gesellschaftliche Basis stellen. Schließlich formulieren die Rahmenlehrpläne die gesellschaftlichen Anforderungen an Schule. Die an den Schulen Tätigen sind dann mit der konkreten Umsetzung der Standards beauftragt (Domisch, 2004). Somit ist die Entwicklung der Standards in Finnland – anders als in Deutschland – kein reiner Top-down-Prozess. Vielmehr ergänzen sich topdown und bottom-up, wenn man diese Kategorien überhaupt für das finnische System verwenden kann.

Hinsichtlich des Steuerungsmodells kann das finnische Modell als Ziel- und Wegvorgabe bezeichnet werden. Zielvorgabe bezieht sich auf den Aspekt, dass Inhalte im nationalen Rahmenlehrplan vorgegeben werden, aber nicht flächendeckend mit zentralen Prüfungen, außer dem Abitur, überprüft werden. Wegvorgabe bezieht sich darauf, dass in Finnland großer Wert auf Innovationen durch wissenschaftliche Erkenntnisse im Bildungswesen gelegt wird und Neuerungen in Schulen, die an Universitäten angeschlossen sind, erprobt werden. Damit besteht eine Kombination aus Ziel- und Wegvorgabe.

Wirkungsebenen

Das finnische Schulsystem arbeitet mit einer hohen Eigenverantwortung der einzelnen Schulen, aber auch der einzelnen Lehrer. Man lehnt seit den 1970-Jahren von staatlicher Seite Top-down-Verordnungen ab. Somit ist die Wirkungsebene der Lehrpläne als staatliche Dokumente durch die Dezentralisierung und Deregulierung im Bildungswesen sehr gering ausgeprägt. Da in den letzten Jahren festgestellt wurde, dass der Anspruch nach Gleichheit der Bildungschancen in einem stark deregulierten Schulsystem nur schwer eingehalten werden kann, wird diese staatliche Ebene in den zuletzt veröffentlichten Rahmenlehrplänen von 2004 durch detailliertere Vorgaben wieder stärker betont.

Die Verantwortung zur Entwicklung von individuellen Schulcurricula liegt bei den kommunalen Behörden. Dadurch ist es möglich, dass einzelne Schulen individuelle Schwerpunkte setzen und dadurch eine eigene Schulidentität aufbauen sowie auf regionale Gegebenheiten reagieren können. So besteht zum Beispiel die Möglichkeit, zusätzliche Angebote im sprachlichen, musischen und künstlerischen Bereich anzubieten. Die Ebene des institutionellen Lehrplans ist somit in Finnland sehr stark ausgeprägt. Dies wird schon in der Lehrerausbildung angebahnt, wenn Universitäten verschiedene inhaltliche Schwerpunkte in der Ausbildung anbieten (Hakala, 2009). Zwar kann dadurch der Heterogenität in den Anforderungen der verschiedenen Teile des Landes begegnet werden, jedoch wird in Finnland kritisch die damit verbundene Verminderung der Gleichheit zwischen den einzelnen Schulen betrachtet. Durch die freie Schulwahl wird derzeit eine neue soziale Ungleichheit befürchtet.

Von den einzelnen Lehrern werden in einem hohen Maße eigenverantwortliche Entscheidungen auch in Bezug auf das Curriculum gefordert (Domisch, 2004). Somit ist diese Ebene eine der wichtigsten im finnischen Schulsystem. Die hohe Wertschätzung des Lehrerberufs in Finnland und die umfangreiche Beteiligung der Lehrkräfte an der Entwicklung von Standards ist Ausdruck einer Schulkultur, die den Lehrer als stärkste staatlich beeinflussbare Größe von Unterrichtsqualität sieht.

Schulbücher haben in Finnland eine hohe Relevanz für die Unterrichtsplanung. Da die Lehrbücher auf die Bildungsstandards ausgerichtet sind, spielt die sekundäre Lehrplanebene eine entscheidende Rolle. Allerdings unterliegen die Bücher seit den 1990-Jahren nicht mehr der staatlichen Zulassungspflicht (Ratzki & Linderoos, 2003).

2.3.3   Theoretische Analyse des Ländervergleichs

Seit Veröffentlichung der ersten PISA-Ergebnisse im Jahr 2001 gilt Finnland als bildungspolitisches Musterland. In einer theoretischen Analyse mit den Dimensionen der Theorie des Lehrplans wird diese Annahme in der vorliegenden Studie einem ersten (theoretischen) Vergleich unterzogen.

Die folgende Tabelle gibt einen schematischen Überblick zur Beziehung von finnischen und deutschen Bildungsstandards unter lehrplantheoretischer Perspektive:

Tab.4: Tabellarische Übersicht der Bildungsstandards hinsichtlich Funktionen, Steuerungsmodell und Wirkungsebenen im Ländervergleich.

	Deutschland	**Finnland**
Funktionen	Orientierungsfunktion	Orientierungsfunktion
	Politische Funktion	Politisch-gesellschaftliche Funktion
	Steuerungsfunktion	
	Innovationsfunktion	
	Legitimationsfunktion	
	Beratungsfunktion	
	Rückmeldefunktion	Rückmeldefunktion
	Unterstützungsfunktion	Unterstützungsfunktion
	Kontrollfunktion	
Steuerungsmodell	Ergebniskontrolle	Zielvorgabe
		Wegvorgabe
Wirkungsebenen	Institutionelle Ebene	Institutionelle Ebene
	Individuelle Ebene	Individuelle Ebene
	Sekundäre Ebene	Sekundäre Ebene

Die Übersicht macht deutlich, dass den deutschen Bildungsstandards in offiziellen Dokumenten sehr viele Funktionen zugeschrieben werden. Darin äußern sich die zahlreichen Hoffnungen, die mit der Einführung von Bildungsstandards in Deutschland verbunden werden. Es gilt nun empirisch zu prüfen, inwieweit diese Funktionen erfüllt sind und in der Praxis erfüllt werden können. Kritisch ist anzumerken, dass eine Funktionsüberfrachtung eher die Funktionserfüllung mindert, da zu viele Ziele oftmals zu keinem Ergebnis führen. In Finnland hingegen werden den Bildungsstandards von staatlicher Seite nur vier Funktionen zugeordnet. Besonders herausgestellt werden muss die politisch-gesellschaftliche Funktion, da bildungspolitische Entscheidungen und das Schulsystem an sich in Finnland als gesellschaftliche Aufgaben wahrgenommen werden. So werden auch die Bildungsstandards stark als Formulierung der Anforderungen verstanden, die die Gesellschaft an ihre nachwachsenden Generationen stellt.

Während Bildungsstandards in Deutschland die Grundlage für eine Ergebniskontrolle im Schulsystem darstellen, dienen diese in Finnland dazu, Rahmenbedingungen zu schaffen (z.B. Angaben von Jahresstundenzahlen) und Ziele vorzugeben, deren Einhaltung in der Verantwortung der Lehrkräfte liegt.

Hinsichtlich der Wirkungsebenen scheint es auf den ersten Blick keine Unterschiede zwischen Deutschland und Finnland zu geben, jedoch müssen diese in qualitativer Hinsicht gesehen werden. Die institutionelle Ebene ist in Finnland schon lange zentrale Ebene der Lehrplanentwicklung. Dort können auch zentrale Entscheidungen hinsichtlich der zu behandelnden Themen und Aufteilung der Jahresstunden getroffen werden. In Deutschland sind durch das Beibehalten traditioneller Lehrpläne die Entscheidungsspielräume sehr eng. Wie bereits weiter oben beschrieben, wird in Finnland dem einzelnen Lehrer von Seiten des Staates sehr großes Vertrauen entgegengebracht. Deshalb können zahlreiche Entscheidungen hinsichtlich des Lehrplans auf individueller Ebene getroffen werden. Unterschiedlich muss auch die sekundäre Lehrplanebene bewertet werden. In

Deutschland sind die Bildungsstandards erst sehr dürftig in offizielle Schulbücher eingearbeitet worden. Vielmehr spielen deshalb Verlagsmaterialien, speziell Aufgabensammlungen und die Aufgaben der Vergleichsarbeiten, eine entscheidende Rolle. In Finnland
hingegen sind die Lehrbücher und die dazugehörigen Lehrerhandbücher auf die Bildungsstandards ausgerichtet und werden vom größten Teil der Lehrerschaft handlungsleitend für die Unterrichtsgestaltung genutzt. Allerdings soll erneut darauf verwiesen
werden, dass die Schulbücher in Finnland seit den 1990-Jahren nicht mehr der staatlichen Zulassungspflicht unterliegen (Ratzki et al., 2003).

Die lehrplantheoretische Analyse zeigt Vorteile für die finnische Standardkonzeption.
Diese Aspekte werden im Folgenden für die dritte Fragestellung (C) relevant, denn diese
berücksichtigt die unterschiedlichen Regelungskontexte in Bayern und Finnland insbesondere im Hinblick auf unterschiedliche Wahrnehmungen der Bildungsstandards durch
Lehrkräfte. Die weiteren Fragestellungen (A, B, D) stellen die bayerischen Rahmenbedingungen in den Mittelpunkt und beziehen sich auf die theoretischen Analysen zur
Verhältnisbestimmung von Lehrplan und Bildungsstandards sowie VERA als nebensteuerndes Element der Bildungsstandards. Das folgende Kapitel beginnt zunächst mit einer
Zusammenfassung des vorgestellten Forschungsstands und stellt darauf aufbauend die
gefundenen Ergebnisse wie auch daraus resultierende Forschungsdesiderata in einer
Synopse systematisch dar.

3 Forschungsdesiderata und Fragestellung

3.1 Zusammenfassung der Befundlage und Desiderata

3.1.1 Lehrplanwirksamkeitsforschung

Der Forschungsstand zeigt aus lehrplantheoretischer Perspektive Defizite vor allem im Bereich der Primarstufe, der qualitativen Forschung und den Auswirkungen von Lehrplanveränderungen auf die Schülerleistungen auf. Bisherige Studien (z.B. Wacker, 2008; Vollstädt et al., 1999) untersuchen fast ausschließlich Einstellungen von Lehrkräften der Sekundarstufe. Nur Bittlinger et al. (1980) widmen sich in ihrer Fragebogenuntersuchung den Einstellungen bayerischer Grundschullehrkräfte im Zusammenhang mit der Lehrplanreform der 1970-Jahre. Damit hat diese Forschung, die zudem in Zusammenarbeit mit den Lehrplanautoren durchgeführt wurde, eine sehr spezielle Einbindung in die Lehrplanrevision. Darüber hinaus entstanden die Ergebnisse vor einigen Jahrzehnten, weshalb deren erneute Überprüfung angeraten ist, denn schließlich ist von einer veränderten Lehrerschaft und einer möglichen Veränderung von Lehrereinstellungen aufgrund zahlreicher Lehrplanreformen, die in der Zwischenzeit durchgeführt wurden, auszugehen. Besonders das Ergebnis, dass sich Lehrkräfte mehr didaktisches Informationsmaterial zum Lehrplan wünschen, ist in qualitativen Untersuchungen, vor allem hinsichtlich der konkreten Ausgestaltung, näher zu bestimmen. Vollstädt et al. (1999) begleiteten ebenfalls eine Lehrplanrevision. Dazu befragten sie hessische Sekundarschullehrkräfte. Der Schwerpunkt dieser Studie liegt auf der quantitativen Befragung, weshalb eine qualitative Überprüfung der Ergebnisse angeraten ist. Die Ergebnisse zeigen eine große Lehrplanskepsis, die in Interviews näher bestimmt und begründet werden sollte. Außerdem müssten die Ergebnisse in anderen Schulformen, vor allem der Primarstufe, überprüft werden, um deren Schulformabhängigkeit zu bestimmen. Zudem wurde die Befragung zeitlich sehr nah an der Lehrplanrevision durchgeführt. Vollstädt et al. (1999) stellen aber schon selbst das Desiderat, dass sich Veränderungen im Unterricht, die von Lehrplanrevisionen ausgelöst werden, erst nach einigen Jahren nachweisen lassen, weshalb curriculare Veränderungen erst einige Jahre nach deren Einführung auf ihre Praxiswirkung überprüft werden sollten. Zwar konnte die Studie den Wunsch der Lehrkräfte nach didaktischem Informationsmaterial dahingehend näher bestimmen, dass sich Lehrkräfte vor allem unverbindliche Hinweise wünschen, jedoch ist weiter unklar, wie dieses didaktische Informationsmaterial konkret aussehen soll. Des Weiteren ist festzustellen, inwieweit die Resultate der Studie auf andere Bundesländer übertragen werden können. Die Ergebnisse von Höhmann (2002), die innerhalb desselben Projekts erzielt wurden, geben vor allem wichtige theoretische Hinweise für die Implementation curricularer Innovationen. Die Differenzierung des Implementationsprozesses in drei Phasen ist empirisch zu überprüfen. Des Weiteren ist Höhmanns Forderung nach nebensteuernden Elementen für die Effektivitätssteigerung curricularer Vorgaben auf ihre Praxisrelevanz zu testen. Dies gilt besonders im Hinblick auf die Bedeutung der sekundären Lehrplanbindung. Darüber hinaus werden in der Studie die Effekte von Lehrplanreformen auf die Schülerleistungen außer Acht gelassen. Die Studie von Künzli und Santini-Amgarten

(1999) lässt die Frage offen, ab wann curriculare Neuerungen als einflussreich auf die Unterrichtspraxis gelten können. Zudem muss das Ergebnis, dass Lehrpläne ausschließlich Veränderungen stabilisieren und Unterrichtspraktiken nur irritieren, aber keine diametralen Neuerungen einbringen können, weiter überprüft werden. Außerdem müssen die Abhängigkeit vom spezifischen Kontext in der Schweiz und der Erhebung der Daten an Sekundarschulen durch Studien mit anderen institutionellen Kontexten und anderen Schularten auf ihre Allgemeingültigkeit kontrolliert werden.

3.1.2 Forschung zur Implementation der Bildungsstandards

Für die Studie von Beer (2007) mit Wiener Lehrkräften muss einschränkend beachtet werden, dass sich in späteren Studien (Freudenthaler et al., 2006), die in allen österreichischen Bundesländern durchgeführt wurden, gezeigt hat, dass Wiener Lehrkräfte im Vergleich zu Lehrkräften aus anderen Bundesländern generell eine negativere Sicht auf Bildungsstandards zu haben scheinen, wodurch die Ergebnisse der Studie in ihrer Allgemeingültigkeit relativiert werden. Es fehlt noch eine qualitative Überprüfung hinsichtlich der ablehnenden Haltung von Lehrkräften gegenüber Bildungsstandards. Altrichter und Posch (2007) betrachten in ihrer Synopse ausschließlich österreichische Studien. Es müsste überprüft werden, inwieweit die Ergebnisse Gültigkeit für den institutionellen Kontext in den einzelnen deutschen Bundesländern besitzen. Die aufgezeigte positivere Einstellung von Grundschullehrkräften gegenüber Bildungsstandards ist zudem empirisch noch nicht begründbar. Hier gilt es näher zu untersuchen, welche grundschulspezifischen Faktoren die Haltung gegenüber Bildungsstandards positiv beeinflussen. Die Begründung der geringen Nutzung der Bildungsstandards zur täglichen Unterrichtsarbeit mit fehlenden Fortbildungsangeboten müsste weiter belegt und konkretisiert werden. Es ist offen, welche Art von Fortbildungen sich Lehrkräfte wünschen und in welcher Intensität diese stattfinden sollen. Die Forderungen von Altrichter und Posch, Bildungsstandards zusammen mit starken strukturellen Veränderungen zu kombinieren, fordert eine Forschung zum Verhältnis von Bildungsstandards und Vergleichsarbeiten. Ihre Synopse berücksichtigt nur Studien, die im Vorfeld der Einführung von verpflichtenden Vergleichsarbeiten in Österreich durchgeführt wurden, weshalb eine Forschung zum Einfluss der Vergleichsarbeiten auf die Akzeptanz und Nutzung von Bildungsstandards angeraten ist. Die Studie des österreichischen Bundesinstituts (Grillitsch, 2010) legt den Fokus auf die Notwendigkeit von Fortbildungen für die Akzeptanz und Nutzung von Bildungsstandards. Einschränkend ist zu beachten, dass auch diese Studie den österreichischen Kontext erfasst und vom Bundesinstitut, das auch für die Standardentwicklung zuständig ist, durchgeführt wurde. In dieser Studie wird die Einstellung der Lehrkräfte zu Bildungsstandards als weder positiv noch negativ angegeben, während andere Studien eine klar negative Sicht von Lehrkräften auf die Bildungsstandards feststellen. Es scheint notwendig zu sein, die Einstellung der Lehrkräfte zu Bildungsstandards stärker mit Kontextvariablen zu verknüpfen. In diesem Zusammenhang stellt sich das Forschungsdesiderat nach qualitativer Forschung, um subjektive Einstellungen und Theorien von Lehrkräften erfassen zu können. Ein Ergebnis der Studie von Rauin und Maier (2007) ist die positivere Einstellung von Hauptschullehrkräften gegenüber Bildungsstandards. Dies wird auf die pädagogische Grundorientierung von Hauptschullehrkräften gegenüber der fachlichen Grundorientierung von Real- und Gymnasiallehrkräften zurückgeführt. Es bleibt das Desiderat, diese These mit einer Studie zur Einstellung von Grundschullehrkräften zu überprüfen. Des Weiteren müssen die Ergebnisse auf ihre Allgemeingültigkeit durch die Übertragung auf andere Bundesländer kontrolliert werden. Zudem war die Studie als Begleitstudie zur Bildungsplanreform in Baden-Württemberg konzipiert, was ein sehr spezielles Setting als Untersuchungsrahmen darstellt. Hinsichtlich der Studie von Böttcher und Dicke (2008) bleibt das Desiderat, einen Ländervergleich mit einem differenzierteren Forschungsdesign durchzuführen. Mit der Fragebogenuntersuchung konnten sie keine signifikanten Länderunterschiede ausmachen. Es ist zu prüfen, ob Ländervergleiche mit einem qualitativen Ansatz besser in der Lage sind den Einfluss von unterschiedlichen Regelungskontexten zu erfassen. Zudem besteht weiterhin das Forschungsdesiderat, die Vermutung nach einem starken Einfluss des institutionellen Rahmens auf die Kenntnis der Bildungsstandards ausführlicher zu untersuchen. Böttcher und Dicke (2008) vermuten, dass sich ein Nebeneinander von Lehrplan und Bildungsstandards problematisch auf die Kenntnis der Bildungsstandards auswirken. Dieser These muss empirisch nachgegangen werden. Die Studie von Wacker lässt Forschungsdesiderata hinsichtlich der Übertragbarkeit der Ergebnisse auf andere Schulformen und Bundesländer offen. Besonders aber der Effekt nebensteuernder Elemente der Bildungsstandards auf die Akzeptanz und Nutzung der Bildungsstandards muss empirisch stärker berücksichtigt und untersucht werden. Die Implementationsbegleitforschung des IQB ist mit dem Vorbehalt der Abhängigkeit behaftet, da das IQB auch mit der Weiterentwicklung und Überprüfung der Bildungsstandards betraut ist. Weiter kritisch zu betrachten ist die Anwendung des theoretischen Rahmens der Stages of Concern (Hall et al., 2011). Denn dieser bedingt die Vorannahme, dass durch die untersuchte Innovation eine starke Irritation in der Arbeit der Adressaten stattgefunden hat. Allerdings ist aus anderen Studien bekannt, dass nur eine geringe Kenntnis und Nutzung der Bildungsstandards bei Lehrkräften festzustellen ist, weshalb die Anwendung dieses Theoriekonzeptes kritisch zu sehen ist. Zudem werden keine Unterschiede in Rezeption und Nutzung der Bildungsstandards zwischen Fachlehrern und Lehrkräften verschiedener Schulformen festgestellt. Jedoch muss berücksichtigt werden, dass die Daten an Grundschulen einige Jahre vor den Daten an Sekundarschulen erhoben wurden, weshalb ein Vergleich beider Daten bei unterschiedlichen Erhebungszeitpunkten kritisch zu bewerten ist. Zudem sind diese Studien sehr kurz nach der Einführung von Bildungsstandards durchgeführt wurden. Eine erneute Überprüfung dieser Ergebnisse ist in Anbetracht der Erkenntnisse aus früheren Studien (Vollstädt et al., 1999), dass curriculare Innovationen erst einige Jahre nach ihrer Einführung unterrichtspraktisch wirksam werden, angeraten. Darüber hinaus bleibt das Desiderat nach der Untersuchung von Zusammenhängen zwischen Einstellungen der Lehrkräfte zu Bildungsstandards und Schülerleistungen.

3.1.3 Forschung zu standardisierten Leistungsvergleichen

Studien zu den Auswirkungen von standardisierten Schulleistungsvergleichen stammen vor allem aus den USA. Deshalb muss einschränkend für alle amerikanischen Studien betrachtet werden, dass es sich dort um High-stakes-tests handelt. Für alle Studien gilt deshalb das Forschungsdesiderat, ob ähnliche Effekte auch bei Low-stakes-tests, wie sie in Deutschland implementiert wurden, auftreten. Darling-Hammond (2004) betont in ihrer Studie vor allem die negativen Auswirkungen standardisierter Leistungsvergleiche auf benachteiligte Schülergruppen, während O'Day die Adressaten der Innovation, die auf Grundlage der Vergleichsarbeiten Schulentwicklung betreiben sollen, in den Mittelpunkt stellt. Sie betont, dass Schulen als Einheit solcher Reformvorhaben angesprochen werden müssen. Jedoch muss im Hinblick auf andere Studien (Vollstädt et al., 1999) diese Annahme kritisch hinterfragt werden, da sonst die Grundüberzeugung vorhanden ist, dass gerade nicht einzelne Lehrer, sondern Kollegien von Implementationsmaßnahmen angesprochen werden sollten. Allerdings kann man dies so interpretieren, dass nicht abstrakt eine Schule, sondern die einzelnen Lehrer als eine Gemeinschaft handlungsleitender Akteure einer Schule beim Implementationsprozess adressiert werden sollten. Es gilt empirisch zu überprüfen, wie eine für Schulentwicklung sinnvolle Balance zwischen einem bürokratischen und einem professionsverantworteten Rechenschaftslegungssystem aussehen soll. An der Synopse von Kohn (Kohn, 1999; Kohn, 2000) ist die ausschließlich negative Sichtweise von standardisierten Leistungsvergleichen zu kritisieren. Seine Begründungen sind häufig dogmatisch und nicht empirisch belegt. Zudem wirkt die Auswahl der betrachteten Studien sehr selektiv. In diesem Fall bleibt das Forschungsdesiderat nach einer ausgewogenen Synopse amerikanischer Studien und die empirische Überprüfung, ob auch aufgrund von Low-stakes-tests ähnlich starke Effekte für den Unterricht nachgewiesen werden können und ob diese auch als durchweg negativ qualifiziert werden müssen. Hier ist vor allem der bei Kohn einseitig negativ besetzte Begriff des Teaching-to-the-test zu nennen, der in der Literatur (Allalouf & Shakhar, 2002) ambivalent, also auch positiv gesehen wird. Teaching-to-the-test müsste durch weitere Studien stärker differenziert werden. Die Zusammenschau von Nichols und Berliner (2007) betont die Perspektive der Lernzuwächse bei Schülern. Die Leistung dieser Studie liegt in der Differenzierung des Cheatings in schulisches Cheating, wenn Schulen bei der Testdurchführung betrügen, und institutionelles Cheating, wenn lokale Schulbehörden die Ergebnisse beschönigen. Lam (2004) betont in seiner kanadischen Studie die Gefahr des Narrowing of the curriculum. Es bleibt das Forschungsdesiderat nach einer empirisch begründeten Balance zwischen Druck und Unterstützung durch externe Unterstützungssysteme. Maier (2009) konnte in seiner Studie Ergebnisse der Rezeption und Nutzung von Vergleichsarbeiten liefern. Jedoch ist die Studie zum einen räumlich auf die Bundesländer Baden-Württemberg und Thüringen begrenzt und zum anderen wurden ausschließlich Sekundarschullehrkräfte mittels Fragebogen befragt. Die quantitativen Ergebnisse erlauben nur Vermutungen über Begründungsmuster der Lehrkräfte. Eine qualitative Befragung diesbezüglich könnte Klarheiten über Beweggründe und Einflussfaktoren für die Nutzung der Rückmeldungen liefern.

3.1.4 Synopse des Forschungsstands und Forschungsdesiderata des Forschungsfelds

Tab.5: Übersicht über wichtige Ergebnisse und Forschungsdesiderata der Lehrplanwirksamkeitsforschung.

Lehrplanwirksamkeitsforschung
- Wichtige Ergebnisse:
- Lehrplannutzung von Alter, Dienststellung und pädagogischer Grundorientierung abhängig (Staatsinstitut für Schulpädagogik München, 1980)
- Wunsch der Lehrkräfte nach unverbindlichem didaktischen Begleitmaterial zum Lehrplan (Rauin, 1995; Vollstädt et al., 1999)
- Lehrplanrevisionen können erst nach einigen Jahren in der Praxis nachgewiesen werden (Vollstädt et al., 1999)
- Einführung von curricularen Dokumenten können in verschiedene Phasen unterschieden werden (Höhmann, 2002)
- Bedeutung der sekundären Lehrplanbindung (Vollstädt et al., 1999; Höhmann, 2002)
- Neue Lehrpläne stabilisieren Veränderungen, stoßen aber keine Neuerungen an (Künzli & Santini-Amgarten, 1999)
Forschungsdesiderata:
- Forschungen in der Primarstufe
- Qualitative Forschungsarbeiten
- Nähere Bestimmung des gewünschten didaktischem Begleitmaterial
- Beeinflussende Faktoren der Lehrplanrezeption
- Einflussgrad von sekundären Lehrplanbindungen
- Intensität von nebensteuernden Elementen auf die Lehrplanrezeption
- Auswirkungen von Lehrplanreformen auf Schülerleistungen

Tab.6: Übersicht über wichtige Ergebnisse und Forschungsdesiderata der Forschung zur Implementation der Bildungsstandards.

Forschung zur Implementation der Bildungsstandards
- Wichtige Ergebnisse:
- Einstellung der Lehrkräfte gegenüber Bildungsstandards überwiegend negativ (Beer, 2006)
- Bildungsstandards werden von Lehrkräften als bürokratische Vorschrift wahrgenommen (Altrichter & Posch, 2007)
- Bildungsstandards werden wie Lehrpläne als Input-Vorgabe verstanden (Rauin et al., 2007)
- Geringe unterrichtspraktische Relevanz der Bildungsstandards (Rauin et al., 2007)
- Grund- und Hauptschullehrkräfte haben im Vergleich zu Lehrkräften anderer Schularten eine positivere Einstellung gegenüber Bildungsstandards (Freudenthaler & Specht, 2006; Rauin et al., 2007)
- Lehrkräfte wünschen sich Fortbildungen zur Umsetzbarkeit der Bildungsstandards (Grillitsch, 2010)
- Geringere Kenntnis der Bildungsstandards, wenn diese nicht in den Lehrplan integriert sind (Böttcher & Dicke, 2008)
- Nebensteuernde Elemente sind sehr einflussreich auf die Akzeptanz und Nutzung von Bildungsstandards (Wacker, 2008)
- Keine fach- und schulformspezifischen Unterschiede hinsichtlich Nutzung der Bildungsstandards (Pant et al., 2008; Köller & Pant, 2010)

- Forschungsdesiderata:
- Faktoren, die positivere Einstellung von Grund- und Hauptschullehrkräften gegenüber Bildungsstandards hervorrufen
- Interventionsstudie zum Einfluss von Fortbildungen auf die unterrichtliche Nutzung von Bildungsstandards
- Ländervergleich (unterschiedliche Regelungskontexte)
- Beeinflussende Kontextfaktoren auf die Wahrnehmung von Bildungsstandards durch Lehrkräfte
- Konsequenzen der Einführung von Bildungsstandards auf Schülerleistungen
- Identifizierung von einflussreichen nebensteuernden Elementen auf die Akzeptanz und Nutzung der Bildungsstandards

Tab.7: Übersicht über wichtige Ergebnisse und Forschungsdesiderata der Forschung zu standardisierten Leistungsvergleichen.

Forschung zu standardisierten Leistungsvergleichen
Wichtige Ergebnisse:
- Standardisierte Tests benachteiligen schwache Schüler (Nichols, 2008)
- Unterscheidung von schulischem und institutionellem Cheating (Nichols & Berliner, 2007)
- Narrowing of the curriculum (Lam, 2004)
- Teaching-to-the-test (Lam, 2004)
- Kaum testbasierte Unterrichtsentwicklung durch VERA (Maier, 2009)
- Nutzung von Testdaten zur Unterrichtsentwicklung von Kontextfaktoren abhängig (Maier, 2009)
Forschungsdesiderata:
- Übertragung der Ergebnisse aus dem High-stakes-Kontext in den Low-stakes-Kontext
- Qualitative Differenzierung des Teaching-to-the-test
- Differenzierung des Cheatings
- Begründungsmuster für die Nicht-Nutzung von VERA zur Unterrichtsentwicklung
- Studien im Primarbereich
- Auswirkungen von standardisierten Leistungsvergleichen auf Schülerleistungen
- Effektives Verhältnis von Druck und Unterstützung der Rechenschaftslegung

Die theoretische und empirische Analyse von Bildungsstandards und Vergleichsarbeiten wurde zu den drei Hauptperspektiven der Lehrplantheorie, Implementationstheorie der Bildungsstandards und der Perspektive der Accountability zusammengeführt. In allen Bereichen zeigen sich Forschungsdesiderata, die für die vorliegende Studie eingegrenzt werden müssen. Ein großer Vorteil gegenüber den Studien, die von den Instituten durchgeführt werden, die an der Entwicklung der Testinstrumente beteiligt sind (z.B. IQB), besteht in der Unabhängigkeit der vorliegenden Arbeit, die eine unvoreingenommene Sichtweise auf die Testinstrumente zulässt. Diese könnte bei Studien durch Institute, die sowohl für die Entwicklung als auch Überprüfung zuständig sind, eingeschränkt sein.

Ziel dieser Arbeit ist es, das Rezeptions- und Nutzungsverhalten von Bildungsstandards und Vergleichsarbeiten durch Grundschullehrkräfte zu beschreiben. Damit widmet sich die Studie dem Forschungsdesiderat, die Implementation der Bildungsstandards in der Grundschule zu untersuchen. Zudem soll das Rezeptionsverhalten in Abhängigkeit von Kontextfaktoren erfasst werden. Als theoretische Grundlage dienen die Theorie des Lehrplans (Vollstädt et al., 1999), das Unterrichtsentwicklungsmodell von Helmke (2009) und die Theorie der Stages of Concern (Hall et al., 2011).

3.2 Entwicklung von Fragestellungen

Die Zusammenfassung der Befunde des Forschungsstands hat gezeigt, dass Lehrkräfte eine überwiegend negative Sicht auf Bildungsstandards haben und Bildungsstandards nur eine geringe unterrichtspraktische Wirkung entfalten können. Die theoretischen Analysen haben zudem Probleme in der Implementationsweise der Bildungsstandards offengelegt. Denn es erfolgte keine Implementation in Pilotphasen (Altrichter et al., 2007), zudem wurden Praktiker kaum in den Entwicklungsprozess der Bildungsstandards eingebunden und mit der Parallelität von Lehrplan und Bildungsstandards in Bayern keine deutlich veränderten Rahmenbedingungen für Lehrer gesetzt.

Gegenstand dieser Untersuchung sind aber neben den Bildungsstandards auch die Vergleichsarbeiten, die insbesondere in ihrer Funktion als nebensteuernde Elemente der Bildungsstandards betrachtet werden. Zudem wurden die Bildungsstandards in der theoretischen Aufarbeitung in die Innovationsforschung eingeordnet. Für die theoretische Rahmung der Studie, auf deren Grundlage nun auch die forschungsleitenden Annahmen entwickelt werden, werden im Bereich der Innovationsforschung die Theorie der Stages of Concern (Hall et al., 2011) und das Unterrichtsentwicklungsmodell (Helmke, 2009) herangezogen. Die Stages of Concern dienen als akteurzentrierte Theorie dazu, Überlegungen anzustellen, in welcher Weise Lehrkräfte von der Innovation betroffen sind. Zudem sind die Stages of Concern in Implementationsbegleitstudien des IQB bereits im selben Forschungsfeld angewendet worden. Das Unterrichtsentwicklungsmodell ist der übergeordnete Rahmen der Untersuchung und Analysefolie für die Ergebnisse, da es sowohl eine Prozessdimension besitzt, als auch darauf Einfluss nehmende Kontextfaktoren einordnen lässt. Darüber hinaus ist dieses Modell in Vorgängerstudien als theoretische Rahmung vielfach verwendet worden. Die Theorie des Lehrplans (Vollstädt et al., 1999) ist ein schulpädagogisch erprobtes Analyseinstrument, welches zunächst im Kapitel der theoretischen Überlegungen als Analysefolie diente und nun auch für den empirischen Teil der vorliegenden Studie forschungsleitend ist. Sie ermöglicht eine Konzentration auf ihre drei zentralen Dimensionen curricularer Verordnungen und reduziert damit die Komplexität des Forschungsgegenstands.

In der vorliegenden Studie wird die individuelle Berufsauffassung deutscher Lehrkräfte (Rolff, 2002) im besonderen Maße berücksichtigt. Eine Innovation ist nur dann erfolgreich, wenn sie von den einzelnen Lehrern in den Klassenzimmern umgesetzt wird. Deshalb ist die forschungsleitende Annahme von Bedeutung, dass auch die Rezeption und Nutzung von Bildungsstandards und Vergleichsarbeiten auf individueller Lehrerebene verläuft. Aus diesem Grund stehen die Wahrnehmung und die Perspektive von einzelnen Lehrkräften auf Bildungsstandards und Vergleichsarbeiten im Mittelpunkt. Selbstverständlich wird dennoch die Beeinflussung der Lehrkräfte durch externe Kontextfaktoren, wie zum Beispiel Schulmerkmale, Lehrerkollegium oder Familie, bedacht. In der Konzentration der Untersuchung auf die Perspektive des Einzellehrers reiht sie sich in eine Vielzahl von Studien zu Lehrplan und Bildungsstandards ein, die ebenso den Lehrer mit seiner Sicht in den Mittelpunkt stellt (u.a. Maier, 2009; Vollstädt et al., 1999).

Alle Fragestellungen lassen sich in das Unterrichtsentwicklungsmodell (Helmke, 2009) einordnen, denn es berücksichtigt beide forschungsleitende Dimensionen: Zum einen die Beachtung von Kontextfaktoren auf das Rezeptions- und Nutzungsverhalten von Lehrkräften und zum anderen eine phasenweise Beschreibung des Einflusses von Unterrichts-informationen auf die professionelle Reflexion. In dieses Modell können die anderen Theorien verortet werden und daraus forschungsleitende Annahmen entwickelt werden. In der Prozessdimension des Modells wird als Phase nach einem Anstoß zur Unterrichts-entwicklung zunächst der Prozess der Informationsaufnahme beschrieben. Anschließend muss die Aufnahme der Information mit eigenen Theorien der Lehrkräfte in Verbindung gebracht werden, bevor sie in der zentralen Phase in Aktion umgesetzt wird. Abschlie-ßend für einen Prozess steht die Evaluation der Veränderung, die Anstoß für das erneute Durchlaufen des Prozesses sein soll. Die Kontextfaktoren, die diesen Ablauf beeinflus-sen, werden in individuelle und externe Kontextfaktoren unterteilt und ermöglichen so einen differenzierteren Blick auf beeinflussende Elemente einer Unterrichtsinnovation. Als Ausgangspunkt der Unterrichtsentwicklung werden im Folgenden unterschiedliche Reformelemente der standardbasierten Reform modelliert und die Kontextfaktoren in ihrer Bedeutung und in ihrem Einfluss in unterschiedlichen Schwerpunktsetzungen be-rücksichtigt.

Die nachstehenden Abschnitte unterteilen die Hauptfragestellung *Wie verstehen Lehr-kräfte Bildungsstandards und wie nehmen Bildungsstandards Einfluss auf den Unter-richt?* in vier Teilfragestellungen, die jeweils dargestellt und erläutert werden. Der fol-gende Abschnitt gibt zunächst einen Überblick zu allen vier Teilfragestellungen mit den jeweiligen Teilaspekten.

3.2.1 Die Fragestellungen im Überblick

Fragestellung (A):
Wie rezipieren und nutzen Grundschullehrkräfte Bildungsstandards?
- Implementation (A1)
    Bei diesem Teilaspekt geht es darum, wie Lehrkräfte von Bildungsstandards erfahren haben und ob sie der Meinung sind, Bildungsstandards in ihrem Un-terricht umzusetzen.
- Konzeption (A2)
    Hinsichtlich der Konzeption sollen sowohl Einschätzungen zur bestehenden Konzeption als auch Aussehen einer idealtypischen Konzeption der Bil-dungsstandards erfasst werden.
- Unterricht (A3)
    Hinsichtlich des Unterrichts stehen das Verständnis eines kompetenzorientier-ten Unterrichts von Lehrkräften und der Einfluss von Sekundärmaterial zu den Bildungsstandards auf den Unterricht im Mittelpunkt.

Fragestellung (B):
Wie rezipieren und nutzen Grundschullehrkräfte Vergleichsarbeiten?
- Konzeptionelles Verständnis (B1)
    Das konzeptionelle Verständnis von Lehrkräften wird hinsichtlich der beste-henden Konzeption der Vergleichsarbeiten erfasst.

- Durchführung der Tests (B2)

  In Bezug auf die Durchführung der Tests ist von Interesse, inwieweit diese von den Lehrpersonen als problematisch wahrgenommen wird.
- VERA als Element der Elternberatung (B3)

  In diesem Bereich stehen die Elternrückmeldungen im Mittelpunkt und inwieweit diese als Grundlage für Elterngespräche dienen.
- Testdesign/Aufgaben (B4)

  Dieser Aspekt berücksichtigt Einschätzungen der Lehrkräfte zum Testdesign und den Aufgaben der Vergleichsarbeiten.
- Kritik am Testdesign (B5)

  Es werden Kritikpunkte von Lehrkräften hinsichtlich VERA erfasst.
- Umgang mit den Ergebnissen (B6)

  Hierbei ist von Interesse, in welcher Form sich Lehrkräfte über die Ergebnisse mit Kollegen austauschen, wie sie persönlich damit umgehen und welche Erklärungsmuster von diesen für die Ergebnisse generiert werden.
- Diagnostik (B7)

  Es wird berücksichtigt, inwieweit Lehrkräfte die VERA-Ergebnisse für die Förder- und Selektionsdiagnostik verwenden.

Fragestellung (C):

Welchen Einfluss haben länderspezifische Regelungskontexte auf das Rezeptionsverhalten von Lehrkräften?
- Implementation (C1)

  In Bezug auf die Implementation werden Maßnahmen der direkten und indirekten Implementation und dem von Lehrkräften wahrgenommenen Verbindlichkeitsgrad der Standards berücksichtigt.
- Konzeptionelles Verständnis (C2)

  Es werden Äußerungen zur bestehenden Konzeption und die Einschätzung, welche Motive zur Einführung der Standards geführt haben, erfasst. Darüber hinaus wird nach Wünschen für eine idealtypische Konzeption gefragt.
- Nutzung (C3)

  Hierbei geht es darum, wie die Standards zur Unterrichtsplanung und zur Leistungsmessung genutzt werden.

Fragestellung (D):

Welches Reformelement von VERA 3 hat den größten Einfluss auf die professionelle Reflexion?
- Reformelemente (D1)

  Als Reformelemente werden Bildungsstandards, Testrückmeldungen und Testdurchführung berücksichtigt.

- Professionelle Reflexion im Hinblick auf Unterrichtsentwicklung (D2)

     Hinsichtlich der Unterrichtsentwicklung werden Veränderungen im Bereich der Aufgaben und der Unterrichtsmethoden berücksichtigt sowie Begründungen für keine Beeinflussung erfasst.

3.2.2 Rezeption und Nutzung von Bildungsstandards durch Grundschullehrkräfte

In der ersten Fragestellung *Wie rezipieren und nutzen Grundschullehrkräfte Bildungsstandards?* stehen die Bildungsstandards aus der Sicht von Grundschullehrkräften im Mittelpunkt. Es geht darum, wie Bildungsstandards von Lehrern verstanden und im Hinblick auf Unterricht genutzt werden. Mit *Rezeption* wird in der vorliegenden Studie neben dem Verständnis der Lehrkräfte von Bildungsstandards auch der Grad an Akzeptanz zu diesem Reformelement beschrieben. Damit übersteigt dieses Begriffsverständnis von Rezeption die Bezeichnung innerhalb des Unterrichtsentwicklungsmodells (Helmke, 2009). *Nutzung* beachtet den Aspekt, dass Innovationen nur insofern erfolgreich sind, wie sie auf Unterrichtsebene angewandt werden.

Mit der Implementation sind nach dem gegenwärtigen Forschungsstand Folgen für die spätere Akzeptanz und Nutzung zu erwarten (Altrichter et al., 2006). Deshalb wird zunächst die Implementation der Bildungsstandards aus Sicht der Lehrkräfte erhoben. Zudem zeigen Forschungsergebnisse die Relevanz des konzeptionellen Verständnisses für die Akzeptanz und die spätere Nutzung der Innovation (Zeitler et al., 2010). Mit der Annahme, dass eine Innovation nur so erfolgreich ist, wie sie es schafft die Unterrichtsebene zu erreichen, wird nach der Nutzung der Bildungsstandards auf Unterrichtsebene gefragt. Die Darstellung der Nutzung erfolgt damit aus Sicht der Lehrkräfte und bildet dadurch nicht zwangsläufig die tatsächliche Unterrichtswirklichkeit ab. Im Forschungsstand zeigt sich, dass Bildungsstandards von Lehrkräften sehr unterschiedlich, überwiegend aber negativ bewertet werden. Eine Ausnahme stellen dabei in einigen Studien (z.B. Freudenthaler et al., 2006) Grundschullehrkräfte dar, die eine positivere Einstellung vertreten. Bislang ist aber noch ungeklärt, welche grundschulspezifischen Rahmenbedingungen dazu führen.

Bildungsstandards sind das zentrale Reformelement der standardbasierten Reform. Jedoch muss erforscht werden, inwieweit das Element an sich von den Adressaten der Reform verstanden und genutzt wird. In diesem Zusammenhang ist nach der Erfüllung der Erwartungen zu fragen, die an die Bildungsstandards von Seiten der Bildungspolitik gestellt werden. Wacker (2008) zeigt in seiner Studie, dass vor allem nebensteuernde Elemente in der Lage sind, Reformen umzusetzen. In diesem Zusammenhang werden die Vergleichsarbeiten als zentrales nebensteuerndes Element gesehen und es wird zu klären sein, in welchem Verhältnis Bildungsstandards und Vergleichsarbeiten in der Erfüllung von Erwartungen aus Sicht von Lehrkräften stehen.

Um die Erfüllung von Erwartungen an die standardbasierte Reform durch verschiedene Elemente klären zu können, bietet die Theorie des Lehrplans eine Reduktion der Komplexität auf die zentralen Punkte curricularer Vorgaben in Funktionen, Steuerungsmodelle und Wirkungsebenen an. Mit Hilfe dieser Theoriefolie wird anhand der empirischen Ergebnisse ein Vergleich möglich. Die Wirkung der Bildungsstandards an sich und vor allem von welchen Elementen deren Innovationskraft beeinflusst wird, kann die theoretische Sichtweise des Unterrichtsentwicklungsmodells (Helmke, 2009) beschreiben. Nachdem mit der Theorie des Lehrplans zunächst nur die Innovation an sich in ihren unterschiedlichen Bereichen betrachtet wurde, werden die Bildungsstandards nun an den Anfang des Unterrichtsentwicklungsmodells als Ausgangspunkt für Unterrichtsentwicklung gestellt. In der Betrachtung von Kontextfaktoren und dem Grad der Beeinflussung der Lehrkräfte in ihrer Unterrichtsentwicklung durch Bildungsstandards steht diese Fragestellung folglich am Schnittpunkt der beiden Dimensionen Prozess und Einflussfaktoren des Unterrichtsentwicklungsmodells (Helmke, 2009).

Forschungsleitend ist die Betrachtung der Bildungsstandards im Rahmen des Unterrichtsentwicklungsmodells (Helmke, 2009), in dem für diese Forschungsfrage Bildungsstandards als Information über Unterricht betrachtet werden. Mit dieser theoretischen Grundlage kann die Rezeption und Nutzung von Bildungsstandards in die vier Phasen der Rezeption, Reflexion, Aktion und Evaluation unterteilt werden.

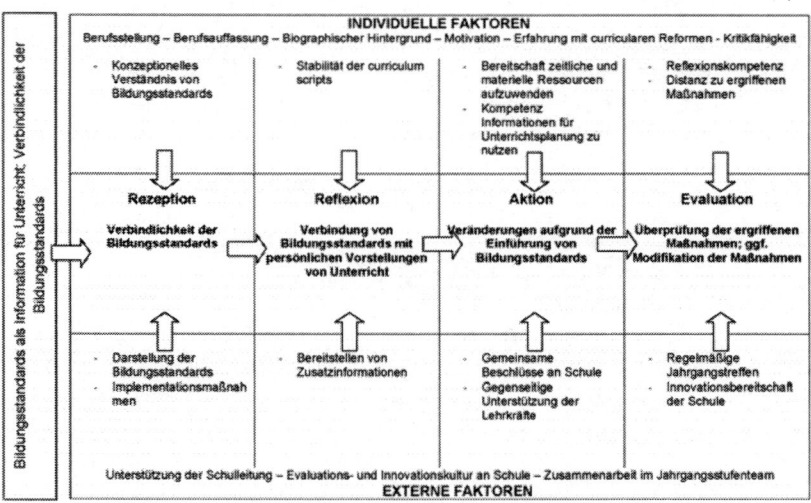

Abb.5: Übersicht der forschungsleitenden Annahmen zu Bildungsstandards. Systematisiert in Anlehnung an das Unterrichtsentwicklungsmodell von Helmke (2009).

In Anlehnung an das theoretische Modell und die bisherigen empirischen Befunde sind folgende Annahmen zu Kontextfaktoren, die das Rezeptions- und Nutzungsverhalten beeinflussen, forschungsleitend: Wenn Lehrkräfte zu stabile Vorstellungen von Unterricht haben, was vor allem bei langjähriger Berufserfahrung auftritt, führt dies zu einer sehr resistenten Haltung gegenüber Informationen über Unterricht. Außerdem spielt die Auffassung, die Lehrer von ihrem Beruf besitzen, eine Rolle. Es ist entscheidend, inwieweit sie bereit sind materielle und zeitliche Ressourcen aufzuwenden, um die Anregungen in die Praxis umzusetzen. Hierbei ist es auch von Bedeutung, ob die Lehrer bereits Erfahrungen mit curricularen Reformen haben und ob sie diese als Verbesserung oder Verschlechterung ihrer persönlichen Situation wahrgenommen haben. Zudem ist es eine wichtige Voraussetzung, ob die Lehrkräfte fähig sind, Kritik anzunehmen und konstruktiv umzusetzen. Ein Lehrer, der eine sehr hohe Selbstüberzeugung in Bezug auf seinen Unterricht hat, wird schwieriger davon zu überzeugen sein diesen zu ändern. In institutioneller Hinsicht ist von Bedeutung, ob an den Schulen, an denen die Lehrkräfte unterrichten, eine positive Evaluations- und Innovationskultur herrscht, denn ein positives Klima führt dazu, dass die Kooperation im Zusammenhang mit Bildungsstandards konstruktiv verläuft. Wenn darüber hinaus auf bereits bestehende Kooperationen, die in der Grundschule vor allem innerhalb des Jahrgangsstufenteams und weniger in der Fachschaft stattfinden, zurückgegriffen werden kann, ist dies gemäß des Modells von Helmke (2009) sehr förderlich. Zudem können so zeitliche und materielle Ressourcen gemeinsam genutzt werden.

Aus diesen Ausführungen und Akzentuierungen ergibt sich die Zuspitzung der ersten Fragestellung (A):

Wie rezipieren und nutzen Grundschullehrkräfte Bildungsstandards im Hinblick auf Implementation, Konzeption und Unterricht?

Um diese Fragestellung zu klären werden verschiedene Aspekte der Implementation zum Tragen kommen: Zum einen wie Lehrkräfte von den Bildungsstandards erfahren haben und zum anderen, ob Lehrpersonen glauben, dass sie die Standards in ihrem Unterricht umsetzen. Des Weiteren steht die Konzeption im Mittelpunkt, indem nach der Einschätzung zur bestehenden Konzeption und nach der idealtypischen Vorstellung von Standards gefragt wird. Unterrichtliche Aspekte werden dadurch erfasst, indem Lehrkräfte zu ihrem Verständnis eines kompetenzorientierten Unterrichts befragt werden und der Einfluss von Sekundärmaterial zu den Bildungsstandards auf den Unterricht erhoben wird.

3.2.3 Rezeption und Nutzung von Vergleichsarbeiten durch Grundschullehrkräfte

Die Einführung von Vergleichsarbeiten ist die zentrale Neuerung in der curricularen Steuerung des deutschen Bildungssystems in den letzten Jahren. Als Instrument der Rechenschaftslegung sollen sie die Einhaltung der Standards überprüfen. In Anlehnung an frühere Studien (Wacker, 2008) wird davon ausgegangen, dass sie den Unterrichtsalltag an Schulen weit mehr beeinflussen als Bildungsstandards. Deshalb soll diese Studie klären, wie Vergleichsarbeiten von den Lehrkräften rezipiert und genutzt werden. Dazu lautet die Fragestellung: *Wie rezipieren und nutzen Grundschullehrkräfte Vergleichsarbeiten?* Die Studie will damit Forschungslücken schließen, indem Bildungsstandards und Vergleichsarbeiten nicht getrennt, sondern in ihrem Verhältnis zueinander untersucht werden. Dieser Aspekt ist der zentrale Inhalt der zweiten Fragestellung.

Da diese zweite Fragestellung teilweise im direkten Zusammenhang mit der ersten steht, werden die Begriffe in gleicher Weise verstanden. *Rezeption* bezeichnet das Verständnis der Lehrkräfte von Vergleichsarbeiten und den Grad an Akzeptanz. *Nutzung* zielt auf die von den Lehrkräften wahrgenommene unterrichtspraktische Relevanz der Vergleichsarbeiten.

Zunächst geht es darum, das konzeptionelle Verständnis der Lehrkräfte von Vergleichsarbeiten zu klären, weil davon ausgegangen wird, dass dies in Zusammenhang mit der Akzeptanz und der Nutzung von Vergleichsarbeiten steht. Zudem wird die Wahrnehmung der Lehrkräfte zur Testdurchführung erfragt, um technische Probleme als Grund für eine mögliche Ablehnung identifizieren zu können. Des Weiteren sollen die Vergleichsarbeiten und deren Rückmeldungen, die zentral erstellt werden und den Lehrkräften Informationen auf Klassen- und individueller Schülerebene liefern, Grundlage für Elterngespräche sein. Es soll im Zusammenhang mit dieser Fragestellung geklärt werden, in welcher Weise die Rückmeldungen von Lehrkräften genutzt werden. Deshalb beinhaltet diese Fragestellung auch, ob und wenn ja wie und mit welchen Motiven Vergleichsarbeiten Grundlage von Elterngesprächen sind. Als externes Testinstrument hat VERA ein spezielles Testdesign, das sich in den meisten Fällen von den Testaufgaben unterscheiden dürfte, die Lehrkräfte selbst erstellen. Aus diesem Grund wird zunächst nach dem Grad der Unterschiedlichkeit aus Sicht der Lehrkräfte und nach der Zustimmung zum Testdesign gefragt. Daraus sollen Rückschlüsse möglich werden, inwieweit Aufgaben von Lehrkräften übernommen werden, da Lehrpersonen am häufigsten mit der Übernahme von Aufgaben auf Innovationen reagieren (Oelkers, 2010). Aus der Erziehungswissenschaft kommt starke Kritik an den Vergleichsarbeiten (Oelkers, 2010). Deshalb sollen in dieser Fragestellung Kritikpunkte aus der Sicht der Praktiker erfasst und systematisiert werden. Außerdem soll der Umgang der Lehrkräfte mit den Ergebnissen von VERA beschrieben werden, in dessen Zusammenhang Aspekte zur Nutzung von VERA zur Selektions- und/oder Förderdiagnostik erfasst werden.

Diese Aspekte sind relevant, um die Wahrnehmung von VERA aus Lehrersicht zu berücksichtigen. Daraus ergeben sich Erkenntnisse darüber, welche Aspekte von VERA für Lehrkräfte besonders wichtig sind und wodurch sie beeinflusst werden.

Die theoretische Rahmung dieser Fragestellung wird mit dem Ansatz der Stages of Concern und dem Unterrichtsentwicklungsmodell vorgenommen. Da das Unterrichtsentwicklungsmodell ebenso in Bezug auf die Bildungsstandards angewandt wird, wird in der Auswertung mit dieser theoretischen Perspektive ein Vergleich zwischen Vergleichsarbeiten und Bildungsstandards möglich, der Erkenntnisse zu gemeinsamen und unterschiedlichen Faktoren, die den Rezeptions- und Nutzungsprozess beeinflussen, liefert.

In bisherigen Studien wurde der Ansatz der Stages of Concern zur theoretischen Modellierung der Akzeptanz von Bildungsstandards herangezogen, doch erscheint für diese Fragestellung das Modell zur Analyse der Daten in Bezug auf die Vergleichsarbeiten passender. Denn Axiom dieser Theorie ist, dass die Adressaten der Innovation diese auch wirklich als Veränderung ihrer Arbeitswirklichkeit erkennen. Es wird angenommen, dass die Vergleichsarbeiten in Schulen sehr stark als Veränderung des Arbeitsalltags wahrgenommen werden, weshalb die Anwendung der Stages of Concern für die Rezeption der Vergleichsarbeiten durch Lehrkräfte als sinnvoll und wissensgenerierend betrachtet wird. Die Verwendung der Stages of Concern als Stufenmodell ist nach Befunden früherer Studien als fraglich zu bezeichnen. Auch Pant et al. (2008) stellen die Konzeption der Stages of Concern als Stufenmodell in Frage, da die gefundenen Profile multimodal sind. Sinnvoller erscheint es deshalb, die Stages nicht als Stufen, sondern als Kategorien zu verstehen, was in der Operationalisierung für diese Forschungsarbeit Rechnung berücksichtigt wurde (siehe S. 186).

Die Fragestellung kann des Weiteren in das Unterrichtsentwicklungsmodell (Helmke, 2009) eingeordnet werden, indem die Vergleichsarbeiten als Information zur Initiierung von Unterrichtsentwicklungsprozessen gesehen werden. Helmke (2004) selbst hat die Nutzbarmachung von Vergleichsarbeiten in der Grundschule mit seinem

Unterrichtsentwicklungsmodell theoretisch analysiert (siehe Kap. 2.2.2). Diese Annahmen und weitere Ergänzungen, die sich aus dem dargestellten Forschungsstand zu standardisierten Leistungsvergleichen ergeben, sind für die dritte Fragestellung forschungsleitend.

Aus den genannten forschungsleitenden Interessen heraus wird die zweite Fragestellung (B) zugespitzt:

Wie rezipieren und nutzen Grundschullehrkräfte Vergleichsarbeiten im Hinblick auf konzeptionelles Verständnis, Durchführung der Tests, VERA als Element der Elternberatung, Testdesign und Aufgaben, Kritik am Testdesign, Umgang mit den Ergebnissen und Diagnostik?

Um diese Fragestellung zu beantworten werden Aspekte des konzeptionellen Verständnisses von Lehrkräften zur bestehenden Konzeption und die Durchführung der Tests erfragt. Des Weiteren werden die Rückmeldungen zu VERA in ihrer Bedeutung für die Elternberatung berücksichtigt und das Testdesign sowie die Testaufgaben in den Mittelpunkt gerückt. Darüber hinaus spielt die Kritik von Lehrkräften an VERA eine entscheidende Rolle für die Beantwortung der Forschungsfrage, wie auch der Umgang von Lehrpersonen mit den Ergebnissen (Austausch mit Kollegen, persönlicher Umgang, Erklärungsmuster für Resultate) berücksichtigt wird. Außerdem wird zur Klärung dieser Fragestellung nach Aspekten der Selektions- und Förderdiagnostik im Zusammenhang mit VERA gefragt.

3.2.4 Einfluss von länderspezifischen Regelungskontexten auf das Rezeptionsverhalten von Lehrkräften

Bildungspolitiker versuchen mit institutionellen Regelungskontexten das Rezeptionsverhalten von Lehrkräften zu bestimmen. Die dritte Fragestellung möchte mit Hilfe eines Ländervergleichs den Einfluss von Regelungskontexten auf das Rezeptionsverhalten von Bildungsstandards durch Lehrkräfte beleuchten und lautet: *Welchen Einfluss haben länderspezifische Regelungskontexte auf das Rezeptionsverhalten von Lehrkräften?*

In der vorliegenden Studie wird davon ausgegangen, dass von staatlicher Seite am stärksten die Konzeption der curricularen Vorschrift und deren Implementation beeinflusst werden kann. Deshalb werden die Lehrkräfte zu diesen beiden Aspekten befragt. Da die Bildungsstandards Unterricht steuern möchten, wird nach der Nutzung der nationalen Bildungsstandards gefragt, um unterrichtliche Nutzungsweisen in unterschiedlichen Rahmenbedingungen beschreiben zu können.

Für die dritte Fragestellung wird die bayerische Fallauswahl um Fälle aus Finnland ergänzt, um Sichtweisen aus Ländern mit unterschiedlichen institutionellen Regelungskontexten zu erfassen. Bayern und Finnland setzen, wie die theoretische Analyse gezeigt hat, unterschiedliche Rahmenbedingungen für Bildungsstandards. Die Aufarbeitung des Forschungsstands zur Implementation der Bildungsstandards hat ergeben, dass der Implementationsvorgang entscheidend für die spätere Umsetzung der Reform ist (Altrichter et al., 2007). In diesem Bereich finden sich große Unterschiede zwischen beiden Forschungsfeldern. Gemäß der bisherigen Forschungsergebnisse können einige Charakteristika für erfolgreiche Implementationen identifiziert werden, welche einen Vorteil für den finnischen Implementationsweg zeigen, der eine hohe Beteiligung der

Praktiker und einen hohen Grad an professionellem Freiraum gewährt. Für Bayern hingegen wird angenommen, dass sich die parallele Implementation der Standards zu den bestehenden Grundschullehrplänen und deren Einführung ohne verpflichtende Lehrerfortbildungen negativ auf das Rezeptionsverhalten auswirken.

Die Theorie des Lehrplans (Vollstädt et al., 1999) diente als Analyseinstrument, um weitere Unterschiede der curricularen Vorgaben nach ihren Funktionen, Wirkungsebenen und Steuerungsmodellen zu identifizieren. Durch diese Analyse wurde besonders die Vielzahl an Funktionen, die den deutschen Bildungsstandards zugeschrieben werden, deutlich und es ist zu hinterfragen, ob diese Vielfalt an Funktionen, die sich teilweise sogar gegenseitig ausschließen, auch von Praktikern erkannt und umgesetzt wird. Die forschungsleitende Annahme, dass die Bedingungen in Finnland förderlicher für die Rezeption der Bildungsstandards sind, soll aus der Sicht von Lehrkräften dargestellt werden. Dadurch soll klar werden, ob der Vorteil für die finnischen Standards, der sich aus der theoretischen Analyse ergibt, auch in Lehreraussagen wiederzufinden ist. Zudem ist von Interesse, welche unterschiedlichen Vorstellungen Lehrkräfte in unterschiedlichen Regelungskontexten mit den Bildungsstandards verbinden.

Diese Aspekte sind Teil der dritten Fragestellung (C), die damit innerhalb des Unterrichtsentwicklungsmodells einen Schwerpunkt auf die beeinflussenden externen Kontextfaktoren legt:

Welchen Einfluss haben länderspezifische Regelungskontexte auf das Rezeptionsverhalten von Lehrkräften im Hinblick auf Implementation, konzeptionellen Verständnis und Nutzung von Bildungsstandards?

Als einflussreiche Regelungskontexte werden in der vorliegenden Studie die Implementation und die Konzeption der Standards verstanden, weshalb diese Aspekte für die Beantwortung der Fragestellung erhoben werden. Dazu werden die Lehrkräfte nach direkter und indirekter Implementation sowie nach ihrer Einschätzung der Verbindlichkeit der Standards gefragt. Des Weiteren sollen sie sich zur bestehenden Konzeption der Standards äußern, als auch die Motive angeben, die ihrer Einschätzung nach die Einführung der Bildungsstandards ausgelöst haben. Zudem dürfen die befragten Lehrkräfte ihre Vorstellung von einer idealtypischen Konzeption der Standards einbringen. Das Rezeptionsverhalten wird vor allem in unterrichtlicher Perspektive verstanden. So wird nach der Nutzung der Standards im Hinblick auf Unterrichtsplanung und Leistungsmessung gefragt.

3.2.5 Einfluss von Reformelementen der standardbasierten Reform auf die professionelle Reflexion

Die standardbasierte Reform in Deutschland beinhaltet verschiedene Elemente. Zum einen sind als wichtiges Element die Bildungsstandards zu nennen, die mit ihren Festlegungen von verbindlichen Zielen die Grundlage für den Paradigmenwechsel von der Input- zur Outcome-Steuerung bilden. Zudem sind Bildungsstandards die inhaltliche Basis für die Vergleichsarbeiten, die zum anderen als weiteres Element der standardbasierten Reform die Einhaltung der Standards kontrollieren. In der vierten Fragestellung wird nach dem einflussreichsten Element der standardbasierten Reform gefragt: *Welches*

Reformelement der standardbasierten Reform hat den größten Einfluss auf die professi-
onelle Reflexion?
Die vorliegende Studie geht von der Annahme aus, dass die einzelnen Teile unterschiedlich stark den Unterricht von Grundschullehrkräften beeinflussen. Dazu wird nicht nur
zwischen den beiden Elementen Bildungsstandards und Vergleichsarbeiten unterschieden, sondern die Vergleichsarbeiten werden noch einmal in die Tests an sich und deren
Rückmeldebogen unterteilt. Dies basiert auf Erkenntnissen vorangegangener Studien, die
von einem geringen Nutzen der Rückmeldungen zur Unterrichtsentwicklung berichten
(Maier, 2009). Zudem besteht die forschungsleitende Annahme, dass die Phase vor der
Testdurchführung vermutlich weit stärker den Unterricht beeinflusst, als dies in der
Phase danach aufgrund der Rückmeldebogen geschieht. Außerdem zeigt Wacker (2008)
in seiner Studie die Bedeutung nebensteuernder Elemente für die Implementation von
Bildungsstandards auf, weshalb ein genaueres Betrachten des unterschiedlichen Einflusses von Bildungsstandards und Vergleichsarbeiten angeraten ist. Deshalb werden in der
Befragung und Auswertung der Interviews die Phasen der Testvorbereitung, Testdurchführung und der Testrückmeldungen unterschieden.
Bei der Einordnung der Fragestellung in das Unterrichtsentwicklungsmodell wird deutlich, was in der vorliegenden Studie unter *Einfluss auf die professionelle Reflexion* verstanden wird: Die Fragestellung bezieht sich auf die Dimension der Phasen zur Umsetzung einer Innovation und sieht diese als Grad an professioneller Reflexion. Der Einfluss
kann dann graduell danach bemessen werden, welche Phase der Unterrichtsentwicklung
erreicht wird. Dazu werden als Informationen über den Unterricht, die Ausgangspunkt
dieser Phasen sind, jeweils die Bildungsstandards, die Testrückmeldebogen und die
Testaufgaben an sich betrachtet.
Daraus ergibt sich die Fokussierung der vierten Fragestellung (D):
Welches Reformelement von VERA 3 hat den größten Einfluss auf die professionelle
Reflexion im Hinblick auf die Reformelemente Bildungsstandards, Testrückmeldungen
und Testdurchführung sowie der professionellen Reflexion im Hinblick auf Unterrichts-
entwicklung?
Als Reformelemente von VERA 3 werden in dieser Fragestellung die Bildungsstandards,
die Testrückmeldungen sowie die Testdurchführung verstanden. Professionelle Reflexion wird im Hinblick auf Unterrichtsentwicklung gesehen, weshalb für die Beantwortung
dieser Fragestellung Aspekte der Unterrichtsveränderung vor und nach der VERA-
Testdurchführung berücksichtigt werden. Eine Beeinflussung des Unterrichts durch die
Vergleichsarbeiten wird an Veränderungen aufgrund von VERA im Bereich der Unterrichtsmethoden und der Aufgaben festgemacht. Darüber hinaus werden auch Begründungsmuster für den Fall erfasst, dass in der Einschätzung der Lehrkräfte keine Unterrichtsveränderung vorgenommen wurde.

4 Methode

Im vorangegangenen Kapitel wurden relevante Studien zum Forschungsvorhaben mit ihren zentralen Ergebnissen und offengebliebenen Forschungsdesiderata erläutert. Demnach gibt es bereits gesicherte empirische Erkenntnisse zur negativen Sichtweise von Lehrkräften auf die Bildungsstandards und deren geringen unterrichtspraktischem Nutzen. Allerdings fehlen Erkenntnisse darüber, woher die negative Sichtweise und der geringe unterrichtspraktische Nutzen rühren. Deshalb möchte die vorliegende Studie die komplexen Prozesse, die sich in diesem Zusammenhang im Feld von Schule und Unterricht abspielen, mit dem qualitativen Forschungsparadigma erforschen (Peez, 2001). Mit einem qualitativ-explorativen Ansatz kann sich die Studie dem Forschungsfeld offen nähern, um Fragen nach dem ‚Warum‘ zu stellen. Um der Komplexität des Feldes gerecht zu werden, wird der qualitative Ansatz gewählt, da er es ermöglicht, an individuelle Begründungsmuster heranzureichen. Zudem kann er den individuellen Voraussetzungen der unterschiedlichen Akteure, die im Feld agieren, gerecht werden.

Als Erhebungsinstrument wurde das leitfadengestützte Interview gewählt, welches die nötige Strukturierung gewährleistet, aber auch genügend Offenheit zulässt, um auf individuelle Aspekte des Interviewpartners eingehen zu können (Friebertshäuser & Langer, 2010). Zudem geht es in dieser Studie darum, die standardbasierte Reform in der Wahrnehmung der Lehrkräfte darzustellen, was mittels Interviews am sinnvollsten erfasst werden kann. Die Strukturierung der Interviews durch Leitfäden bot die Möglichkeit, unterschiedliches Verhalten und Einstellungen der Befragten in ähnlichen Situationen zu erfassen und insbesondere den Ländervergleich für die dritte Fragestellung zu ermöglichen. Das abduktive Vorgehen (Kelle & Kluge, 2010) bei der Auswertung der Daten integriert sowohl die theoretischen Vorannahmen, die aufgrund des Forschungsstands getroffen wurden, ermöglicht aber auch ein gegenstandsbezogenes Entwickeln von Theorien direkt am Material.

4.1 Vorgehensweise und Sample

4.1.1 Forschungsdesign
Die vier Fragestellungen werden mit Hilfe des qualitativen Forschungsansatzes angegangen. Dazu werden Lehrkräfte in Bayern und Finnland befragt. Der Ländervergleich bietet wichtige Hinweise für die Beantwortung der dritten Fragestellung, da durch die unterschiedlichen institutionellen Rahmenbedingungen in Bayern und Finnland der Einfluss dieser auf das Rezeptions- und Nutzungsverhalten erschlossen werden kann. In der folgenden Tabelle werden zu jeder Fragestellung die verwendeten Theorierahmen, die Anzahl der Fälle und das forschungsleitende Interesse schematisch dargestellt.

Tab.8: Forschungsdesign

Fragestellung	Theorierahmen	Fallzahl	Forschungsleitendes Interesse
Wie rezipieren und nutzen Grundschullehrkräfte Bildungsstandards?	Theorie des Lehrplans Unterrichtsentwicklungsmodell	N = 20	Rezeptions- und Nutzungsverhalten von Grundschullehrkräften in Bezug auf Bildungsstandards
Wie rezipieren und nutzen Grundschullehrkräfte Vergleichsarbeiten?	Stages of Concern Unterrichtsentwicklungsmodell	N = 20	Rezeptions- und Nutzungsverhalten von Grundschullehrkräften in Bezug auf Vergleichsarbeiten
Welchen Einfluss haben länderspezifische Regelungskontexte auf das Rezeptionsverhalten von Lehrkräften?	Theorie des Lehrplans	N = 30 Ländervergleich	Einfluss von länderspezifischen Regelungskontexten auf das Rezeptionsverhalten von Lehrkräften
Welches Reformelement der standardbasierten Reform hat den größten Einfluss auf die professionelle Reflexion?	Unterrichtsentwicklungsmodell	N = 20	Benennung des einflussreichsten Reformelements der standardbasierten Reform auf die professionelle Reflexion

4.1.2   Fallauswahl

Gemäß der vorliegenden Fragestellung sollen qualitativ-explorativ unterschiedliche Rezeptions- und Nutzungsverhalten von Lehrkräften erschlossen werden. Es wird nicht der Anspruch erhoben, repräsentative Aussagen zu treffen, jedoch soll die Studie Erkenntnisse zu vielen verschiedenen Rezeptions- und Nutzungsverhalten von Lehrern bieten. Dafür ist eine Berücksichtigung von schul- und lehrerbezogenen Kontextvariablen für die Auswahl der Fälle nur bedingt relevant. Aus der Fragestellung ergibt sich, dass die Interviewpartner Lehrer in der Primarstufe sein müssen. Zudem ist für das bayerische Setting wichtig, dass die Lehrkräfte in der dritten Jahrgangsstufe unterrichten, um die Vergleichsarbeiten im Erhebungsjahr durchgeführt zu haben. In Finnland wurden die Interviewpartner ausschließlich aus der vierten Jahrgangsstufe gewählt.

An ein qualitatives Sample wird der Anspruch der inhaltlichen Repräsentation gestellt (Merkens, 2003). Deshalb muss eine „*kriteriengesteuerte[...] Fallauswahl*" (Kelle et al., 2010, S. 43, Herv.i.O.) durchgeführt werden, um systematische Verzerrungen zu vermeiden. Zudem muss die Auswahl der Fälle intersubjektiv nachvollziehbar sein (Kromrey, 2009). Es sollten typische Vertreter des Feldes als auch Sonderfälle berücksichtigt sein. Ein wichtiges Kriterium ist zudem, dass die befragten Personen gute Informanten für die Fragestellung sind und ihre Vorstellungen artikulieren und reflektieren können (Lamnek, 2010). Bei der Auswahl der Interviewpartner spielten auch die Bereitschaft zur Interviewteilnahme und zeitliche wie regionale Faktoren eine Rolle (Merkens, 2003). Auf einen Gatekeeper konnte bei der Fallauswahl in Deutschland verzichtet werden, wodurch negative Auswirkungen durch eine selektive Auswahl von Schulen vermieden werden konnten.

Gemäß diesen Überlegungen waren folgende Selektionskriterien bei der Auswahl von Schulen und Lehrkräften in Deutschland entscheidend:

1. Zunächst wurden für Deutschland ein Bundesland (Bayern) und dann ein Regierungsbezirk für die Untersuchung festgelegt. Die Festlegung auf ein Bundesland ist dem deutschen Kulturföderalismus geschuldet. Da eine theoretische Analyse stark unterschiedliche Implementationswege der einzelnen Bundesländer aufzeigte, wurde es als sinnvoll erachtet, die Befragung in nur einem Bundesland durchzuführen. Innerhalb des Regierungsbezirks wurde auf städtische und ländliche Verteilung geachtet, um systematischen Verzerrungen in Bezug auf lokale Differenzen vorzubeugen.

2. Für den ausgewählten Regierungsbezirk wurden vollständige Listen mit allen Grundschulen der Stadt- und Landkreise herangezogen und davon per Zufall jeweils Rektoren von zwei Schulen angeschrieben, die um die Teilnahme gebeten wurden. Danach fand ein erster telefonischer Kontakt mit der Schulleitung statt. Da eine ausreichend große Anzahl an Schulen angeschrieben wurde, mussten nach Absagen von Schulleitungen keine neuen Schulen angeschrieben werden.

3. Wenn die Schulleitung der Befragung zugestimmt hatte, wurden an alle Lehrkräfte der dritten Jahrgangsstufe Fragen gerichtet. Da durch die Anordnung der Schulleitungen zur Teilnahme aller Drittklasslehrer ihrer Schule, selbst kritische Lehrkräfte interviewt werden konnten, wurde eine systematische Verzerrung bei der Auswahl der Lehrkräfte an der einzelnen Schule verhindert.

Es wird angenommen, dass dieses Vorgehen bei der Fallauswahl dem Kriterium der inhaltlichen Repräsentation genügt und durch die Befragung aller Drittklasslehrkräfte an einer Schule qualitative Daten erzeugt wurden, die eine große Bandbreite möglicher Reflexions-, Rezeptions- und Nutzungsmuster von Bildungsstandards und Vergleichsarbeiten abdecken.

Für die Fallauswahl in Finnland konnte ein Gatekeeper gewonnen werden. Sicherlich ist deshalb von einer selektiven Vorauswahl auszugehen. Allerdings war aus forschungspragmatischer Sicht kein anderer Feldzugang möglich. Zunächst konnte als Gatekeeper ein Mitarbeiter vom Opetushallitus (Zentralamt für Unterrichtswesen Finnland) gewonnen werden, der Kontakt zu Schulen hergestellt hat, die sich in einem PISA-Netzwerk zusammengeschlossen haben. Die Schulen befinden sich in verschiedenen Regionen Finnlands und weisen eine sehr hohe Variabilität auf. Deshalb, aber vor allem aus Vorbehalten gegenüber einer zu großen Selektivität, wurde auf diesen Feldzugang verzichtet. Durch eine Städtepartnerschaft konnte ein weiterer Gatekeeper in Finnland gewonnen werden, der weniger Restriktionsmomente vermuten lässt.

Folgende Selektionskriterien waren bei der Auswahl von Interviewpartnern in Finnland entscheidend.

1. Es wurde Kontakt zum basic education manager hergestellt.

2. Dieser wählte aus seinem Schulbezirk sieben peruskoulu (Gemeinschaftsschulen, Jahrgangsstufen 1-9) aus.

3. An diesen Schulen wurde jeweils ein Kontaktlehrer damit beauftragt, Lehrer der vierten Jahrgangsstufe nach ihrer Bereitschaft für ein Interview zu fragen.

4. Danach wurde vom basic education manager die Namensliste mit den teilnehmenden Lehrern an die Autorin weitergeleitet, die dann mit den Lehrkräften direkt in Kontakt trat und Termine vereinbarte.

Dieses Vorgehen beinhaltet gewisse Restriktionsmomente, die bei der Auswertung zu berücksichtigen sind. Dennoch ist davon auszugehen, dass eine große Variabilität an Daten erzeugt und dies dem explorativen Ansatz der finnischen Teilstudie gerecht wird. Zudem kann durch diese Vorgehensweise angenommen werden, dass bei den Interviewpartnern ein hoher Motivationsgrad zur Teilnahme an der Studie vorliegt.

Die Auswahl des Bundeslands Bayern und der Befragungsregion in Finnland wurde aus dem Grund getroffen, da beide Regionen herausragende Leistungen in zentralen Leistungstests aufweisen. Dadurch kann die Vergleichbarkeit der Fälle erhöht werden.

In Finnland wurden zusätzlich zu den Lehrerinterviews noch zwei Experteninterviews mit Vertretern der lokalen und nationalen Schulbehörde geführt. Diese Gespräche dienten dem Einholen von Hintergrundinformationen, die in Deutschland auf Grundlage von Dokumenten erfasst, in Finnland jedoch aufgrund der Fremdsprachlichkeit nur im direkten Gespräch geklärt werden konnten.

Als Experten werden in dieser Arbeit Personen verstanden, die aufgrund ihrer Tätigkeit in einem bestimmten institutionellen Rahmen über einen Zugang zu Hintergrundinformationen verfügen (Meuser & Nagel, 2010). Zudem werden auch die Lehrkräfte als Experten verstanden. Durch ihre Tätigkeit und die enge Beziehung zum Forschungsgegenstand der Arbeit besitzen sie Expertise in Bezug auf die Fragestellung.

Als Vorbereitung auf die Lehrerinterviews in Finnland wurde das Experteninterview mit dem basic education manager geführt. Da in Finnland auf kommunaler Ebene zentrale Lehrplanentscheidungen getroffen werden, konnte auf Grundlage des Gesprächs der Interviewleitfaden angepasst und fokussiert werden. Zudem konnten während der Befragung Hintergrundinformationen zur curricularen Steuerungspraxis in Finnland geklärt werden.

Das zweite Experteninterview wurde mit einer Mitarbeiterin des Zentralamts für Unterrichtswesen geführt. Sie konnte, ergänzend zur Literaturrecherche Informationen zur Implementation und Überprüfung nationaler curricularer Vorgaben geben.

Fallbeschreibung Deutschland

Die insgesamt 20 Interviewpartner (fünf männlich und 15 weiblich) in Deutschland arbeiten an sechs verschiedenen Grundschulen. Alle haben im Schuljahr 2009/2010 in einer dritten Klasse Mathematik oder Deutsch unterrichtet sowie in diesen Fächern die Vergleichsarbeiten VERA 3 durchgeführt. Unter den befragten Personen waren drei Lehramtsanwärter, 15 Lehrer mit langjähriger Berufserfahrung (mehr als zehn Jahre) und zwei Mitglieder der Schulleitung. Drei Interviewpartner befanden sich in der Altersspanne 21-30, einer in 31-40, sieben in der Altersspanne 41-50, sieben in der Altersspanne 51-60 und zwei Lehrkräfte gaben an über 61 Jahre alt zu sein. Bis auf drei Interviewpartner sind alle als Klassenleiter tätig. Die Erfahrung der interviewten Lehrkräfte mit Bildungsstandards wurde mittels der Angabe, wie viele Schuljahre sie schon seit dem Schuljahr 2005/2006 (seitdem die Bildungsstandards verbindlich eingeführt wurden) eine dritte oder vierte Klasse geführt haben, erhoben. Hinsichtlich dessen variiert die Erfahrung im Unterrichten mit Bildungsstandards zwischen einem Jahr und fünf Jahren.

Die Schulen haben unterschiedliche Größen hinsichtlich der Schülerzahl (von 110 Schüler bis 365 Schüler) und unterscheiden sich hinsichtlich des Einzugsgebiets (zwei Schulen mit städtischem und vier Schulen mit ländlichem Einzugsgebiet).

Fallbeschreibung Finnland

In Finnland wurden zehn Lehrer aus sieben Schulen befragt. Unter ihnen waren acht weibliche und zwei männliche Lehrer, die alle in der vierten Jahrgangsstufe als Klassenlehrer oder Fremdsprachenlehrer tätig sind. Die Altersspanne der interviewten Lehrkräfte erstreckt sich von 29 bis 56 Jahren. Das Durchschnittsalter wurde mit 41 Jahren berechnet. Die Berufserfahrung variierte von drei bis zu 31 Jahren. Unter den Befragten waren fünf Lehrkräfte mit langjähriger Berufserfahrung (mehr als zehn Jahre). Zudem befand sich unter den Befragten ein Mitglied der Schulleitung.

Es gab Schulen mit einem für finnische Verhältnisse städtischen Einzugsgebiet und Schulen, die aufgrund des ländlichen Einzugsgebiets mit wenigen Bewohnern nur einzügig unterrichten. Die Schülerzahlen der Schulen liegen zwischen 60 und 470. Der Anteil der Kinder mit Migrationshintergrund an den Schulen wird von den Lehrkräften zwischen 0 und 5 Prozent angegeben.

Übersichtstabelle

Tab.9: Statistische Daten zu den Fällen

	$\sum$ Bayern	$\sum$ Finnland	$\sum$ Gesamt
Geschlecht	20	10	30
Männlich	5	2	7
Weiblich	15	8	23
Alter	20	10	30
21-30	3	1	4
31-40	1	4	5
41-50	7	2	9
51-60	7	3	10
Über 61	2	0	2
Ø Alter	48 Jahre	41 Jahre	44,5 Jahre
Berufserfahrung	20	10	30
bis 10 Jahre	4	5	9
11-20 Jahre	7	3	10
21-30 Jahre	4	1	5
31-40 Jahre	5	1	6
Ø Berufserfahrung	19,9 Jahre	14,7 Jahre	17,3 Jahre
Dienststellung	20	10	30
Lehramtsanwärter	3	0	3
Angestelltenverhältnis	1	2	3
Beamtenstatus	13	7	20
Schulleitung	3	1	4

Unterricht in Klasse 3/4 seit Einführung der Bildungsstandards	20	-	20
1 Schuljahr	5	-	5
2 Schuljahre	1	-	1
3 Schuljahre	2	-	2
4 Schuljahre	3	-	3
5 Schuljahre	9	-	9
Ø Schuljahre	3,5	-	3,5

4.1.3 Kurzporträts

Die Aussagen der Interviewpartner werden in anonymisierter Form wiedergegeben. Codierungen zu Interviews, die in Bayern geführt wurden, beginnen mit einem *D* und einer fortlaufenden Nummerierung; Interviews, die in Finnland geführt wurden, beginnen mit einem *F*. Aus Gründen der Anonymisierung werden zudem Geschlechter vertauscht, wobei die tatsächliche Verteilung und spezifisch geschlechtertypische Auswertungen unberührt bleiben.

Finnland

Die Interviewvereinbarung mit *F1* verlief unproblematisch, da im Vorfeld ein sehr regelmäßiger Kontakt per E-Mail bestand. Das Interview fand in einem kleinen Zimmer, das sonst für Sprachkurse verwendet wird, statt, wo es eine Sofaecke gab, in der das Interview geführt wurde. Die Atmosphäre während des Gesprächs war geprägt durch die freundliche Art des Interviewpartners, der sehr reflektierte Ansichten äußerte. Die Antworten wirkten sehr offen und ehrlich und F1 machte einen sehr aktiven und engagierten Eindruck. Die englische Sprache bereitete nur wenige Probleme, allerdings kam es öfter zu kleineren Pausen, wenn der Interviewpartner englische Wörter suchte. Nach dem Gespräch wurde gemeinsam in der Schulkantine zu Mittag gegessen und F1 zeigte großes Interesse am deutschen Schulsystem.

An derselben Schule fand ein weiteres Interview mit *F2* statt. Die Terminvereinbarung gelang durch F1 und war ebenfalls völlig problemlos. Der erste persönliche Kontakt ergab sich beim Mittagessen, wonach die Interviewerin mit ihm in den Klassenraum zum Interview ging. Die Lehrkraft hatte anschließend Unterricht, trotzdem war im Interviewverlauf kein Zeitdruck zu spüren. Der erste Eindruck beim Mittagessen, dass die Interviewpartnerin sehr distanziert sei, bestätigte sich nicht und es herrschte eine überraschend vertrauensvolle Atmosphäre. Dennoch kann die Interviewpartnerin als eher ruhige Persönlichkeit eingeschätzt werden, die aber immer ihre Ansichten umfassend darlegte, auch wenn die Interviewführerin schon ein weiteres Thema ansprechen wollte. Die englische Sprache bereitete kleine Probleme, weshalb oft lange Pausen entstanden. Die Verabschiedung nach dem Gespräch war sehr kurz, weil die Interviewpartnerin zum Unterricht musste.

Kontakt zum Interviewpartner *F3* wurde über den basic education manager hergestellt. Danach fand E-Mail Kontakt statt, der allerdings von Seiten des Interviewpartners sehr unregelmäßig war. Jedoch bereitete die Terminvereinbarung keine Schwierigkeiten. Vor dem Gespräch gab es ein gemeinsames Kaffeetrinken, wodurch eine vertrauensvolle Beziehung entstand, die für die Gesprächsatmosphäre von Vorteil war. Da sich der Interviewpartner in der englischen Sprache nicht sicher genug fühlte, war zum Dolmetschen eine Englischlehrerin dabei, die zum Teil auch ihre eigenen Ansichten mit einbrachte. Die Atmosphäre während des Gesprächs war sehr gelöst und es wurde viel miteinander gelacht und die Lehrkraft äußerte sich auch sehr kritisch zu den Themen. Begünstigt wurde die entspannte Situation auch dadurch, dass der Interviewpartner das Fach Deutsch unterrichtet und manchmal deutsche Begriffe in das Gespräch einbringen konnte. Zu Beginn war das Gespräch etwas konfus, da der Interviewpartner immer auf den kommunalen, statt auf den nationalen Lehrplan einging. Nach dem Gespräch kam es zu einer spontanen Unterrichtshospitation, an die sich eine Führung durch das Schulgebäude anschloss.

Mit *F4* bestand im Vorfeld ein sehr intensiver E-Mail Kontakt, der aufgrund der Sprachkenntnisse der Lehrkraft in deutscher Sprache geführt wurde. Die Terminvereinbarung war sehr leicht zu treffen und sie ging dabei stark auf Wünsche der Interviewerin ein. Das erste Treffen fand im Lehrerzimmer statt, von wo aus gemeinsam zum Gespräch in ihr Klassenzimmer aufgebrochen wurde. Das Interview war vor ihrem regulären Unterrichtsbeginn angesetzt. Die Interviewatmosphäre war sehr entspannt und die Lehrkraft lehnte sich zwischendurch zurück. Nach sehr kurzer Zeit waren alle Themen des Leitfadens besprochen, allerdings schloss sich ein intensives Gespräch über die Schulsysteme Deutschlands und Finnlands an. Anschließend organisierte sie das Treffen mit der weiteren Interviewpartnerin an der Schule. Es konnte nach dem zweiten Interview an der Schule keine Verabschiedung von F4 mehr stattfinden. Aus Gründen der Anonymisierung werden aus diesem Interview keine direkten Zitate angegeben, da aufgrund der Interviewsprache Deutsch die Anonymität der Lehrkraft eingeschränkt wäre.

Das zweite Interview an dieser Schule wurde mit *F5* geführt. Es bestand im Vorfeld kein Kontakt, da die Terminvereinbarung über F4 geregelt wurde. Das Gespräch fand während ihrer Unterrichtszeit statt und sie verließ dafür ihre Klasse und ging mit der Interviewerin in die Schülerbücherei, wo man sich auf relativ unbequemen Hockern gegenüber saß. Am Anfang war die Interviewatmosphäre von großer Unsicherheit auf Seiten der Interviewpartnerin gekennzeichnet, die nicht so recht einschätzen konnte, was sie erwartet. Im Laufe des Gesprächs entstand ein deutlicher Beziehungsaufbau, der sehr ehrliche, nicht-konforme Antworten zur Folge hatte. Die Antworten waren oft unstrukturiert und gingen gelegentlich über die Frage hinaus. Die Interviewpartnerin machte den Anschein, dass sie froh war, einmal alles erzählen zu dürfen. Sie äußerte alles, was ihr gerade durch den Kopf ging. Es entstand der Eindruck, dass sie ihren Dienst nach Vorschrift gestaltet. Gegen Ende des Interviews wurden sowohl Interviewpartnerin als auch Interviewerin unkonzentriert, was sehr abschweifende und wenig zielgerichtete Antworten zur Folge hatte. Die Verabschiedung war deutlich herzlicher als die Begrüßung. Nach dem Interview wurde noch ein engagiertes Gespräch zum finnischen und deutschen Schulsystem geführt. Bei der Verabschiedung trat aber auch wieder Unsicherheit auf Seiten der Interviewpartnerin auf.

Der Kontakt zur Interviewpartnerin *F6* lief über die Gesamtkoordinatorin der Gespräche. Deshalb kam es erst am Morgen vor dem Unterricht im Lehrerzimmer zu einem ersten Kontakt zwischen Interviewerin und Interviewpartnerin. Das Interview mit F6 fand während der ersten Unterrichtsstunde in der Bücherei statt. Störend war, dass aufgrund von Glasscheiben vom Flur aus Einsicht in den Raum genommen werden konnte, was viele Schüler taten. Zweimal wurde das Gespräch durch Schülerfragen unterbrochen. Auch die Interviewpartnerin war sehr abgelenkt und verfolgte häufig das Geschehen auf dem Flur, wodurch ein durchgängiger Blickkontakt sehr schwierig war. Die Atmosphäre war vertraut, aber auch distanziert, da die Lehrkraft sehr großen Wert auf die Anonymität der Aussagen legte. Dennoch erzählte sie sehr ausführlich, aber ihre Unsicherheit wurde auch im Verhaken der Beine in den Stuhlbeinen deutlich. Manchmal suchte F6 nach einem englischen Wort, wobei ihr immer seitens der Interviewerin der Eindruck vermittelt wurde, dass sie sich die Zeit nehmen soll, die sie braucht, wodurch dies nicht störend auf die Interviewatmosphäre Einfluss nahm. Die Verabschiedung war persönlich und F6 brachte die Interviewerin in das Lehrerzimmer zurück, bevor sie in ihre Klasse ging. Nach dem Mittagessen kam sie extra noch einmal ins Lehrerzimmer, um eine Ergänzung zu ihren Aussagen mitzuteilen, was ein Indiz dafür sein könnte, dass sie sich Gedanken zum Gespräch gemacht hatte.

Das zweite Interview an dieser Schule wurde mit *F7* geführt. Der Kontakt und die Terminvereinbarung liefen im Vorfeld ebenfalls über die Gesamtkoordinatorin der Interviews. Das Interview fand direkt im Anschluss an das Gespräch mit F6 statt, weshalb die Interviewführerin etwas erschöpft war. Die Gesprächspartnerin jedoch machte einen sehr wachen und engagierten Eindruck. Ihre Motivation, am Interview teilzunehmen, war auch darin begründet, dass sie selbst einmal eine empirische Studie durchgeführt hatte. Das Gespräch fand ebenfalls in der Bücherei statt. Da sich F7 aber mit dem Rücken zum Flur gesetzt hatte, wurde sie nicht von hereinschauenden Schülern abgelenkt. Gleich zu Beginn des Gesprächs erklärte sie, dass sie sich so viel Zeit für das Interview nimmt, wie es die Studie erfordert. Während des Gesprächs wurde deutlich, dass sich F7 im Vorfeld Gedanken über mögliche Fragen gemacht und vorbereitet hatte. Nach dem Interview wurde zusammen mit den anderen Lehrkräften der Schule ein gemeinsames Mittagessen eingenommen, während dessen eine sehr nette Konversation geführt wurde.

F8 war die Gesamtkoordinatorin der Gespräche, mit der im Vorfeld und in der Vorbereitung der Gespräche ein sehr intensiver E-Mail Austausch gepflegt wurde. Allerdings war ihr nicht unbedingt recht, dass auch sie interviewt wurde. Dennoch führte sie auf Wunsch der Interviewerin ein Gespräch. Der erste persönliche Kontakt fand am Morgen statt, da sie die Interviewerin zu zwei Schulen fuhr und so der Schultag gemeinsam verbracht wurde. Das Interview fand nach dem gemeinsamen Mittagessen statt und sowohl Gesprächspartnerin als auch Interviewerin war eine gewisse Müdigkeit anzumerken. Dadurch verlief das Gespräch nicht klar strukturiert und es mussten am Ende noch sehr viele Nachfragen gestellt werden, um alle Aspekte besprochen zu haben. Das Interview fand ebenfalls in der Bücherei statt, wo es durch die Möglichkeit der Einsichtnahme zu mehreren kleineren Störungen kam, die von F8 bereitwillig aufgenommen wurden. Während des Interviews wuchs deutlich die Zustimmung zum Interview, da ihr die Fragen gefielen und von ihr als relevant und wichtig geschätzt wurden. Es entstand immer mehr eine lockere Interviewsituation, die den Gedankenaustausch sehr förderte. Nach dem Gespräch besuchte die Interviewerin den Unterricht von F8 und am Ende des Tages stand eine sehr herzliche Verabschiedung.

Die Kontaktaufnahme zu *F9* gestaltete sich aufgrund schlechter Englischkenntnisse auf Seiten der Interviewpartnerin als sehr schwierig. Die Terminvereinbarung wurde deshalb über F8 getroffen. Aufgrund dieser Situation war auch bei diesem Gespräch eine Englischlehrerin zum Dolmetschen anwesend. Allerdings ist in diesem Fall von einer starken Beeinflussung der Antworten durch die Übersetzung auszugehen. Die Interviewatmosphäre war aufgrund der Zeit am Nachmittag etwas langatmig, was durch die sprachlichen Einschränkungen der Gesprächspartnerin noch verstärkt wurde. Das Interview verlief sehr schleppend, aber F9 wirkte sehr freundlich und bereitwillig, alle Fragen wahrheitsgemäß zu beantworten. Aufgrund eines Termindrucks war die Verabschiedung nur sehr kurz.

Ein weiteres Interview in Finnland wurde mit *F10* geführt. Aufgrund schlechter Englischkenntnisse verlief der Kontakt im Vorfeld per E-Mail nur sehr schleppend, jedoch war sie bei der Terminvereinbarung sehr entgegenkommend. Aufgrund von Bedenken zu ihren sprachlichen Fähigkeiten, die während des Gesprächs von der Interviewerin als nicht gravierend wahrgenommen wurden, wollte sie im Vorfeld die Fragen des Interviews einsehen, um sich darauf vorbereiten zu können, woraufhin ihr die Überthemen der einzelnen Fragen geschickt wurden. Sie hatte sich intensiv auf das Gespräch vorbereitet und sowohl Wörterbuch, als auch eine Übersetzungstabelle zu Fachbegriffen bereit gelegt. In dieser Tabelle suchte sie während des Interviews immer wieder länger nach Begriffen. Das Gespräch fand im Lehrerzimmer des Nebengebäudes der Schule statt und es kamen immer wieder Lehrer hinein, wodurch das Gespräch wiederholt unterbrochen werden musste. Zeitlich fand das Interview vor ihrem Unterricht statt, dauerte aber so lange, dass sie kurz vor Schluss ihrer Klasse eine Stillarbeit geben musste, um das Gespräch zu Ende führen zu können. Es herrschte eine freundliche Atmosphäre und sie nahm sich sehr viel Zeit für das Gespräch. Die Antworten wirkten sehr überlegt, was aber auch auf die sprachliche Unsicherheit zurückgeführt werden kann. Zum Abschluss zeigte sie der Interviewerin noch die Schule, während dessen man sich sehr nett unterhielt. Bei der Verabschiedung wurden vor allem private Themen angesprochen. Es fand ein deutlicher Vertrauensaufbau im Verlauf des Gesprächs statt.

Deutschland

Das Interview mit *D5* wurde durch eine spontane und sofortige Zusage in einer ersten persönlichen Kontaktaufnahme vereinbart. Danach fand circa zwei Monate vor dem Gesprächstermin ein Vorgespräch statt, in dem sich die Interviewpartnerin sehr engagiert und am Thema interessiert zeigte. Das Gespräch wurde zusammen mit einer weiteren Lehrkraft im Lehrerzimmer geführt, während dessen durch ein immer wieder klingelndes Telefon und hereinkommende Lehrkräfte kurze Störungen entstanden. D5 wirkte sehr gut vorbereitet und hatte bereits Unterlagen zu den Vergleichsarbeiten zurecht gelegt. Im Interviewverlauf wurde eine große Gesprächsdominanz deutlich, die auf eine intensive Beschäftigung der Interviewpartnerin mit dem Thema Bildungsstandards zurückgeführt werden kann. Die Antworten waren sehr fundiert und zeichneten sich durch ihren hohen Grad an Nicht-Konformität als authentisch aus.

D6 war die Kollegin, mit der das gemeinsame Interview mit D5 geführt wurde. Der Kontakt und die Interviewvereinbarung liefen im Vorfeld über D5, weshalb der Gesprächstermin der erste Kontakt zur Interviewpartnerin war. Während des Interviews herrschte eine sehr vertrauensvolle Atmosphäre. Da sie gegenüber wissenschaftlichen Forschungsfragen sehr aufgeschlossen ist, war der Grad an Kooperation sehr hoch. Gegen Ende des Interviews konnte sie die Gesprächsdominanz von D5 etwas zurückdrängen, was zu interessanten Aussagen von D6 führte. Bei der Verabschiedung, die sehr persönlich verlief, wurde der deutliche Vertrauensaufbau sichtbar.

Die Kontaktaufnahme zum Interviewpartner *D12* verlief über eine Kontaktperson an der entsprechenden Schule. Das Interview fand gleich am Morgen in einem ruhig gelegenen Elternsprechzimmer statt, wo optimale räumliche Bedingungen für das Interview herrschten. Zu Beginn war eine Unsicherheit beim Interviewpartner festzustellen, die dazu führte, dass er sehr überlegt auf die Fragen antwortete, was sich jedoch immer mehr dahin entwickelte, dass er spontan auf die Fragen reagierte. Dies kann auf die zunehmende Zustimmung zum Forschungsvorhaben zurückgeführt werden, was er dann auch in der sehr netten Verabschiedung und dem Interesse an Informationen über das Forschungsprojekt zeigte.

Der Kontakt zu *D14* wurde ebenfalls über eine Kontaktperson hergestellt, weshalb der Interviewtermin der Erstkontakt war. Es herrschte eine leicht gespannte Atmosphäre, die sich auch im Verlauf des Interviews nie ganz löste. Die Antworten wirkten sehr überlegt und reflektiert. Die Interviewpartnerin hatte sich schon intensiv mit empirischer Datenerhebung beschäftigt, wodurch ihr bestimmte Methoden der Interviewführung bewusst waren. Trotzdem ließ sie sich auf die Gesprächssituation ein. Die Verabschiedung war sehr nett und sie erkundigte sich über das weitere Vorgehen im Forschungsprojekt.

Mit *D15* bestand im Vorfeld des Gesprächs ein sehr regelmäßiger und zuverlässiger Kontakt per E-Mail. Im Vorfeld des Gesprächs wurde die Interviewerin sehr persönlich begrüßt und auch nach dem Interview gab es ein sehr intensives und interessantes Nachgespräch zu allgemeinen Diskussionspunkten der Grundschule. Während des Gesprächs zeigte sich D15 sehr aufgeschlossen und engagiert. Die Antworten waren stets ausführlich und reflektiert. Die Verabschiedung gestaltete sich sehr persönlich.

Das Interview mit *D16* wurde über eine Kontaktperson an der Schule vereinbart, weshalb der Interviewtermin die erste Begegnung mit der Gesprächspartnerin war. Das Interview fand zur Mittagszeit an einem sehr heißen Tag statt, was die Interviewsituation negativ beeinflusste. Die Interviewerin konnte das Gespräch nur schwer strukturieren, weshalb es oft zu abschweifenden Antworten kam. Die zwischenmenschliche Atmosphäre war sehr angenehm und D16 war ihrerseits bemüht, konzentriert zu antworten. Am Ende des Gesprächs wurden die Antworten sehr ausführlich, wodurch sich das Interview in die Länge zog.

Die Interviewpartnerin *D13* wurde über eine Kontaktperson vermittelt und sie erklärte anfangs, dass sie keine hohe Motivation für das Gespräch besitzt. Zu Beginn des Interviews antwortete sie sehr kurz und ablehnend, was sich im Verlauf des Gesprächs erheblich verbesserte. Sie äußerte nach den ersten Fragen eine deutliche Zustimmung zum Forschungsvorhaben. Je länger das Interview dauerte, desto bereitwilliger und ausführlicher erzählte sie. Die Atmosphäre blieb bis zum Schluss distanziert, jedoch wirkte sich die deutlich verbesserte Zustimmung zum Forschungsvorhaben positiv auf die Beantwortung der Fragen aus.

Das Interview mit *D8* wurde ebenfalls über eine Kontaktperson vereinbart. Dennoch fand rund zwei Monate vor dem Interviewtermin ein persönliches Vorgespräch statt.

Während dieses Vorgesprächs war der Interviewpartner als sehr engagiert, reflektiert, aber auch ausgebrannt und ernüchtert aufgefallen. Das Gespräch fand in seinem Klassenzimmer statt, wo einmal durch hereinkommende Kinder eine Störung auftrat. Der Interviewpartner war verunsichert, da er sich nicht auf die einzelnen Fragen des Gesprächs vorbereiten konnte, weshalb im Nachhinein betrachtet eine vorherige Übermittlung der Fragen förderlich gewesen wäre. Durch die Unsicherheit des Gesprächspartners war die Gesprächssituation sehr angespannt und D8 ließ das gesamte Gespräch über das Diktiergerät nicht aus den Augen und schien davon in seinen Äußerungen beeinflusst zu werden. Nach Abschalten des Aufnahmegeräts löste sich die Spannung deutlich und es kam zu einer sehr freundlichen Verabschiedung.

D7 war die Kontaktperson an einer Schule, mit der im Vorfeld der Gespräche ein sehr guter und regelmäßiger Kontakt per E-Mail bestand. Die Terminvereinbarung verlief unkompliziert und entgegenkommend. Im Vorfeld des Gesprächs fand einige Monate vor dem Interview ein persönliches Treffen statt, während dessen sich Interviewpartner und Interviewerin persönlich kennenlernten. Das Interview wurde während ihres Unterrichts in einem angrenzenden Elternsprechzimmer geführt. Dadurch konnte die Lehrkraft immer wieder hören, ob der Lärmpegel in ihrer Klasse zu hoch war. Einmal ging sie während des Gesprächs zurück in das Klassenzimmer, um Fragen der Kinder zu beantworten. Obwohl auf der Beziehungsebene zwischen Interviewpartner und Interviewerin eine sehr gute Atmosphäre herrschte, war D7 eine deutliche Unsicherheit anzumerken, die sich in leichtem Zittern und dem ständigen Fassen in die Haare manifestierte. Im Verlauf des Interviews konnte diese Unsicherheit deutlich abgelegt werden und die Antworten wurden immer spontaner und sicherer formuliert. Das Gespräch verlief sehr strukturiert, sodass es nach kurzer Zeit beendet war. Im Nachgespräch wurden der Interviewerin verschiedene Aktionen der Schule erklärt.

Das Gespräch mit D1 wurde über den Rektor der Schule vermittelt. Es fand in einem Gruppenarbeitsraum der Schule statt, wo es zur derzeitigen Mittagszeit sehr heiß war. Das Interview wurde zusammen mit einer weiteren Lehrkraft geführt, was die Antworten von D1 vermutlich beeinflusste. Während des Gesprächs wirkte D1 sehr unsicher, was ebenso durch die Anwesenheit des zweiten Interviewpartners begründet sein könnte. In diesem Fall wäre ein Einzelinterview eventuell von Vorteil gewesen, was allerdings seitens der Schule organisatorisch nicht möglich war. Dennoch war D1 während des Gesprächs sehr freundlich und kooperationsbereit. Die Verabschiedung gestaltete sich sehr persönlich und das dabei geführte Gespräch beinhaltete private Themen.

D2 wurde gemeinsam mit D1 interviewt. Die Terminvereinbarung wurde ebenfalls über den Rektor der Schule getroffen und verlief problemlos. D2 hatte keine hohe Motivation am Gespräch teilzunehmen, weil sie dadurch länger in der Schule bleiben musste. Das Aufnahmegerät war ihr nicht angenehm und man hatte den Eindruck, dass sie ganz bewusst weit davon weggerutscht ist, damit die Aufnahme nicht so gut hörbar ist. Auffällig war, dass sie bei den Fragen, bei denen sie ihren Frust und Ärger über VERA äußern konnte, näher an den Tisch herangerückt ist und sehr spontan geantwortet hat. Während des Gesprächs kamen immer wieder Vorbehalte ihrerseits zum Forschungsvorhaben zum Ausdruck und es konnte keine Beziehungsverbesserung erreicht werden, wodurch die Interviewsituation sehr angespannt war, was auch die Intervieweinheit mit D1 negativ beeinflusste. Die Verabschiedung war höflich korrekt, aber nicht persönlich.

Die Terminvereinbarung für das Gespräch mit *D3* war problemlos, da im Vorfeld ein intensiver Kontakt per E-Mail und Telefon bestand. Bei der Terminabsprache war D3 sehr entgegenkommend und es hatte ungefähr vier Monate zuvor ein Vorgespräch stattgefunden, bei dem unklare Details geklärt worden waren und vor allem ein erster persönlicher Kontakt hergestellt werden konnte. Die Begrüßung zum Interview war aufgrund des intensiven Vorkontakts sehr persönlich und der Raum für das Interview sehr gut vorbereitet, sodass der Aufenthalt trotz hoher Außentemperaturen angenehm war. D3 hatte sich sehr gut auf das Gespräch vorbereitet und man hatte den Eindruck, dass die Bildungsstandards das gesamte Schuljahr über aufgrund des bevorstehenden Gesprächs immer wieder eine Rolle gespielt hatten. Es gab eine kleine Unterbrechung aufgrund organisatorischer Details, nach der es etwas dauerte, bis die Interviewpartnerin gedanklich wieder zurück im Gespräch war.

Das Gespräch von D3 fand zusammen mit *D4* statt, mit der auch im Vorfeld intensiver Kontakt bestand und in einem dem Interview vorangegangenen Treffen persönlicher Kontakt aufgebaut werden konnte. Dieses Vorgehen führte zu einer sehr vertrauensvollen Atmosphäre während des Interviews, bei dem D3 gesprächsdominanter wirkte. D4 schien immer sehr lange über Antworten nachzudenken und überlegt zu antworten. Dennoch ist davon auszugehen, dass die doppelte Interviewführung zu keiner Meinungsbeeinflussung geführt hat, sondern vielmehr Meinungen stärker abgegrenzt worden sind und oft eine Diskussion unter den Kolleginnen stattgefunden hat, die Einstellungen und Haltungen sehr gut zum Ausdruck gebracht hat.

Ein weiteres Doppelinterview fand mit *D10* und *D11* statt. Der Termin wurde über eine Kontaktperson an der Schule vereinbart, was problemlos verlief. Das Interview fand auf ausdrücklichen Wunsch der beiden Interviewpartnerinnen als gemeinsames Gespräch statt, wobei keine Beeinflussung der Einzelmeinung wahrzunehmen war. Während des Interviews wurde auch die gute Zusammenarbeit zwischen den beiden Kolleginnen deutlich. Zum Gespräch saßen die Interviewpartnerinnen und Interviewerin in einem Klassenzimmer an einem Vierer-Gruppentisch zusammen. Es herrschte eine sehr gelöste Atmosphäre, in der viel gescherzt wurde, aber auch alle Themen sehr umfassend und auffallend ehrlich – weil nicht-konform – beantwortet wurden. Die Verabschiedung verlief sehr persönlich und mit viel Interesse am Forschungsvorhaben.

Das Interview mit *D9* wurde aufgrund von Terminschwierigkeiten der Lehrkraft zweimal verschoben, wodurch allerdings nicht der Eindruck entstand, dass die Lehrkraft nicht motiviert war am Gespräch teilzunehmen; im Gegenteil, sie war sehr entgegenkommend und während des Interviews sehr hilfsbereit. Das Interview fand im Lehrerzimmer statt, wo immer wieder andere Lehrkräfte hereinkamen, was D9 aber nicht störte, ihre Meinung zu äußern. Insgesamt entstand der Eindruck, dass sehr ehrlich geantwortet wurde. Da das Interview nach dem regulären Unterricht in der Mittagszeit stattfand, war die Erschöpfung auf Seiten der Interviewpartnerin deutlich zu spüren und es fiel schwer, das Interview strukturiert zu führen. Die Interviewpartnerin ließ sich sehr leicht ablenken und schweifte gerne vom Thema ab. Die Verabschiedung war etwas persönlicher als die Begrüßung.

Das Interview mit *D17* wurde in einem persönlichen Gespräch vereinbart. Während des Gesprächs entstand der Eindruck, dass überwiegend sozial erwünscht geantwortet wird. Die Ausführungen zu den Fragen waren sehr umfangreich, wiederholten sich aber nach gewisser Zeit. Bei der Verabschiedung erkundigte sie sich nach dem Forschungsvorhaben und dem dafür vorgesehenen Zeitplan.

Die Terminvereinbarung für das Interview mit *D18* lief über die Schulleitung, weshalb im Vorfeld kein direkter Kontakt bestand. Das Gespräch wurde im Elternsprechzimmer geführt, wo keine Störungen auftraten. Zu Beginn des Interviews wirkte D18 sehr unsicher, weil sie keine Vorstellung hatte, welche Fragen auf sie zukommen. Dies besserte sich im Verlauf des Gesprächs und es entstand eine zunehmend vertrautere Atmosphäre, was in einer sehr persönlichen Verabschiedung mündete.

D19 wirkte zu Beginn des Interviews etwas verunsichert, weil sie offensichtlich nicht von der Schulleitung, mit der das Gespräch vereinbart wurde, genau über das Forschungsvorhaben informiert worden war. Nach einer kurzen Einführung entstand eine sehr vertraute Atmosphäre, in der die Interviewpartnerin sehr offen und ehrlich ihre Haltungen darlegte. Es entstand der Eindruck, dass D19 ihre Meinung sehr selbstbewusst vertritt. Bei der Verabschiedung war sie sehr gelöst.

Das Gespräch mit *D20* fand im Gruppenarbeitsraum nach ihrem Unterricht statt. Der Termin wurde über eine Kontaktperson an der Schule problemlos vermittelt. Die anfängliche Unsicherheit legte sich nach und nach, wodurch die Antworten immer ausführlicher wurden. Allerdings war in ihrer Wahrnehmung das Aufnahmegerät immer präsent, was sie zum Teil davon abzuhalten schien noch deutlicher ihre Meinung zu äußern. Es gab keine Veränderung auf Beziehungsebene zwischen Begrüßung und Verabschiedung, die beide höflich, aber leicht distanziert erfolgten.

4.2 Datenerhebung

4.2.1 Zeitpunkt

Zunächst war geplant, die Befragung in Deutschland im Mai unmittelbar vor den Vergleichsarbeiten durchzuführen, um Erkenntnisse zur unmittelbaren Phase vor der Durchführung von zentralen Tests zu gewinnen. Allerdings zeigte sich, dass ebenso das Rezeptionsverhalten in Bezug auf die Vergleichsarbeiten von Bedeutung ist und damit dieser Befragungszeitraum als ungünstig erschien. Deshalb wurde dieser auf Juli 2010 verlegt, weil Anfang/Mitte Juni die zentralen Rückmeldungen den Lehrern zugänglich sind und nach Ablauf von weiteren vier Wochen von einem Rezeptionsverhalten ausgegangen wird. Zudem ist zu diesem Zeitpunkt anzunehmen, dass ein ausreichend großer Zeitraum zur Reflexion des Prozesses im Zusammenhang mit VERA 3 zur Verfügung gestanden hat.

In Finnland wurden die Daten aus forschungspragmatischen Gründen im März 2010 erhoben. Dies ist gegen Ende des Schuljahres, wodurch eine ausreichende Unterrichtserfahrung im aktuellen Schuljahr vorausgesetzt werden kann.

4.2.2 Instrumente

Die Fragestellung ist gekennzeichnet von einer hohen Komplexität, der am wirkungsvollsten mit Mitteln der qualitativen Forschung begegnet werden kann. Lehrerhandeln ist immer subjektiv geprägt und sehr vielschichtig, weshalb Einzelinterviews als geeignetes

Erhebungsinstrument erachtet werden, weil diese erlauben, individuelle Fälle ausführlich zu erfassen. Zudem eignet sich das nicht-standardisierte Interview zur Exploration von Sachverhalten, da die nötige Flexibilität ermöglicht wird (Lamnek, 2010).

Die Interviews wurden leitfadengestützt geführt. Dadurch konnte sowohl die Datensammlung im vorgesehenen theoretischen Feld gewährleistet werden, als auch ausreichend Raum für individuelle Sichtweisen und Schwerpunktsetzungen der Lehrkräfte eröffnet werden (Weischer, 2007; Diekmann, 2010).

4.2.2.1 Leitfadenentwicklung

Der Interviewleitfaden wurde aus der Fragestellung entwickelt, weshalb die Themenbereiche anhand des Forschungsstands untergliedert wurden. Während der Datenerhebung fand eine begleitende Anpassung des Leitfadens an die Forschungsfeldsituation statt. Grundlage hierfür waren die Metareflexionen jedes Erhebungstages. In diesem Verlauf wurden Schwerpunkte der Themenbereiche verschoben und neue Fragen in den Leitfaden aufgenommen. Jedoch blieb die Grobstruktur des Leitfadens konstant.

In Finnland wurde aufgrund des Expertengesprächs mit einem Vertreter der lokalen Schulbehörde im Vorfeld der Lehrerinterviews der Interviewleitfaden angepasst und fokussiert.

4.2.2.2 Interviewleitfaden Bayern

Der Interviewleitfaden (siehe Anlagen ab S.231) ist in verschiedene Themenbereiche untergliedert. Es wurden Fragen und bei Bedarf Vertiefungsfragen gestellt. Im Folgenden wird die Endversion der Leitfadenentwicklung dargestellt.

Am Beginn des Interviews stand der Themenbereich Bildungsstandards. In diesem Zusammenhang wurde die grundsätzliche Einstellung von Lehrkräften zu Bildungsstandards erhoben. Zudem wurden Vorwissen zu den Bildungsstandards und deren Akzeptanz beim Gesprächspartner besprochen. Anschließend wurde der Übertrag der Bildungsstandards auf die Unterrichtsebene geleistet, indem indirekt nach dem Verständnis von einem kompetenzorientierten Unterricht gefragt wurde. In einem weiteren Bereich innerhalb des Blocks Bildungsstandards ging es um die Mehrebenenstruktur des Bildungssystems und da insbesondere um die Hierarchieebene innerhalb der Schule. Des Weiteren wurde das explizite Wissen der Lehrkräfte über Unterrichtsveränderungen infolge der Einführung von Bildungsstandards erfragt. Dabei spielte auch die Veränderung aufgrund von Sekundärmaterial als sekundäre Lehrplanebene eine entscheidende Rolle im Gesprächsverlauf. Abschließend für diesen Themenbereich wurde nach dem Verhältnis der Bildungsstandards zum Lehrplan gefragt.

Der zweite Themenblock beschäftigte sich explizit mit den Vergleichsarbeiten. Nach der subjektiven Einschätzung des Unterschieds zwischen VERA 3 und den davor in der dritten Klasse zentral gestellten Orientierungsarbeiten wurde die Phase vor den Vergleichsarbeiten besprochen. Die Lehrer berichteten, inwieweit Unterrichtsveränderungen im Vorfeld der Durchführung von VERA 3 vorgenommen wurden. Nach Fragen zur Durchführung wurden die direkten Ergebnisse, die den Lehrkräften durch die eigene Korrektur zur Verfügung stehen, und anschließend die zentral erstellten Rückmeldungen sowie deren Nutzung durch die Lehrkräfte thematisiert. Angesprochen wurden Aufgabenniveau, Elternberatung, Selektionsdiagnostik, Förderdiagnostik und Leistungsattribuierung.

Rekontextualisierungsprozesse waren Thema des dritten Fragenblocks. Zunächst wurde die strukturelle Umgebung (Rektor, Schulamt) erfragt. Außerdem kamen vorhandene oder nicht vorhandene Unterstützungssysteme zur Sprache, die eine Professionalisierung in Bezug auf Ergebnisnutzung begünstigen.

Danach wurde das Leistungsmessungsverhalten ermittelt. Da im Schuljahr 2009/2010 Lesen als Schwerpunkt bei VERA 3 getestet wurde, wurde anhand einer von den Lehrkräften selbst erstellten Leseprobe das Verhältnis von offenen zu geschlossenen Aufgaben sowie die Einstellung zu standardisierten Bewertungsschlüsseln überprüft.

In den Abschlussstatements wurde mit der Frage, was für die Lehrkräfte ein guter Unterricht ist, das generelle Unterrichtsverständnis und die pädagogische Grundorientierung deutlich. Zudem wurde nach dem Intensitätsgrad der Beschäftigung mit internationalen Vergleichsstudien gefragt, um Rückschlüsse auf die Einstellung zu zentralen Vergleichsarbeiten ziehen zu können.

Die Interviewdauer lag bei durchschnittlich 60 Minuten. Aufgrund der Nähe der qualitativen Interviews zur Alltagskommunikation (Lamnek, 2010), schwankte die Interviewdauer von 40 bis 90 Minuten.

4.2.2.3 Interviewleitfaden Finnland

Der Interviewleitfaden für die Interviews mit finnischen Lehrkräften (siehe Anlagen ab S.231) wurde an die Terminologien Finnlands angepasst sowie der Themenbereich Vergleichsarbeiten ausgespart, da in Finnland keine flächendeckenden Leistungskontrollen durchgeführt werden. Für Bayern war der Themenbereich der Vergleichsarbeiten in Betrachtung der Vergleichsarbeiten als nebensteuernde Elemente der Bildungsstandards von Bedeutung.

Die Interviewdauer lag bei durchschnittlich 40 Minuten, wobei bei einigen Interviews Zeitverzögerungen aufgrund der Fremdsprachlichkeit auftraten (Suche nach Wörtern, Nachfragen o.ä.).

4.2.3 Vorbereitung auf die Interviewdurchführung

Die Interviews wurden alle von der Autorin selbst durchgeführt. Dadurch konnte eine hohe Vertrautheit mit dem Material erreicht werden sowie unerwarteten Situationen, die durch den explorativen Ansatz in Interviewsituationen auftraten, mit fachlicher Expertise begegnet werden.

Auf die Durchführung der Interviews bereitete sich die Autorin mittels einer intensiven Auseinandersetzung mit Fachliteratur zu Interviewtechniken, vor allem aus dem journalistischen Bereich, vor (Mayer, 2008; Haller, 2008). Zudem konnte angelesenes Wissen in Interviewübungssituationen erprobt und verbessert werden. Außerdem wurde ein Pilotinterview mit dem Originalleitfaden für die bayerischen Interviews durchgeführt (Bortz & Döring, 2009).

Während der Interviewsituation wurde besonders darauf geachtet, dass zwar durch gezieltes Nachfragen Antworten zu den vorgesehenen Themenbereichen gegeben wurden, aber auch genügend Freiraum für den Gesprächspartner bestand, seine Themen umfassend zu beschreiben und zu gewichten (Bortz et al., 2009). Zudem wurde von der Interviewerin darauf Wert gelegt, den Interviewten zu möglichst konkreten Beschreibungen zu führen sowie dazu auch die dazugehörigen Begründungsmuster zu erfahren. Entscheidend bei der Interviewführung war es, Pausen aushalten zu können und nicht zu früh Vertiefungsfragen zu stellen.

Um den Aufwand für die Interviewpartner so gering wie möglich zu halten, wurden individuelle Termine an den Schulen vereinbart. Zudem ist es von Vorteil, Gesprächspartner in ihrem vertrauten Milieu zu befragen. Soweit es möglich war, wurde bereits im Vorfeld der Interviews persönlicher Kontakt hergestellt, was sich als sehr hilfreich für die Vertrauensbasis während des eigentlichen Interviews erwies. Am Beginn des Interviews stand immer eine kurze Einführung in die Thematik und die Möglichkeit für die Lehrkräfte, Nachfragen zu stellen. Die Zusicherung der Anonymität war für viele von ihnen sehr wichtig und die Voraussetzung dafür, die Aufzeichnung des Gesprächs mit einem Diktiergerät zu erlauben. Um die Interviewsituation so angenehm wie möglich für die Gesprächspartner zu gestalten, wurden diesen Süßigkeiten und Getränke angeboten. Am Ende des Gesprächs erhielten sie zudem als Geschenk ein Freiarbeitsmaterial.

Die Aufzeichnung der Gespräche erfolgte mit einem mp3-Diktiergerät. Dieses war klein und unauffällig, weshalb es als wenig störend wahrgenommen wurde. Mit Hilfe eines kleinen externen Mikrofons konnte eine sehr gute Aufnahmequalität erzielt werden. Das Vorhandensein von digitalen Gesprächsdaten erleichterte die weitere Verarbeitung des Datenmaterials.

4.2.4   Besonderheiten der Interviews

Die Interviews mit den finnischen Lehrkräften fanden bis auf eine Ausnahme in englischer Sprache statt. Der Autorin ist bewusst, dass dadurch Restriktionen durch eventuelle sprachliche Begrenzungen aufgetreten sein könnten. Dadurch, dass in Finnland nur wenige muttersprachlich synchronisierte Filme vorhanden sind und zudem Literatur häufig in englischer Sprache publiziert wird, ist jedoch von einem hohen Fremdsprachvermögen der finnischen Interviewpartner auszugehen. In zwei Fällen wurden die Interviewpartner zudem von Fremdsprachenlehrern unterstützt. Um der Forderung Genüge zu leisten in Interviewsituationen darauf zu achten, dass Interviewer und Interviewter vom gleichen Gegenstand sprechen (Bohnsack, 2005), wurden zentrale Begriffe in finnischer Sprache verwendet. Dies betraf zum Beispiel Schulformen und Lehrplanbezeichnungen (peruskoulu, Gemeinschaftsschule; opetussuunnitelman perusteet, Lehrplan für die Gemeinschaftsschule). Darüber hinaus wurde versucht, durch Unterrichtshospitationen und die Berücksichtigung des sozio-kulturellen Kontextes eine Einbettung der Sprache in die Lebenswirklichkeit des Interviewpartners zu erreichen.

Eine Besonderheit bei der Erhebung in Bayern war, dass im Forschungsdesign Einzelinterviews vorgesehen waren, dann jedoch auf Wunsch von Lehrkräften in vier Fällen Zweierinterviews geführt wurden. Während dieser Interviews wurde deutlich, dass Einzelinterviews eine gewisse Begrenztheit aufweisen, da sich in den Zweiergesprächen häufig wechselseitige Gespräche entwickelt haben, die interessante Einblicke in die Zusammenarbeit der Kollegen gegeben haben. Zudem eignen sich solche Gruppeninterviews zur Validierung der Daten (Bohnsack, 2010). Jedoch schien besonders in einem

Fall die Anwesenheit der zweiten Lehrkraft den anderen Interviewpartner in seinen Äußerungen beeinflusst zu haben.

4.3   Datenaufbereitung

Die Transkription ist ein oft vernachlässigter Bereich im Auswertungsverfahren von qualitativen Daten. Jedoch kann der Transkriptionsprozess dazu beitragen, das Material zu reflektieren und sich von diesem zu distanzieren (Langer, 2010). Dies ist insbesondere von Bedeutung, wenn die Interviews selbst durchgeführt wurden, weshalb in dieser Arbeit die Daten durch die Autorin selbst transkribiert worden sind. Die Regeln orientierten sich an den Vorgaben von Kuckartz (2010). Hinsichtlich der Genauigkeit der Transkription sind die Regeln so zu wählen, wie es der Forschungsgegenstand erfordert (Langer, 2010). Für dieses Forschungsvorhaben wurde darauf geachtet, dass ein gut lesbarer Text entsteht. Nonverbale Äußerungen wurden nur in bedeutungstragenden Fällen transkribiert.

Transkriptionsregeln	
Bildungsstand/	Abbruch eines Satzes oder Wortes
[towns name]	Einfügung durch Autorin; z.T. Auslassung zur Anonymisierung
(lacht)	Kommentare zu sinntragenden gesprächsexternen, parasprachlichen und nicht verbalen Ereignissen
...	längere Pausen
Verwendung der Satzzeichen in der Transkription	
Punkt	stark sinkende Sprachmelodie
Fragezeichen	stark ansteigende Sprachmelodie
Komma	orthografisch notwendig
Sonstige Regelungen	
Satzstruktur und Wortstellung dürfen nicht verändert werden	

Abb.6:   Übersicht der Transkriptionsregeln.

4.4   Auswertungsmethode

Die Transkripte wurden in das Softwareprogramm MAXQDA (Kuckartz & Grunenberg, 2010) eingelesen, wobei bereits unterschiedliche Projekte für den Ländervergleich und die bayerische Auswertung angelegt wurden. Danach erfolgte die Einteilung des Materials in die Hauptthemenbereiche der Auswertung.

Der Auswertungsprozess begann bereits mit der Transkription des Datenmaterials. Dadurch konnten Verfälschungen während der Transkriptionsphase der Interviewaussagen verhindert und ein intensiver Bezug zum Material hergestellt werden. Zudem wurden bereits während des Transkriptionsprozesses auffällige oder häufige Antwortmuster gekennzeichnet.

Es entstanden 26 Interviewtranskripte aus Gesprächen mit 30 Interviewpartnern mit einem Seitenzahlvolumen von 646 Seiten. Dieses Datenmaterial wurde mit Hilfe der strukturierenden Inhaltsanalyse thematisch vorstrukturiert (Mayring & Brunner, 2010).

Die Auswertungsmethode wurde reflexiv während des Auswertungsprozesses immer wieder an die individuelle Situation angepasst und dabei für das spezifische Forschungsinteresse optimiert (Mayring et al., 2010). Dazu wurden in regelmäßigen Abständen Metareflexionen durchgeführt, deren Ergebnisse dokumentiert und in der weiteren Auswertung umgesetzt wurden.

Die Auswertung umfasste grob formuliert folgende Schritte: Erster Auswertungsschritt war die Transkription, wobei Entscheidungen zur thematischen Schwerpunktsetzung der Auswertung aus der Perspektive der Fragestellungen getroffen wurden. Danach wurden thematische Einheiten paraphrasiert, wobei immer darauf geachtet wurde, möglichst nah am Originalmaterial zu bleiben (Meuser et al., 2010). Abschließend wurden die gefundenen Codings einem thematischen Vergleich unterzogen und verdichtet.

Folgende Auswertungsschritte wurden vorgenommen:
1. Transkription
2. Thematische Kodierung zur Strukturierung des Materials
3. Abduktives Vorgehen
4. Zusammenfassung und theoretische Beschreibung der Kategorien sowie Erläuterung individueller Begründungsmuster am Originalmaterial
5. Kommunikative Validierung, Peer-Debriefing
6. Intrakodier-Reliabilitätsprüfung

Abb.7: Auswertungsschritte im vorliegenden Forschungsprojekt.

Das Verfahren orientierte sich an der abduktiven Auswertungsmethodik (Kelle et al., 2010). Aufgrund des theoretischen Vorwissens zum Thema war ein rein induktives Verfahren, welches eine unvoreingenommene Annäherung an das Material erfordert (Glaser & Strauss, 2010), nicht möglich. Dennoch waren die empirischen Daten Ausgangspunkt für die wissenschaftlichen Erkenntnisse. Die gefundenen Zusammenhänge wurden immer wieder mit Theorien erklärt. Abduktion sieht einen spielerischen Umgang mit den empirischen Daten und den Theorien vor. Es werden dabei nur vorübergehende Schlussfolgerungen aus dem Material gezogen, die mit Theorien in Verbindung gesetzt werden (Kelle et al., 2010). Für die Abduktion spielt Vorwissen zum Gegenstand eine besondere Rolle: Es erlaubt sowohl Besonderes im Material zu erkennen, muss aber auch hinreichend offen sein, um Neues aus dem Material erschließen zu können. Reichertz (2003) spricht davon, dass es beim Blick in das Datenmaterial immer wieder zu unerwarteten und originellen Funden kommen wird, die zunächst irritieren. Dieses kreative Umgehen zwischen Material und Theorien kann als Wechselspiel induktiv-deduktiven-Vorgehens gesehen werden. Die Kombination aus deduktivem und induktivem Vorgehen sichert nach Schmidt (2010) die nötige Offenheit des Kategoriensystems in der qualitativen Auswertung.

Alle Kategorien wurden immer wieder einer Einzelanalyse unterzogen, wobei diese entweder zusammengefasst oder weiter differenziert wurden. Anschließend wurden die Kategorien einer Metaanalyse unterzogen. Zudem wurden Schwerpunkte bei der Auswertung festgelegt und entschieden, welcher Aspekt beim wiederholten Durchgehen durch das Material fokussiert wird.

Es gab so viele Durchgänge durch das Material bis keine neuen bedeutungsvollen Erkenntnisse mehr auftraten und von einer Sättigung ausgegangen werden konnte.

Danach wurden die Kategorienbeschreibungen abstrahiert und die zugeordneten Texteinheiten theoretisch erläutert. Anschließend wurden die Auswertungen Validierungsverfahren unterzogen und eine Intrakodierung vorgenommen, die im weiteren Verlauf des Kapitels (Abschnitt 4.5) beschrieben werden.

Es wird davon ausgegangen, dass dieses Verfahren den Anforderungen der Gütekriterien in ausreichendem Maße Genüge tut und vor allem das eng am Originaltext ausgerichtete Auswertungsverfahren Sinnverzerrungen verhindert hat.

4.4.1 Besonderheiten des Ländervergleichs

Ein Ländervergleich stellt besondere Herausforderungen an den Auswertungsprozess. So müssen Kontextfaktoren, die den Forschungsgegenstand beeinflussen, beachtet werden (Fend, 2004), was bei einer fremden Kultur um ein Vielfaches schwerer ist als bei der eigenen. Allerdings eröffnen Ländervergleiche auch die Chance, fundiert Kontextfaktoren zu recherchieren und unvoreingenommen in den Auswertungsprozess zu integrieren, während man zu eigenen kulturellen Faktoren meist subjektive Theorien ausgebildet hat. In der vorliegenden Studie sind deshalb zu allen Schulen Schulporträts und zu jedem Interview individuelle Gedächtnisprotokolle angefertigt worden, die bei der Auswertung der Daten unterstützend hinzugezogen worden sind und die Berücksichtigung kontextueller Faktoren ermöglicht haben (Friebertshäuser et al., 2010; Blinkert, 2009).

Zudem muss bei einem Ländervergleich darauf geachtet werden, dass die nötige reflexive Distanz zum eigenen Land besteht, um vorschnelle Schlüsse und scheinbare Ähnlichkeiten auszuschließen (Fend, 2004). Fend (2004) empfiehlt deshalb für Ländervergleiche die Aufmerksamkeit auf den institutionellen Akteur Bildungswesen zu richten.

Diesen Anforderungen wurde in der Auswertung Genüge geleistet, da die Autorin mehrmals Finnland besuchte und dort Gespräche auf allen bildungspolitisch relevanten Ebenen geführt hat. Zusätzlich wurden die finnischen Interviews zuerst ausgewertet, um eine deutsche Perspektive auf die finnischen Interviews zu vermeiden. Zudem wurde im Vorfeld der Interviewstudie ein intensives Studium der sozio-kulturellen Einflussgrößen auf das finnische Bildungssystem durchgeführt.

Aus der Erfahrung der Durchführung der transnationalen Studie können folgende wichtige Prinzipien für einen Ländervergleich aufgestellt werden:

Bei der *Länderauswahl* sollte darauf geachtet werden, dass deutlich unterschiedliche Konzeptionen hinsichtlich des Forschungsgegenstands bestehen. Allerdings muss auch bedacht werden, dass eindeutige Vergleichspunkte vorliegen.

Bei der *Datenerhebung* ist es von Bedeutung, hoch adaptive Instrumentarien zu verwenden, da meist vor Ort Anpassungen vorgenommen werden müssen. Durch den hohen Aufwand der Datenerhebung im Ausland findet diese oftmals in einem sehr kleinen Zeitraum statt, weshalb es zwingend erforderlich scheint, dass die Datenerhebung vom Forscher persönlich durchgeführt wird, um Anpassungen vor Ort entscheiden zu können. Falls Detailanalysen vorgenommen werden sollen, sollten gleiche Instrumentarien zur Datenerhebung in beiden Ländern verwendet werden, um den Vergleich zu erleichtern. Während der Datenerhebung sollte zudem eine sorgfältige Begleiterhebung der Kontextfaktoren erfolgen, denn oftmals sind sie die stärksten Länderunterschiede. Zudem sollte die Datenerhebung im günstigsten Fall mit einem längeren Aufenthalt im Land verbunden sein und Kontakt zu Einheimischen bestehen. Die Beachtung von soziologischen Studien kann zudem eine Einordnung der Daten erleichtern.

Bei der *Datenauswertung* im Ländervergleich sollten Theorierahmen gewählt werden, die Kontextfaktoren eine ausreichende Beachtung schenken. Zudem sollte man sich bei der Auswertung erst auf eine Globalaussage und dann auf Detailanalysen konzentrieren. Ein sehr hohes Abstraktionsniveau hilft Unterschiede pauschal und damit schnell verständlich darzustellen, während Detailanalysen in der Lage sind, die Kontextfaktoren in ausreichendem Maße zu berücksichtigen. Bei der Auswertung muss zudem die Fremdsprachlichkeit ernst genommen werden. Gerade bei Interviews, die sowohl für Interviewer als auch Interviewten in einer Fremdsprache geführt werden, muss beachtet werden, ob Aussagen Rückschluss auf ein konzeptionelles Verständnis geben oder sprachlich bedingt sind. Diese Restriktion kann gemindert werden, wenn die Interviews vom Forscher selbst geführt und transkribiert werden.

Grundsätzlich müssen folgende Probleme bei ländervergleichenden Studien beachtet werden: Die Interviewsituation erfordert hohe sprachliche Kompetenzen beim Interviewer und auch beim Gesprächspartner, weshalb bestimmte Personengruppen als Informanten ausgeschlossen sind. Außerdem erfordern ländervergleichende Studien einen hohen Einsatz an Ressourcen. Ein weiteres Problem stellen die oft sehr unterschiedlichen bildungspolitischen Systeme und Verfahren dar, die Vergleiche erschweren. Dies erfordert eine hohe Anpassungsfähigkeit der Erhebungsinstrumentarien und eine hohe Reflexivität des Forschers. Das größte Problem stellt das Verhaftetsein in die eigene Kultur dar (Fend, 2004), das es erschwert, Detailunterschiede zu erkennen. Dem kann durch eine sehr genaue Kenntnis des eigenen Bildungssystems begegnet werden, die es ermöglicht, distanziert und reflexiv einen Blick auf das Eigene aus einer anderen Perspektive zu richten.

4.5 Gütekriterien

Qualitative Forschung sieht sich einer Vielzahl von Gütekriterien verpflichtet (Bohnsack, 2005; Mayring, 2002). Zentral dabei sind nach Mayring (2002) die sechs Gütekriterien Verfahrensdokumentation, Regelgeleitetheit, argumentative Interpretationsabsicherung, Nähe zum Gegenstand, kommunikative Validierung und Triangulation. Einer detaillierten Verfahrensdokumentation wird im Methodenkapitel Rechnung getragen, indem alle Aspekte der Fallauswahl, dem Zustandekommen der Interviews und dem Ablauf der Datenauswertung beschrieben werden. Als regelgeleitet zeichnet sich die vorliegende Studie dadurch aus, dass eine klare Entwicklung von Fragestellungen und von forschungsleitenden Interessen im Vorfeld der empirischen Datenerhebung stattgefunden hat. Zudem wird das systematische Vorgehen ausführlich dargelegt. Argumentative Interpretationsabsicherung und kommunikative Validierung werden weiter unten (Abschnitt 4.5.4) beschrieben. Darüber hinaus werden die Kategoriezuordnungen mit Hilfe der Intrakodier-Reliabilität auf ihre Zuverlässigkeit überprüft (Boudah, 2011).

4.5.1 Objektivität

Objektivität in der qualitativen Forschung zeichnet sich durch die Nachvollziehbarkeit des Forschungsprozesses aus. Durch die detaillierte Beschreibung der Auswahl der Fälle und der verwendeten Instrumente wurde dem Rechnung getragen. Besonders wichtig ist jedoch die intersubjektive Nachvollziehbarkeit des Auswertungsprozesses der Interviewdaten. Deshalb sind beide Kodierleitfäden dieser Forschungsarbeit in den Anlagen aufgeführt. Sie stellen die Kategorien mit Beschreibungen und gegebenenfalls Abgrenzungen dar. Zudem werden Ankerbeispiele dargestellt.

Beispielhaft soll nun die Auswertung eines Themenbereichs ausführlich beschrieben werden. Innerhalb der bayerischen Interviews waren durch die thematische Kodierung auf Grundlage des Interviewleitfadens die Hauptkategorie *Bildungsstandards* und die Subkategorie *Unterricht* vorgegeben. Deshalb wurden in diese Subkategorie alle Aussagen einsortiert, die sich auf Auswirkungen der Bildungsstandards auf den Unterricht beziehen. Die Subkategorie wurde weiter thematisch in *Verständnis eines kompetenzorientierten Unterrichts* und den *Einfluss von Sekundärmaterial*, wonach im Interview explizit gefragt wurde, gegliedert. Danach wurden innerhalb der Kategorie Sekundärmaterial induktive Kategorien, wie zum Beispiel *Material zu VERA*, *Aufgabensammlungen von Verlagen*, gebildet. In der Metareflexion wurde deutlich, dass sich die verwendeten Sekundärmaterialien in Materialien von staatlichen Stellen, wie zum Beispiel Material zu VERA, und in Verlagsmaterial, wie zum Beispiel Aufgabensammlungen, aufteilen lassen. Daraufhin wurde in der Literatur nach ähnlichen Unterscheidungen gesucht. Die Literaturrecherche ergab eine hohe Bedeutung von Sekundärmaterialien für die Umsetzung von curricularen Innovationen (u.a. Criblez et al., 2009; Vollstädt et al., 1999). Zudem wurde deutlich, dass die Lehrkräfte insbesondere Aufgabensammlungen ohne theoretischen Begleittext, sondern mit einer hohen unterrichtspraktischen Relevanz schätzen. Auf dieser Grundlage wurde die Entscheidung für die Subsumierung der verwendeten Sekundärmaterialien in die Kategorien *Material von staatlicher Stelle* und *Verlagsmaterial* als sinnvoll erachtet. Anschließend wurde das Datenmaterial noch einmal durchgegangen, wobei der Schwerpunkt auf der Beachtung von theoretischer Fundierung von Sekundärmaterial oder dem Überwiegen der unterrichtspraktischen Relevanz des Sekundärmaterials für die Verwendung im Unterricht in den Begründungsmustern der Lehrkräfte lag. In Unterkategorien wurden die Begründungsmuster der Interviewpartner für die Verwendung diesen oder jenen Materials gegliedert. Die Kategorien wurden bei ihrer Bildung jeweils mit einer exakten Beschreibung und gegebenenfalls mit Abgrenzungen zu ähnlichen Kategorien versehen.

Tab.10: Ausschnitt aus dem Kodierleitfaden.

Sekundärmaterial		
Aussagen zur Einflussnahme von Sekundärmaterial auf den Unterricht, das zu den Bildungsstandards entwickelt wurde.		
	Material von staatlichen Stellen	
	Inwieweit hat Sekundärmaterial von staatlicher Stelle zu den BS (z.B. vom IQB, ISB, Anmerkungen im grünen Heft der Bildungsstandards) Einfluss auf die Unterrichtsarbeit? Dabei wird auch das Lehrwerk berücksichtigt, da es von staatlicher Seite zugelassen werden muss.	
		VERA/Material zu VERA
		Beispielaufgaben rund um VERA werden von den Lehrkräften zur Unterrichtsvorbereitung genutzt.
		Interviewer: Haben Sie sich jetzt aufgrund von VERA und Bildungsstandards/ Da gibt's jetzt ja ganz viele Materialien zu kaufen. So Bildungsstandards konkret oder in der Praxis. Haben Sie sich da privat was gekauft oder für die Lehrerbibliothek angeschafft? D8: Zum Teil wurde was angeschafft, zum Teil habe ich das selbst gekauft. In dem Sinn, dass ich jetzt Übungsaufgaben gekauft habe, das habe ich nicht gemacht, weil ich auf die Aufgaben in den letzten Jahren zurückgreifen kann. (D8, 40-41)
		Beispielaufgaben zu BS
		In diesen Aussagen wird deutlich, dass den Interviewpartnern die Beispielaufgaben zu den Bildungsstandards bekannt sind. Allein schon die Kenntnis ist eine nicht selbstverständliche Tatsache, weshalb es für die Zuordnung in diese Kategorie nicht relevant ist, ob die Beispielaufgaben auch tatsächlich für die unterrichtliche Tätigkeit genutzt werden. Die Kenntnis allein reicht für die Zuordnung aus.
		Ja, also aus den fertigen Heften und dann sind ja auch in diesen kleinen/ Wir haben ja auch diese kleinen grünen Hefte, wo die Bildungsstandards zusammengefasst sind, da sind ja auch Beispielaufgaben drin, da haben wir teilweise dann auch selbst dann abgetippt und als Blatt gestaltet, weil die eigentlich ganz gut sind die Beispiele. (D15, 35)
		Lehrwerke
		Vorhandener oder nicht vorhandener Einfluss von BS auf die Anschaffung neuer Lehrwerke.
		Genau. Und es war jetzt angedacht in zum Beispiel im Bereich von Deutsch wollten wir jetzt eigentlich ein neues Sprachbuch uns zulegen, aber da ist es eben so, dass es jetzt heißt, dass in spätestens drei vier

		Jahren wird ja der Lehrplan Grundschule wieder überarbeitet. Dann werden dann mit Sicherheit nochmal Werke kommen, deswegen stellen wir das jetzt zurück bis die Lehrplanüberarbeitung abgeschlossen ist. (D3, 19)

Verlagsmaterial

Sekundärmaterial, das von Verlagen erstellt wurde und frei verkäuflich ist.

		Aufgabensammlung zu BS
		Lehrkräfte geben in den Aussagen dieser Kategorie an, dass sie Sekundärmaterial (ausschließlich Aufgabenbeispiele) einsetzen. Interviewer: Also das sind ausschließlich Aufgaben? D11: Ausschließlich Aufgaben. Keine Beschreibung, keine Kompetenzen oder so, sondern wirklich so eine Beispielsammlung. Interviewer: Und steht dann immer dabei auf welchen der Bildungsstandards sich das dann bezieht? D11: Nein. Aber diese Beispiele nehme ich auch. Die helfen mir was und wenn ich eine theoretische Abhandlung über irgendeinen Standard lese, weiß ich nicht, ob ich da jetzt tatsächlich eine Aufgabe daraus machen könnte, die dem eins zu eins entspricht. (D11, 13-16)

Kein Material

Lehrkraft hat sich persönlich kein Zusatzmaterial zu den Bildungsstandards angeschafft.

Ich habe jetzt so gegrinst, weil ich gar nicht einsehe Geld auszugeben für private Lektüre, wenn ich ehrlich bin. (D4, 40)

Material vorhanden – keine Nutzung

In den Aussagen dieser Kategorie wird deutlich, dass Lehrkräften zusätzliches Material von Verlagen zur Verfügung steht, aber von diesen nicht genutzt wird.

		Lehrerhandbuch
		In den Aussagen dieser Kategorie wird angegeben, dass das Material nicht genutzt wird, weil die Lehrerhandbücher und die Lehrwerke als ausreichend erachtet werden.
		Ich sage offen nein. Also wir haben jetzt wie gesagt die Grundlagen bekommen von Mathe und Deutsch, aber es ist einfach so: man hat sowieso viel selbst gekauft. Mittlerweile muss ich sagen fahre ich das etwas runter das Private. Weil erstens ist hier viel und wenn man ein gutes Lehrerhandbuch hat, ist man mehrheitlich eigentlich damit beschäftigt, weil es muss sich ja auch irgendwie auf die Materialien beziehen, die wir hier haben. (D3, 39)
		Zeit
		Zusatzmaterialien werden mit der Begründung Zeitknappheit nicht verwendet.
		Also schon in der Schule, immer wieder von den Rektoren oder auch durch Bücher. Gibt ja jetzt auch oft solche Arbeitshefte, die nennen sich dann auch Lernstandserhebungen und da sieht man schon: Aha, das ist schon ein wenig anders als das, was in den Schulbüchern vorkommt und dann nehmen wir da schon Übungen raus, aber im Grunde reicht die Zeit immer nicht, dass wir damit arbeiten, daraufhin arbeitet. (D12, 15)

4.5.2 Reliabilität

Qualitative Forschungsprojekte arbeiten häufig mit einer Interkoder-Reliabilität. Im vorliegenden Forschungsprojekt wird jedoch die Intrakoder-Reliabilität gewählt, bei dem der Kodierer selbst einige Zeit nach der Kodierung einen Teil der Passagen des Materials oder der Fälle erneut kodiert (Diekmann, 2010). Der daraus berechnete Wert zeigt an, inwieweit die Kategoriezuordnungen über die Zeit hinweg konstant sind (Früh, 2007).

In der vorliegenden Studie wurden sieben Monate nach Beendigung des Kodier-verfahrens 20 Prozent der Interviewtranskripte erneut kodiert und die Intrakoder-Reliabilität berechnet. Es wurden sowohl 20 Prozent der Interviews nach dem Kodierleitfaden für den Ländervergleich und 20 Prozent der Transkripte nach dem bayerischen Kodierleitfaden erneut kodiert. Dabei wurden die festgelegten Textpassagen nochmals den Kategorien zugeordnet und die Übereinstimmung in der Zuordnung berechnet. Aufgrund des stark differenzierten Kategoriensystems ist die zufällig richtige Zuordnung der Textpassagen sehr gering, weshalb die Intrakodierung mit 20 Prozent des Materials gerechtfertigt werden kann.

Die Berechnung der Intrakoder-Reliabilität erfolgte mit Cohen´s Kappa (Bortz & Lienert, 2008):

$$Kappa = \frac{P_o - P_e}{1 - P_e}$$

Dies entspricht folgenden Werten:

$$Kappa = \frac{Anteil\ übereinstimmender\ Urteile - Anteil\ zufälliger\ Übereinstimmungen}{1 - Anteil\ zufälliger\ Übereinstimmungen}$$

Die Berechnung von P_o (P observed) und P_e (P expected) erfolgte nach Caspar und Wirtz (2002), indem die übereinstimmenden und nicht übereinstimmenden Zuordnungen im Verhältnis zur Gesamt-Coding-Zahl gesetzt wurden.

Die folgende Tabelle zeigt ein Berechnungsbeispiel für eine fiktive Auswertung mit den relativen Häufigkeiten:

Tab.11: Berechnungsbeispiel Cohen´s Kappa nach Caspar und Wirtz 2002.

Kodierzeitpunkt A	Kodierzeitpunkt B		
		Kategorie A	Kategorie B
	Kategorie A	7/10	1/10	8/10
	Kategorie B	0/10	2/10	2/10
		7/10	3/10	9/10

Im Beispiel wurden festgelegte Textpassagen ($\sum 10$) einmal zum Kodierzeitpunkt A und einmal zum Kodierzeitpunkt B den Kategorien zugeordnet. Das Kategoriensystem umfasst zwei Kategorien (A und B). Sieben Textpassagen wurden zu beiden Kodierzeitpunkten Kategorie A, zwei Textpassagen übereinstimmend Kategorie B zugeordnet. Eine Textpassage wurde zum ersten Kodierzeitpunkt Kategorie A und beim zweiten Kategorie B zugeordnet. Damit ergibt sich für die Auswertung eine Übereinstimmung von 9/10. 0,9 ist damit P_o. P_e errechnet sich aus den restlichen Randspalten:

(0,7x0,8) + (0,3x0,2). Dies entspricht: 0,56 + 0,06 = 0,62. Daraus lässt sich für dieses Beispiel ein Cohen´s Kappa von 0,737 berechnen.

Für die vorliegende Studie ergibt sich nach der erneuten, zeitlich versetzten Kodierung von 20 Prozent der Interviewtranskripte nach dem Kodierleitfaden des Ländervergleichs durch dieselbe Kodiererin folgende Berechnung:

$$Kappa = \frac{0,798 - 0,11}{1 - 0,11} = 0,773$$

Mit 0,773 zeigt der Wert eine hinreichende Zuverlässigkeit der Auswertung. Werte über 0.75 zeigen nach Greve und Wentura (1997) eine gute bis ausgezeichnete Zuverlässigkeit des Kategoriensystems an.

Bei der wiederholten Kodierung der Textpassagen mit dem bayerischen Kodierleitfaden ergaben sich folgende Werte:

$$Kappa = \frac{0,756 - 0,011}{1 - 0,011} = 0,753$$

Für den bayerischen Kodierleitfaden ergibt sich aufgrund der wesentlich höheren Anzahl der möglichen Kategorien ein wesentlich niedrigerer Wert für P_e Gerade im Hinblick auf die Vielzahl an möglichen Kategorienzuordnungen ist der Wert P_o als sehr hoch einzuschätzen (Wirtz et al., 2002).

4.5.3 Nähe zum Gegenstand

Nähe zum Gegenstand zeichnet sich dadurch aus, dass die Forschung an die Alltagswelt der Beforschten anknüpft (Mayring, 2002). Dazu werden Beforschte in ihrem alltäglichen Umfeld befragt und über die Forschungsziele aufgeklärt (Bortz et al., 2009). Es schließt sich aus, dass anders wie bei einem Experiment die Interviewpartner getäuscht werden. Von Anfang an soll deshalb Klarheit über das Forschungsziel herrschen. Dabei ist zu beachten, dass das Forschungsergebnis für die Beforschten nützlich sein soll.

Diesen Anforderungen entspricht die vorliegende Studie dahingehend, dass bei der Entwicklung des Forschungsdesigns auf eine zeitliche Nähe der Interviewdurchführung zu den Rückmeldungen der Vergleichsarbeiten geachtet wurde. Zudem wurden in Bayern nur Drittklasslehrkräfte befragt, da sie mit der Durchführung der zentralen Tests betraut sind. Bei der Entwicklung der Leitfäden und später bei der Interviewdurchführung wurde darauf geachtet, dass diese offen genug sind, um den Interviewpartnern eigene Schwerpunktsetzungen und das Einbringen eigener Themen zu ermöglichen. Die Interviews wurden alle in der beruflichen Alltagswelt der Beforschten durchgeführt. In der schriftlichen Bitte um die Teilnahme an der Studie und zu Beginn der Interviews wurde das Forschungsziel offen gelegt und die Bedeutung der Studie für die Beforschten erläutert.

Hinsichtlich der finnischen Interviews wurde im Vorfeld der Lehrerinterviews ein Experteninterview geführt, um eine größtmögliche Nähe zum Gegenstand in den Interviewleitfäden erreichen zu können. Zudem wurde in Finnland der Aspekt der Befragung der Beforschten in ihrer Alltagswelt sehr ernst genommen, indem die Interviews mit einem längeren Aufenthalt an den jeweiligen Schulen verbunden waren. Häufig gab es ein gemeinsames Mittagessen, Unterrichtshospitationen oder Schulführungen, die einen besseren Einblick in die Alltagswelt der Interviewpartner ermöglichten. Da die finnische Sprache nicht wie die überwiegende Zahl der europäischen Sprachen der indogermanischen Sprachfamilie zugehörig ist, ist sie Zeichen nationaler Identität. Deshalb empfinden es Finnen als hohe Wertschätzung ihrer Kultur, wenn Ausländer ihre Sprache sprechen. Aus diesem Grund war es von Vorteil, dass die Autorin einige finnische Begriffe beherrscht. Die Begrüßung der Beforschten in Finnisch und das Einfließen von finnischen Fachbegriffen während der Interviews wurde von den Befragten sehr positiv aufgenommen.

Die Überprüfung, inwieweit die Nähe zum Gegenstand erreicht werden konnte, erfolgt in der kommunikativen Validierung, die im Folgenden dargestellt wird.

4.5.4 Validität

Für die vorliegende Studie wurden zur Ergebnisvalidierung Verfahren der konsensuellen Validierung angewandt. Die interpersonale Konsensbildung gilt als zuverlässiges Kriterium zur Bestimmung der Glaubwürdigkeit der gefundenen Ergebnisse. Dazu wird im folgenden Abschnitt exemplarisch die kommunikative Validierung mit zwei Beforschten sowie die argumentative Interpretationsabsicherung (Peer Debriefing) mit einer Fachkollegin dargestellt.

4.5.4.1 Kommunikative Validierung

Im Konzept der kommunikativen Validierung werden die Beforschten als denkende Subjekte und Kompetenzträger wahrgenommen und erhalten dadurch eine wichtige Rolle im Forschungsprozess, anstatt reine Datenlieferanten zu sein.

Die kommunikative Validierung sieht eine Dialog-Konsens-Sitzung vor, in der die gefundenen Forschungsergebnisse den Befragten rückgespiegelt werden. Dazu werden den Beforschten Konzeptvorschläge des Interviewers vorgelegt (Scheele & Groeben, 1988). Dabei ist darauf zu achten, dass die rückgespiegelten Daten nicht verletzend sind und zum Teil implizites Wissen[7] der Befragten offen legen. Deshalb ist eine völlige Übereinstimmung hinsichtlich der Einordnungen und der Interpretationsansätze in der Validierung nicht angestrebt. Es wird angestrebt, eine Einschätzung von den Befragten darüber zu erhalten, ob die vorgenommenen Einordnungen in die Theorierahmen aus ihrer Sicht plausibel sind und gegebenenfalls in eine Diskussion zwischen Forscher und Beforschten zu treten.

Im vorliegenden Forschungsprojekt wurde die kommunikative Validierung in Bayern zehn Monate nach der Datenerhebung mit der Hälfte der Fälle durchgeführt. Das Verfahren wurde zur Ergebnisvalidierung angewendet. Exemplarisch werden die Ergebnisse des Gesprächs mit D3 und D4 dargestellt. Beide zeigten großes Interesse an den For-

---

[7] Unter *implizitem Wissen* wird in der vorliegenden Arbeit das Wissen verstanden, das die Befragten zum Forschungsgegenstand haben, ihnen aber nicht bewusst ist. Somit bezieht sich das vorliegende Verständnis nicht auf die sprachliche Klassifikation von implizitem Wissen nach Polanyi (2010), sondern auf den Reflexionsgrad eines Wissens durch die Befragten und den Grad an Bewusstheit für das Umsetzen von Wissen über Unterricht in unterrichtspraktische Handlungen. In der vorliegenden Studie bezieht sich dies darauf, inwieweit Lehrkräfte bereits Bildungsstandards in ihrem Unterricht umsetzen, was ihnen aber nicht als Umsetzung der Innovation bewusst ist.

schungsergebnissen und eine hohe Bereitschaft, die gefundenen Ergebnisse zu diskutieren. Darüber hinaus erschien die Validierung als sinnvoll, da das Interview als Doppelinterview geführt wurde und auch die Validierung im Zweiergespräch erfolgte, wodurch interessante gegenseitige Einschätzungen auftraten.

Der Ablauf der Dialog-Konsens-Sitzung begann mit der Begrüßung der Interviewpartner, die vor allem dazu diente, die Interviewsituation wieder ins Gedächtnis zu rufen und Vertrauen aufzubauen. Danach wurden Fragen geklärt und eine kurze Einführung in die kommunikative Validierung gegeben. Die Validierung selbst begann jeweils mit einer Vorstellung der möglichen Konzepte, in die sich anschließend die Befragten selbst einordneten. In diesem Schritt weicht die vorliegende kommunikative Validierung vom Vorschlag von Scheele und Groeben (1988) ab, die berichten, dass zuerst der Forscher seinen Konzeptvorschlag offenlegt. In dieser Arbeit soll durch die Zurückhaltung der Forscherin ein sozial erwünschtes Verhalten der Beforschten gemindert werden. Nach den Einschätzungen von Interviewpartnern und Forscherin wurde argumentativ über ein Konsensergebnis verhandelt.

Die kommunikative Validierung entwickelte sich mehr und mehr zu einem Gespräch über die Vergleichsarbeiten. Dabei wurde deutlich, dass die Interviewsituation, die zehn Monate zurück lag, von aktuellen Ereignissen geprägt war. Insgesamt fiel auf, dass beide Gesprächspartner eine sehr hohe Reflexionsfähigkeit hinsichtlich der Beurteilung der zurückliegenden Interviewsituation aufbauten. Sehr interessiert waren sie auch an Empfehlungen für die weitere unterrichtliche Arbeit und an Auskünften zu den Ergebnissen der Studie.

Die folgende Tabelle zeigt zum einen die Einschätzung der Autorin im Vorfeld der kommunikativen Validierung und außerdem die zugespitzte Einschätzung im Anschluss an die Validierung.

Tab.12: Übersicht über die kommunikative Validierung zum Interview mit D3.

	Einschätzung der Autorin	Veränderungen aufgrund der kommunikativen Validierung
Wahrnehmung der Interviewsituation	Gutes Vertrauensverhältnis; ehrliche Antworten; sehr spontane Äußerungen; keine Meinungsbeeinflussung durch Doppelinterview	Eindruck bestätigte sich während des Gesprächs zur kommunikativen Validierung
Stages of Concern	Personal, Management; Consequence; Collaboration; Refocusing	Management war v.a. im letzten Jahr zentral, da die vorgegebene Zeit aufgrund von Stundenplanumstellung Probleme bereitete; Consequence ist stark ausgeprägt, was auch in der Besprechung der Ergebnisse der Studie immer wieder deutlich wurde, da das Verantwortungsgefühl gegenüber den Schülern sehr stark ausgeprägt ist; Collaboration wurde ihr erst durch die kommunikative Validierung bewusst, v.a. dass diese besonders bei der Dateneingabe

		vorhanden ist, die sie zusammen mit D4 durchgeführt hat; Refocusing erwächst in erster Linie aus dem starken Betroffenheitsgefühl und dem starken Rückbezug der Ergebnisse auf die eigene Person
Rezeptionsmodell	Motivation; Eltern; Testdesign von VERA; Selbstüberzeugung	Eltern spielen keine zentrale Rolle, da während der Validierung klar wurde, dass sich nur ein Elternteil explizit für die Ergebnisse von VERA interessiert hat; jedoch scheint der wahrgenommene Druck von Seiten der Eltern stark zu sein; Kontextfaktoren sind in erster Linie vom Blick auf die Schüler geprägt, z.B. wird das Testdesign darauf analysiert, inwieweit es schülergerecht ist
Einstellung zu Bildungsstandards	Davor kein Bewusstsein für das Vorhandensein von Bildungsstandards; Annäherung an Bildungsstandards (BS) mittels SINUS (sehr unterrichtspraktisch orientiert); LP hat höhere Autorität, kritisiert, dass BS nicht in Lehrplan eingearbeitet sind; Nebeneinander von LP und BS wird abgelehnt; kein klares konzeptionelles Verständnis von dem, was BS sind; Leistungsmessung wird mehr in Kompetenzstufen angelegt; Wunsch nach konkreten Beispielen, wie BS umgesetzt werden können	Konsens
Einstellung zu VERA	Positive Grundeinstellung, jedoch Bewusstsein, dass Ziele sehr hoch gesteckt sind; dennoch VERA immer wieder als irritierender Faktor für die Unterrichtsarbeit; regt an, das Unterrichtsniveau zu reflektieren; VERA-Aufgaben werden als anspruchsvoller im Vergleich zu den eigenen Aufgaben eingeschätzt; organisatorische Probleme im Zusammenhang mit VERA mindern die Akzeptanz der Testergebnisse; Unterrichtsentwicklung aufgrund von VERA ist die Kombination von verschiedenen Bereichen im Deutschunterricht; Testdesign wird kritisiert (Objektivität aufgrund bayr. Testtermins angezweifelt; Auswertungsvorschriften)	Die Einschätzung der Autorin „irritierend bezüglich der Unterrichtsentwicklung" im Zusammenhang mit VERA möchte D3 als Denkanstoß ihrer Unterrichtspraxis verstanden wissen

Die kommunikative Validierung hat für D3 eine hohe Übereinstimmung zwischen Einschätzung der Autorin und Selbsteinschätzung der befragten Person ergeben. Allerdings konnte durch die Validierung eine Präzisierung der Ergebnisse und vor allem eine stärkere Kontextrahmung erreicht werden. D3 empfand die Validierung als sehr hilfreich, weil ihr durch das erneute Gespräch über Bildungsstandards und Vergleichsarbeiten ihre individuelle Sichtweise und vor allem die Möglichkeiten der Reformelemente zur Unterrichtsentwicklung wieder bewusst wurden. Sie wurde dadurch angeregt, diese stärker bei der Unterrichtsplanung und -entwicklung zu berücksichtigen. Besonders deutlich stellte sich der Aspekt der persönlichen Betroffenheit aufgrund der Rückmeldungen von VERA heraus, der auch zum *Refocusing* führt.

Tab.13: Übersicht über die kommunikative Validierung zum Interview mit D4.

	Einschätzung der Autorin	**Veränderungen aufgrund der kommunikativen Validierung**
Wahrnehmung der Interviewsituation	Gutes Vertrauensverhältnis; ehrliche Antworten; leichte Zurückhaltung während des Interviews, sehr überlegt geantwortet; keine Meinungsbeeinflussung durch Doppelinterview	Eindruck bestätigte sich auch während des Gesprächs zur kommunikativen Validierung
Stages of Concern	Informational; Personal; Management; Consequence; Collaboration	Informational war zum Zeitpunkt der Datenerhebung besonders stark ausgeprägt, da es Unklarheiten in Bezug auf Einteilung von Schülern im fairen Vergleich gab; Personal muss nach der kommunikativen Validierung als wesentlich schwächer eingeschätzt werden, da sich während der Validierung eine sehr sachliche Betrachtung von VERA zeigte; Management war während der Datenerhebung zentral, da zum vorgegebenen Testzeitpunkt Sportunterricht vorgesehen war; Auch bei D4 zeigte sich im Verlauf der kommunikativen Validierung die starke Ausprägung von Consequence; Ebenso wurde D4 erst durch die Einschätzung der Autorin bewusst, dass die Dateneingabe am Computer, die als sehr unbeliebt bei den Lehrkräften gilt, den entscheidenden Zeitraum zum Austausch über die Ergebnisse eröffnet

Rezeptionsmodell	Ressourcenmanagement; Testdesign von VERA; Dienststellung	Ressourcenmanagement ist insofern einflussreich auf das Rezeptionsverhalten von D4, da sie für sich die Kosten-Nutzen-Relation von VERA und Bildungsstandards negativ beantwortet hat; das Testdesign hatte vor allem zum Erhebungszeitpunkt starken Einfluss, da D4 von der überaus geringen curricularen Validität von VERA (Überrepräsentation Datenhäufigkeit/Wahrscheinlichkeit und Unterrepräsentation Normalverfahren) enttäuscht war
Einstellung zu Bildungsstandards	Davor kein Bewusstsein für das Vorhandensein von Bildungsstandards; Kritik an Parallelität von Bildungsstandards und Lehrplan sowie an mangelnder Einbindung der Bildungsstandards in Lehrwerke; lehnt theoretische Annäherung an das Thema ab, sieht Unterricht als zentral an, worauf dann auch Fortbildungen/Innovationen abgestimmt sein sollten	Konsens
Einstellung zu VERA	Ergebnisse werden bei Übertrittsentscheidungen in Elterngesprächen thematisiert; Kritik an VERA (geringe curriculare Validität; zu undifferenzierter fairer Vergleich); keine Unterrichtsveränderung aufgrund von VERA (Zeitprobleme); Verwendung einzelner Aufgaben	Kommunikative Validierung zeigte sehr sachlichen Umgang mit VERA; D4 scheint sich intensiv mit der Kosten-Nutzen-Relation von VERA beschäftigt zu haben; nach deren negativen Beantwortung sie eine sehr formal-bürokratische Sichtweise auf die Durchführung und die Ergebnisnutzung der Vergleichsarbeiten hat

Das Gespräch mit D4 über die gefundenen Forschungsergebnisse zeigte hohe Übereinstimmungen zwischen der Einschätzung der Autorin und der befragten Person. Jedoch führte die kommunikative Validierung zu einer Präzisierung der Ergebnisse. Vor allem konnte die stark sachlich geprägte Herangehensweise von D4 an die Vergleichsarbeiten begründet und herausgestellt werden. Die nicht empirisch gefundene Stage *Refocusing* ist somit nicht auf eine geringe professionelle Reflexion zurückzuführen, sondern gerade Ergebnis einer Reflexion. Denn D4 hat für sich die Kosten-Nutzen-Relation von VERA negativ beantwortet, weshalb ein irritierender Einfluss von VERA auf die Unterrichtsvorbereitung und -entwicklung von D4 nicht stimmig wäre.

In einer allgemeinen Diskussion zu möglichen Konsequenzen aus den gefundenen Ergebnissen wurden verschiedene Änderungsmöglichkeiten im Testdesign von VERA besprochen. Gezielte Fortbildungsprogramme, die ähnlich unterrichtspraktisch aufgebaut sind wie SINUS[8] oder die Konzepte, die aus der zweiten Lehramtsausbildung vorliegen,

---

[8] Steigerung der Effizienz des mathematisch-naturwissenschaftlichen Unterrichts.

werden von den beiden Lehrkräften sehr positiv gesehen. Sie thematisierten in diesem Zusammenhang ihre Unzufriedenheit über die nicht vorhandenen Implementationsmaßnahmen im Zusammenhang mit den Bildungsstandards. Sehr überrascht zeigten sie sich über die Erläuterungen, dass Bildungsstandards den Kern unterrichtlichen Handelns abbilden und somit eine Konzentration des Unterrichts ermöglichen und dadurch Freiheiten bieten. Die Sichtweise auf die Dateneingabe hat sich im Laufe der kommunikativen Validierung verändert. Bei einem erneuten Durchlauf von VERA wollen beide Lehrkräfte die Dateneingabe bewusst zur Reflexion der Ergebnisse nutzen, indem sie begleitend Auffälligkeiten schriftlich festhalten. Zudem möchten sie ausprobieren, mit Hilfe von VERA ihre Diagnosekompetenz zu überprüfen. Dazu gefiel ihnen die Anregung der Forscherin, sich bewusst zwei bis drei Aufgaben der aktuellen Vergleichsarbeiten auszuwählen, die am stärksten einen Bezug zum erteilten Unterricht aufweisen. In einer dreistufigen Einschätzung (überdurchschnittlich, durchschnittlich, unterdurchschnittlich) sollen sie ihre Schüler im Vorfeld bewerten, was dann mit den Testergebnissen abgeglichen wird. Dabei ist bereits der Auswahlprozess sehr förderlich für die professionelle Reflexion des eigenen Unterrichts. Sehr interessiert waren die beiden Lehrkräfte an der Anregung, die Vergleichsarbeiten individueller für die einzelnen Lehrer zu gestalten. In diesem Vorschlag ging es darum, dass die Lehrkräfte den Zeitpunkt für die Testdurchführung und die Aufgaben individuell auswählen können. Eine landesweite Stichprobe dient als Vergleichsmaßstab, an dem man sich orientieren kann, wodurch aber die Vollerhebung entfällt und auch keine Rückmeldebogen mehr ausgegeben werden. In schulischer Hinsicht war die Anregung, VERA stärker als Ergebnis eines kumulativen Lernprozesses zu betrachten, für die Interviewpartner interessant, der sie mit einer stärker jahrgangsübergreifenden Arbeit in Bezug auf die Vergleichsarbeiten und Bildungsstandards Rechnung tragen wollen.

Die kommunikative Validierung trug vor allem zu einer stärkeren Kontextualisierung der Begründungsmuster der Lehrkräfte bei. Zudem wurde deutlich, wie stark zeitgebunden Interviewaussagen sind, was es umso wichtiger erscheinen lässt, aktuelle Ereignisse zum Zeitpunkt der Datenerhebung zu berücksichtigen. Die Lehrkräfte entwickelten im Laufe der Validierung ein sehr starkes reflexives Verhalten gegenüber der Interviewsituation. Die Handlungsempfehlungen, die für die weitere Rezeption und Nutzung von Bildungsstandards und Vergleichsarbeiten gegeben wurden, waren wichtige Anregungen für die Lehrkräfte. Insgesamt bestätigte die kommunikative Validierung die Einschätzungen der Forscherin, die auf Grundlage der Interviews getroffen wurden, und stützte vor allem die starke Berücksichtigung von Kontextfaktoren. Aufgrund der hohen Übereinstimmung mit den befragten Personen im Rahmen der kommunikativen Validierung ist davon auszugehen, dass die Interviews valide ausgewertet wurden.

4.5.4.2 *Peer Debriefing/Argumentative Validierung*

In einem Peer Debriefing Verfahren werden die gefundenen Forschungsergebnisse entweder mit Mitgliedern des Forschungsprojekts, also intern diskutiert, oder in einem externen Verfahren mit Mitgliedern der scientific community besprochen (Bortz et al., 2009). Ziel der argumentativen Interpretationsabsicherung ist eine Überprüfung der Nachvollziehbarkeit und der Stringenz des Interpretationsprozesses (Mayring, 2002). Das Peer Debriefing beginnt mit der Vorstellung der Ergebnisse durch den Forscher, der

Hintergründe darlegt und die Entscheidungen für Einteilungen und Interpretationen erläutert. Anschließend hat der Peer Gelegenheit Nachfragen zu stellen. In einem weiteren Schritt werden gleiche Einschätzungen genannt. Hauptsächlich werden aber unterschiedliche Ansichten hinsichtlich Einteilungen und Interpretationen ausführlich besprochen. Am Ende steht entweder die Veränderung der entsprechenden Einteilung oder eine vom Forscher begründete Beibehaltung der vorhandenen Struktur.

Da im vorliegenden Forschungsprojekt nur eine Kodiererin das Kategoriensystem erstellt hat, wurde das gefundene Kategoriensystem in einem externen Peer Debriefing Verfahren validiert. Als Peer wurde eine Person der scientific community ausgewählt, die an einem qualitativen Forschungsprojekt zum Umgang von Lehrkräften, Fachleitern, Schulleitern und der Schulaufsicht in Bezug auf Vergleichsarbeiten arbeitet. Zudem wird in diesem Projekt auch eine ländervergleichende Perspektive eingenommen. Es ist davon auszugehen, dass der Peer über ausreichende Kenntnisse hinsichtlich des Inhalts als auch der Methoden verfügt. Im Peer Debriefing Verfahren wurden sowohl die Kategoriensysteme des Ländervergleichs als auch jenes der bayerischen Teilstudie zum Gegenstand gemacht. Die argumentative Validierung betrachtete sowohl die Ebene des Kodierleitfadens, als auch die Zuordnung von Codings zu bestimmten Kategorien.

In Bezug auf den Kodierleitfaden des Ländervergleichs konnte eine hohe Übereinstimmung hinsichtlich der Kategorieneinteilung und der dazugehörigen Indikatoren und Abgrenzungen festgestellt werden. Unterschiede fanden sich hinsichtlich der Kategorie *Vorgabe von oben*, die nach Meinung des Peers weniger die Aussagen über ein konzeptionelles Verständnis als mehr eine Einstellung gegenüber Bildungsstandards ausdrückt. Dies wurde auch in Bezug auf die Kategorie *Bewusste Unsicherheit* diskutiert. Für diese beiden Kategorien wäre eine eigene Übereinteilung anstelle der Subsumierung förderlicher gewesen. Der Zuordnung der Codings zu den Kategorien wurde in weiten Teilen zugestimmt.

Für das Kategoriensystem der bayerischen Teilstudie wurde ebenso übereinstimmend die Validität der Kategorieneinteilungen durch deren Indikatoren und Abgrenzungen festgestellt. Der Peer wies auf die unterschiedliche Interventionsdauer von Unterrichtsentwicklungsprogrammen hin, die eher langfristig angelegt sind, während Fortbildungen mehr punktuell wirken. In diesem Fall wäre deshalb eventuell eine andere Subsumierung der Kategorien, die die unterschiedliche Interventionsdauer berücksichtigt, hilfreich gewesen. Zudem schlug der Peer die Subsumierung der Kategorie *Alter Wein in neuen Schläuchen* unter die Überkategorie *Negativ* vor, was von der Kodiererin positiv aufgenommen wurde. Bei der Betrachtung der Codings einzelner Kategorien wurden große Übereinstimmungen festgestellt.

Insgesamt zeigte das Peer Debriefing Verfahren zu beiden Kodierleitfäden eine hohe Kohärenz zwischen Kodiererin und Peer, was eine Gültigkeit der gefundenen Kategorien vermuten lässt. In einzelnen Fällen konnte das Verfahren zu einer stärkeren Fokussierung und Systematisierung der Ergebnisse beitragen. Auch den Kategoriezuordnungen wurde in hohem Maße zugestimmt.

5 Ergebnisse der Interviewstudie

Die Darstellung der Ergebnisse erfolgt sehr nah am Interviewmaterial, um die Aussagen am Original zu illustrieren und dem Leser einen Einblick in die Lehreraussagen zu gewähren. Die Strukturierung der Darstellung orientiert sich an den Fragestellungen der vorliegenden Arbeit und ordnet die Kategorien entsprechend zu. Innerhalb dieser thematischen Gliederung beginnt jeder Abschnitt mit einer Übersichtsgliederung, die durch Einrückungen die Hierarchieebene im Kategoriensystem anzeigt und den Aufbau für die weitere Beschreibung vorgibt. Zudem kann diese Gliederung sowohl im Interviewleitfaden, als auch im Kodierleitfaden nachverfolgt werden. Anschließend an diese Übersicht folgt die sprachliche Darstellung, die durch entsprechende Zitate aus dem Interviewmaterial belegt wird. Am Ende jedes Teilabschnitts erfolgt eine Zusammenfassung der dargestellten Ergebnisse im Hinblick auf die gestellte Teilfragestellung.

5.1 Rezeption und Nutzung von Bildungsstandards

In der ersten Fragestellung geht es um die Rezeption und Nutzung von Bildungsstandards durch Lehrkräfte. Es ging darum wie sich das konzeptionelle Verständnis, das Lehrkräfte von Bildungsstandards haben, auf deren Nutzungsverhalten auswirkt. Dazu wurden Lehrkräfte nach wahrgenommenen Implementationsmaßnahmen, ihrem Verständnis von Bildungsstandards und ihrer eigenen Nutzung von Bildungsstandards gefragt. Die Interviewaussagen bieten Einsichten in diese Themenbereiche.

5.1.1 Wahrgenommene Implementation

In diesem Abschnitt geht es darum, wie Lehrkräfte die Implementation der Bildungsstandards wahrgenommen haben. Dafür sind Aspekte relevant, wie die Lehrkräfte von den Bildungsstandards erfahren haben und ob sie in ihrer eigenen Wahrnehmung die Bildungsstandards in ihrem Unterricht umsetzen.

Hinsichtlich der wahrgenommenen Implementation der Bildungsstandards sind folgende Kategorien relevant:

- Sekundäre Implementation
  - Vorwissen/Expertise
  - VERA
  - Unterrichtsentwicklungsprogramme
  - Lehreraus- und -fortbildung
- Explizites Wissen der Lehrkräfte zur Umsetzung der Bildungsstandards
  - Keine Umsetzung der Bildungsstandards
  - Umsetzung der Bildungsstandards

5.1.1.1 Sekundäre Implementation

Die Implementation der Bildungsstandards mittels sekundärer Wirkungsebenen ist gemäß der Interviewaussagen ein entscheidender Weg der Bildungsstandards in die Praxis.

Unter sekundärer Implementation wird verstanden, dass nicht gezielte Implementationsmaßnahmen zu den Bildungsstandards, sondern andere Maßnahmen, die sich auf Bildungsstandards beziehen, dazu geführt haben, dass Bildungsstandards entweder den Lehrkräften bekannt sind oder in der Unterrichtspraxis umgesetzt werden.

Teilweise sind Lehrkräfte durch ihre Tätigkeiten als Mitarbeiterinnen bei der Erstellung von Deutschlehrwerken oder die Durchführung eines Forschungsprojekts im Rahmen eines Zweitstudiums auf die Bildungsstandards aufmerksam geworden.

> Und mitgearbeitet habe ich hauptsächlich eigentlich gerade im Deutschbereich, weil wir ein Lesebuch geschrieben haben oder überarbeitet haben und da eben die Bildungsstandards jetzt immer unten auf den Seiten mit draufstehen müssen oder sollen. (D15, 25)

Darüber hinaus scheint VERA eine wichtige Rolle bei der Implementation der Bildungsstandards zu spielen. Diesem Reformelement kommt offensichtlich gerade im Hinblick auf die Konkretisierung der Bildungsstandards eine wichtige Rolle zu.

D5, die während des Gesprächs als sehr engagiert und aufgeschlossen wahrgenommen wurde, hat erst anhand der VERA-Aufgaben eine Vorstellung davon bekommen, was mit Bildungsstandards bezweckt werden soll.

> Als jemand, der sich mit Schule beschäftigt und der merkt: Mensch die Bildungsstandards, anhand dieser VERA-Aufgaben gemerkt hat, worauf die hinauswollen. Etwas völlig anderes. Weg von dieser Mathematik, die Rechenfehler und Zahlen in den Mittelpunkt stellt. (D5, 65)

Zu unterscheiden sind die Lehrkräfte, die mittels VERA eine Vorstellung von der Umsetzung der Bildungsstandards erhalten wie D5 oder auch D12, von den Lehrkräften, denen mittels VERA zwar bewusst wird, dass es Bildungsstandards gibt, jedoch dies nur als Informationsgehalt wahrnehmen, der nicht auf den Unterricht bezogen wird.

> Wenn ich natürlich dann Orientierungsarbeiten mache oder VERA jetzt in der dritten Klasse, dann sehe ich, dass etwas mehr verlangt wird. Ein anderes Denken, oft eine andere Art von Aufgabenlösungen, als wir im Alltag machen. (D12, 7)

> Interviewer: Wie haben sie von den Bildungsstandards erfahren, dass es sowas für die Grundschule gibt?
> D7: Also ich habe es von den Nachrichten erfahren, so von den Kultusministern, die da eben mal interviewt wurden. Und wir haben das natürlich auch stark durch die VERA-Arbeiten gemerkt, durch diese Tests. (D7, 29-30)

Unterrichtsentwicklungsprogramme wie zum Beispiel SINUS hingegen können anscheinend sehr gut die unterrichtspraktischen Ideen, die hinter den Bildungsstandards stehen, vermitteln, führen jedoch nicht zu einem expliziten theoretischen Verständnis der Bildungsstandards.

> Und in Mathe ist es so, dass wir wenn dann eigentlich dadurch, dass die Schule SINUS-Schule ist, dass wir dann in anderen Büchern schauen, wenn das unser Lehrwerk nicht abdeckt, wo sind so Aufgaben, die Richtung SINUS gehen. Wobei SINUS auch ganz stark auf den Bildungsstandards fußt. Insofern machen wir da eigentlich/ Aber sie sehen, man ist sich oft eigentlich gar nicht bewusst, dass mit Sicherheit wir mit viel mehr Dingen wir die Bildungsstandards wahrscheinlich beachten, aber wir machen uns das nicht bewusst, sondern wir arbeiten halt und die anspruchsvollen Aufgaben beinhalten die ja letztlich in vielen Formen/ (D3, 44)

Sehr häufig ließen sich in den Interviews Aussagen finden, in denen die Lehrkräfte angeben, dass sie im Rahmen von Lehreraus- oder -fortbildung von Bildungsstandards und

deren Umsetzungsmöglichkeiten erfahren haben. Vor allem die zweite Ausbildungsphase ist für eine erfolgreiche Vermittlung entscheidend.

> Also ich verbinde natürlich jetzt auch immer durch die Ausbildung im Seminar die Bil-
> dungsstandards in Mathematik. Also was da jetzt einfach in unserer Ausbildung so läuft. Eben,
> dass man dann die kompetenzbezogene/ Modellieren, Problem lösen und so weiter, eben diese
> Dinge worauf bei uns in der Ausbildung Wert gelegt wurde. (D14, 3)

Wenn Lehramtsanwärter in vorhandene Strukturen zur Zusammenarbeit im Jahrgangsstufenteam eingebunden sind, können die Berufsanfänger als Multiplikatoren wirken und
tragen so entscheidend zur Implementation der Bildungsstandards bei.

> Interviewer: Und sie sagen seit zwei, drei Jahren achten sie da verstärkt darauf?
> D9: Ja, wir waren da/ Wir sitzen da immer zu viert zusammen und machen da unsere Pläne ge-
> meinsam. So unseren/ Früher haben wir das alle vier Wochen gemacht, jetzt machen wir das alle
> sechs Wochen. Immer so einen gemeinsamen Fahrplan für die nächsten sechs Wochen. Und da
> wird immer gesagt: Du nimmst jetzt das. Wir haben ja auch mehrere Schulhäuser, das ist manch-
> mal etwas kompliziert, weil die Sachen immer ausgetauscht werden müssen. Manchmal
> haben wir da auch Lehramtsanwärter dabei, die dann nochmal nachfragen, wie das ein oder an-
> dere Material funktioniert. Und wir sind dann ja mehrere Lehrer und erklären das dann und dann
> kriegt man das dann auch wieder einmal bewusster gemacht. Also diese Klassenkonferenz oder
> Wochenplangemeinschaft könnte man das nennen, die bringt schon was bei uns. Wir sind so
> viele Parallelklassen wir sind eine große Schule. Es ist sehr wichtig, dass man sich auch mal zu-
> sammensetzt.
> Interviewer: Und dadurch ist das so reingekommen?
> D9: Ja, da hat die eine mal gesagt, die war mal auf dem Lehrgang und der andere hat mal da was
> mitbekommen und so dieser Austausch/ Es ist immer wichtig, ich bin ja jetzt auch schon ein al-
> ter Hund sozusagen und wenn dann die jungen Leute, die dann so von der Uni noch so neuere
> Sachen mitbringen, dann muss man sich selbst auch zwangsläufig wieder umstellen. Man muss
> ja auf dem Laufenden bleiben, das ist klar. Das ist immer ganz gut, wenn man dann wieder mal
> etwas Neues hört. Das haben wir aber im Seminar anders besprochen und so.
> Interviewer: Ja, oft sind die Lehramtsanwärter/
> D9: Ja, dass die was Neues einbringen. Wir sind sehr dankbar für jede Anregung. (D9, 24-29)

Aber auch berufserfahrene Lehrkräfte können durch Fortbildungen ein besseres Verständnis von den Bildungsstandards erhalten. Allerdings wird in den Zitaten deutlich,
dass die Fortbildungen, auf die sich die Aussagen der Lehrkräfte beziehen, sehr unterrichtsnah sind und keine theoretischen Aspekte zu den Bildungsstandards beinhalten.

> Angestoßen. Ich glaube durch eine Kollegin und durch unsere/ Die ist jetzt Seminarleiterin, die
> auch unglaublich offen für solche Sachen ist und wir uns dann auch mit diesen Klippert-
> Methoden auseinandergesetzt haben und wir dann auch festgestellt haben, dass das eine Metho-
> de ist, mit der ich ohne großen Aufwand gut unterrichten kann. (D11, 28)

Auch in dieser Aussage wird die Bedeutung von Multiplikatoren vor Ort deutlich. Leh-
reraus- und -fortbildung können eine ungleich größere Wirkung erzielen, wenn Strukturen der Zusammenarbeit an Schulen vorhanden sind. Zudem zeigt sich in dieser Aussage
der Wunsch „ohne großen Aufwand" (D11, 28) Unterrichtsveränderungen oder neue
Anforderungen an guten Unterricht umsetzen zu können.

5.1.1.2 Explizites Wissen der Lehrkräfte zur Umsetzung der Bildungsstandards

In diesem Themenbereich werden die Aussagen dargestellt, in denen Lehrkräfte angeben, inwieweit ihnen selbst bewusst ist, dass sie die Bildungsstandards in ihrem Unterricht umsetzen.

In den Äußerungen wird deutlich, dass ein explizites Wissen um die Umsetzung der Bildungsstandards vor allem hinsichtlich von Unterrichtsinhalten vorhanden ist. Dies bezieht sich auf den inhaltlichen Bereich Daten, Häufigkeit und Wahrscheinlichkeit, der von den Bildungsstandards gefordert, im bayerischen Lehrplan aber nicht aufgeführt wird. Dieser inhaltliche Bereich ist den Lehrkräften explizit als bildungsstandardspezifisch bekannt.

In der Äußerung von D16 wird dies deutlich:

> Eigentlich wirklich nur erkennen vielleicht im Mathematikunterricht, wenn ich gerade einen Bereich hier behandle, der jetzt zum Beispiel bei den Vergleichsarbeiten abgeprüft worden ist und den wir jetzt verstärkt dann unterrichtet haben. Das ist der Bereich der Kombinatorik und diese ganzen Wahrscheinlichkeitsrechnungen, weil das etwas ist, das im Lehrplan in Bayern wenig Beachtung findet, also auch in unserem Lehrbuch sehr wenig Beachtung findet und da müsste ich mich in diesem Bereich mit Extramaterial auseinandersetzen und das wäre jetzt auch etwas, wo ich vom Fach her ganz eindeutig sehen kann, also dieser Bereich ist vom Lehrplan nicht wirklich abgedeckt und wenn ich mich damit beschäftige und versuche den Kindern das zu vermitteln, dann ist es ganz klar, dass ich mich an die Bildungsstandards halte. (D16, 7)

Es scheint so, dass gerade dieser Bereich, der vollkommen neu für die Lehrkräfte ist, leichter einzuführen ist als bestehende Unterrichtskonzepte von Lehrkräften zu verändern.

Explizite Beeinflussung ist den Lehrern demzufolge vor allem in inhaltlicher Hinsicht bewusst. Berufsanfänger werden jedoch von Bildungsstandards auch zu Veränderungen im methodischen Bereich angeregt. Die Referendarin D14 beschreibt ihre Eindrücke zur Umsetzung der Bildungsstandards in ihrem Unterricht folgendermaßen:

> In Deutsch war es dann mehr oder weniger so, dass uns gesagt wurde, dass die Bildungsstandards gut in unserem Lehrplan abgedeckt sind. Also, wenn wir uns da rein an den Lehrplan halten, sind wir da auf einer guten Seite, um diese Standards eben zu erfüllen. Und in Mathe müsste man halt mehr oder weniger noch Daten, Häufigkeit und Wahrscheinlichkeit, den Weg von den Schülerideen aus, ja also immer mehr die Kinder ins Spiel zu bringen. Also nicht mehr so frontal zu unterrichten, sondern eigene Lösungswege entdecken und selbst das Problemlösen darüber zu diskutieren, das darzustellen und ja/ Was glaubt unsere Seminarleiterin gar nicht so unbedingt neu ist, aber in der Praxis laut ihr öfter auch auf der Strecke bleibt. (D14, 3)

Neben dem inhaltlichen Bereich der Daten, Häufigkeit und Wahrscheinlichkeit spricht sie auch neue methodische Aspekte an, die sich ihrer Meinung nach auf die Bildungsstandards zurückführen lassen. Im weiteren Gesprächsverlauf wird deutlich, dass diese explizite Beeinflussung auch auf die bevorstehende zweite Staatsexamensprüfung zurückzuführen ist.

> D14: Ich denke an meinen Schülern. Dass die wirklich auch das gewöhnt sind zu präsentieren, also wirklich auch so Mathekonferenz oder Partnerarbeiten, also wirklich so darüber diskutieren, dass das wirklich auch so grundlegend war in dem Jahr. Bei mir natürlich immer auch im Hinblick auf Prüfung. Das ist wirklich eine andere Arbeit mit den Kindern und die ist auch zeitaufwändiger und ja ich verstehe manche Lehrer, die ein bisschen bequemer sind, Buch auf und

Aufgaben rechnen lassen ist natürlich ein bisschen der leichtere Weg für den Lehrer, aber ich denke bei den Kindern bleibt anders sehr viel hängen.
Interviewer: Wenn man wirklich so auf die Bildungsstandards Wert legt?
D14: Gerade mit dem Präsentieren, Darstellen. So kleine Referate das gerade so anzufangen. (D14, 13-15)

Den Lehrkräften, die sich einer Beeinflussung ihres Unterrichts durch die Bildungsstandards bewusst sind, ist dies vor allem im inhaltlichen Bereich klar, da der Teilbereich Daten, Häufigkeit und Wahrscheinlichkeit nicht im bayerischen Lehrplan integriert ist. Eine konzeptionelle Veränderung des eigenen Unterrichts, also ein Einfluss auf die grundsätzliche Unterrichtsgestaltung aufgrund von Bildungsstandards scheint nur Lehramtsanwärtern in der zweiten Ausbildungsphase bewusst zu sein.

5.1.2 Konzeption

Die Frage nach dem konzeptionellen Verständnis, das Lehrkräfte von Bildungsstandards haben, soll klären wie dieses Reformelement in der Praxis wahrgenommen wird. Dazu wurden die Interviewpartner nach den Vorstellungen zur bestehenden Konzeption der Bildungsstandards gefragt, aber auch die idealtypischen Vorstellungen abgeklärt. Der Themenbereich *Konzeption* wurde bei der Auswertung in die Teilbereiche *Äußerungen zur bestehenden Konzeption der Bildungsstandards* und in den Teilbereich *Idealtypische Vorstellung von der Konzeption der Bildungsstandards* aufgeteilt.

- Bestehende Konzeption
  - Positive Äußerungen
    - Bildungsgerechtigkeit
  - Negative Äußerungen
    - Keine Fortbildungsmaßnahmen im Zuge der Implementation
    - Keine Einbindung in Lehrwerke und Lehrplan
    - Externe Vorgabe
    - Keine unterrichtspraktische Relevanz
- Idealtypische Vorstellung
  - Verdichtung/Präzisierung
  - Unterrichtsbeispiele
  - Abstimmung mit Lehrplan und Lehrwerken

Die überwiegende Zahl der Gesprächspartner äußert sich positiv zu den Bildungsstandards. Mit der Einführung von Bildungsstandards verbinden Lehrkräfte vor allem die Chance für mehr Bildungsgerechtigkeit im kulturföderal organisierten Deutschland.

Und ich denke, dass das jetzt auch ein Weg ist das Ganze jetzt zu vereinheitlichen, um den Kindern auch Schulwechsel zu erleichtern oder die Zulassung zu Universitäten zum Beispiel gleichwertiger zu machen. (D7, 5)

Ich denke die Idee ist gut. Also ich habe da in der Verwandtschaft jemanden, der in Bayern Abitur gemacht hat und der wird verglichen mit anderen Abiturienten, die viel einfacher zu ihrem Abitur gekommen sind und das finde ich nicht richtig. Und ich denke, wenn es dazu führen sollte, dass man so einen Standard so wirklich hat für die Bundesrepublik, dann fände ich das richtig. (D2, 4)

Es zeigt sich eine grundsätzliche Zustimmung beim überwiegenden Teil der interviewten Lehrer zu den Bildungsstandards.

Negative Äußerungen zum Ist-Stand der Konzeption der Bildungsstandards finden sich vor allem hinsichtlich der Schwierigkeiten, die Lehrer im Zusammenhang mit der Umsetzung der Bildungsstandards empfinden.

Ebenso kritisieren die Interviewpartner, dass die Implementation nicht mit einem umfassenden Fortbildungsprogramm kombiniert war. D10 äußert in diesem Zusammenhang ihren Unmut darüber, dass sie eine hohe Stundenverpflichtung zu Fortbildungen hat, aber im Bereich Bildungsstandards keine Weiterbildung angeboten bekommen hat.

> Richtig, da wird fortgebildet zu jedem Fach zu jedem Teilbereich des Fachs fast. Und als das eingeführt wurde/ Also wie gesagt ich habe noch nicht einmal mitbekommen, ab wann das jetzt fest eingeführt wurde. Die Diskussion läuft schon ewig und mir war nicht klar, irgendwann, ach jetzt gibt es wirklich/ (D10, 73)

Aus Sicht einer sehr berufserfahrenen Lehrkraft spricht D5 an, dass es ein Versäumnis der Behörden war die Bildungsstandards ohne fundiertes Fortbildungsprogramm zu implementieren.

> Ich denke, dass das Problem ist. Ich bin seit über 30 Jahren Lehrer und spreche für eine Generation von Lehrern, die nicht mit Bildungsstandards groß geworden sind, sondern mit Lehrplänen. Und ich habe das Gefühl, dass die Bildungsstandards in ihrer Bedeutung von den Lehrerinnen und Lehrern meiner Generation nicht erfasst werden. Und es ist ein Versäumnis der Kultusbürokratie, die kein entsprechend fundiertes Fortbildungsprogramm organisiert hat. (D5, 14)

In einigen Aussagen wird auch die Unsicherheit deutlich, die in Bezug auf die Umsetzung der Bildungsstandards bei Lehrkräften herrscht.

> Ja, also manchmal ist es schon etwas schwierig jetzt so eine Aufgabe so konkret sowas mit einzubauen. Das ist nicht so einfach. Das fiel uns manchmal recht schwer eine Aufgabe so umzugestalten, dass man jetzt sagen kann: Da ist das und das mit drin. Von daher war das ein bisschen schwierig. (D9, 9)

Dieses Zitat zeigt wiederum, dass sich Lehrkräfte zwar Fortbildungen zu den Bildungsstandards wünschen, sich jedoch vor allem dadurch eine Anleitung erwarten, wie Bildungsstandards unterrichtspraktisch umgesetzt werden können.

Dies korrespondiert mit der Kritik von Lehrkräften, dass die Bildungsstandards nicht im Lehrplan und in den Lehrwerken umgesetzt sind. Denn in den Augen der Lehrkräfte besitzt der Lehrplan einen höheren Verbindlichkeitsgrad als die Bildungsstandards.

Durch dieses Priorisieren des Lehrplans wird die Verbindlichkeit der Bildungsstandards abgeschwächt:

> Und weder in den Büchern, noch im Lehrplan ist eigentlich wirklich explizit sofort zu erkennen, Bildungsstandards, das ist in der und der Weise eingearbeitet. (D3, 10)

Darüber hinaus begründet D3 die Ablehnung der Bildungsstandards damit, dass sie aus Zeitgründen ein Nebeneinander von zwei curricularen Vorschriften negativ bewertet.

> Alle Lehrer haben [die Bildungsstandards] im Lauf des Jahres auch bekommen, aber es erfordert ziemlich viel Zeit da nachzulesen. Und letztlich im Alltagsgeschäft orientiert man sich dann an dem, was vom Lehrplan kommt und da sind die Bildungsstandards nicht eindrücklich erkennbar. (D3, 5)

Aber es gibt auch Aussagen, die eine Ablehnung der Bildungsstandards damit begründen, dass diese als externe Ziele wahrgenommen werden. Es scheint, als ob die Top-down-Implementation der Bildungsstandards von Lehrkräften nicht akzeptiert wird. Für D15 sind Bildungsstandards „erst mal eine Vorgabe von oben" (D15, 3). Und auch D20 sieht die Bildungsstandards als etwas, das weit von ihrem täglichen Unterrichtshandeln entfernt ist. Es scheint, als ob sie keine konkrete Vorstellung mit den Bildungsstandards verbinden kann.

> Interviewer: Wenn Sie das Wort Bildungsstandards hören, was verbinden sie damit?
> D20: Erst mal viel Theorie und nicht das praktische Leben. Bildungsstandard ist für mich ein recht weiter Begriff. (D20, 2-3)

Hinzu kommen schlechte Erfahrungen mit Reformen aus früheren Jahren, die eine ablehnende Haltung gegenüber der Reform Bildungsstandards zur Folge haben.

> Wir haben also relativ erkannt, das wird sich bewähren und das streichen sie sowieso in zwei Jahren wieder raus, weil es sich eben nicht bewährt, dann machen wir das schon gleich gar nicht. Also ich denke an meinem Unterricht, an den Inhalten hat sich nur insofern etwas geändert, dass der Lehrplan sich halt da geändert hat, aber so viel anders ist der jetzt auch nicht. Wüsste ich jetzt nicht. (D13, 7)

Zusammenfassend lässt sich sagen, dass sich die Kritik vor allem auf eine von den Lehrkräften wahrgenommene mangelnde Praxisrelevanz der Bildungsstandards bezieht.

Die idealtypischen Vorstellungen der interviewten Lehrkräfte von Bildungsstandards beziehen sich ausschließlich auf unterrichtspraktische Themen. So wünschen sich fast alle Lehrer eine Präzision der Bildungsstandards. Einerseits sollen die theoretischen Ausführungen verdichtet und damit verkürzt werden, und andererseits Praxisbeispiele für die Umsetzung im Unterricht gegeben werden.

> Klare Begrifflichkeit. Ein Satz und dann klares Beispiel dazu. (D3, 14)

> Kurz, prägnant, übersichtlich und nicht ewige Seiten. Wo man dann auch einfach zeitlich nicht durchkommt. (D19, 9)

Neben der Verdichtung der Bildungsstandards sind vor allem Unterrichtsbeispiele eine idealtypische Vorstellung von Lehrkräften zur Konzeption der Bildungsstandards.

> Noch mehr Praxisbeispiele, mehr Anregungen noch, wie man das dann wirklich umsetzen kann. Das muss man sich ja immer noch selbst raussuchen, weshalb sich auch manche davor scheuen, die Bildungsstandards einzusetzen. Man bräuchte genauere Anweisungen noch. Genauere, ja greifbare/ (D5, 11)

> Ja, also das wäre eben ganz gut, wenn man so Beispielaufgaben dazu hätte und wie man das dann konkret dann anwenden kann. Oder wie man es konkret/ Oder woran man es erkennt, dass jetzt dieser Bildungsstandard oder wie zum Beispiel bei diesen VERA-Arbeiten, da steht es ja dann mit dort/ Diese Kompetenzstufen und diese Bildungsstandard und was soll damit jetzt erfüllt werden. Klar da sind unsere Leute jetzt nicht darauf geschult, das war bis jetzt/ Es waren zwar Lernziele da, die man erfüllen musste, aber jetzt nicht so in die Richtung/ Also so ganz konkret, was jetzt unter Bildungsstandard zu verstehen ist und wie man die dann einbaut, da fehlen schon so ein wenig die Vorgaben und die Anregungen. (D9, 13)

Außer der Präzisierung der Bildungsstandards wünschen sich Lehrkräfte zudem eine bessere Verknüpfung zwischen curricularer Innovation, Überarbeitung der Lehrpläne und Einarbeitung in die Lehrwerke.

> Damit man wirklich auch die Sicherheit hat, ok, wenn ich den Lehrplan durcharbeite und mich daran orientiere, habe ich auch automatisch mit die Bildungsstandards eigentlich mit erfüllt und eingearbeitet und muss nicht beides parallel durchlesen, durcharbeiten. Auf der einen Seite den Lehrplan und auf der anderen Seiten die Bildungsstandards daneben haben, um zu sehen wo es Überschneidungen gibt, sondern das müsste eigentlich schon von vornherein ineinander einge-arbeitet sein und dann eben auch die Lehrwerke, die dann kommen oder auch die Handreichun-gen für die Lehrer oder so. Weil wenn man beides sich parallel erarbeiten muss und schauen muss, wo man Schnittpunkte und Schnittmengen hat. Das ist von der Zeit her gesehen utopisch. (D4, 15)

> Also ich fände es wünschenswert, dass es überhaupt nicht diese parallelen Stränge gibt in der Form, dass wir einerseits als Lehrer verpflichtet sind nach unseren Lehrplänen zu unterrichten und auf der anderen Seite parallel dazu, diese Verbindlichkeit besteht, dass wir auch noch die Bildungsstandards einhalten sollen. Also das finde ich eigentlich eine sehr unglückliche Kombi-nation. Ich würde mir wünschen, dass wenn ich nach Bildungsstandards unterrichte, dass das bereits in meinen Lehrplan integriert ist, dass ich auch Lehrbücher habe, die das auch wirklich im verstärkten Maße berücksichtigen. Es wird inzwischen mehr berücksichtigt als noch vor Jah-ren. Man merkt natürlich, dass das in die neuen Lehrbücher auch eingegangen ist, also gerade in Mathe merkt man das ganz deutlich, dass da also Fragestellungen drin sind, die früher nicht drin waren. Also es ist schon mit eingegangen. Aber insgesamt finde ich es nicht günstig, dass wir eigentlich so eine Ver/ Ja, es ist ja verbindlich auf der einen Seite auf der anderen Seite habe ich meinen Lehrplan, der auch verbindlich ist und ich kann letztendlich nur versuchen wie ich diese Stränge da irgendwie miteinander verbinde. Also ich bin damit insgesamt nicht zufrieden. (D16, 9)

Nachdem nun die Bereiche der wahrgenommenen Implementation und die konzeptionel-len Vorstellungen der Lehrkräfte von Bildungsstandards dargestellt wurden, widmet sich der nächste Teilabschnitt der Unterrichtsebene. Dazu werden Lehreraussagen dargestellt, die sich in erster Linie auf die unterrichtspraktische Umsetzung der Bildungsstandards beziehen.

5.1.3 Unterricht

In diesem Teilabschnitt werden Aspekte der Bildungsstandards vor allem zu deren unter-richtspraktischen Relevanz aus der Perspektive von Lehrkräften dargestellt. Neben den Vorstellungen wie ein kompetenzorientierter Unterricht aussehen soll, sind hier vor allem auch Aspekte der Beeinflussung durch Sekundärmaterial von Bedeutung. Die Übersicht gibt Auskunft zu den im Folgenden dargestellten Kategorien.

- Verständnis eines kompetenzorientierten Unterrichts
- Sekundärmaterial
  - Material von staatlicher Stelle
    - VERA/Material zu VERA
    - Beispielaufgaben zu Bildungsstandards
    - Lehrwerke
  - Verlagsmaterial
    - Aufgabensammlungen zu Bildungsstandards
    - Kein Material vorhanden
    - Material vorhanden – keine Nutzung

5.1.3.1   Verständnis eines kompetenzorientierten Unterrichts

Das Verständnis der Lehrkräfte von einem Unterricht, der sich an den Bildungsstandards orientiert, ist vor allem von methodischen Aspekten geprägt.

> Das ist vollkommene neue Mathematik, weg von dieser rein formalen Mathematik hin zu diesem Umgehen mit dem Zahlenmaterial. Auch dieses Nachdenken über Zahlen. Auch einfach mit diesen Knobelaufgaben, eben nicht mehr dieses stupide Auswendiglernen der 1x1-Aufgaben oder Zahlenraum bis Tausend, plus und minus, sondern hin zu Standards, die nicht mehr klassen- sondern personenspezifisch definiert werden. (D5, 24)

Für Bayern lässt sich zudem der Sonderfall in den Aussagen der Lehrer wahrnehmen, dass die Inhalte Daten, Häufigkeit und Wahrscheinlichkeit, die nicht im Lehrplan aufgeführt werden, als besonders bildungsstandardgemäß empfunden werden und die Vorstellung eines kompetenzorientierten Unterrichts prägen.

> Einmal richte ich mich am Lehrplan aus und viele Lehrplaninhalte oder andersrum gesagt die Bildungsstandards sind auf viele Lehrplaninhalte ausgerichtet worden außer Mathe passt in einigen Bereichen nicht. Gerade dieses Daten, Statistik, Häufigkeit, was ja im Lehrplan fast gar nicht so vorkommt, aber sonst finden sich viele Bildungsstandards auch im Lehrplan wieder. (D1, 12)

5.1.3.2   Sekundärmaterial

Hinsichtlich des Sekundärmaterials, das von staatlichen Stellen zu den Bildungsstandards entwickelt wird, werden vor allem die Handreichungen zu VERA zur Unterrichtsvorbereitung verwendet, was eine gezielte Prüfungsvorbereitung als Motiv für die Verwendung dieses Materials vermuten lässt.

> Wir schauen immer so die Testhefte von VERA durch, das reicht uns als Informationsquelle. Oder jetzt heuer war ja in Mathe dieses Sternchenthema dran mit Kombinatorik. Da gab es ja dann auch eine Handreichung dann zum Runterladen. (D7, 39)

Insgesamt sind die VERA-Aufgaben an sich für Lehrkräfte eine Sammlung, aus der Aufgaben für die Unterrichtsgestaltung ausgewählt werden.

> Im Internet. Entschuldigung ich habe mich jetzt falsch ausgedrückt. Man kann ja im Internet nachschauen und kann ja VERA, PISA-Studie sowas anklicken und dann gibt's ja die alten Aufgaben und da. Ich weiß nicht, ob/ Ich habe mir jetzt Bücher angeschaut, aber ich habe sie mir jetzt nicht explizit gekauft dafür. (D8, 43)

Die Beispielaufgaben, die in der Handreichung zu den Bildungsstandards zu finden sind, werden hingegen nur selten genutzt, was eventuell auch darauf zurückgeführt werden kann, dass die Handreichung den meisten der interviewten Lehrkräften unbekannt ist.

> Interviewer: Und diese Beispielaufgaben verwenden sie jetzt auch wirklich im Unterricht, also da kopieren sie dann was raus?
> D15: Ja, also aus den fertigen Heften und dann sind ja auch in diesen kleinen/ Wir haben ja auch diese kleinen grünen Hefte, wo die Bildungsstandards zusammengefasst sind, da sind ja auch Beispielaufgaben drin, da haben wir teilweise dann auch selbst dann abgetippt und als Blatt gestaltet, weil die eigentlich ganz gut sind die Beispiele. (D15, 34-35)

Die staatlichen Sekundärmaterialien können aber nicht den Einfluss auf den Unterricht ausüben wie dies bei Aufgabensammlungen von Verlagen der Fall ist. Die Verlage werben mit einfachen Konzepten, die direkt in den Unterricht eingesetzt werden können, und Aufgaben, die ohne begleitende theoretische Informationen auskommen.

> Ich wollte vermeiden, dass ich diesen langen Text lesen muss und dachte, dass im Vorwort vielleicht das Ganze in Kurzfassung steht. Es wird wohl auch kurz was angesprochen, aber es ist keine Zusammenfassung der Bildungsstandards und es haben mich auch die Aufgaben interessiert. Ich fand das eine gute Zusammenstellung. (D10, 97)

Zahlreiche Lehrkräfte berichten, dass sie vorhandenes Sekundärmaterial aus Zeitgründen nicht nutzen.

> Gibt ja jetzt auch oft solche Arbeitshefte. Die nennen sich dann auch Lernstandserhebungen und da sieht man schon Aha das ist schon ein wenig anders als das, was in den Schulbüchern vorkommt und dann nehmen wir da schon Übungen raus, aber im Grunde reicht die Zeit immer nicht, dass wir damit arbeiten, darauf hinarbeitet. (D12, 15)

Zudem geben Lehrkräfte an, sich kein Material zu den Bildungsstandards angeschafft zu haben. Sie sind der Meinung, dass ihnen solche Materialien zur Verfügung gestellt werden und sie nicht privat dafür Geld ausgeben müssen.

> Ich habe jetzt so gegrinst, weil ich gar nicht einsehe Geld auszugeben für private Lektüre, wenn ich ehrlich bin. (D4, 40)

Außerdem sehen Lehrer in dieser Hinsicht auch die Schulleitung in der Verantwortung Unterrichtsmaterialien bereit zu stellen.

> Interviewer: Für die Bildungsstandards gibt es auch ganz viele Lehrermaterialien, die man kaufen kann. Haben sie sich privat oder hier an der Schule etwas angeschafft?
> D2: Also ich habe mir privat nichts angeschafft, also ich finde, wenn dann müsste es die Schule anschaffen und was wir hier haben, weiß ich nicht. (D2, 29-30)

Hinsichtlich der Anschaffung neuer Lehrwerke scheint es so, dass die Bildungsstandards keinen ebenso hohen Stellenwert haben wie andere Reformelemente.
D3 spricht davon, dass aufgrund der neuen Rechtschreibreform neue Bücher angeschafft wurden und die Anschaffung neuer Lehrwerke erst wieder zum neuen Lehrplan geplant ist. Bildungsstandards hingegen werden nicht als Auslöser für die Anschaffung neuer Schulbücher gesehen.

> Interviewer: Haben sie aufgrund der Bildungsstandards neue Bücher angeschafft?
> D3: Nein. Also gut für die Schule, solang bin ich jetzt noch nicht an der Schule. Ich denke es ist damals bei der Reform, bei der letzten Rechtschreibreform sind die neuesten Bücher her. (D3, 16-17)
> [...]
> Genau. Und es war jetzt angedacht in zum Beispiel im Bereich von Deutsch wollten wir jetzt eigentlich ein neues Sprachbuch uns zulegen, aber da ist es eben so, dass es jetzt heißt, dass in spätestens drei vier Jahren wird ja der Lehrplan Grundschule wieder überarbeitet. Dann werden dann mit Sicherheit nochmal Werke kommen, deswegen stellen wir das jetzt zurück bis die Lehrplanüberarbeitung abgeschlossen ist. (D3, 19)

5.1.4   Zusammenfassung

Die Implementation der Bildungsstandards scheint in erster Linie auf sekundärem Weg zu erfolgen. Eine entscheidende Rolle spielen hierbei vor allem Lehramtsanwärter, denn sie können als Multiplikatoren die Umsetzung der Standards in den einzelnen Schulen anstoßen. Als einflussreich können auch die Vergleichsarbeiten eingeschätzt werden, die anscheinend Lehrkräften die Idee von Bildungsstandards vermitteln können oder überhaupt ein Bewusstsein dafür schaffen, dass Bildungsstandards existieren. Darüber hinaus sind auch unterrichtspraktische Programme wie zum Beispiel SINUS sehr erfolgreich damit die Umsetzung von Bildungsstandards zu fördern. Besonders die zeitlich langfristige Anlage dieser Programme wirkt sich positiv auf die Einbindung in die Unterrichtspraxis aus. Das explizite Wissen von Lehrkräften darüber, dass sie Bildungsstandards im Unterricht einsetzen, bezieht sich auf den methodischen Bereich und auf den Inhalt Daten, Häufigkeit und Wahrscheinlichkeit, da dieser nicht im bayerischen Lehrplan vorgeschrieben ist.

Zur bestehenden Konzeption der Bildungsstandards äußert sich die überwiegende Zahl der interviewten Lehrkräfte positiv. Vor allem wird die damit wahrgenommene größere Bildungsgerechtigkeit begrüßt. Die negativen Äußerungen beziehen sich vor allem auf Probleme bei der unterrichtspraktischen Umsetzung der Bildungsstandards, die zudem als externe Verordnung und als parallele Verordnung zum Lehrplan wahrgenommen werden. Darüber hinaus führen eine mangelnde Praxisrelevanz der Bildungsstandards in den Augen der Lehrkräfte und schlechte Erfahrungen mit vorangegangenen curricularen Reformen zu einer ablehnenden Haltung. Idealtypische Vorstellungen zur Konzeption der Bildungsstandards beziehen sich vor allem auf mehr Unterrichtsnähe, die sich in einer Verkürzung der theoretischen Inhalte und einer Ergänzung der Bildungsstandards um viele Beispiele zur konkreten Umsetzung zeigen soll.

Die Interviewaussagen lassen hinsichtlich des Sekundärmaterials darauf schließen, dass vor allem VERA und die Handreichungen zu VERA von Lehrkräften genutzt werden. Wesentlich einflussreicher als die Materialien von staatlicher Stelle scheinen Aufgabensammlungen von Verlagen zu sein, die auf eine theoretische Fundierung der Aufgaben verzichten. Häufig wird aber außer dem Lehrwerk kein weiteres Sekundärmaterial zu den Bildungsstandards verwendet. Dies begründen die Lehrkräfte zum einen mit mangelnder Zeit für zusätzliche Aufgaben oder damit, dass sie es nicht für nötig halten privat Geld für Sekundärmaterial auszugeben.

5.2 Rezeption und Nutzung von Vergleichsarbeiten

Nachdem die Ergebnisse in Bezug auf die Fragestellung nach Rezeption und Nutzung der Bildungsstandards dargestellt wurden, werden nun die Ergebnisse in Bezug auf Rezeption und Nutzung der Vergleichsarbeiten aufgezeigt. Im Interviewleitfaden wurden nach *konzeptionellem Verständnis*, *Durchführung*, *VERA als Element der Elternberatung*, *Testdesign und Aufgaben*, *Kritik am Testdesign*, *Umgang mit den Ergebnissen* und die Verwendung der Ergebnisse zur *Diagnostik* gefragt. Dadurch soll ein umfassender Einblick in die Sichtweise und Verwendung von VERA durch Lehrkräfte geboten werden. Die Interviewzitate, die illustrierend den Beschreibungen hinzugefügt werden, zeigen unterschiedliche Begründungsmuster und Gewichtungen der einzelnen Aspekte.

5.2.1 Konzeptionelles Verständnis

Dieser Themenbereich beschäftigt sich damit, wie Lehrkräfte die Vergleichsarbeiten verstehen. Dabei wird beachtet, inwieweit die Vergleichsarbeiten unterschiedlich zu den Orientierungsarbeiten, die zuvor in den dritten Klassen geschrieben wurden, wahrgenommen werden. Folgende Kategorien werden vorgestellt:

- Organisatorische Rahmenbedingungen
- Gestiegenes Niveau im Vergleich zu Orientierungsarbeiten
- Kein Unterschied zu Orientierungsarbeiten

Einige Lehrkräfte verbinden mit VERA organisatorische Rahmenerscheinungen.

> Interviewer: Da gab es ja auch vorher Orientierungsarbeiten und jetzt sind es die Vergleichsarbeiten geworden. Hat man da irgendwie einen Unterschied festgestellt oder sagt man: Ach da hat sich nur der Name geändert?
> D7: Also ich glaube/ Ja warten sie mal. Doch es hat sich schon einiges geändert. Die Auswertung zum Beispiel, dass das im Internet lief und so. Sonst hat man das immer korrigiert und eingeschickt soweit ich weiß. Und aber jetzt, dass man jetzt für einen Schüler jetzt auch eine detaillierte Auswertung bekommt und so das ist schon besser ja. (D7, 46-47)

Für andere Lehrkräfte hingegen scheinen die Dauer und der Umfang die zentralen Merkmale von VERA zu sein.

> VERA ist mehr. Die VERA-Arbeiten dauern wesentlich länger und sind umfangreicher. (D10, 137)

Zudem scheint in den Augen der Lehrkräfte das Niveau gestiegen zu sein, seitdem nicht mehr Orientierungsarbeiten, sondern Vergleichsarbeiten geschrieben werden.

> Interviewer: Stellen sie da Unterschiede fest oder würden sie sagen: Gleicher Test, neuer Name?
> D3: [Also ich würde sagen VERA-Arbeiten sind] anspruchsvoller. (D3, 88 und 90)

Andere Lehrer hingegen nehmen überhaupt keinen Unterschied zu den zuvor gestellten Orientierungsarbeiten wahr.

> Interviewer: Sind die sehr verschieden zu den Orientierungsarbeiten, die davor in den dritten Klassen waren?
> D14: Es ist im Wesentlichen dasselbe und viel zu wenig differenziert ganz einfach das Ganze. (D14, 42-43)

5.2.2 Durchführung

Des Weiteren war von Interesse, ob Lehrkräfte die Durchführung als problematisch oder unproblematisch bezeichnen. Denn es wird davon ausgegangen, dass die Lehrer, die die Durchführung als problematisch wahrnehmen, ein ablehnenderes Rezeptionsverhalten aufweisen als Lehrkräfte, die die Durchführung als unproblematisch empfinden.

- Unproblematisch
- Problematisch

Als *problematisch* wurde definiert, ob die Durchführung von staatlicher Seite als gut organisiert wahrgenommen wird, wie viel Arbeitsaufwand nötig ist und inwieweit der

Ablauf in den Schulalltag passt. Die Mehrheit der befragten Lehrkräfte sieht die Durchführung als unproblematisch an. Die Handreichungen und der Informationsstand hinsichtlich der Durchführung von VERA werden von den Lehrkräften als ausreichend empfunden.

> Also die Durchführung ist so, wie sie geplant ist, in Ordnung. Ich muss mir das einfach runterladen und das durchlesen und mich darauf vorbereiten. Das ist für mich kein Thema. (D5, 52)

D8 spricht zudem den Stellenwert der Erfahrung im Umgang mit VERA an. Es scheint sich bei Lehrkräften eine gewisse Routine bei der Durchführung von Vergleichsarbeiten eingestellt zu haben, die dazu führt, die Abläufe im Zusammenhang mit VERA als unproblematisch wahrzunehmen.

> Interviewer: Wie war dann so die Durchführung von VERA. War das irgendwie kompliziert?
> D8: Nein. Das ist so. Wenn man sich mal eingearbeitet hat. (D8, 68-69)

Als problematisch sehen Lehrkräfte den vorbestimmten Zeitpunkt für die Arbeiten, der in Einzelfällen zu organisatorischen Problemen an Schulen geführt hat. D2 und D3 berichten von diesen organisatorischen Problemen:

> Was ja nicht einfach war, weil die eine Klasse eigentlich Sport hatte. Das war schon aufwändig. (D2, 59)

> […] muss ich ganz offen sagen die zeitliche Vorgabe etwas geändert, weil wir dann auch niemanden hatten, der dann zum Beispiel die Kinder hätte außen alleine betreuen können. Also rein organisatorisch ist das schon ein Problem. (D3, 102)

5.2.3 VERA als Element der Elternberatung

VERA soll als Diagnoseinstrument auch Basis für Elternberatungen sein. Den Eltern werden dazu Elternrückmeldungen zu ihrem Kind ausgehändigt, die dann mit den Lehrern besprochen werden sollen. Die folgenden Ausführungen beschäftigen sich mit den Wahrnehmungen der Lehrkräfte zu den Elternrückmeldungen und damit, inwieweit diese für die Elternberatung genutzt werden.

```
•   Elternrückmeldungen
        o   Unverständlich
        o   Individuelle Anmerkungen auf den Rückmeldebogen
        o   Bürokratische Übermittlung der Rückmeldungen an Eltern
•   Rückmeldungen spielen für Elternberatung keine Rolle
        o   Desinteresse der Lehrkräfte
        o   Desinteresse der Eltern
•   Rückmeldungen spielen für Elternberatung eine Rolle
        o   Interesse der Lehrkräfte
        o   Höhere Autorität gegenüber Eltern
```

Vergleichsarbeiten sollen gemäß ihrer Konzeption auch dazu dienen die Elternberatung auf ein zusätzliches Diagnoseinstrument zu stützen. Lehrer äußern sich auch dahingehend, dass VERA in die Schullaufbahnberatung mit einbezogen werden soll. Dadurch soll die Übertrittsentscheidung entzerrt werden. Vom Ministerium kam deshalb nach Aussagen von Schulleitern die Anweisung den zweiten Elternsprechtag in der dritten

Klasse erst nach der Ausgabe der VERA-Rückmeldungen an die Eltern stattfinden zu lassen.

> Interviewer: Und bei Elterngesprächen spielt da VERA eine Rolle?
> D15: Also wir haben jetzt ja den Elternsprechtag, also diese neue Übertrittsphase/ Das ist ja anders geregelt worden dass man jetzt ja schon in der dritten Klasse ja auch schon anfängt die Eltern über die Schullaufbahn zu informieren und zu machen und jetzt ist der Elternsprechtag. Der soll ja auch erst nach VERA stattfinden. Den haben wir jetzt übermorgen und dann werden wir sehen, inwieweit die Eltern jetzt auch von VERA direkt noch mehr Informationen haben wollen. Also die haben ja die Arbeiten mit nach Hause bekommen und auch den Kompetenzausdruck für ihr Kind. Also die Anmeldungen für den Elternsprechtag sind sehr hoch. Höher als sonst. Ich nehme mal an, dass es an VERA liegt.
> Interviewer: Also die Eltern sind schon daran interessiert zu wissen wie ihr Kind dann steht.
> D15: Ja. (D15, 108-111)

D15 spricht von einer höheren Anmeldezahl zum Elternsprechtag, was er auf VERA zurückführt. Die stärkere Einbindung von VERA in die Übertrittsphase infolge einer Anordnung des Kultusministeriums scheint mit einer höheren Bedeutungsbeimessung von VERA durch die Eltern einherzugehen. Ähnliches berichtet auch D12:

> Interviewer: Sie haben gerade die Eltern angesprochen. Die interessieren sich schon für die Ergebnisse hier in dem Klientel/
> D12: Zunehmend. Ja zunehmend/ Die werden ja auch in einem Elternbrief informiert, dass es stattfindet und damit sensibilisiert und es ist zunehmend Thema in Sprechstunden und, dass es jetzt hier gemacht/ Und es kam jetzt auch vom Kultusministerium die Aufforderung den Elternsprech/ die Elternversammlung, die wir zum Übertritt auch schon in der dritten Klasse machen müssen, um das ganze etwas zu entzerren, diese Informationsveranstaltung oder auch den Elternsprechtag vor allen Dingen nach hinten zu legen/ Den zweiten Elternsprechtag nach VERA, um explizit den zum Thema machen zu können. (D12, 38-39)

Er empfindet die Aufforderung des Ministeriums zur Verlegung des Elternsprechtages als Mittel, eine höhere Sensibilisierung für VERA bei den Eltern und darüber dann auch bei den Lehrkräften zu erreichen.

Die Elternrückmeldungen werden von den meisten interviewten Lehrkräften als unverständlich für ihre Elternklientel eingeschätzt.

> Aber es ist natürlich auch eine sehr individuelle Sprache. Das ist ja ähnlich wie bei den Zeugnissen, dass man einfach letztlich den Übersetzer bräuchte für das, was da dort steht. Es ist eine sprachspezifische Sprache, mit der was erklärt wird. Sowohl in der Individualrückmeldung als auch Teile unserer Zeugnisse. Weil man bekommt das ja auch mit, wenn dann mal Eltern nachfragen und dann ein Aha-Erlebnis haben und verstehen, ja so ist das gemeint. Und damit lesen die das und solang die sehen das sind fünf Stufen und ihr Kind ist in der dritten oder vierten. Das ist doch ganz gut. Ich will das jetzt nicht grundsätzlich unterstellen, aber bei manchen Eltern ist das dann alles, die finden das dann in Ordnung und beschäftigen sich nicht weiter mit, weil sie wissen, dass es nicht in die Noten einfließt. (D3, 278)

D8 spricht insbesondere im Zusammenhang mit einer großen nicht-deutschen Elternklientel von Verständnisproblemen.

> Ja, also jetzt möchte ich das sagen, was mir vorhin eingefallen ist. Ich kann unmöglich könnte ich den Text der Rückmeldungen ins Zeugnis reinschreiben. Das würden viele Eltern nicht begreifen. Da würden sie mir reihenweise/ Das müsste man vereinfachen. (D8, 93)

Es scheint in den Augen von Lehrkräften notwendig zu sein, dass über die Rückmeldungen ein klärendes Gespräch zwischen Lehrkraft und Eltern stattfindet. Somit sind die Rückmeldebogen für einige Lehrkräfte ein Anstoß Elterngespräche zu führen.

> Interviewer: Haben sie den Eindruck, dass die Eltern die Rückmeldebogen verstehen können?
> D6: Die blanke Rückmeldung ist für die Eltern völlig ungeeignet würde ich sagen, die von dem Institut kommt. Also, damit konnten sie nichts anfangen. Sie haben sich da mehr auf mich verlassen, dass ich das ihnen nochmal erklären kann und was kann man jetzt aus der Aufgabe raus lesen ist das jetzt eher das Leseproblem, ist es dann/ Kann das Kind das nicht versprachlichen. Also wo sind da jetzt die Kompetenzen von den Kindern. (D6, 154-155)

Die von Lehrkräften wahrgenommene Unverständlichkeit der Rückmeldebogen führt dazu, dass einige Lehrer die Rückmeldungen mit individuellen Vermerken versehen, um den Eltern Erklärungshilfen oder Informationen über die Leistungserhebung zu geben.

> Und die Eltern haben dann die Zettel ausgeteilt bekommen zum Schluss mit der individuellen Auswertung. Ja gut, das meiste hat man auch schon gewusst. Ob mein Kind problemlösend denken kann, weiß man auch ohne den Zettel in der Regel und wenn nicht, dann gehe ich in die Sprechstunde und habe da einen guten Kontakt. Ich denke manchen einen bestätigt es, manchen einen verunsichert es, aber auch unter Umständen, weil gerade ein Kind, dass ein Zeitproblem hatte, hatte automatisch auch einen schlechte Bewertung in Mathe. Ist eigentlich auch wieder ein verfälschtes Bild. Ich hab mir das zum Glück mitgeschrieben gehabt und habe das auf den Bogen mit drauf geschrieben, aber wenn Eltern nicht wissen, dass mein Kind einfach nicht fertig geworden ist und dadurch sieben, acht Aufgaben fehlen, dann denken sie erst mal: Oh Hilfe. Also daher ist es ja auch nicht objektiv oder vergleichbar. (D20, 69)

Lehrkräfte berichten auch von einer rein bürokratischen Übermittlung der Rückmeldebogen an die Eltern.

> Interviewer: Wurde das dann mal auf einem Elternabend thematisiert. Etwas dazugeschrieben was was ist. Oder bekommen die Eltern das kommentarlos?
> D2: Die Kinder haben das mit heim genommen und die Eltern mussten dann unterschreiben, dass sie es bekommen haben. (D2, 151-152)

Des Weiteren wurden die Lehrkräfte befragt, ob sie die VERA-Rückmeldungen zur Elternberatung heranziehen. In den Fällen, in denen die Rückmeldungen nicht für die Elternberatung herangezogen werden, liegt dies am Desinteresse der Lehrkräfte und/oder der Eltern.

D2 wendet regelrecht eine Vertagungsstrategie an, um ein Elterngespräch zu den VERA-Rückmeldungen zu umgehen:

> Eine Mutter war vorgestern da. Das Kind hatte vorher schon mal gefragt, wann sie den Test zurückbekommen und da habe ich gesagt, dass sie den Test nicht zurückbekommen. Wenn deine Mama Interesse hat, kann sie kommen. Vorgestern kam sie dann und wollte wissen wie der Test ausgegangen ist. Aber sowas bespreche ich nicht morgens um 8 zwischen Tür und Angel und habe ihr gesagt, dass sie nochmal kommen muss. VERA hat aber auch in diesem Fall den Leistungsstand bestätigt. Wir haben uns dann darauf geeinigt, dass sie beim nächsten Sprechtag, der aber erst in vier Monaten ist, kommt, wenn sie die Arbeit anschauen möchte. Dann kann sie das gerne sehen. (D2, 144)

Aber auch von Seiten der Eltern gibt es in weiten Teilen keine Bemühungen die VERA-Rückmeldungen zu besprechen. D19 hat die Erfahrung gemacht, dass Eltern die Rückmeldungen hinnehmen und sich daraufhin nicht melden.

> Interviewer: Und die Rückmeldung für die Eltern/
> D19: Also die haben halt gesehen so insgesamt und die Leistungen ihres Kindes, aber ich habe daraufhin nichts von den Eltern gehört. Also ich hatte dann auch als die Eltern grad um den Dreh da waren, wo wir das zurückgemailt bekommen haben, hatte ich das dabei. Also für die Elterngespräche, die genau in den Zeitrahmen gefallen sind, habe ich es mit herangezogen, aber die Eltern wollten da Garnichts Näheres dazu wissen. Also sie waren nicht explizit daran interessiert. Also für die Eltern war das so unwichtig wie nur was. (D19, 83-84)

Einige Lehrkräfte haben den Eindruck, dass sobald die Eltern wissen, dass VERA nicht in die Note mit einfließt, kein Interesse mehr vorhanden ist.

> Die Eltern fragen einfach: Zählt das zur Note?, und wenn ich dann sage: Nein, dann ist es eigentlich kein Thema mehr. (D13, 2)

> Nein, eigentlich nicht. Also ganz wenige haben mal gefragt wie es ausgefallen ist, aber nachdem es keine Noten gibt, ist es den Eltern egal. (D19, 82)

In den Fällen, in denen die VERA-Rückmeldungen bei Elterngesprächen eine Rolle spielen, wird dies durch die individuelle Initiative einer Lehrkraft ausgelöst. Zudem wird deutlich, dass aus Sicht der Eltern in erster Linie die Übertrittsproblematik dazu führt, sich näher mit den Ergebnissen von VERA im Lehrer-Eltern-Gespräch zu befassen.

> Die Eltern sind immer erstaunt, was da abgeprüft wird, ich hatte da jetzt viele Gespräche mit den Eltern, die wollten die Rückmeldung natürlich auch bekommen, ich hatte die ja vom Institut geschickt und noch dazu eine eigene und dann sind wir Aufgabe für Aufgabe durchgegangen. Ich habe mit den Eltern jeweils nochmal fast eine Stunde ein Gespräch gehabt, weil sie wissen wollten wie die Kinder abschneiden, und ob man da schon Schlüsse für den Übertritt ziehen kann. Was natürlich noch recht früh ist in der dritten Klasse, aber ich habe da schon versucht den Eltern das näher zu bringen. (D4, 153)

In Elterngesprächen werden die VERA-Rückmeldungen von einigen Lehrkräften deshalb thematisiert, weil sie sich dadurch eine Legitimation ihrer eigenen Diagnose versprechen.

> Interviewer: Genau das hat dann eine andere Autorität für die Eltern.
> D8: Genau, dann diskutieren die nicht so über/ Gut es gibt keine Noten, aber die kommen nicht und sagen: Jetzt hat doch mein Kind das teilweise gelöst, warum gilt das nicht, warum sind das 0 Punkte, weil bei den Vergleichsarbeiten heißt es ja nur gelöst oder nicht gelöst. Also zum Teil. Da würden die Eltern nie diskutieren. (D8, 112-113)

> Gerade bei Kindern, die ein wenig auf der Kippe stehen ist das dann auch für ein Elterngespräch eine ganz gute Grundlage. (D18, 53)

In einigen Fällen sprechen Lehrkräfte davon, dass die VERA-Rückmeldungen in ihren Augen für die Eltern keine höhere Autorität besitzen. Häufig geht diese Einschätzung mit einer Geringschätzung von VERA durch dieselben Lehrkräfte einher.

> Interviewer: Jetzt auch für den Übertritt ist das nicht irgendwas, wo man sagen könnte, das ist jetzt nochmal eine externe Grundlage?
> D19: Also die Eltern haben das nicht so empfunden. (D19, 85-86)

Gerade für Referendare scheint der Aspekt der externen Legitimation ihrer Diagnose durch eine höhere Autorität interessant zu sein. Die Lehramtsanwärterin D14 beschreibt dies als „Sicherheit" (D14, 117):

> Interviewer: Verwendet man VERA oder die Bildungsstandards mal in den Elterngesprächen in irgendeiner Form? Also, dass man sagt: Aber sehen sie mal in den nationalen Tests ist ihr Kind so?
> D14: Ja, könnte ich mir gut vorstellen. Habe ich noch nicht gemacht, weil seitdem noch keine Elterngespräche waren, aber doch wenn jetzt ein Kind so steht. Da sieht man ja, was sollte da sein, welche Kompetenzstufe und was ist da. Ja. Und man hat auch ein bisschen Sicherheit, dass es nicht immer nur die eigenen Arbeiten sind, sondern das ist was von draußen. (D14, 116-117)

5.2.4 Testdesign/Aufgaben

Im Themenbereich *Testdesign/Aufgaben* geht es um die Sicht der Lehrkräfte auf Testdesign und Aufgaben von VERA. Dabei werden wertende Aussagen zu den Aufgabenformaten der Vergleichsarbeiten noch nicht berücksichtigt. Folgende Kategorien werden vorgestellt:

- Wahrnehmung der Testaufgaben durch Lehrkräfte
  - o Höherer Schwierigkeitsgrad als eigene Aufgaben
  - o Keine curriculare Validität
- Rückbezug der Testaufgaben auf eigenen Unterricht
  - o Erfolgreiche Verknüpfung zwischen Unterricht und Testaufgaben
  - o Kein Rückbezug auf den eigenen Unterricht

Den Schwierigkeitsgrad der Testaufgaben schätzen Lehrkräfte im Vergleich zu ihren eigenen Aufgaben als höher ein. Sie nehmen die Anforderungen als so hoch wahr, dass die VERA-Aufgaben zum großen Teil nur von leistungsstarken Kindern gelöst werden können.

> Interviewer: Und der Schwierigkeitsgrad der Aufgaben ist der ok gewesen aus ihrer Sicht?
> D14: Ich fand den schon hoch. Also hoch angesetzt.
> Interviewer: Also anspruchsvoller als die eigenen Klassenarbeiten?
> D14: Ja. (D14, 92-95)

Vor allem die Kombination verschiedener Aufgabentypen schätzen Lehrkräfte als schwierig für ihre Schüler ein, da diese durch die Klassenarbeiten gewöhnt sind, dass Themen isoliert abgefragt werden.

> Interviewer: Weil die Aufgabenstellung empfinden sie schon verschieden zu ihren eigenen wie sie die sonst stellen.
> D12: Ja, auf jeden Fall. Vielfältiger, weil ich frage ja, wenn ich einen Lesetext habe, dann frage ich zu Inhalt meistens und da werden ja gleich aus diesem Lesetext noch Sprachlehre und sonstige Sachen heraus gefragt. Also sie sind schon etwas für bessere Denker würde ich sagen. (D12, 42-43)

Die Vielfältigkeit wird aber nicht nur mit einem höheren Schwierigkeitsgrad, sondern mit einer höheren Aussagekraft der Vergleichsarbeitsergebnisse in Verbindung gebracht:

> Deutsch fand ich gut. Also auch diese Verbindung Lesen Sprache, Sprache Grammatik. Das ist auch sowas, was wir so kombiniert nicht machen. Das ist auch schon was, wo man ins Denken

kommt, weil unsere Grammatikproben, das ist immer ein Stoffgebiet, das sehr gut vorgeübt ist, und dann fallen die im Verhältnis gut aus, sind aber dann, wenn man vom freien Sprechen, vom freien Schreiben ausgeht, merkt man dann eigentlich, dass das, was so kurzfristig angeübt ist, letztlich nicht gesichert ist. Und da ist natürlich so eine Überprüfungsform wie sie in VERA ist schon aussagekräftiger, weil von allem was drin ist und weil es eben in dem Gesamtkontext steht. (D3, 110)

Zudem werden auch die Fragestellungen von VERA als different zu den eigenen Aufgabenstellungen erachtet.

Und auch oft die Fragestellungen sind einfach anders als wir sie in der Regel stellen und auch die Bewertung ist ein bisschen anders. (D16, 29)

In einer Aussage zeigt sich auch, dass die Aufgaben von VERA nicht den Erwartungen der Lehrkraft entsprechen, da die Anbindung zum Lehrplan als zu gering erachtet wird. D4 macht dies daran fest, dass die Normalverfahren, die in der dritten Klasse im Mathematiklehrplan zentral sind, im Jahr 2010 durch VERA nicht abgeprüft worden sind.

Weniger zum Rechnen. Wir haben festgestellt, also in der dritten Klasse ist es so ein großes Thema die schriftlichen Normalverfahren Plus und Minus und das ist eigentlich jetzt so in VERA überhaupt nicht drangekommen. Es werden Sachen angekreuzt: durch was musst du teilen, damit das Ergebnis kommt und dann gibt es mehrere Möglichkeiten und dann muss man das Richtige ankreuzen. Und dann sowas: wie viele Aufgaben mit was ist sicher, was ist möglich, was ist unmöglich/ (D4, 95)

Dieses Zitat leitet über zum Themenbereich, der sich damit befasst, inwieweit Lehrkräfte die Aufgaben, die in VERA gestellt werden, auf ihren Unterricht rückbeziehen können. In den Aussagen zeigen sich große Probleme der Lehrkräfte, VERA auf ihren Unterricht zu beziehen. Es konnten nur zwei Aussagen gefunden werden, in denen Lehrkräfte eine Beziehung zwischen VERA-Aufgaben und ihrem Unterricht andeuten.
D3 zum Beispiel beschreibt die kombinierten Testbereiche mit dem Abfragen verschiedener Teilgebiete, die sie als aussagekräftiger als eigene Tests zu ihrem Unterricht empfindet.

Und da ist natürlich so eine Überprüfungsform wie sie in VERA ist schon aussagekräftiger, weil von allem was drin ist und weil es eben in dem Gesamtkontext steht. (D3, 110)

D18 beschreibt, dass sie auffällige Ergebnisse der einzelnen Aufgaben von VERA vor dem Hintergrund ihres Unterrichts analysiert.

Interviewer: Also können sie die Tests, obwohl die so wahnsinnig standardisiert sind, irgendwie doch auf ihren Unterricht beziehen?
D18: Ja, das schon. Ich meine jetzt zum Beispiel Rechtschreiben, da war eine lange Aufgabe, wo ein Wort zu schreiben war. Die Sätze standen da mit einer Lücke und dieses Wort war zu schreiben und da war praktisch alles drin, was praktisch in der dritten Klasse dran sein soll. Jetzt hatten wir aber Anfang Mai oder Ende April ja noch nicht alles gemacht als jetzt zum Beispiel in meiner Klasse erkennen, dass sie das Wort mit der Nachsilbe -ung fast alle kleingeschrieben haben. Da muss ich mir jetzt aber keine Gewissensbisse machen, weil das hatten wir einfach noch nicht. (D18, 66-67)

5.2.5   Kritik am Testdesign

Dieser Teilabschnitt beschäftigt sich mit den Aussagen der Lehrer zu Kritik an VERA 3. Dabei werden unterschiedliche Bereiche des Reformelements berücksichtigt, die entlang der folgenden Gliederung dargestellt werden.

- Organisation
- Gütekriterien
    - Zeitorganisation
    - Aufbau/Inhalte
    - Testdesign als multiple-choice
    - Textlastigkeit
    - Benachteiligung Bayern/Objektivität
    - Geringe curriculare Validität
- Auswertung
    - Dateneingabe
    - EDV
    - Korrekturanweisungen
- Rückmeldungen
    - Zu abstrakt
    - Organisatorische Probleme
    - Zu undifferenzierter fairer Vergleich
- Keine Konsequenz aus den Ergebnissen
- Ablehnungsstrategien

Die Kritik am Testdesign von VERA aus Sicht der Lehrkräfte ist sehr vielfältig. Es gibt zunächst Beanstandungen in Bezug auf die Organisation. Lehrkräfte bemängeln die Häufigkeit der Vergleichsarbeiten, die in ihren Augen überflüssig ist.

> Die Korrektur ist/ Also ich finde zum Beispiel die ganzen VERA-Arbeiten nicht schlecht, um uns auch zu zeigen: Ok, eben so standardmäßig das sollte ich vielleicht auch mal machen, gerade was die Wahrscheinlichkeit betrifft. Aber es würde reichen, wenn man das alle paar Jahre machen würde. Es muss nicht jedes Jahr gemacht werden. (D10, 195)

Zudem konkretisiert sich die Kritik häufig an der wahrgenommenen Papierverschwendung durch die Testhefte von VERA. Diese Haltung impliziert, dass Lehrkräfte die VERA-Tests als nutzlos einschätzen.

> Ganz abgesehen von dem finanziellen Aufwand. Schon allein was das an Papier ist, wenn dann zwei Zeilen auf dem letzten Blatt sind oder ein letztes Blatt leer dabei ist, dann denke ich mir schon: Also so kann man das Geld ja nicht rausschmeißen. Über sowas kann ich mich ja maßlos aufregen. (D19, 47)

> Das Papier allein und der Druck. Das muss man mal hochrechnen. (D20, 106)

Des Weiteren werden von den Lehrkräften verschiedene Gütekriterien des Testdesigns von VERA angezweifelt. Dies geht häufig mit einem sehr schülerorientierten pädagogischen Verständnis einher. Denn Aussagen zeigen, dass die Lehrkräfte zum Beispiel die engen zeitlichen Vorgaben von VERA mit Blick auf die Kinder als ungünstig empfinden.

> Oder zweimal eine halbe Stunde da wirklich auch dranbleiben. Das ist schon eine Leistung, wo man dann sieht, dass manche am liebsten schon nach 20 Minuten alles hinschmeißen würden und dann noch die ganze Stunde noch arbeiten sollen. Das ist schwierig. (D4, 119)

D11 zeigt in ihrer Aussage mit der Bezeichnung der Schüler als „meine Kinder" (D11, 138), dass sie die zeitlichen Vorgaben aus einer kindorientierten Perspektive ablehnt.

> Das ist ja der Wahnsinn. Seitenweise. Also meine Kinder haben nicht mehr gekonnt. (D11, 138)

Auch inhaltlich werden die Vergleichsarbeiten von den Lehrkräften teilweise kritisiert, was eine ablehnende Haltung hinsichtlich der Gültigkeit der Aussagen, die durch VERA getroffen werden, bewirkt.

> Interviewer: VERA bringt dann für ihren Unterricht als Rückmeldung nichts, weil es einfach nicht das abprüft, was die Kinder können könnten?
> D2: Ja.
> D1: Was wir auch immer im Seminar gelernt bekommen so mit Lebensweltbezug der Kinder/
> D2: Da abholen, wo sie stehen/
> D1: Und aus der Erfahrungswelt der Kinder Lesetexte und die Lesetexte, die dieses Jahr bei VERA waren, gingen an der Erfahrungswelt unserer Kinder vorbei.
> D2: Das hat mich auch sehr geärgert. Ich stelle mir dann vor, der sich einen Text raussucht, dessen Kind natürlich schon mal an einer Rezeption war. Die glauben dann noch wie kindgemäß sie das ausgesucht haben. Das mag für ihre Kinder und die Kinder ihrer Freunde ja auch stimmen, aber nicht für unsere Kinder.
> D1: Das geht an der Wirklichkeit unserer Kinder vorbei. (D1 und D2, 192-198)

Zudem wird von D3 auch der Aufbau der Arbeiten kritisiert. Sie bemängelt aus pädagogischen Gründen, dass der Einstieg in die Tests für leistungsschwache Kinder zu anspruchsvoll ist.

> Und wir haben als Einstieg in Mathe zum Beispiel immer reine Rechenfertigkeit, damit man auch den Kindern/ Das vermitteln wir auch den Kindern, dass man sagen kann, wenn eine Aufgabe gut läuft, ist es nicht hinten zum Beispiel Zahlenrätsel, Sachaufgaben, sondern meistens sind es die Punkte, die in der Rechenfertigkeit fehlen. Also es ist schon auch vom Aufbau her, dass man sagt, erst einmal etwas, wo die Kinder eigentlich sicher einsteigen können und auch so das Gefühl haben, dass sie erst mal zeigen können, was sie in Anführungszeichen gelernt haben. Auch so mal schriftliche Verfahren und das ist ja letztlich so gut wie gar nicht. (D3, 159)

Das Testdesign von VERA als multiple-choice kritisiert D15 dahingehend, dass er darin kein verlässliches Verfahren sieht, den Leistungsstand eines Schülers zu bestimmen. Dies korrespondiert mit einer an anderer Stelle im Interview geäußerten, zu VERA konträren, eigenen Leistungsmessung, die sich auf offene Fragen und alternative Leistungsbeurteilungen stützt.

> Die und die Kompetenzstufe passt und manchmal sagt man dann eben, das sind die wenigstens Fälle, aber die hatte man auch schon, wo man sagt: Na hoppla, warum ist die jetzt so gut gewesen, wobei man natürlich auch immer schauen muss, wenn das Ankreuzaufgaben sind, ist natürlich auch/ Wenn die Glück haben, haben sie viele richtige angekreuzt, obwohl sie eigentlich gar

nicht wussten, was sie ankreuzen. Also das ist da immer/ Inwieweit man das dann wirklich als aussagekräftig nehmen kann/ (D15, 75)

Bezüglich der Vergleichsarbeiten Mathematik wird von einigen Lehrkräften die Textlastigkeit des Tests bemängelt. Damit wird aus ihrer Sicht nicht mehr die Mathematikleistung, sondern die Lesefertigkeit überprüft.

Und bei diesen Wahrscheinlichkeitssachen war es hauptsächlich ein Lesetest. Wenn da ein schwacher Leser/ Der schafft die Aufgaben schon vom Lesen her nicht. Das ist natürlich schwierig sowas anders abzufragen, aber das fand ich bei ein paar Aufgaben/ Ja, die guten Leser lesen das durch, verstehen es und machen es, aber die schwachen Leser haben da keine Chance, wenn da schon ein langer Text am Beginn der Aufgabe steht. (D9, 84)

Der Kritikpunkt an VERA, dass der Testzeitpunkt zu früh im Schuljahr angesetzt ist, ist ein spezifisch bayerisches Problem. Denn die Testdurchführung im Mai bedingt, dass in Bayern noch gut drei Monate Unterricht im dritten Schuljahr stattfindet, während norddeutsche Bundesländer kurz vor dem Schuljahresende stehen. Diese Tatsache wird von einigen Lehrkräften sehr negativ wahrgenommen und führt hinsichtlich der Gültigkeit der Aussagen, die auf Grundlage der VERA-Ergebnisse getroffen werden, zu einem ablehnenden Verhalten.
D3 und D14 stellen dadurch die Objektivität der Messung in Frage.

Ich muss auch ehrlich sagen, ich sag dann, ich steh dazu. Wir haben unseren Plan und ich bin schon der Meinung, dass wir was gearbeitet haben in dem Jahr, wenn das so früh kommt, dann muss man eben mit einbeziehen, dass Bayern später dran ist, dass wir unterschiedlich unsere Lehr- Lerninhalte verteilen. Dann ist es eben so. Also, wenn das nicht möglich ist. Ich frage mich sowieso, inwieweit sie dann wirklich aussagekräftig sind, weil man hört ja trotzdem von anderen Schulen halt so mal/ Manche machen die komplett vorweg, andere geben die dann zum Teil als Hausaufgabe, ich frage mich sowieso, inwieweit man sagen kann, dass das eine objektive Messung ist innerhalb Deutschlands. (D3, 219)

Und in Bayern muss man eben immer schauen, dass man wenn man vielleicht noch überhaupt nichts in Daten, Häufigkeit und Wahrscheinlichkeit/ Was heißt muss man machen. Vielleicht ist es auch egal. Aber das ist glaube ich so ein Problem bei VERA, dass man die Vergleichbarkeit überhaupt nicht so gegeben ist. (D14, 49)

Die in den Augen der Lehrkräfte nicht oder nur geringfügig vorhandene curriculare Validität ist weiterer Ansatzpunkt, die Ergebnisse von VERA in Frage zu stellen.

Also da würde ich sagen, dass die VERA-Aufgaben viel umfangreicher sind und anders und auch anspruchsvoller, schwieriger und auch nicht so sehr an dem orientiert, was jetzt wirklich auch im/ Wieder jetzt der Vergleich zum Lehrplan, aber wo steht im Lehrplan die Wahrscheinlichkeitsrechnung? Die steht nicht drin. Das kann ich unter Sachaufgaben vielleicht fassen, aber da liegt jetzt nicht so der Schwerpunkt darauf wie bei den VERA-Aufgaben. Da war dieses Jahr die Hälfte von den VERA-Aufgaben Wahrscheinlichkeit fast. (D4, 97)

Also ich würde mir Vergleichsarbeiten wünschen, die wirklich dann das abfragen, was im Lehrplan ausgeschildert ist. (D8, 61)

Ein weiterer häufiger Kritikpunkt an VERA ist die Auswertung. Einige Lehrkräfte sehen diese als Zusatzbelastung an, da sie die Ergebnisse nicht als Note verwenden dürfen.

In Deutsch war das auch in Ordnung, weil das schnell durchkorrigiert war. In Mathe hat es mich wahnsinnig geärgert dieses Jahr, weil es einfach vom Korrekturaufwand immens war. Ich hab das mal durchgerechnet für die Orientierungsarbeiten für die zwei Bereiche in Deutsch und Mathe. Da langen 7 oder 8 Stunden nicht. Und ich finde das steht in keinem Verhältnis dafür, dass es dann doch nicht zählt. (D20, 69)

Weiter differenziert sprechen die Lehrkräfte vor allem in organisatorischer Hinsicht von einer Belastung bei der Auswertung der Daten. Eine sehr berufserfahrene Lehrerin spricht auch das Problem an, dass sie nicht über ausreichende EDV-Kenntnisse verfügt, was ihr die Auswertung und das Abrufen der Rückmeldungen erschwert.

> Interviewer: Die Rückmeldungen gibt es ja dann nochmal von München oder Berlin. Die kriegen sie ja über das Internet mit dem Zugangsschlüssel. Haben sie sich die ausgedruckt alles oder angeschaut?
> D18: Ja, also Mathe hat die Sekretärin ausgedruckt, das habe ich mir angeschaut. Deutsch drucke ich mir noch aus. Also ich bin nicht ganz so fit in diesen [EDV] Geschichten. Also ich hab in der Klasse Rechtschreiben, Lesen macht die Kollegin, das drucke ich mir aus, aber ich weiß schon in beiden Bereichen, das die Klasse im grünen Bereich liegt. (D18, 58-59)

Als sehr belastend wird von den Lehrkräften die Eingabe der Ergebnisse in den Computer empfunden. Dabei macht es vor allem Probleme, dass die Daten als Ziffern in die Datenmaske eingegeben werden müssen.

> Ja, die Belastung. Sage ich jetzt mal, dadurch, dass das Eingeben auch wirklich lange dauert. Ich war zum Glück zu zweit. Allein würde das noch länger dauern, also, dass man halt immer aufschlägt und dann wieder tippt. Ansonsten, ja also das Eingeben ist so das Problem. (D14, 101)

Es scheint sich als gängige Praxis etabliert zu haben, die Dateneingabe zu zweit zu machen, was auch zum fachlichen Austausch über die Ergebnisse geführt hat.

> Also es ist schon ein bisschen kompliziert. Wir haben es auch zu zweit gemacht. Einer hat vorgelesen, der andere hat eingegeben, weil immer mit der Liste schauen und dann eingeben. (D4, 226)

> D3: Aber wir haben eigentlich mehr ausgetauscht bei der Korrektur/
> D4: Oder beim Eingeben.
> D3: Ja beim Eingeben.
> D4: Weil wir da gesehen haben: Wie ist es denn in deiner Klasse ausgefallen? Wie war es denn in deiner Klasse? Da eigentlich. (D3 und D4, 236-239)

Zu starker Ablehnung führt die Korrekturanweisung, dass Aufgaben entweder als komplett richtig und schon bei einem Fehler als falsch zu bewerten sind.

> Und auch diese mehrschrittigen Aufgaben, die bei einem Fehler bereits als falsch gewertet werden müssen, das finde ich ein Unding, weil nämlich das die mittelmäßig bis guten Schüler betrifft. Diejenigen, die so eine Ahnung haben und die sagen, das müsste, aber machen dann einen kleinen Fehler. Das braucht nur ein Zahlendreher sein oder so. Einmal passiert, dann ist alles falsch. Das kann doch nicht sein. (D10, 160)

Diese Art der Korrektur ist den Lehrkräften sehr fremd und aus ihrer pädagogischen Perspektive heraus nicht vertretbar.

> Also ich denke auch vor allem dieses richtig oder falsch, das ist ja auch etwas, was wir eigentlich nicht machen. Also wir geben ja immer Teilpunkte und wir haben es den Kindern auch im Vorfeld erklärt, dass es wirklich auch, wenn da drei Sachen sind und eins ist falsch, dass dann die ganze Aufgabe nicht zählt. Dass sie das einfach wissen im Vorfeld, weil das unserer Korrekturarbeit überhaupt nicht entspricht. Ich finde das auch nicht pädagogisch muss ich sagen. Also,

weil ich mir sage, wenn jemand eben Bereiche hat, muss man die auch anerkennen, würde ich jetzt mal meinen. (D3, 178)

Es ist ja auch dieses Verfahren mit alles oder nichts, das wir ja eigentlich ja auch normalerweise bei den Probearbeiten nicht so machen. Wir versuchen ja eigentlich immer, das was die Kinder einbringen an Antworten so gut wie möglich auch auszuwerten und nicht zu sagen, ok da ist irgendein Teil nicht richtig und damit ist die ganze Aufgabe nicht berücksichtigt. Also ich finde das ist auch vom pädagogischen Ansatz her nicht ganz so glücklich, auch wenn man natürlich auch sagen kann, das ist diese Art alles oder nichts. Entweder verstehst du die Aufgabe und wenn du nur einen Teil verstanden hast, bekommst du am Schluss keine Punkte, aber ich selbst finde auch, dass sagen wir mal das Leistungsbild von Schülern schon ein bisschen verzerrt, dieses Verfahren. Also dass die teilweise wirklich schlechter ausfallen, als sie tatsächlich sind. Also gerade im Deutschen fällt das wirklich auf. Also im Lesen war das schon auffällig, dass die wirklich schlecht abgeschnitten haben. (D16, 29)

An den Rückmeldungen, die zentral erstellt werden, wird bemängelt, dass diese zu abstrakt sind. D6 scheint eine Kundeneinstellung gegenüber den externen Testauswertungsinstituten einzunehmen, da sie den Wunsch äußert fertige Anweisungen zu erhalten, anstatt sich selbst mit den Rückmeldungen auseinanderzusetzen und Förderpläne zu entwickeln.

Ja das ist genau die Schwierigkeit an der Sache. Ich habe ja auch diese Rückmeldebogen bekommen. Für manche Kinder würde ich mir da auch nochmal wünschen, dass da nochmal so Fördertipps mit draufstehen würden. Das wird nicht detailliert gemacht. Das muss man sich wieder selbst ausdenken und das ist auch das Problem an der ganzen Sache. (D6, 97)

D13 kritisiert die Standardisierung der Rückmeldungen, die ihrer Meinung nach der Individualität der Schüler nicht gerecht wird.

Interviewer: Für sie wäre es jetzt schöner, wenn da so ein kurzer Text wäre über eine halbe Seite über den Schülern, wo er noch gefördert werden müsste, oder?
D13: Das ist jetzt so wie beim Lesen: Das kann oder das kann er nicht. Bei Mathe steht ja auch sowas drin, wobei ja die Beurteilung teilweise gar nicht stimmt, was die da schreiben. Was der bei 1a noch kann, das stimmt auch nicht immer. Die ist zu pauschal. Also nicht aufs Kind, weil die schauen halt nur die Punkte an. Also ich bin nicht davon überzeugt, sagen wir es mal so. (D13, 86-87)

Einzelfälle berichten von organisatorischen Problemen, dass Rückmeldungen zu einzelnen Kindern gefehlt haben. Oder eine Lehrkraft bemängelt den Umfang der Rückmeldung, der ihrer Meinung nach zu groß ist, um sich damit für jedes Kind auseinandersetzen zu können.

[...] ja das ist schon ein relativ dicker, ja, Stoß Papier, den man da bekommt, den man als Lehrer dann auch erst mal durcharbeiten muss. (D14, 107)

Hinsichtlich der Rückmeldungen thematisieren einige Lehrkräfte auch den ihrer Meinung nach zu undifferenzierten fairen Vergleich. Es scheint vor allem im Bereich der Kriterien, die erfüllt werden müssen, damit ein Schüler als Kind mit Migrationshintergrund gezählt wird, großes Unverständnis bei den Lehrkräften zu geben.

Die unterschiedlichen Deutschkenntnisse zum Beispiel müssten berücksichtig werden. (D10, 149)

Interviewer: Muss man irgendwo angeben, ob man Kinder mit Migrationshintergrund in der Klasse hat? Wird das berücksichtigt?

> D7: Ja, im Vorfeld. Allerdings steht dort, ich weiß die Formulierung jetzt nicht mehr, aber meine haben alle nicht gegolten, obwohl sie gebrochen deutsch sprechen. Also die dürfen dann irgendwie, müssen frisch zugezogen sein. Mangelnde Deutschkenntnisse angeführt, steht bei mir 0, weil die da einfach nicht drunter fallen. Also das fand ich dann schon ein wenig/ Also es galt nur die attestierte Legasthenie und diese spezielle Ausländerregelung, aber der Rest fällt da nicht rein. (D7, 101-102)

Darüber hinaus wird auch kritisiert, dass weitere physische oder psychische Störungen keine Berücksichtigung finden.

> Genau sowas mit so einer optischen Störung ist überhaupt nicht bei den Bereichen, was als Störung zählt, erfasst. (D4, 101)

Als gravierend negativ sehen Lehrkräfte die Tatsache, dass in ihrer Wahrnehmung mit den Ergebnissen von staatlicher Stelle nichts passiert. Sie erwarten, dass Schulen, die bei VERA schlecht abschneiden, zusätzliche Ressourcen zur Verfügung gestellt bekommen. Dass dies nicht geschieht, enttäuscht die Lehrer und lässt sie den Sinn der Vergleichsarbeiten in Frage stellen. Denn Konsequenzen werden in erster Linie von außen erwartet. Dies scheint mit einem sehr formal-bürokratischen Berufsverständnis zusammenzuhängen, das weniger Eigeninitiative beinhaltet, sondern Anweisungen und Zuteilungen von außen erwartet.

> Es ist leider so, dass ja auch keine Reaktion darauf passiert. Wenn jetzt eine Klasse wirklich große Schwierigkeiten im, was weiß ich, sprachlichen oder mathematischen Bereich hat. Es passiert ja nichts. Es kommt ja nicht der Förderlehrer und sagt, dass er noch zwei Stunden wöchentlich für die Klasse hat. Es ist ja null. (D11, 196-198)

> Nur durch das Wiegen wird das Schwein nicht fetter. Wir vermissen eigentlich gerade für Schulen, die das gerade sehr dringend brauchen, wo auch dieser Bedarf entdeckt wird bei VERA, vermissen wir dann einfach, dass das ganze eine ganz konsequente Folge hat. Und die konsequente Folge drückt sich bei uns aus: Gut ihr braucht scheinbar für euer Schülerklientel, weil ihr mehr Ausländer oder so habt, entweder kleinere Klassen oder mehr Lehrerstunden. (D17, 29)

Lehrkräfte berichten vereinzelt auch von Ablehnungsstrategien gegenüber VERA. Zum einen weisen sie ihre Schüler an, dass die Klasse Aufgaben, die noch nicht im Unterricht behandelt wurden, nicht bearbeitet, um dadurch stillen Protest zu demonstrieren.

> Da haben wir nur einmal zu den Kindern gesagt: So diese Aufgabe bearbeiten wir alle nicht. Das haben wir mal bei den Vergleichsarbeiten gemacht, damit es wirklich mal auffällt, wenn das keiner kann. Das heißt dann, ihr habt dieses Thema noch nicht gemacht. Das war was in Mathematik einmal. Ich glaube in Deutsch bei Sprachbetrachtung mit Satzgliedern, wo wir den ganzen Bereich noch nicht gemacht hatten. (D10, 169)

Zum anderen geht eine Lehrkraft mit ihrer Ablehnung gegenüber den Vergleichsarbeiten so um, dass sie die Arbeitsanweisungen überbetont vorliest, um dadurch das Durchführungsprozedere ins Lächerliche zu ziehen.

> Das habe ich aber dann zelebriert. Das fand ich dann/ Das war dann mein Spaß an der Sache. (D11, 188)

Nachdem die Kritik der Lehrkräfte an unterschiedlichen Bereichen der VERA 3 Reform dargestellt wurde, wird im folgenden Teilabschnitt der Umgang der Lehrkräfte mit den Ergebnissen der Vergleichsarbeiten thematisiert.

5.2.6 Umgang mit den Ergebnissen von VERA

Dieser Themenbereich beschäftigt sich mit Umgangsmustern von Lehrkräften in Bezug auf die Ergebnisse von VERA. In diesem Zusammenhang wurden die Interviews dahingehend überprüft, ob sich Hinweise auf einen Austausch im Kollegenkreis finden lassen.

- Austausch über Ergebnisse mit Kollegen
  - Gesamtkonferenz
  - Jahrgangsstufenteam
- Persönlicher Umgang mit den Ergebnissen
  - Überprüfung der eigenen Diagnosekompetenz
  - Bestätigung der eigenen Arbeit
  - Kein Erkenntnisgewinn
  - Umgang mit Rückmeldungen
  - Emotional
- Erklärungsmuster für Schülerleistungen bei VERA
  - Rückbezug auf eigenen Unterricht
  - Extern
    - Testdesign
    - Begabung
    - Simple Externalisierung

In zwei Aussagen finden sich Hinweise auf eine Thematisierung der Vergleichsarbeitsergebnisse in Konferenzen. Die Ergebnisse werden jedoch nur bekannt gegeben und nicht systematisch besprochen. Zudem werden in der Lehrerkonferenz keine gesamtschulischen Konsequenzen gezogen.

> Interviewer: Wenn Sie jetzt Konferenzen abhalten und jetzt waren die VERA-Arbeiten, die Rückmeldungen sind jetzt ja gekommen. Werden die jetzt nochmal thematisiert?
> D17: Ja, die werden nochmal thematisiert. Dahingehend, zum einen dass wir unsere Schule orten, wo liegen wir. Jede Lehrkraft von den dritten Klassen erhält eine sehr ausführliche Beschreibung der Ergebnisse, eigentlich für jeden einzelnen Schüler auch das Gesamt: Wo steht sie mit ihrer Klasse im bayernweiten Vergleich und da kann man das dann erkennen. Und dann ist einfach immer wieder die Aufforderung auch von meiner Seite an die Kolleginnen zu sehen wie steh ich denn eigentlich mit meiner Leistungseinschätzung. Entspricht die zu wenigstens einem Großteil dem was die Kinder hier gezeigt haben. (D17, 18-19)

Viel intensiver als in der Gesamtlehrerkonferenz sind allerdings die Besprechungen innerhalb des Jahrgangstufenteams. In zwei der befragten Schulen gibt es sehr enge Kooperationen innerhalb der Jahrgangsstufe.

Allerdings blieb die Besprechung der Ergebnisse in den Jahrgangsstufenteams meist oberflächlich.

> Interviewer: Und wurden die Rückmeldungen dann auch mal in einer Konferenz thematisiert, dass da mal darüber gesprochen wurde?
> D14: In der Jahrgangsbesprechung, so mal ein ganz kurzer Vergleich untereinander, aber dass es jetzt eine richtige Diskussion darüber gab/ Eigentlich nicht.
> Interviewer: Und hat man dann auch mal gesagt, wir müssten etwas verändern, oder hat man gesagt, wir stehen eigentlich ganz gut da, das passt so.
> D14: Also wir verändern jetzt nichts. (D14, 118-123)

Regelmäßig stattfindende Jahrgangsstufenkonferenzen scheinen aber auch eine sehr wichtige Voraussetzung dafür zu sein, dass die Ergebnisse der Vergleichsarbeiten gemeinsam besprochen und analysiert werden. D12 berichtet, dass gegebenenfalls im Team unterrichtspraktische Konsequenzen gezogen werden.

> Interviewer: Und wenn sie jetzt selbst diese offiziellen Rückmeldungen bekommen, wird das dann auch mal so in der Konferenz oder im Jahrgangsstufenteam thematisiert?
> D12: Ja, also bei uns in der Jahrgangsstufenkonferenz, wir haben ja fast jede Woche eine, da sprechen wir dann schon darüber. Ja wo liegt ihr, wie steht's da. Dann wäre dann auch, was müssen wir ändern für nächstes Jahr. Müssen wir mehr solche Aufgaben machen oder weniger. (D12, 100-101)

D15 beschreibt die Analyse der Aufgaben aus Sicht der Schulleitung. Diese ist an einer systematischen Aufarbeitung der Ergebnisse interessiert. Jedoch zeigt sich auch, dass in erster Linie bei negativ abweichenden Ergebnissen Interventionen eingeleitet werden:

> Das kommt darauf an. Wenn jetzt irgendwas richtig Gravierendes ist, aber dann überlegen wir das in einer extra Konferenz wo können wir fördern und wo haben wir vielleicht auch Fortbildungsbedarf und wo wollen wir jetzt was ändern in dem Bereich. (D15, 125)

Neben der gemeinsamen Aufarbeitung der Ergebnisse in den Lehrerkollegien wurde auch nach dem persönlichen Umgang der Lehrkräfte mit den Ergebnissen der Vergleichsarbeiten gefragt.

Lehrkräfte scheinen die Vergleichsarbeitsergebnisse zur Überprüfung ihrer eigenen Diagnosekompetenz zu nutzen. Dies ist vor allem bei berufsunerfahrenen Lehrkräften der Fall:

> D14: Mich hat es nur so ein bisschen gewundert, weil meine Klasse eigentlich gerade in Mathe hätte ich sie wirklich für stark gehalten und wurde auch dann in meiner Lehrprobe dann auch bestätigt mehr oder weniger. Die haben da wirklich tolle Ideen gehabt, haben aber in diesem Bereich, da waren sie bloß in der Mitte. Also ich hätte sie auf jeden Fall, da ist ja diese Kurve bei der Auswertung, da waren sie genau in der Mitte. In Lesen waren sie ein ganzes Stück hinten, in Rechtschreiben auch. Und ich bin eigentlich/ Ich fand meine Klasse schon stärker, nach der Auswertung eigentlich nicht.
> Interviewer: Woran lag das vielleicht?
> D14: Ich weiß es nicht, aber wenn natürlich solche Sachen/ Wenn anderen mehr geholfen wird vielleicht oder ja/ Ich sehe dann halt auch unsere Schule, da sind die Kinder schon eher aus sozial schwächeren Milieu, sage ich mal so und meine eigentlich noch vom Land, da kümmern sich die Eltern wirklich noch drum. Dass ich vielleicht wirklich ein falsches Bild habe von meiner Klasse im Gesamtvergleich von Bayern gesehen. So richtig weiß ich nicht warum, weil wir auch wirklich viel gemacht haben in Lesen und/ Die hat schon in der zweiten Klasse schwach abgeschnitten. Vielleicht ist es auch so, dass man/ Für mich war es gut, weil ich dann selber mich überdenke, ob ich da ein falsches Bild habe. Ja. Und dass halt dann in Lesen noch mehr gearbeitet werden sollte. (D14, 71-73)

Berufsanfänger nutzen die Ergebnisse aber auch zur Bestätigung ihrer Arbeit und für die Einschätzung der Leistungsfähigkeit ihrer Klasse:

> Also für mich war es jetzt auch eine gute Rückmeldung zu sehen, dass das, was wir das Jahr über gemacht haben, angekommen ist. (D6, 60)

Interviewer: Ist es hilfreich in irgendeiner Form die Rückmeldung für den Lehrer selbst, dass man sagt ich reflektiere daraufhin meinen Unterricht oder schaue mal, was ich anders machen sollte? Oder gibt das darüber überhaupt keine Auskunft?

D14: Also jetzt/ Also in meiner letzten Klasse in Mathe fand ich das, wo ich eben sehr intensiv mit Strategien gearbeitet habe, da muss ich sagen, danach hatte ich so das Gefühl, ja bei VERA hat es sich bestätigt, dass es ein richtiger Weg ist. Jetzt im Deutschbereich, wie gesagt, Mathe hatte ich dieses Jahr nicht, im Deutschbereich muss ich sagen, hat es mich jetzt/ Also ich weiß, dass Lesestrategien gefördert werden müssen und dass ich da dranbleiben muss, aber dass ich jetzt irgendwas groß ändere/ Also glaube ich jetzt nicht. (D14, 118-119)

Berufserfahrene Lehrkräfte hingegen sehen kaum Erkenntnisgewinn durch die Arbeiten.

D2: Keine Überraschung.
Interviewer: War das eine Bestätigung für sie?
D2: Also diese Bestätigung brauche ich nicht. Also ich finde es wirklich ärgerlich. Der Aufwand war riesengroß. Ich möchte nicht wissen wie teuer das ist. Nebenbei sind wir ja auch noch Steuerzahler. Als es ist ein hoher Aufwand und das Ergebnis hat mir nichts gebracht. (D2, 98-101)

Diese Haltung von D2 ist gepaart mit einer grundsätzlich ablehnenden Position gegenüber VERA. Ihr ist es nicht einmal das Papier wert die zentralen Rückmeldungen auszudrucken. Sie sieht keinen persönlichen Nutzen in der offiziellen Klassenrückmeldung für ihre Arbeit.

Also ich habe mir auch nicht alles runtergeladen und ausgedruckt. Da war mir das Papier zu schade. (D2, 117)

Der Umgang der Lehrkräfte mit den Rückmeldungen ist insgesamt sehr oberflächlich und selektiv. Lehrer bevorzugen die Diagramme, da sie dadurch eine schnelle Übersicht gewinnen, lesen aber kaum die schriftlichen Ausführungen.

Interviewer: Liest man das dann alles durch?
D14: Ich habe mir vor allem die Diagramme angeschaut. Ich habe mir nicht alles durchgelesen. Und dann die Schüler halt, natürlich dann einmal die Spalten, wo dann das Kreuz ist und dann wo der halt ungefähr steht. Das dann schon. Also man schaut/ Also ich habe jetzt nicht alles durchgeschaut, sondern so überflogen mehr oder weniger. (D14, 112-113)

D20 lehnt die Rückmeldungen insgesamt ab. Die individuellen Rückmeldungen, zu deren Weitergabe an die Eltern sie verpflichtet ist, druckt sie aus, aber die Klassenrückmeldung interessiert sie nicht. Sie sieht darin keinen Nutzen für ihre Unterrichtsarbeit.

D20: Jetzt für Kinder das Individuelle? Das müssen wir.
Interviewer: Es gibt da ja auch noch für die Klassen.
D20: Nein, definitiv nicht.
Interviewer: Was haben sie dann davon angeschaut?
D20: Garnichts. (lacht) (D20, 92-96)

Eine induktiv gefundene Teilkategorie *Emotional* fasst Aussagen zusammen, in denen Lehrkräfte über emotionale Folgen aufgrund der Ergebnisse der Vergleichsarbeiten berichten. Bedeutsam ist, dass die Aussagen durchweg negative Gefühle in Zusammenhang mit der Auswertung ansprechen. Besonders Lehrer an Schulen, die aufgrund ihrer Schülerklientel stark unter dem Durchschnitt liegen, entwickeln Gefühle von Frust.

Ich bin dann ja nicht wirklich schlecht, aber ich fühle mich schlecht. (D11, 225)

Wenn ich das korrigiere, das geht mir durch den Magen, das geht mir durch alles geht mir das durch. Ich denke mir, ich zweifle an meinem pädagogischen Geschick. (D11, 227)

[...] das Schulamtsranking bekommen. Das haben wir dann immer gefrustet zur Kenntnis genommen. (D14, 121)

Aber auch Lehrer, die im oder über dem Durchschnitt liegen haben Gefühle von Furcht, dass sie das Mittelmaß unterschreiten. Vor allem ist es Lehrkräften innerhalb des Jahrgangsstufenteams wichtig gleich zu liegen, da die Ergebnisse gegenseitig eingesehen werden können.

Interviewer: Also man war dann schon froh, dass man gleich liegt?
D20: Natürlich logisch. Jetzt kann man ganz ehrlich sein. Wenn wir da jetzt grottenschlecht abgeschnitten hätten, natürlich würde ich das auch persönlich nehmen. Ich würde mich da nicht selbstbewusst hinstellen und sagen: Ich hatte einfach eine schwache Klasse. Das wäre jetzt ein bisschen überheblich. Aber man würde dann schon darüber nachdenken, woran das liegt und seine Konsequenzen draus ziehen oder sich Gedanken machen. Wenn man aber im normalen Bereich dabei ist und weiß, man ist das wirklich ehrlich angegangen, dann finde ich ist man wirklich zufrieden. (D20, 82-84)

Bei der individuellen Ergebnisbetrachtung durch die Lehrkräfte wurde zudem untersucht wie die Ergebnisse von den Lehrkräften attribuiert werden. In den Aussagen, in denen die Lehrkräfte die Ergebnisse der Vergleichsarbeiten auf ihren Unterricht beziehen, führen sie dies entweder auf sich persönlich oder auf mangelndes Aufgabentraining zurück.

D18 beschreibt den Rückbezug der Ergebnisse auf ihre persönliche Arbeit:

Wenn ich jetzt aber sehen würde, dass die ganze Klasse oder ein Großteil der Klasse kann irgendwas nicht, was sie eigentlich können müssten, weil wir das gelernt haben. Da würde ich mich schon fragen, wo habe ich da was schlecht gemacht, was könnte ich besser machen. (D18, 65)

D8 beschreibt, dass er es besonders wichtig findet, dass nur dann ein Rückschluss auf den Unterrichtserfolg durch VERA möglich ist, wenn die Art der Aufgaben oder der Inhalt zuvor im Unterricht besprochen wurden.

D8: Oder ist es so gedacht, dass man sagt die Vergleichsarbeiten: So habe ich das nicht aufgefasst, ich will jetzt mal wissen wie begabt sind unsere Schüler, weil dann ist es eine Begabungssache. Weil wenn ich sie jetzt vor die Kombinatorikaufgaben setze ohne irgendeine Vorarbeit sage ich mal. Man sagt ihnen ja nicht so eine Aufgabe und/ Also ich mache die Aufgaben und die kommt dann genau dran, sondern man macht halt vergleichbare Aufgaben oder ähnliche Aufgaben, analoge Aufgaben, sage ich mal. Ohne diese Vorarbeit habe ich doch nur in der Vergleichsarbeit die Gewissheit ich habe begabte und unbegabte Schüler. Ich habe Schüler, die kombinieren können und die nicht kombinieren können. Da habe ich doch nicht den Vergleich, was haben sie jetzt im Unterricht aufgenommen.
Interviewer: Weil dann gab es ja keinen Unterricht dazu.
D8: Eben. (D8, 55-57)

Ebenso gibt es aber auch Lehrer, die die Ergebnisse der Vergleichsarbeiten ihrer Schüler mit externen Faktoren erklären. Zum einen wird das Testdesign von VERA für schlechte Ergebnisse verantwortlich gemacht. D4 spricht an, dass es aufgrund des großen Umfangs an Aufgaben bei VERA darauf ankommt, wie groß die Anstrengungsbereitschaft und das Durchhaltevermögen bei den Schülern sind.

> Also eine Frage der Anstrengungsbereitschaft. Also bin ich bereit jede Aufgabe mir neu zu erlesen und neu nachzudenken auch wenn über eine gewisse Zeit lang oder bin ich eben dann irgendwann dann, dass ich sage, warum soll ich mich anstrengen. Sowas gibt es natürlich auch dann und dann wird das Ergebnis natürlich auch entsprechend. (D4, 193)

Zum anderen werden die Ergebnisse vom Lesevermögen der Schüler abhängig gemacht, da VERA auch in der Mathematikprüfung in der Wahrnehmung von Lehrkräften sehr textlastig gestaltet ist.

> Interviewer: Und wovon hängt es ab, ob ein Schüler gut oder schlecht abschneidet bei VERA?
> D19: Es geht einfach auch wieder um das genaue Lesen, wo viele einfach ihr Manko haben. Dieses ganz genaue Lesen. (D19, 65-66)

Ein weiteres Erklärungsmuster für die Ergebnisse bei VERA sehen Lehrkräfte in der Begabung der Schüler.

> Aber es hängt zu gewissem Maße auch von der Begabung ab, also problemlösendes Denken. Sie kennen das ja selbst. Auch was in Sachaufgaben oft vorkommt. Entweder hat man ein Gespür dafür oder eben nicht. Das ist dasselbe wie bei Aufsatz. Man kann zwar einzelne Strategien üben und man kann zwar einzelne Sachen üben, aber man kann nur bis zu einem gewissen Grad das einüben sag ich jetzt. Ein gewisser Grad ist auch Pfiffigkeit, der vorhanden sein muss. (D7, 73)

Unter der Teilkategorie *Simple Externalisierung* wurden alle Erklärungsmuster zusammengefasst, die keinen hohen Reflexivitätsgrad hinsichtlich von Ursachen der Schülerergebnisse aufweisen.

> Interviewer: Wovon hängt es ab, ob ein Schüler gut oder schlecht bei VERA abschneidet?
> D2: Das ist genau wie im richtigen Leben.
> D1: Entweder es ist richtig oder falsch. (D1 und D2, 107-109)

5.2.7 Diagnostik

Die Rückmeldungen von VERA geben auf Ebene des einzelnen Schülers Hinweise zu dessen Leistungsstand. Die Verwendung dieser Einstufung zu selektionsdiagnostischen Zwecken ist offiziell verboten.

In diesem Teilabschnitt werden Aussagen der Lehrkräfte dargestellt, die sich auf Diagnostik in zweierlei Hinsicht beziehen. Zum einen auf den förderdiagnostischen Nutzen von VERA und zum anderen, inwieweit die VERA-Ergebnisse in der Praxis zu selektionsdiagnostischen Zwecken verwendet werden.

- Förderdiagnostischer Nutzen
  - Keine neuen Erkenntnisse
  - Verwendung zu förderdiagnostischen Zwecken
- Selektionsdiagnostischer Nutzen
  - Keine selektionsdiagnostische Beeinflussung
  - Verwendung der VERA-Ergebnisse zu Selektionszwecken

Hinsichtlich des förderdiagnostischen Nutzens der VERA-Rückmeldungen zeigt sich ein ambivalentes Bild. Es gibt sowohl Aussagen von Lehrkräften, die von überraschenden und wichtigen förderdiagnostischen Erkenntnissen für die individuelle Förderung von Schülern sprechen, als auch Lehrer, die durch die VERA-Rückmeldungen nichts Neues erfahren.

Die Lehrkräfte, die keine neuen Erkenntnisse aus VERA ziehen, verbinden häufig einen hohen Aufwand mit den Arbeiten.

> Es ist ein hoher Aufwand und das Ergebnis hat mir nichts gebracht. (D2, 100)

Ein häufiges Begründungsmuster für die Nicht-Verwendung der Ergebnisse zu förderdiagnostischen Zwecken war auch, dass die Stärken und Schwächen der Schüler aus dem Unterricht bereits bekannt sind. Es scheint, dass die Lehrkräfte ihre eigene diagnostische Kompetenz sehr hoch einschätzen und eine Fremddiagnostik ablehnen.

> Klar kann man jetzt rausziehen/ Aber das weiß ich in meinem Unterricht auch, wo ein Kind Stärken und Schwächen hat. Also da brauche ich die VERA-Sachen nicht. (D19, 62)

> Und ein schwaches Kind, dass das nur bei 1a oder 1b ist, das hätte ich auch vorher sagen können. (D20, 89)

Im Gegensatz zu den Aussagen individueller Lehrer von verschiedenen Schulen, berichten Lehrkräfte einer Schule, die eine sehr enge Zusammenarbeit im Jahrgangsstufenteam pflegen, von einer sehr systematischen Nutzung der Rückmeldungsergebnisse von VERA. Dort werden die Ergebnisse zusammen mit anderen Daten als Grundlage für die Einteilung der Schüler in Förderkurse verwendet.

> Und wir nehmen die Ergebnisse der Orientierungsarbeiten und VERA als Grundlage für die Förderkurse mit. Also wir erstellen Listen, also wir setzen uns in der Jahrgangsstufe zusammen und überlegen: Wer hat jetzt am wenigsten Punkte im Grunde, in welchem Bereich und was hat der für eine Note. Also das beziehen wir auch mit ein und da machen wir so eine Gliederung, also eine Staffelung, wer hat es am dringendsten und wer hat es nicht so dringend. Und so erstellen wir unsere Förderkurse. (D15, 103)

Diese Nutzung wird von einem sehr positiven Klima an der Schule gegenüber VERA und Interesse an der Auswertung von VERA von Seiten der Schulleitung gefördert.

Einzelne Lehrer sehen in den VERA-Rückmeldungen den Vorteil, dass durch sie der Blick auf einzelne Schüler gelenkt wird. D12 spricht in diesem Zusammenhang von „Überraschungen" (D12, 97).

> Interviewer: Und decken sich die Ergebnisse ungefähr, wenn sie jetzt eine Klassenarbeit schreiben, decken sich die Ergebnisse von VERA ungefähr damit. Dass sie sagen, wenn ich jetzt selbst eine Arbeit geschrieben hätte, wäre das auch ungefähr so rausgekommen, dass eben einer in Mathe so gut gewesen wäre?
> D12: Habe ich ja vorhin schon einmal gesagt. Nicht immer. Nein.
> Interviewer: Das ist dann ja schon spannend für sie als Lehrer?
> D12: Ja. Also ich bin dann manchmal überrascht, wo man dann natürlich auch oft schaut, wo liegt jetzt die Klasse insgesamt und dann sieht man, ja wie die Einzelnen sind. Bei einigen ist es ganz klar, aber bei anderen schon/ Ein paar Überraschungen kommen schon, ja. (D12, 94-97)

Neben förderdiagnostischen Aspekten wurden in den Lehrerinterviews auch Aussagen zur selektionsdiagnostischen Verwendung von VERA gefunden, obwohl eine Benotung der Ergebnisse von VERA offiziell verboten ist. Die Ergebnisse von VERA werden laut Lehreraussagen nicht als eigenständige Note behandelt, sondern als Bestätigung oder Globalbeurteilung des Schülers bei der Zeugnisbewertung herangezogen.

> Manchmal so zum Zeugnis machen wir das hin, weil das dann auch eine gute Sicht gibt und man klarer sagen kann, was da fehlt in dem Bereich, was da noch gearbeitet werden muss. (D12, 53)

Zudem werden Formulierungen der VERA-Rückmeldungen für den Zeugnistext übernommen, weil sie als passend erachtet werden:

> Interviewer: Und das fließt ja auch nicht in die Note ein.
> D7: Genau. Also es fließt bei mir manchmal in den Zeugnistext mit ein, weil da teilweise gute Formulierungen drinstehen, wo ich sage: Genauso ist das Kind. Also das fließt mit ein, aber in die Benotung nicht. Nein. (D7, 83-84)

Gerade die externe Aufgabenstellung macht es für D18 interessant, die Ergebnisse von VERA auch zur Übertrittsentscheidung heranzuziehen. Auch bei kritischen Entscheidungen steigt die Bedeutung der VERA-Ergebnisse.

> Interviewer: Sie müssen die Arbeiten ja selbst korrigieren. Und dann bekommen sie quasi sofort die ersten Ergebnisse und wenn sie sagen, die sind nicht uninteressant, was machen sie dann damit?
> D18: Das ist nicht uninteressant. Ja ich meine viel mache ich damit nicht, aber es ist für mich halt/ Ich sehe wie kommt ein Schüler mit Aufgaben zurecht, die jetzt nicht ich gestellt habe, die von der Art ein wenig anders sind. Das ist auch durchaus hilfreich in der vierten Klasse, wenn es um den Übertritt geht. Da kann man dann schon einmal einen Blick hineinwerfen ohne, dass man das dann in eine Note umrechnet. Gerade bei Kindern, die ein wenig auf der Kippe stehen ist das dann auch für ein Elterngespräch eine ganz gute Grundlage. (D18, 52-53)

Eine Ablehnung des Hinzuziehens der VERA-Ergebnisse zu selektionsdiagnostischen Zwecken begründet eine Lehrkraft damit, dass ihr die Ergebnisse zu zufällig sind.

> Interviewer: Ziehen sie VERA auch für den Übertritt heran?
> D10: Nein, weil es mir zu zufällig ist. (D10, 245-246)

Diese Einstellung muss vor dem Hintergrund betrachtet werden, dass in der Klasse von D10 ein von ihr als sehr leseschwach eingeschätztes Kind bei VERA eine sehr hohe Kompetenzstufe erreichen konnte. Als sie wegen ihrer Verwunderung den Test wiederholen ließ, wurde deutlich, dass die Antworten bei VERA aufgrund des Ankreuzverfahrens zufällig waren.

D17 begründet die Ablehnung der Ergebnisse als zusätzliche Grundlage für die Übertrittsentscheidung damit, dass die Vergleichsarbeiten bereits in der dritten Klasse geschrieben werden und die Übertrittsentscheidung erst Mitte der vierten Klasse ansteht. Ihrer Meinung nach sind die Ergebnisse bis dahin nicht mehr aktuell.

> Interviewer: Wird das dann auch zum Übertritt herangezogen, die VERA-Aufgaben?
> D17: Eigentlich nicht, nein. Der Übertritt ist dann in der vierten Klasse, das ist ein neues Thema unabhängig/ Also die Bewertung der Schülerleistung erfolgt unabhängig von VERA. (D17, 40-41)

5.2.8 Zusammenfassung

Die Vergleichsarbeiten besitzen eine sehr hohe Bedeutung im Implementationsverfahren der Bildungsstandards.

Hinsichtlich des konzeptionellen Verständnisses der Vergleichsarbeiten nehmen Lehrkräfte vor allem das gestiegene Niveau und die veränderten organisatorischen Rahmenbedingungen wahr.

Die Durchführung von VERA sieht ein Großteil der befragten Lehrkräfte als unproblematisch an. Dabei scheint die zunehmende Erfahrung aufgrund der regelmäßigen Durchführung von VERA eine wichtige Rolle zu spielen. In Einzelfällen führte die zeitliche Festlegung von VERA zu organisatorischen Problemen in Schulen, da Stundenpläne umgestellt werden mussten.

Für die Elternberatung gewinnen die VERA-Ergebnisse dahingehend mehr Bedeutung, da anscheinend von Seiten des Kultusministeriums angestrebt wird, diese stärker in die Übertrittsentscheidung mit einzubeziehen. Dies schließen Schulleiter und Lehrer aus der Vorschrift, den Elternsprechtag zeitlich hinter die Ausgabe der VERA-Rückmeldungen an die Eltern legen zu müssen. Die Erziehungsberechtigten haben nämlich in den Augen der Lehrkräfte vor allem deshalb kein Interesse an den VERA-Ergebnissen, da diese nicht in die Benotung einfließen. Ob die Ergebnisse Bedeutung für die Elternberatung haben, ist neben dem Interesse der Eltern auch stark von der einzelnen Lehrkraft abhängig. Häufig werden die VERA-Ergebnisse den Eltern als höhere Autorität für die eigene Diagnostik präsentiert, aber nur selten als Beratungsgrundlage für förderdiagnostische Hinweise verwendet. Dennoch können die Rückmeldungen anregend für die Eltern-Lehrer-Kommunikation sein, da vielen Lehrkräften bewusst ist, dass diese an sich für viele Eltern ohne zusätzliche Erläuterung des Lehrers unverständlich sind. Als problematisch werden von den Lehrkräften die Einteilung der Stufen mit römischen Ziffern und die sehr abstrakte Sprache gesehen.

Das Testdesign und die Aufgaben von VERA sehen Lehrkräfte als verschieden zu ihren eigenen Aufgaben und vom Niveau als höher an. Besonders auffällig ist für viele die Kombination mehrerer Teilbereiche eines Fachs, da VERA mehrere Teilgebiete gleichzeitig abprüft. Außerdem thematisieren Lehrer die in ihren Augen mangelnde curriculare Validität, die es ihnen erschwert, die Aufgaben als Überprüfung ihres Unterrichts zu sehen.

Neben allgemeinen Kritikpunkten wie Papier- und Steuergeldverschwendung durch VERA, werden von den Lehrkräften die Gütekriterien in Frage gestellt. In ihren Augen misst VERA nicht das, was es vorgibt. Besonders auffallend ist dies für Lehrkräfte in Mathematik, wenn ihrer Meinung nach mehr Leseverständnis, als mathematische Kompetenz getestet wird. Zudem begründen Lehrkräfte ihre Kritik an VERA mit dem multiple-choice-Verfahren, das in ihrer Wahrnehmung eine hohe Anfälligkeit für Zufallsergebnisse hat. Aufgrund der Datenerhebung in Bayern fällt zudem noch die Begründung, dass sich aufgrund der unterschiedlichen Schuljahresplanungen der einzelnen Bundesländer keine objektive Messung erreichen lässt. Hinsichtlich des Auswertungsverfahrens kritisieren Lehrer am stärksten das Alles-oder-nichts-Verfahren; dies empfinden sie als konträr zu ihrer eigenen Bewertungspraxis. Die Dateneingabe der Ergebnisse als Ziffern wird als zeitaufwändig und vor allem als nicht gewinnbringend wahrgenommen. Jedoch zeigen die Äußerungen der Lehrkräfte, dass die von vielen praktizierte gemeinsame Eingabe der Daten einen Ort für Austausch über die Ergebnisse von VERA darstellt. Am Projekt VERA insgesamt wird bemängelt, dass von höherer Stelle keine Konsequenzen auf die Ergebnisse folgen. Darunter stellen sich die Lehrkräfte eine Erhöhung von zeitlichen und materiellen Ressourcen für die Schulen vor, deren niedriges Leistungsniveau durch VERA offensichtlich wurde. Ihre Kritik und Ablehnung der Vergleichsarbeiten kompensieren Lehrkräfte mit stillen Ablehnungsstrategien, indem sie Schüler auffordern einheitlich eine Aufgabe nicht zu bearbeiten, wenn das entsprechende Themengebiet noch nicht durchgenommen wurde, oder indem die vorgegebene Einleitung zu den Tests bewusst überbetont vorgelesen wird, um sie ins Lächerliche zu ziehen. Die Ergebnisse der Vergleichsarbeiten werden von Lehrkräften vor allem individuell rezipiert. Austausch mit Kollegen gibt es in erster Linie nur innerhalb des Jahrgangsstufenteams. Dabei ist es förderlich, wenn bereits Strukturen zum kollegialen Austausch vorhanden sind. Zudem wird ein systematischer Austausch an den Schulen betrieben, an denen die Schulleitung ein Interesse daran hat und eine Ergebnisreflexion von den Lehrkräften einfordert. Dennoch zeigen die Aussagen, dass der Umgang mit den Ergebnissen vor allem individuell geprägt ist. Gerade für Berufsanfänger sind die VERA-Ergebnisse eine wichtige Bestätigung ihrer eigenen Arbeit. Sie schätzen diese externe Kontrolle, während berufserfahrene Lehrkräfte die externe Beurteilung ihrer Arbeit ablehnen. Sie vertreten die Ansicht, dass sie durch ihre Erfahrung selbst in der Lage sind, Diagnosen zu treffen, weshalb sie keinen Erkenntnisgewinn durch VERA wahrnehmen. Die Rückmeldungen, die Lehrkräfte zu ihren Klassen erhalten, sind für viele zu umfangreich. Lehrer geben an, in erster Linie die Diagramme zu betrachten, um schnell einen Überblick zu erhalten. Sie lehnen es ab, die langen Textpassagen zu lesen und zu analysieren. Eine überraschend häufige Kategorie war *Emotional*. Es gibt einige Lehrer, bei denen die Rückmeldungen die emotionale Gefühlsebene ansprechen. In erster Linie berichten Lehrer von negativen Gefühlen wie Frust und Druck durch VERA. Hinsichtlich der Attribuierung der Ergebnisse gibt es Lehrkräfte, die stark externalisieren. Nur einige Lehrkräfte führen die Ergebnisse auf ihren Unterricht zurück. Allerdings beziehen sie diese nicht auf ihre persönliche Unterrichtsarbeit, sondern abstrahieren sie auf inhaltlicher (abgefragte Themen wurden noch nicht durchgenommen) und methodischer Ebene (anderer Fragestellungstyp).

In förderdiagnostischer Hinsicht werden die Ergebnisse nur in Einzelfällen als systematische Grundlage für Maßnahmen herangezogen. Sehr häufig sehen die Lehrer keine neuen Erkenntnisse durch VERA. Dies kann auch als Schutz ihrer eigenen diagnostischen Kompetenz gesehen werden. Bei Übertrittsentscheidungen und da insbesondere bei kritischen Fällen werden die Ergebnisse von VERA jedoch sehr gerne als Autorität gegenüber Eltern zu Rate gezogen. Auch werden Formulierungen der Individualrückmeldungen für die Zeugnistexte verwendet. In beiden letzteren Punkten wird die Beliebigkeit in der Verwendung der Ergebnisse durch die Lehrer deutlich: Die Akzeptanz der Arbeiten tritt auf, wenn es einen persönlichen Nutzen bringt. Einige Lehrer verwenden die VERA-Ergebnisse in diagnostischer Hinsicht deshalb nicht, weil sie VERA grundsätzlich ablehnen.

5.3 Einfluss von länderspezifischen Regelungskontexten auf das Rezeptionsverhalten von Lehrkräften

In diesem Teil der Ergebnisdarstellung werden neben den Daten der bayerischen Interviews (N=20) auch die Interviewtranskripte der finnischen Gesprächspartner (N=10) herangezogen. In der folgenden Darstellung werden innerhalb der einzelnen Kategorien Zitate der bayerischen als auch der finnischen Fälle direkt gegenübergestellt, um so einen direkten Vergleich von Begründungsmustern in den beiden Forschungsfeldern zu ermöglichen. In den Interviews wurden in beiden Ländern nach dem *Wahrgenommenen Implementationsweg*, dem *Konzeptionellen Verständnis* und der *Nutzung der nationalen Zielvorgaben* gefragt. Am Ende des Teilabschnitts 5.3 erfolgt eine Zusammenfassung für jedes Land. Länderübergreifende Zusammenfassungen befinden sich am Ende jedes thematischen Abschnitts und geben so noch einmal einen Hinweis auf den Einfluss länderspezifischer Regelungskontexte.

Die Übersicht über die Hierarchie der vorgestellten Kategorien wird in diesem Abschnitt um die Tendenz der Kategoriezuordnungen in den jeweiligen Ländern ergänzt.

5.3.1 Wahrgenommener Implementationsweg

Institutionelle Rahmenbedingungen geben den Implementationsweg von curricularen Verordnungen vor. Deshalb wurde in den Interviews nach dem Implementationsweg in den einzelnen Ländern gefragt. Die Aussagen geben Einblick in die unterschiedlichen Weisen, wie institutionelle Rahmenbedingungen zur Implementation von Lehrkräften wahrgenommen werden.

Die Vorstellung der Ergebnisse folgt diesem Kategorienschema:

Wahrgenommener Implementationsweg		
Hauptkategorien	*Unterkategorien*	*Ländervergleich*
Direkte Implementationsmaßnahmen	Direkte Implementationsmaßnahmen vorhanden	Fast ausschließlich Finnland
	Direkte Implementationsmaßnahmen nicht vorhanden	Überwiegend Bayern
Indirekte Implementationsmaßnahmen	Ausarbeitung des lokalen Lehrplans	Nur Finnland
	Lehreraus- und -fortbildung	Nur Bayern
	Begleitende Testmaßnahmen	Nur Bayern
	Sekundärmaterialien	Nur Bayern
Grad der Verbindlichkeit	Hoher Verbindlichkeitsgrad	Finnland und Bayern
	Untergeordnete Rolle der Bildungsstandards	Lehrbuch hat höheren Verbindlichkeitsgrad	Finnland und Bayern
		Lehrplan hat höheren Verbindlichkeitsgrad	Nur Bayern

5.3.1.1 *Direkte Implementationsmaßnahmen*

Gleichermaßen geben Lehrkräfte aus Finnland und Bayern an, keine direkten Implementationsmaßnahmen zu den Bildungsstandards angeboten bekommen zu haben.

Interviewer: So allgemein. Es gab jetzt keine gezielte Fortbildung an der Schule?
D1: Also hier an der Schule/ Also ich habe an keiner teilgenommen, ich glaube das gab es auch nicht. Ich weiß nicht wie das an anderen Schulen war/
Interviewer: Also nichts Verpflichtendes?
D1: Nein. (D1, 19-22)

Auch finnische Lehrkräfte geben an, dass es im eigenen Ermessen liegt, inwieweit man sich mit den neuen Bildungsstandards auseinandersetzt.

Interviewer: Yes and there is a new curriculum you get the new one and you should read it through or are there courses or something you get to know?
F5: No. No courses and we just/ Well it´s up to you how much you study it. (F5, 54-55)

Allerdings gibt es auch Lehrkräfte, die von der Teilnahme an freiwilligen Kursangeboten berichten. Jedoch wurde bei F1, von dem das folgende Zitat stammt, deutlich, dass er sehr engagiert ist und bildungspolitischen Prozessen interessiert gegenübersteht.

Interviewer: Maybe a training program when there is a new curriculum? So maybe every ten years you get a new curriculum from the Opetushallitus/
F1: Yes.
Interviewer: Is there something special which is done for the teachers that they know what has changed or/
F1: Yes we have education seminars or conferences but perhaps 2 or 3 per year and for instance ... next ... next season so in next august the national school authority are/ They are changing the special education laws and so we have had 2 or 3 meetings for our schools teachers where we have heard and a bit there has been also a bit discussing. (F1, 66-69)

In der Aussage zeigt sich, dass es anscheinend regelmäßige Treffen pro Jahr gibt, bei denen anstehende Änderungen im schulischen Bereich besprochen werden. Im Rahmen dieser regelmäßigen Treffen können auch Änderungen der nationalen Bildungsstandards thematisiert werden. Es scheint aber vom Engagement der einzelnen Lehrkräfte abzuhängen, ob sie von offizieller Seite über Veränderungen, die Schule und Unterricht betreffen, informiert werden. Zudem wird hier der finnische Steuerungsweg deutlich. Standards stehen nicht isoliert, sondern sind in die schulische Arbeit eingebunden. Deshalb gibt es auch keine gesonderten Fortbildungen, sondern eine Einbindung in das regelmäßige Fortbildungsprogramm, weil der Rahmenlehrplan sich ohnehin in einem ständigen Revisionsprozess befindet.

Auch in einem Interview mit einer bayerischen Lehrkraft wurden Hinweise auf ein Fortbildungsprogramm gefunden. Allerdings berichtet D7 von Erfahrungen eines Kollegen, der in einem anderen Regierungsbezirk unterrichtet. Es scheint, dass nicht nur die Bundesländer unterschiedliche Implementationswege bei den Bildungsstandards gegangen sind, sondern dass auch innerhalb Bayerns zwischen den Regierungsbezirken unterschiedliche Implementationsmaßnahmen ergriffen worden sind.

D7: Wir hatten jetzt auch vor zwei Wochen eine verpflichtende Fortbildung für alle Dritt- und Viertklasslehrer im Landkreis. Ich denke das läuft in allen Landkreisen jetzt, wo es eben nochmal um Leistungsbewertung ging und da wurde uns dann eben auch nochmal gesagt, dass Probearbeiten entweder auf diesen Stufen Reproduktion, Reorganisation und so weiter basieren können oder auf den Bildungsstandards oder/ Das dritte habe ich jetzt vergessen. Da müsste ich jetzt nachschauen. Also ich denke, dass da jetzt von oben nach unten auch so die Informationskette ein bisschen durchläuft.
Interviewer: Also das war dann vom Schulamt angeboten?

D7: Also das war vom Schulamt angeboten, aber es scheint von den Regierungen zu kommen, weil ich weiß, dass es zum Beispiel in Stadt […] war und das ist ja ein anderer Regierungsbezirk und da war es auch verpflichtend.
Interviewer: Also man musste da wirklich hin?
D7: Also die Dritt- und Viertklasslehrer mussten da hin. Also ich denke zugrunde lag dieser geänderte Übertritt, aber das hängt ja alles so ein bisschen miteinander zusammen und dann haben die eben noch einmal allgemein Fortbildungen gehalten zu Leistungsnachweisen.
Interviewer: Genau. Und wurden explizit auch die Bildungsstandards genannt?
D7: Auch genannt. Aber Inhalt, was die Bildungsstandards sind, wurde nicht genannt, sondern es hieß eben nur, man kann sich daran orientieren. Ich vermute, dass das dann in den Literaturangaben stand. Und da gibt's ja glaube ich auch eine Veröffentlichung auch vom ISB, da hat sie was hochgehalten/ (D7, 26-33)

Am Ende des Zitats kommt die Lehrkraft auf eine Fortbildung zu sprechen, die sie selbst besucht hat. Diese war verpflichtend und zum Thema Übertritt. Im Rahmen dieser Fortbildung wurden auch die Bildungsstandards erwähnt. Allerdings nur randständig und ohne inhaltliche Informationen. Es scheint, als ob verwaltungsorganisatorische Aspekte wie dem Übertritt, eine höhere Wertigkeit zugestanden wird. Denn offenbar scheint von Seiten der Schulaufsicht das Thema Übertritt so wichtig zu sein, dass eine verpflichtende Fortbildung vorgeschrieben wird, während die Bildungsstandards nur beiläufig eingeführt wurden.

5.3.1.2 Indirekte Implementationsmaßnahmen

Deutliche Unterschiede zwischen Finnland und Bayern lassen sich im Bereich der indirekten Implementation ausmachen. Mit indirekter Implementation werden die Maßnahmen bezeichnet, die nicht primär der Vermittlung von Wissen über Bildungsstandards dienen, aber im Zuge ihrer Umsetzung die Idee der Bildungsstandards verdeutlichen. Dazu konnten aus dem Interviewmaterial heraus vier unterschiedliche Wege definiert werden.

Ausarbeitung des lokalen Lehrplans

In den Aussagen der finnischen Lehrer findet sich in Bezug auf die indirekte Implementation der Bildungsstandards nur der Weg über die Ausarbeitung des lokalen Lehrplans. Dadurch, dass die konkrete Ausgestaltung der Bildungsstandards auf kommunaler Ebene stattfindet, sind die Lehrkräfte mit den Standards sehr vertraut. Viel wichtiger noch ist, dass durch die Beteiligung der Lehrkräfte an der Erarbeitung keine Diskrepanz zwischen nationalen Zielen und kommunalen Lehrplan entsteht. Vielmehr wird dadurch die Idee eines Kerncurriculums, das an die spezifische Situation vor Ort angepasst ist, sehr erfolgreich vermittelt. Für finnische Lehrkräfte gibt es deshalb auch kein Nebeneinander von nationalen Bildungsstandards und Lehrplänen, sondern der Lehrplan wird als aus den national einheitlichen Zielen heraus entwickelt verstanden. Oftmals mussten aufgrund dieses Verständnisses einer Einheit von nationalen Bildungsstandards und kommunalen Lehrplan die Interviewpartner während des Gesprächs ganz explizit aufgefordert werden, sich über die nationalen Bildungsstandards zu äußern.

> Yes, yes we have meetings and every time when we/ When the curriculum is changed it´s made by the teachers. It doesn´t come from the heaven you know. So actually when the curriculum is done, it´s done by teachers. (F7, 53)

In diesem Zitat deutet die Lehrkraft an, dass durch die Erarbeitung des Lehrplans auch ein Gefühl von Ownership erwächst. Zudem wird im folgenden deutlich, dass Lehrkräfte durch die Ausarbeitung ein klares Verständnis davon haben, was in den nationalen Bildungsstandards verlangt wird.

> No, I'm not sure but of course if you are a teacher and you have to obey the curriculum it's important that you do/ You are insight to it. So if you are not making it yourself you don't know what it considers. (F10, 67)

Lehreraus- und -fortbildung

Diese Kategorie fasst alle Äußerungen zusammen, die darauf schließen lassen, dass Lehreraus- oder -fortbildung dazu beigetragen haben, dass die Idee der Bildungsstandards den Lehrkräften bewusst wurde. Ausschlusskriterium war, dass nicht spezielle Implementationsmaßnahmen zu den Bildungsstandards angesprochen wurden. Hinsichtlich der Lehrerausbildung scheint vor allem die zweite Lehrerausbildungsphase die Arbeit mit Bildungsstandards sehr zu fördern. Alle interviewten Lehramtsanwärter berichten von Übungen und Hinweisen zu den Bildungsstandards im Ausbildungsseminar.

> Also ich bin ja noch im Seminar, weshalb mir die Bildungsstandards sehr vertraut sind. (D6, 4)

Besonders Prüfungsstunden sollen sich an den Bildungsstandards orientieren. In den Unterrichtsentwürfen wird deshalb explizit auf den Einbezug der Bildungsstandards geachtet.

> Interviewer: Also es wird dann auch stark thematisiert im Seminar jetzt?
> D14: Ja. Gerade in den besonderen Unterrichtsvorbereitungen, wo wir dann also besondere Stunden zeigen. Da wird dann ganz viel Wert darauf gelegt. (D14, 4-5)

Dabei bleiben die Innovationen, die von den Seminaren ausgehen, nicht nur auf die Lehramtsanwärter beschränkt, sondern werden durch die Lehramtsanwärter anscheinend häufig in Jahrgangsstufensitzungen auch an berufserfahrenere Kollegen vermittelt.

> D9: Ja, wir waren da/ Wir sitzen da immer zu viert zusammen und machen da unsere Pläne gemeinsam. So unseren/ Früher haben wir das alle vier Wochen gemacht, jetzt machen wir das alle sechs Wochen. Immer so einen gemeinsamen Fahrplan für die nächsten sechs Wochen. Und da wird immer gesagt: Du nimmst jetzt das. Wir haben ja auch mehrere Schulhäuser, das ist manchmal etwas kompliziert, weil die Sachen immer ausgetauscht werden müssen. Manchmal haben wir da auch Lehramtsanwärter dabei, die dann nochmal nachfragen, wie das ein oder andere Material funktioniert. Und wir sind dann ja mehrere Lehrer und erklären das dann und dann kriegt man das dann auch wieder einmal bewusster gemacht. Also diese Klassenkonferenz oder Wochenplangemeinschaft könnte man das nennen, die bringt schon was bei uns. Wir sind so viele Parallelklassen wir sind eine große Schule. Es ist sehr wichtig, dass man sich auch mal zusammensetzt.
> Interviewer: Und dadurch ist das so reingekommen?
> D9: Ja, da hat die eine mal gesagt, die war mal auf dem Lehrgang und der andere hat mal da was mitbekommen und so dieser Austausch/ Es ist immer wichtig, ich bin ja jetzt auch schon ein alter Hund sozusagen und wenn dann die jungen Leute, die dann so von der Uni noch so neuere Sachen mitbringen, dann muss man sich selbst auch zwangsläufig wieder umstellen. Man muss ja auf dem Laufenden bleiben, das ist klar. Das ist immer ganz gut, wenn man dann wieder mal etwas Neues hört. Das haben wir aber im Seminar anders besprochen und so.
> Interviewer: Ja, oft sind die Lehramtsanwärter/
> D9: Ja, dass die was Neues einbringen. Wir sind sehr dankbar für jede Anregung. (D9, 25-29)

Aber auch schulinterne Fortbildungen sind in der Lage, die Innovation des kompetenzorientierten Unterrichts den Lehrkräften bewusst zu machen. Dabei sind vor allem Me-
thodenfortbildungen bei den Lehrkräften beliebt.

> D7: Also, ich weiß nicht, ob das so in Richtung Bildungsstandard geht. Also so mein Schwer-
> punkt hat sich jetzt ein wenig mehr von den Inhalten auf die Methodik verlagert. Also jetzt nicht
> unbedingt, dass die Kinder jetzt rausgehen und wissen, aus welchen Teilen ein Stromkreis be-
> steht, sondern sie wissen jetzt wie sie sich was selbstständig erarbeiten oder sie können ihre ei-
> gene Leistung einschätzen. Also mehr so Richtung/
> Interviewer: Und das kam so durch VERA?
> D7: Nein, nicht durch VERA, sondern eher durch die schulinternen Fortbildungen aufgrund der
> Initiative von den jungen Kollegen. Eher daher. (D7, 128-130)

> Interviewer: Und wodurch wurde das angestoßen die Methoden zu überdenken?
> D11: Angestoßen. Ich glaube durch eine Kollegin und durch unsere/ Die ist jetzt Seminarleite-
> rin, die auch unglaublich offen für solche Sachen ist und wir uns dann auch mit diesen Klippert-
> Methoden auseinandergesetzt haben und wir dann auch festgestellt haben, dass das eine Metho-
> de ist, mit der ich ohne großen Aufwand gut unterrichten kann. (D11, 27-28)

Die Äußerung „ohne großen Aufwand gut unterrichten" (D11, 28) präzisiert den Wunsch
der Lehrkräfte möglichst ohne persönlichen Aufwand von Ressourcen den Unterricht
umzustellen.

Ein nach den Interviews erfolgsversprechender Weg zur Vermittlung der Ideen der Bildungsstandards sind Unterrichtsentwicklungsprogramme wie sie mit *Steigerung der
Effizienz des mathematisch-naturwissenschaftlichen Unterrichts* (SINUS: u.a. Nießler,
2003; Prenzel, Friedrich & Stadler, 2009) für den mathematisch-naturwissenschaftlichen
Unterricht vorliegt. Im Rahmen der Fortbildungen und den damit verbundenen verpflichtenden regelmäßigen Lehrerkonferenzen sind Änderungen der Unterrichtsgewohnheiten
anscheinend leicht zu erreichen. Dies könnte damit zusammenhängen, dass Lehrkräfte in
solchen Programmen langfristig begleitet werden und einen direkten Nutzen für ihren
Unterrichtsalltag sehen.

> Und in Mathe ist es so, dass wir wenn dann eigentlich dadurch, dass die Schule SINUS-Schule
> ist, dass wir dann in andere Bücher schauen, wenn das unser Lehrwerk nicht abdeckt, wo sind so
> Aufgaben, die Richtung SINUS gehen. Wobei SINUS auch ganz stark auf den Bildungsstan-
> dards fußt. Insofern machen wir da eigentlich/ Aber sie sehen, man ist sich oft eigentlich gar
> nicht bewusst, dass mit Sicherheit wir mit viel mehr Dingen wir die Bildungsstandards wahr-
> scheinlich beachten, aber wir machen uns das nicht bewusst, sondern wir arbeiten halt und die
> anspruchsvollen Aufgaben beinhalten die ja letztlich in vielen Formen. (D3, 44)

Begleitende Testmaßnahmen

VERA als Teil der Implementationsstrategie zu den Bildungsstandards hat gemäß der
Aussagen einiger bayerischer Lehrkräfte seine erwünschte Wirkung erzielt. Den Lehrkräften ist durch VERA klar geworden, welche Idee hinter den Bildungsstandards steckt.
Die Intention, mittels Aufgaben die abstrakt formulierten Bildungsstandards für den
Unterrichtsalltag zu erschließen scheint damit aufgegangen zu sein. In den Aussagen
wird wiederum deutlich, dass vor allem der methodische Bereich von den Lehrkräften
als Innovation wahrgenommen wird.

> Als jemand, der sich mit Schule beschäftigt und der merkt: Mensch die Bildungsstandards, anhand dieser VERA-Aufgaben gemerkt hat, worauf die hinauswollen. Etwas völlig anderes. Weg von dieser Mathematik, die Rechenfehler und Zahlen in den Mittelpunkt stellt. (D5, 65)

Speziell für Bayern konnte mittels VERA erreicht werden, dass ein völlig neuer Unterrichtsinhalt, der in den Bildungsstandards gefordert wird, nämlich Daten, Häufigkeit und Wahrscheinlichkeit, Eingang in die Unterrichtspraxis gefunden hat, obwohl dieser nicht im Lehrplan verankert ist.

> Also wir haben dann praktisch drei Wochen nur noch Daten, Häufigkeit und Wahrscheinlichkeit gemacht. Das war richtig interessant. Und es hat uns gezwungen, weil das Thema hätten wir vielleicht gar nicht mehr gemacht. (D11, 122)

VERA war aber auch ganz generell Anlass überhaupt von der Einführung von Bildungsstandards zu erfahren.

> Interviewer: Wenn sie jetzt mal zurückdenken, wie sie erfahren haben, dass es Bildungsstandards für die Grundschule gibt.
> D10: Ja mit der Einführung dieser Vergleichsarbeiten natürlich. Das waren ja vorher die Orientierungsarbeiten und jetzt sind sie zu Vergleichsarbeiten geworden. (D10, 29-30)

Sekundärmaterialien
Sekundärmaterialien zu den Bildungsstandards sind sehr einflussreich auf den Unterrichtsalltag. Jedoch wird im folgenden Zitat deutlich, dass vor allem aus Zeitgründen diese Materialien nur begrenzt zum Einsatz kommen.

> Also schon in der Schule, immer wieder von den Rektoren oder auch durch Bücher. Gibt ja jetzt auch oft solche Arbeitshefte, die nennen sich dann auch Lernstandserhebungen und da sieht man schon: Aha das ist schon ein wenig anders als das, was in den Schulbüchern vorkommt und dann nehmen wir da schon Übungen raus, aber im Grunde reicht die Zeit immer nicht, dass wir damit arbeiten, daraufhin arbeitet. (D12, 15)

In der Aussage eines Mitglieds der Schulleitung kommt zum Ausdruck, dass es versucht worden ist mittels Sekundärmaterialien die Bildungsstandards für die Lehrer an der Schule zugänglich zu machen. Eine Fortbildung dagegen hat man nicht angeboten. Somit ist es jedem Lehrer individuell überlassen worden die Materialien zu nutzen oder auch nicht.

> Interviewer: Sie sind ja auch in der Schulleitung tätig. Haben sie da irgendwie speziell etwas gemacht für die Lehrer. Also dass sie als Schulleitung gesagt haben, jetzt gibt es Bildungsstandards und/
> D15: Wir haben mal im Rahmen/ Ich glaube das war eine pädagogische Konferenz, haben wir mal über die Bildungsstandards gesprochen, aber das war jetzt nicht ein ganz langes Thema und vor allem haben wir eben Materialien dann vorgestellt auch. Und alles, was neu angeschafft wird, wird sowieso ausgelegt, und dann schauen die Kollegen sich das an. Also jetzt so richtig eine Fortbildung jetzt dazu haben wir nicht gemacht, nein. Wüsste ich jetzt nicht. (D15, 32-33)

5.3.1.3   *Grad der Verbindlichkeit*
Neben den Implementationsmaßnahmen zeigt sich auch am Grad der Verbindlichkeit wie erfolgreich die Implementation der Bildungsstandards verlaufen ist. Es ist bemerkenswert, dass überwiegend finnische Lehrkräfte den Bildungsstandards einen hohen Verbindlichkeitsgrad zusprechen. Sie begründen dies mit der Gleichheit, die sie durch die nationalen Bildungsstandards gewährleistet sehen.

F10: But I have been so long as a teacher, so I could quite easy to think what I have to teach in this year and what is the most important things in this year but of course I have to look check what is what is the curriculum and because it is important to teach what is to what is our national and this Opetushallitus what it means and I think that I have to ... obey our/
Interviewer: Yeah to stick to it to follow it. (F10, 7-8)

I see that as a matter of equality and I think it is fair to have, you know, what you get and whether you live in north or south or west or east. I can be confident that they will be getting the same basic education no matter where they live and I think it´s very important thing. And I say this as a mother and as a teacher. (F1, 15)

In Bayern ist einigen Lehrkräften durchaus bewusst, dass die Bildungsstandards verpflichtend sind, jedoch werden diese parallel zum Lehrplan wahrgenommen. Dadurch entsteht bei den Lehrern das Gefühl, zusätzlich etwas umsetzen zu müssen.

Wir einerseits als Lehrer verpflichtet sind nach unseren Lehrplänen zu unterrichten und auf der anderen Seite parallel dazu, diese Verbindlichkeit besteht, dass wir auch noch die Bildungsstandards einhalten sollen. (D16, 9)

In diesem Zitat wird deutlich, dass in Bayern beim Grad der Verbindlichkeit ein Nebeneinander zwischen Lehrplan und Bildungsstandards gesehen wird. Da den Lehrkräften der Lehrplan sehr vertraut und als verbindlich anerkannt ist, werden die Bildungsstandards nur randständig beachtet.

In Bayern gibt es einige Lehrer, die den Bildungsstandards keinen hohen Verbindlichkeitsgrad zusprechen. Eine Lehrkraft spricht von einer „unverbindliche[n] Verbindlichkeit" (D16, 101). Damit wird sehr treffend beschrieben, was in vielen Interviews zum Ausdruck kommt: Die Bildungsstandards sind offiziell verbindlich, spielen aber im Alltag keine Rolle. Es geht darum, den Lehrplan zu erfüllen und wenn dann noch Zeit bleibt – was laut Lehreraussagen so gut wie nie der Fall ist – werden die Ziele der Bildungsstandards explizit von den Lehrkräften umgesetzt. Die Bildungsstandards sind aus Lehrersicht von einer bewussten Integration in die Unterrichtsplanung weit entfernt.

D5 spricht in ihrer Aussage das Problem der fehlenden Implementation an. Sie kritisiert, dass die Bildungsstandards auf Ebene der Bildungspolitik über die Köpfe der Lehrer hinweg entschieden worden ist. Darin sieht sie den Hauptgrund, dass die Bildungsstandards im Unterrichtsalltag nicht als verbindlich angesehen werden.

Es spielt im Alltag keine Rolle. Das wurde auf KMK-Ebene gemacht. (D5, 19)

Im folgenden Zitat beschreibt eine andere Lehrkraft, dass sie unterrichtspraktische Themen wichtiger findet als sich mit den Bildungsstandards auseinanderzusetzen.

Ich bin so mit dem Unterrichtvorbereiten beschäftigt und mit dem Korrigieren und dann wird die Elternarbeit immer mehr und ich finde das einfach wichtig. Wo ich einfach sage: das brauche ich nicht. Ich lese mir mal ein ADHS Buch durch oder ich befasse mich mal mit anderen Problematiken, aber Bildungsstandards muss ich mir jetzt nicht durchlesen, weil ich denke ich weiß, was ich meinen Kindern vermitteln will. (D20, 27)

Zudem sprechen die Lehrer auch an, dass eine echte Verbindlichkeit für sie erst dann besteht, wenn die Bildungsstandards in die Lehrpläne eingearbeitet sind.

> Interviewer: Sie empfinden die noch nicht so als verbindlich?
> D17: Nein. Die sind noch so/ Es wird versucht in die Lehrplänen hineinzuarbeiten. Aber ich weiß nicht, inwieweit sie jetzt wirklich so abfragbar sind. Denn, wenn sie wirklich so einheitlich wären, dann dürften eigentlich die Schulen hier bei den internen Befragungen oder Tests innerhalb der Bundesrepublik nicht so weit auseinander ragen. Das meine ich. (D17, 4-5)

Die Einarbeitung in den Lehrplan spielt für die meisten Lehrer die wichtigste Rolle, ob Bildungsstandards als verbindlich angesehen werden oder nicht.

> Interviewer: Spielen dafür der Lehrplan, VERA, Bildungsstandards eine Rolle/
> D2: Das spielt eine untergeordnete Rolle. Insofern schon, dass es auch irgendwas Vernünftiges und Sinnvolles war. Aber so die oberste Priorität hat dann der Lehrplan, finde ich. (D2, 204-205)

Zudem sprechen die Lehrkräfte an, dass sie mit der Erfüllung des Lehrplans, die sie als oberste Priorität sehen, bereits zeitlich so ausgelastet sind, dass keine Zeit für die Umsetzung der Bildungsstandards bleibt. Diese Sichtweise entsteht dadurch, dass die Bildungsstandards als zusätzliche Verordnung und nicht als Teilbereich der curricularen Steuerung verstanden werden.

> Und um diese Grundlagen durchzubringen, auch was im Lehrplan steht/ Und dann sind Bildungsstandards und Lehrplan doch wieder zwei unterschiedliche Sachen, weil man einfach die Zeit gut braucht, um das normale Unterrichtliche durchzubringen. (D4, 151)

> In Mathematik zum Beispiel arbeiten wir bis zum letzten Tag, um überhaupt den Lehrplan abzudecken. (D2, 28)

Im folgenden Zitat wird ganz offensichtlich, dass die Bildungsstandards nur als Zusatz und nicht als vollwertige curriculare Verordnung gesehen werden. Die Bezeichnung als „zugeordnete Ziele" (D8, 33) lässt vermuten, dass in erster Linie der Lehrplan als verbindlich angesehen wird. Bildungsstandards hingegen sind nur angegliederte und anscheinend in der Wahrnehmung der Lehrkraft keine vollwertigen und verbindlichen Ziele.

> Interviewer: Also der Lehrplan hat doch noch die höhere Verbindlichkeit für die Lehrer?
> D8: Der hat. Na sicher. Sie meinen mehr wie die Bildungsstandards, diese zugeordneten Ziele? (D8, 32-33)

Aber nicht nur der Lehrplan scheint eine höhere Autorität als die Bildungsstandards zu besitzen, sondern auch das Lehrbuch ist für den Unterricht handlungsleitender. Dazu finden sich in den finnischen Interviews zwei Aussagen und eine einer bayerischen Lehrkraft. Für Finnland kann dies leicht erklärt werden, da übereinstimmend alle Lehrer von einer hohen Bedeutung des Lehrbuchs für die Unterrichtsplanung sprechen.

> F5: When they having a new book coming they have a well you know where they present these books. There was this new religion book coming and I was there sitting and listening what kind of book is it and then they say it ok well now as you all know in the 3rd grade you don´t have to teach these things. There were some stories from the Old Testament yes from the Old Testament that was left out.
> Interviewer: Ok.

F5: And then the new curriculum and I was like I just taught but when I told the others that do you know that we don´t have to teach that anymore and so ok we just skip those pages yes. (F5, 59-61)

Dieses Zitat zeigt, dass erst durch geänderte Schulbücher die Änderung der nationalen Vorgaben bekannt wurde.

Eine bayerische Lehrkraft spricht ebenso an, dass sich die Unterrichtsarbeit am Lehrplan, und da vor allem am Klassenlehrplan und an den Schulbüchern orientiert. Nachdem die Bildungsstandards weder im Lehrplan noch in den Schulbüchern vorhanden sind, werden diese nicht umgesetzt. Umgekehrt bedeutet dies, dass Lehrpläne, vor allem die Klassenlehrpläne und die Lehrbücher einen höheren Verbindlichkeitsgrad in der Praxis haben als die Bildungsstandards.

> Sagen wir mal umgekehrt: Ich weiß, dass die Bildungsstandards verbindlich sind, aber wenn wir mit dem Lehrplan arbeiten, nachdem wir den umsetzen in den Klassenlehrplan, nachdem dann auch die Arbeit mit den Büchern läuft, ist das sowas, was im Laufe des Schuljahres einfach im Vordergrund steht. Und weder in den Büchern, noch im Lehrplan ist eigentlich wirklich explizit sofort zu erkennen: Bildungsstandards, das ist in der und der Weise eingearbeitet. (D3, 10)

Zusammenfassung

Zusammenfassend legen die Aussagen die Vermutung nahe, dass in beiden Ländern direkte verpflichtende Implementationsmaßnahmen wenig vorhanden und freiwillige Angebote nur von engagierten Lehrkräften wahrgenommen werden. Sehr erfolgversprechend scheint der finnische Weg zu sein, die Lehrkräfte an der Implementation der Standards direkt zu beteiligen, indem die Standards auf lokaler Ebene ausgearbeitet werden. Zumindest kann darüber eine Vertrautheit mit den Inhalten des Lehrplans erreicht werden. Aber auch in Finnland zeigt sich, wie in Bayern, dass Lehrbücher sehr einflussreich auf die Unterrichtsplanung sind. Darüber hinaus sind in Bayern Fortbildungen, die sich direkt auf den Unterricht beziehen (z.B. SINUS) gut in der Lage, die Idee der Bildungsstandards in die Praxis zu tragen. Allerdings geht damit keine bewusste Verwendung von Bildungsstandards einher. Veränderungen bewegen sich dann hauptsächlich auf der Ebene der Unterrichtsmethodik.

5.3.2 Konzeptionelles Verständnis

Nachdem der wahrgenommene Implementationsweg dargelegt wurde, werden nun die Aussagen von Lehrkräften vorgestellt, die Aufschluss über das konzeptionelle Verständnis von Lehrkräften zu den Bildungsstandards geben. Zunächst werden die Aussagen zum konzeptionellen Verständnis der bestehenden Konzeption erläutert, dann die Motive für die Einführung von Bildungsstandards aus Sicht der Lehrer beschrieben und schließlich die Aspekte einer aus Lehrerperspektive idealtypischen Vorstellung von Bildungsstandards genannt.

Innerhalb der thematischen Einheit *Konzeptionelles Verständnis* werden folgende Kategorien vorgestellt:

Konzeptionelles Verständnis			
Hauptkategorien	*Unterkategorien*		*Ländervergleich*
Konzeptionelles Verständnis	Grundlagen		Fast ausschließlich Finnland
	Alter Wein in neuen Schläuchen		Nur Bayern
	Externe Verordnung	Vorgaben von oben	Bayern und Finnland
		Mit Bildungsstandards verbundene Lernstandserhebungen	Nur Bayern
	Vergleichbares		Nur Bayern
	Kompetenzen		Nur Bayern
	Bewusste Unsicherheit		Nur Bayern
Motive für die Einführung von Bildungsstandards	Gleichheit		Finnland und Bayern
	Erleichterung Schulwechsel		Finnland und Bayern
	Politische Motive		Nur Bayern
	Vergleichbarkeit		Nur Bayern
Idealtypische Vorstellung der Lehrkräfte von Bildungsstandards	Organisatorisch-bürokratisch		Fast ausschließlich Finnland
	Inhalt		Nur Bayern
	Detailliertheit der Bildungsstandards		Fast ausschließlich Bayern
	Unterrichtspraxis	Verankerung im Lehrplan	Nur Bayern
		Verankerung in Lehrwerken und Sekundärmaterialien zu den Bildungsstandards	Nur Bayern
		Unterrichtsbeispiele	Nur Bayern

5.3.2.1 *Konzeptionelles Verständnis*

Die Art und Weise der wahrgenommenen Implementation der Bildungsstandards steht im Zusammenhang mit dem konzeptionellen Verständnis, das finnische und deutsche Lehrkräfte von Bildungsstandards haben. Im Ländervergleich ist ein auffälliges Ergebnis, dass die Äußerungen der bayerischen Lehrkräfte ein weit heterogeneres Bild abgeben als die Aussagen der finnischen Lehrkräfte. In Finnland scheint es gelungen zu sein, die Bildungsstandards als national kleinsten gemeinsamen Nenner für Bildungsziele zu vermitteln.

Eine finnische Lehrerin bezeichnet den nationalen Rahmenlehrplan als „spine" (F2, 9), um damit auszudrücken, dass dieser gleichsam das Rückgrat des gemeinsamen Schulsystems ist. Er gibt die notwendige Stabilität, um alles zusammenzuhalten, lässt aber auch genügend Freiheiten für individuelle Entscheidungen auf kommunaler Ebene.

> Yeah, I think it´s very good thing because it keeps the school system into form so that every teacher knows what to do. And there is basic things are known for every teacher and there is some kind of spine that keeps the system together and working. (F2, 9)

Das Prinzip eines gemeinsamen Plans, der die Gleichheit auf nationaler Ebene im finnischen Bildungssystem gewährleisten soll und die individuell lokal spezifischen Aspekte im kommunalen und Schulcurriculum ermöglicht, ist den meisten Lehrkräften bewusst. F3 berichtet über dieses Prinzip:

> Yes our own aims are in our own school curriculum. Of course the basics are there but the special things we have here. (F3, 71)

Dieses homogene konzeptionelle Verständnis der finnischen Lehrkräfte steht in Diskrepanz zum stark heterogenen Bild, das die Aussagen der bayerischen Lehrkräfte bilden.

Ein Teil der in Bayern befragten Lehrkräfte empfindet die Bildungsstandards nicht als Innovation, sondern versteht darunter etwas Althergebrachtes, das mit einem neuen Namen versehen wurde. Für diese Lehrer scheint in Bezug auf die Bildungsstandards das Motto zu gelten: *Alter Wein in neuen Schläuchen.*

> Das ist ein neues Wort für eine althergebrachte Sache. (D8, 23)

Eine andere Lehrkraft sieht in den Bildungsstandards nur eine schriftliche Fixierung der grundlegenden Dinge, die schon immer für den Unterricht wichtig waren. Die Innovationsfunktion ist für sie nicht ersichtlich.

> Interviewer: Wenn sie jetzt den Begriff Bildungsstandards hören. Was fällt ihnen dann spontan ein oder woran denken sie da?
> D13: Da fällt mir eigentlich nichts ein. Es gab schon immer grundlegende Sachen, die die Kinder lernen mussten. Das war schon von jeher so und jetzt wurde das vielleicht mal allgemein für alle schriftlich fixiert. Also ich sehe da den Unterschied jetzt nicht so. (D13, 2-3)

Im weiteren Verlauf des Interviews zeigen Äußerungen, dass es zu keiner intensiven Beschäftigung mit den Bildungsstandards kam. Eine oberflächliche Betrachtung hatte für die Lehrkraft den Vorteil, keine Veränderungen am Unterricht vornehmen und damit zeitliche Ressourcen aufbringen zu müssen.

> Interviewer: Und wie haben sie von den Bildungsstandards erfahren, dass es sowas gibt?
> D13: Das weiß ich nicht mehr. Ich denke über die Schulleitung. Das ist ja schon ewig her. Da hat es geheißen, da sind die Bildungsstandards. Da gab es Bücher dazu, die wir uns gleich gekauft haben für die Lehrerbücherei und im Ordner stehen sie immer oben im Lehrerzimmer im Regal. Und dass man sich die halt zu Gemüte führen soll. Und dann hat sich halt gezeigt, machen wir eh schon immer so, kennen wir auch schon, war schon immer so, machen wir schon länger. Also es war jetzt irgendwie nichts Neues, nur dass es jetzt mal schriftlich fixiert war für jede Schule. (D13, 10-11)

Andere Lehrende sehen die Bildungsstandards als externe Verordnung. D15 spricht von den Bildungsstandards als „Vorgabe von oben, die dann kommt." (D15, 3).

D12 spricht die Auswirkungen für Schüler und Lehrer an, indem er darauf verweist, dass die Bildungsstandards hohe Ansprüche an Lernende und Lehrende stellen. Weiter kritisiert er, dass die Anforderungen zu hoch sind um sie erfüllen zu können, was bei ihm ein schlechtes Gewissen auslöst.

Hohe Ansprüche, denen nur ganz wenige Schüler gerecht werden können. Auch Ansprüche, Anforderungen an uns Lehrer, wobei man immer ein schlechtes Gewissen hat, weil man genau weiß, dass man denen nicht entsprechen kann. (D12, 3)

Ein Lehrer versteht unter Bildungsstandards die angegliederten Leistungskontrollen und Schulleistungsvergleiche. Für ihn spielen damit die externen Kontrollen eine entscheidende Rolle im Konzept der Bildungsstandards.

Interviewer: Wenn sie den Begriff Bildungsstandards hören. Woran denken Sie?
D8: Bildungsstandards? Puh. Da kommt mir die PISA-Studie in Kopf. Die ganzen Orientierungsarbeiten, die Vergleichsarbeiten. Das kommt mir in den Kopf. (D8, 2-3)

Für einige Lehrkräfte ist die Vergleichbarkeit das dominierende Merkmal der Bildungsstandards. Mit diesen bringen sie den nun national einheitlich festgeschriebenen Maßstab in Verbindung.

Also Bildungsstandards ist für mich was übergreifendes, was deutschlandweit gelten sollte. (D7, 3)

Interviewer: Allgemein, wenn sie das Wort Bildungsstandards hören, woran denken sie?
D10: Objektivität vielleicht. Vergleichbarkeit. (D10, 2-3)

Dass es irgendwas ist, was vergleichbar sein soll. Dass irgendwo eine Basis da sein muss, die man dann auch übertragen können muss und die man dann auch vergleichen können muss. (D19, 3)

Für Lehrer sind Bildungsstandards zudem eng mit dem Kompetenzbegriff verbunden. Diese Ansicht könnte auch medial geprägt sein, da durch die PISA-Diskussion vermehrt Kompetenzen gefordert worden sind. Dadurch und durch eigene Erfahrungen hat sich anscheinend das konzeptionelle Verständnis von Standards als Kompetenzen bei den Lehrkräften gebildet.

Standards sind für mich Kompetenzen, Fähigkeiten, die Schüler nachhaltig beherrschen sollten. (D5, 3)

Auch beim konzeptionellen Verständnis sind die Inhalte, die in Bezug auf die Bildungsstandards im Lehrerausbildungsseminar gelehrt werden, einflussreich. Dort sind die Bildungsstandards vor allem unter methodischen Aspekten vermittelt worden, was das konzeptionelle Verständnis der Lehramtsanwärterin geprägt hat. Sie betrachtet Bildungsstandards als Kompetenzen, die sich im methodischen Arbeiten widerspiegeln sollen.

Interviewer: Bildungsstandards, wenn sie das hören, was fällt ihnen da ein? Was verbinden sie damit?
D14: Also ich verbinde natürlich jetzt auch immer durch die Ausbildung im Seminar die Bildungsstandards in Mathematik. Also was da jetzt einfach in unserer Ausbildung so läuft. Eben, dass man dann die kompetenzbezogenen/ Modellieren, Problemlösen und so weiter, eben diese Dinge worauf bei uns in der Ausbildung Wert gelegt wurde. In Deutsch war es dann mehr oder weniger so, dass uns gesagt wurde, dass die Bildungsstandards gut in unserem Lehrplan abgedeckt sind. Also, wenn wir uns da rein an den Lehrplan halten, sind wir da auf einer guten Seite, um diese Standards eben zu erfüllen und in Mathe müsste man halt mehr oder weniger noch Daten, Häufigkeit und Wahrscheinlichkeit/ den Weg von den Schülerideen aus, ja also immer mehr die Kinder ins Spiel zu bringen. Also nicht mehr so frontal zu unterrichten, sondern eigene Lösungswege entdecken und selbst das Problemlösen darüber zu diskutieren, das darzustellen und

ja/ Was glaubt unsere Seminarleiterin gar nicht so unbedingt neu ist, aber in der Praxis laut ihr öfter auch auf der Strecke bleibt. (D14, 2-3)

In der folgenden Aussage von D20 wird angesprochen, dass Bildungsstandards offensichtlich ein recht abstraktes Gebilde für Lehrer darstellen. Die Standards als Grundtechniken, also Kompetenzen, zu sehen ist für diese Lehrkräfte das, was sie am ehesten mit ihrem Unterricht in Verbindung bringen können.

[…] viel Theorie und nicht das praktische Leben. Bildungsstandard ist für mich ein recht weiter Begriff. Also klar Bildungsstandards. Grundtechniken, die sie können müssen, gewisse Fertigkeiten, die sie können müssen. (D20, 3)

Erstaunlich häufig konnten Aussagen bayerischer Lehrkräfte der Kategorie *Bewusste Unsicherheit* zugeordnet werden. Erstaunlich deshalb, weil den Lehrkräften durchaus bekannt ist, dass sie nicht wirklich wissen, was Bildungsstandards sind, diese anscheinend aber als so irrelevant für ihren Unterrichtsalltag einschätzen, dass sie sich nicht darum bemühen, diese besser zu verstehen.

Interviewer: Wenn ich mich jetzt in ihren Unterricht hinten reinsetzen würde, könnte ich da irgendwie erkennen, dass sie nach den Bildungsstandards unterrichten?
D10: Das wissen wir eben nicht genau, weil wir nicht genau wissen, was die Bildungsstandards sind, aber was wir gut machen sind/ Methodisch haben wir uns unheimlich gut entwickelt, finde ich jetzt. (D10, 20-22)

Interviewer: Wenn ich mich jetzt bei Ihnen in den Unterricht reinsetzen würde, woran könnte ich erkennen, dass sie nach den Bildungsstandards unterrichten?
D18: ... Das ist jetzt schwierig. ...
Interviewer: Oder kompetenzorientiert. Das ist jetzt auch grad so/ Jeder muss Kompetenzen haben.
D18: Ja, das kann ich jetzt irgendwie ganz schwer beantworten. (D18, 14-17)

Andere Aussagen zeigen, dass Lehrkräfte durchaus wissen, dass es Bildungsstandards gibt, diese aber nicht konkretisieren oder inhaltlich definieren können.

Jeder hat sie [die Bildungsstandards] bekommen, weil eben dann so der Tenor war, dass eigentlich, ja wie es uns auch ging, man verwendet den Begriff, man weiß es, aber letztlich wirklich konkretisieren, fällt jedem schwer. (D3, 71)

Und Bildungsstandards in dem Sinn, da muss ich jetzt gestehen, freilich hat man das mal gehört, aber das wird immer anders definiert irgendwo. (D8, 21)

Wenn sich die Lehrenden über die Bildungsstandards informieren möchten, geschieht dies mittels Schulbücher, also stark praxisbezogen, und nicht mittels der offiziellen Handreichungen zu den Standards.

Interviewer: Aber dann spielen die Bildungsstandards schon auch eine Rolle bei der Auswahl der neuen Bücher.
D3: Für die neuen mit Sicherheit. Gerade weil man so ein bisschen schwimmt in Anführungszeichen. (D3, 71)

Nach der Lektüre der offiziellen Texte zu den Bildungsstandards hat sich nach Aussage von D4 dem Kollegium nicht erschlossen, was konkret mit Bildungsstandards gemeint ist.

> Danach hat man schon viel über Bildungsstandards diskutiert, aber keiner hat so richtig auch gewusst, was eigentlich drin steht. (D4, 59)

5.3.2.2 Motive für die Einführung von Bildungsstandards

Eine ebensolche Diskrepanz zwischen homogenem Verständnis auf finnischer Seite und heterogenem Verständnis auf bayerischer Seite zeigt sich in den Aussagen, in denen die Lehrkräfte dazu aufgefordert wurden über die Motive zu sprechen, die sie hinter der Einführung von Bildungsstandards vermuten.

Alle finnischen Lehrkräfte geben als Motiv für die Einführung nationaler Bildungsstandards *Gleichheit* an.

> Everybody should learn the basic things of course not depended on where you live here in Finland. (F3, 33)

Gleichheit ist ein wichtiges Prinzip der finnischen Gesellschaft und die Lehrer verbinden in ihren Aussagen die Einführung der Standards mit dem Motiv der Egalität. Diese Tatsache bedingt auch die große Zustimmung der Lehrkräfte zu den Standards.

Mit dem Motiv Gleichheit ist auch die Vermutung der Lehrkräfte verbunden Kindern einen Schulwechsel innerhalb des Landes zu erleichtern, wenn überall ähnliche Grundlagen für Schule und Unterricht gelten. Aussagen in diese Richtung finden sich allerdings sowohl in Finnland als auch in Deutschland.

> It´s important because children move in other town and it´s important that they have learnt something here that it´s the same in the Helsinki/ When they move and they learn everything in the primary school. (F9, 9)

> Ja, ich denke das sollte schon so sein, dass irgendwo die Kinder in einer gewissen Altersstufe das gleiche Wissen erreichen sollten. Egal in welchem Bundesland/ Allein schon, wenn man sieht in Deutschland, wenn die Kinder umziehen/ Unterschiedliche Schulsysteme haben, unterschiedliche Lehrpläne haben und dass da schon mal ein Standard schon mal da/ Und das natürlich auch gerade jetzt in Europa flexibel sein, weil man ja auch da hin- und herziehen kann, dass da einfach eine gewisse Basis da ist, wo man sagt, die soll erreicht werden und das sollten eigentlich die Kinder in dem Alter können. (D20, 5)

Die in Bayern interviewten Lehrkräfte vermuten aber auch politische Motive hinter der Einführung von Bildungsstandards. Dies korrespondiert mit dem konzeptionellen Verständnis von Bildungsstandards als externe Verordnungen.

> Also meine Vermutung ist einfach, dass es in erster Linie auch mit um Image geht. Es ist ja nun mal so, dass gerade auch die skandinavischen Schulen in den Studien einfach vorne liegen und Deutschland sich dann im Mittelfeld eingefunden hat und einpendelt und ja, dass einfach da alles drangesetzt werden soll, um auch Deutschland an die Spitze zu bringen, einfach dann eine Spitzenposition zu erreichen, was meines Erachtens auch nicht ganz der richtige Weg ist. Also Bildungsstandards, also ich finde die jetzt nicht von Grund auf schlecht gemacht. Es sollte auch schon ein gewisses Niveau da sein. Ich habe trotzdem noch die Vermutung, dass es auch viel getan wurde, um Spitzenpositionen zu erreichen, einfach um diesen Leistungsgedanken mit voran zu treiben. (D1, 8)

In diesem Zitat wird von der Lehrkraft die Vermutung geäußert, dass die Bildungspolitiker zum einen ihr Image verbessern wollen, andererseits aber auch intendieren, mittels Vergleiche den Leistungsgedanken in der Schule zu intensivieren.

Das folgende Zitat von D12 zeigt, dass die politischen Motive seiner Meinung nach entscheidend für die Einführung von Bildungsstandards gewesen sind. Aus seiner Sicht hat die Schulwirklichkeit für diese Entscheidung keine Rolle gespielt. In seinen Augen ist bei der Verabschiedung der Standards die Schulrealität zu wenig beachtet worden.

> Ja, es sieht natürlich auch schon gut aus, wenn man da so ein Level hat, wo es heißt, danach richten wir uns und ist ja auch vielleicht wichtig ein Ziel zu haben. Wie die Wirklichkeit aussieht, ist dann eine andere Frage. (D12, 5)

Die interviewten Lehrer in Bayern nennen auch die ernüchternden Ergebnisse der PISA-Studie als Motiv für die Einführung von Standards.

> Interviewer: Und warum glauben sie hat die Politik Bildungsstandards eingeführt?
> D16: ... Also ich denke, dass es damit zusammenhängt, dass mit dieser PISA-Krise, dass man letztendlich daran aufgemerkt worden ist, dass man da gesagt hat, man muss da einfach versuchen insgesamt das Level etwas höher zu bekommen und eben auch einheitlich zu bekommen und dass man dann deutschlandweit eben in etwa dieselben Ergebnisse hat und nicht nur einzelne Bundesländer vielleicht da besser oder schlechter abschneiden. Also ich denke mir, dass das eigentlich so der Hintergrund ist, dass das beabsichtigt worden ist. (D16, 4-5)

> Das kam nach PISA 2000 aufgrund des schlechten Abschneidens, um einfach dann ein hohes Bildungsniveau zu sichern, das verbindlich für alle bayerischen Grundschulen oder auch deutschlandweit sein soll. (D1, 3)

Des Weiteren konnten Aussagen der bayerischen Lehrkräfte der Kategorie *Vergleichbarkeit* zugeordnet werden. In Abgrenzung zur Kategorie *Gleichheit* wird in den Aussagen der Lehrkräfte deutlich, dass sie als Motiv für die Einführung von Bildungsstandards den Hintergrund sehen, Leistungen von Schülern und Lehrern kontrollierbar und testbar zu machen.

> Ja, es wurde ja eingeführt von der KMK, um so ein bisschen vergleichbarer alles machen zu können. Um zu schauen, wie arbeiten die Schüler in welchen Bereichen. Vergleichbarkeit ist glaube ich das große Stichwort. (D6, 6)

D14 spricht konkret den Aspekt der Kontrolle an, da erst durch die Einführung eines national einheitlichen Maßstabs die Grundlage für nationale Vergleichsarbeiten geschaffen wurde.

> Interviewer: Welche Ziele verfolgt wohl die Politik damit, Bildungsstandards einzuführen?
> D14: Ich habe das Gefühl, das kontrollierbarer zu machen, die ganze Sache. (D14, 6-7)

5.3.2.3 Idealtypische Vorstellung der Lehrkräfte von Bildungsstandards

Aussagen der Lehrkräfte zur idealtypischen Vorstellung von Bildungsstandards können den Überkategorien *Inhalt, Organisatorisch-bürokratisch, Detailliertheit der Bildungsstandards* und *Unterrichtspraxis* zugeordnet werden, die im Folgenden erläutert werden.

Im Ländervergleich fällt auf, dass finnische Lehrkräfte sehr konkrete Wünsche an idealtypische Standards äußern, die sich in erster Linie auf organisatorisch-bürokratische Bereiche beschränken. Dies hängt damit zusammen, dass in den finnischen nationalen

Rahmenlehrplänen Vorschriften zur Stundenverteilung und zur Dokumentation von Unterricht gemacht werden. Vor allem hinsichtlich der Stundentafel äußern die Lehrkräfte ganz konkrete Wünsche.

> But I would increase the lessons. (F1, 27)

F1 spricht an, dass die Mindeststundenzahl, die unterrichtet werden muss, von staatlicher Seite angehoben werden müsste. Vor allem künstlerisch-sportliche Fächer sollten seiner Meinung nach verstärkt unterrichtet werden.

> You should have more sports, more handicrafts and arts and those kinds of things. (F1, 39)

Hinsichtlich des Inhalts der Standards äußert je eine Lehrkraft aus Bayern den Wunsch, dass zum einen nicht nur Ergebnisse, sondern auch Prozesse beachtet werden sollten und dass auch der sozial-emotionale Bereich für die Bildungsstandards eine Rolle spielen sollte. Mit Letzterem verbunden ist vielleicht auch die Befürchtung der Marginalisierung der sogenannten „weichen" Fächer, für die keine Bildungsstandards formuliert worden sind.

> Ich finde auch die Standards wichtig, aber das ist immer nur ergebnisorientiert. (D10, 284)

> […] aber gehört für mich dann auch dazu, dass sie soziale Kompetenzen oder sowas haben und nicht nur auf das Kognitive beschränkt. (D20, 3)

Bezüglich des Wunsches nach detaillierteren Bildungsstandards zeigen die Aussagen ein widersprüchliches Bild. Zum einen wünschen sich einige Lehrkräfte sehr konkrete Aussagen, andere Lehrkräfte wiederum eine Lockerung der Vorschriften.

> D7: Also ich würde das halt so formulieren, was ein Viertklässler können sollte, wenn er die Grundschule verlässt. Jetzt zum Beispiel Deutsch. Wenn ich da Lesen hernehme, würde ich eben sagen: Ein Viertklässler sollte flüssig lesen können, sollte dem Text Informationen entnehmen können, auch detaillierte Informationen vielleicht. Er sollte vielleicht auch so den übergeordneten Sinn des Textes schon rausfinden können oder ja auch das gestaltende Lesen. Das ist dann so die andere Richtung. Das eine ist ja eher so das inhaltserfassende, das andere ist dann mehr so das gestaltende Lesen. Es könnte auch schon angebahnt werden so kritischer Umgang mit Texten. Also wer hat das geschrieben, warum hat er es geschrieben, steckt da irgendeine Idee dahinter.
> Interviewer: Also würde eher so Ziele formulieren.
> D7: Ja.
> Interviewer: Und Inhalte auch oder auch Beispiele oder sagen sie es soll wirklich mal/
> D7: Also in Deutsch würde ich/ Finde ich/ Käme man ohne Inhalte aus, weil man da gut Ziele formulieren kann, die ich mit Inhalten füllen kann. In Mathematik ist ja oft Ziel und Inhalt fast gleich, wenn man sagt sie sollen schriftlich rechnen können. In HSU denke/ Also da waren mir diese Bildungsstandards, die ich kenne, ein wenig zu schwammig. Also wenn es heißt: Kinder sollen sich orientieren können in ihrer Umwelt. Da gehört dann für mich auch schon der Inhalt dazu. Die Landkarte zum Beispiel oder jetzt wenn ich auch, wenn ich an den physikalischen Bereich denke: Der Stromkreis. (D7, 11-15)

Jedoch muss man diesen Wunsch nach mehr Präzision so verstehen, dass sich D7 ein klareres Bild von dem wünscht, was erwartet wird. Dadurch wird auch verständlich, dass zwar mehr Präzision, aber keinesfalls mehr Einschränkungen und Verpflichtungen von den Lehrern gewünscht werden.

Am häufigsten nennen Lehrkräfte Aspekte, die der Kategorie *Unterrichtspraxis* zuge-ordnet worden sind. Lehrer wünschen sich einen stärkeren Bezug der Bildungsstandards zur Unterrichtspraxis. Sie bemängeln die fehlende Verankerung der Bildungsstandards im Lehrplan und in den Lehrwerken.

> Also ich fände es wünschenswert, dass es überhaupt nicht diese parallelen Stränge gibt in der Form, dass wir einerseits als Lehrer verpflichtet sind nach unseren Lehrplänen zu unterrichten und auf der anderen Seite parallel dazu, diese Verbindlichkeit besteht, dass wir auch noch die Bildungsstandards einhalten sollen. Also das finde ich eigentlich eine sehr unglückliche Kombi-nation. Ich würde mir wünschen, dass wenn ich nach Bildungsstandards unterrichte, dass das bereits in meinen Lehrplan integriert ist, dass ich auch Lehrbücher habe, die das auch wirklich im verstärkten Maße berücksichtigen. Es wird inzwischen mehr berücksichtigt als noch vor Jah-ren. Man merkt natürlich, dass das in die neuen Lehrbücher auch eingegangen ist, also gerade in Mathe merkt man das ganz deutlich, dass da also Fragestellungen drin sind, die früher nicht drin waren. Also es ist schon mit eingegangen. Aber insgesamt finde ich es nicht günstig, dass wir eigentlich so eine Ver/ Ja, es ist ja verbindlich auf der einen Seite auf der anderen Seite habe ich meinen Lehrplan, der auch verbindlich ist und ich kann letztendlich nur versuchen wie ich diese Stränge da irgendwie miteinander verbinde. Also ich bin damit insgesamt nicht zufrieden. (D16, 9)

Kritisiert wird von D16 vor allem das Nebeneinander von Lehrplan und Bildungsstan-dards. Sie wünscht sich nur eine einheitliche curriculare Vorgabe.

Wiederum werden auch die Sekundärmaterialien in Aussagen erwähnt. Lehrkräfte wün-schen sich eine Einarbeitung der Bildungsstandards in die Lehrwerke. Übereinstimmend zu den anderen idealtypischen Vorstellungen zeigt sich auch hierin der Wunsch zur stärkeren Praxisverankerung der Bildungsstandards.

> Aber es ist nur zum Teil in den Lehrbüchern überhaupt mit enthalten. Ich muss es aber auch ir-gendwie mit reinbringen. Das erschwert es ungeheuer. Also wenn das eine einheitliche Rege-lung ist, also es soll jetzt nach Bildungsstandards unterrichtet werden, dann erwarte ich auch, dass das dann auch im Lehrplan und auch in den Lehrbüchern drin ist. (D16, 15)

> Ja, also da fällt mir ein, da würde ich mir für die Zukunft wünschen, aber ich glaube das ist auch im Kommen, dass es wirklich mehr in Lehrwerken verankert ist. Damit man wirklich auch die Sicherheit hat, ok, wenn ich den Lehrplan durcharbeite und mich daran orientiere, habe ich auch automatisch mit die Bildungsstandards eigentlich mit erfüllt und eingearbeitet und muss nicht beides parallel durchlesen, durcharbeiten. Auf der einen Seite den Lehrplan und auf der anderen Seite die Bildungsstandards daneben haben, um zu sehen wo es Überschneidungen gibt, sondern das müsste eigentlich schon von vornherein ineinander eingearbeitet sein und dann eben auch die Lehrwerke, die dann kommen oder auch die Handreichungen für die Lehrer oder so. Weil wenn man beides sich parallel erarbeiten muss und schauen muss, wo man Schnittpunkte und Schnittmengen hat/ Das ist von der Zeit her gesehen utopisch. (D4, 15)

Die überwiegende Zahl der bayerischen Lehrkräfte wünscht sich vor allem Beispiele zu den Bildungsstandards. Daran lässt sich erkennen, dass die Lehrkräfte keine klare Vor-stellung davon haben, wie sie die Bildungsstandards im Unterricht umsetzen sollen. Außerdem zeigt sich, dass sich Praktiker curriculare Änderungen in erster Linie über die Unterrichtspraxis erschließen wollen.

> Ich hätte sie mir gerne als Beispiele. Ich habe ein Buch zu Bildungsstandards Mathematik, das ist aufgemacht wie ein Aufgabenheft und da sind lauter Beispiele drin, was Schüler können müssen. Und das benutze ich auch in der vierten Jahrgangsstufe dann. Ich nehme das dann her und stelle aus diesen Aufgaben dann auch mal Probearbeiten zusammen. (D11, 12)

Ja sie müssten relativ konkret sein, dass man wirklich versteht, was gemeint ist und vielleicht auch schon Anregungen wie man sie umsetzt. (D18, 11)

D16 möchte sogar ganz konkretes Material zu den Bildungsstandards, das sofort in den Unterricht integriert werden kann. Eine Auseinandersetzung mit der Theorie hingegen wird abgelehnt.

Also wenn ich mir die Bildungsstandards mir da anschaue, aber in Mathe, ja da ist ja dieser ganze Bereich der Kombinatorik, der Wahrscheinlichkeitsrechnung, da haben wir eigentlich kein richtiges Pendant in unserem Lehrplan drin und da wäre es nicht schlecht, wenn uns da ein bisschen uns konkreteres Material zur Hand gegeben würde. (D16, 17)

D10 spricht von der zeitlichen Belastung der Lehrkräfte, die ihrer Meinung nach einer theoretischen Auseinandersetzung mit den Bildungsstandards im Wege steht. Die Lehrkräfte sehen nicht die nötigen zeitlichen Ressourcen sich die Bildungsstandards theoretisch anzueignen, um diese dann für die Unterrichtspraxis verwenden zu können.

Und ich finde das mit den Beispielen/ Ich brauche ganz schnell Informationen. Wir Vollzeitlehrer haben nicht mehr die Zeit uns da wissenschaftlich so großartig mit zu beschäftigen. Dazu sind wir einfach zu arg eingebunden. (D10, 19)

Zusammenfassung

Zusammenfassend zeigen die Ergebnisse aus Finnland ein typisches Bild finnischer Konsenskultur. Hinsichtlich der Hauptkategorien *Konzeptionelles Verständnis* und *Motive für die Einführung von Bildungsstandards* aus Lehrersicht haben finnische Lehrkräfte ein sehr homogenes Bild. Sie verstehen die nationalen Zielvorgaben als kleinsten gemeinsamen Nenner, der die Gleichheit der schulischen Ausbildung im gesamten Land gewährleistet. Die Aussagen der bayerischen Lehrkräfte hingegen zeigen ein heterogenes Bild. Hinsichtlich des konzeptionellen Verständnisses reicht die Bandbreite der Aussagen von bewusster Unsicherheit, über Althergebrachtes mit neuem Namen, Kompetenzen, bis hin zum Verständnis der Bildungsstandards als externe Vorgabe. Bei den Motiven für die Einführung der Bildungsstandards vermuten die bayerischen Lehrkräfte vor allem politische Gründe. Zudem unterstellen sie der Politik das Motiv, mit einem gemeinsamen Maßstab die Arbeit von Lehrern bundesweit vergleichbar und kontrollierbar machen zu wollen. Die Wünsche an idealtypische Bildungsstandards sind in beiden Ländern vielfältig. Bei finnischen Lehrkräften überwiegen ganz konkrete Forderungen wie die Erhöhung der Jahresstundenzahl, während sich die bayerischen Lehrkräfte vor allem eine stärkere Praxisorientierung der Bildungsstandards wünschen. Dies korrespondiert mit der Unsicherheit der Lehrkräfte, die nicht wissen, wie sie die Bildungsstandards in den Unterrichtsalltag integrieren können und sich durch anschauliche Beispiele eine Konkretisierung der Bildungsstandards erhoffen. Zudem beklagen sich die bayerischen Lehrkräfte über zu geringe zeitliche Ressourcen, was dazu führt, dass sie sich nicht theoretisch mit den Bildungsstandards auseinandersetzen können. Die Lehrkräfte geben an, Neuerungen in der Praxis kennen lernen zu wollen und einen sofortigen Nutzen aus einer curricularen Innovation ziehen zu wollen.

5.3.3 Nutzung der Bildungsstandards

Nachdem sich die ersten beiden Teilbereiche des Ländervergleichs mit dem wahrgenommenen Implementationsweg und dem konzeptionellen Verständnis der Lehrkräfte beschäftigt haben, wird in diesem Teilabschnitt die Nutzung der Bildungsstandards in Finnland und Bayern in den Mittelpunkt gestellt.

Die thematische Kategorie *Nutzung der Bildungsstandards* wurde in folgende Unterkategorien untergliedert:

Nutzung der Bildungsstandards			
Hauptkategorien	*Unterkategorien*		*Ländervergleich*
Legitimation			Finnland und Bayern
Unterrichtsplanung	Direkter Einfluss	Methode	Nur Bayern
		Inhalt	Fast ausschließlich Bayern
		Langfristige Planung	Nur Finnland
		Zwischen-evaluationen	Nur Finnland
		Freiheit	Nur Finnland
	Indirekter Einfluss	Einfluss von Sekundär-material	Nur Bayern
		VERA-Aufgaben	Nur Bayern
		Lehrplan	Bayern und Finnland
Leistungsmessung	Vorgaben der Bildungsstandards werden zur Zeugnisbewertung genutzt		Nur Finnland
	Änderungen des eigenen Leistungsmessungsverhaltens		Nur Bayern

5.3.3.1 *Legitimation*

In Finnland wie in Bayern geben die Lehrkräfte an, dass sie die nationalen Bildungsstandards zur Legitimation ihres Unterrichts und ihrer Leistungsbewertung vor allem gegenüber Eltern heranziehen.

> F6: It´s important and it gives you the/ That you can be sure what you are doing in that way that if I choose not to teach something which is on the book I can say that I don´t have to do that. It´s and you can´t question it because you don´t you really have to because it´s not ... it´s not what is not what is the word about/
> Interviewer: Obligation. (F6, 5-6)

Die Berichte bayerischer Lehrkräfte müssen unter dem Aspekt betrachtet werden, dass sich die Aussagen zur Legitimation auf die VERA-Ergebnisse beziehen. Die Vergleichsarbeiten basieren auf den Bildungsstandards. Die Ergebnisse aus diesen Tests scheinen aber für einige Lehrkräfte gerade im Hinblick auf die Übertrittsentscheidungen in der vierten Klasse als externe Autorität in Elterngesprächen oder für die Selektionsdiagnostik zu dienen.

> Interviewer: Aber das ist dann schon so eine höhere Autorität für die Eltern dann auch?
> D7: Ja.
> Interviewer: Gerade für Übertrittsentscheidungen.

D7: Genau es ist auch wirklich mal etwas Allgemeines. Also wenn ich sage: Ihr Kind arbeitet nicht kontinuierlich. Das geht hier rein und dort wieder raus (deutet auf die Ohren). Aber wenn die Eltern dann ein Testheft sehen, wo mal locker drei Seiten ausgelassen sind. Dann ist das schon etwas anderes. Und es sind ja auch die Anweisungen genormt, die man den Kindern sagen darf, und von daher ist es für die Eltern schon eine Autorität. (D7, 85-88)

Interviewer: Und jetzt wenn sie Übertrittsentscheidungen treffen müssen. Das soll jetzt ja auch entzerrt werden, indem es schon auch in die dritte Klasse hineingenommen wird. Ziehen sie für diese Entscheidung auch VERA heran, als höhere Autorität für die Eltern, dass sie sagen: Ja also wenn sie meinen Sachen nicht trauen, aber schauen sie doch mal bei VERA, da war ihr Kind doch auch/
D9: Ja also das ist bei so Wackelfällen ist es immer ein ganz gutes Argument, wenn die bei VERA auch relativ schwach waren. Also bei einer bin ich mir sicher, dass die nächstes Jahr kommen, weil die wollte unbedingt in die Realschule und die hat jetzt beim Lesen 1b gehabt. Also ganz schwach, das hat man dann schon in der Hinterhand, das sage ich dann beim Elterngespräch. (D9, 119-120)

D18 beschreibt wie die Vergleichsarbeiten als externer Maßstab ihre eigene Diagnostik für den Übertritt unterstützen.

Das ist nicht uninteressant. Ja ich meine viel mache ich damit nicht, aber es ist für mich halt/ Ich sehe wie kommt ein Schüler mit Aufgaben zurecht, die jetzt nicht ich gestellt habe, die von der Art ein wenig anders sind. Das ist auch durchaus hilfreich in der vierten Klasse, wenn es um den Übertritt geht. Da kann man dann schon einmal einen Blick hineinwerfen ohne, dass man das dann in eine Note umrechnet. Gerade bei Kindern, die ein wenig auf der Kippe stehen ist das dann auch für ein Elterngespräch eine ganz gute Grundlage. (D18, 53)

Aber auch für die Lehrkräfte persönlich scheinen Bildungsstandards eine Absicherung der eigenen Arbeit zu sein.

Interviewer: And the opetussuunnitelma does it help you for that kind of good lesson.
F10: No, I am not sure that it helps good lessons it gives me the feeling that I'm doing the work right. (F10, 265-266)

Neben der Nutzung der Bildungsstandards zur Legitimation des Unterrichts werden diese auch zur Unterrichtsplanung an sich verwendet. Im Folgenden werden unterschiedliche Aspekte der Unterrichtsplanung mit Bildungsstandards erläutert.

5.3.3.2   Unterrichtsplanung

Curriculare Innovationen sind nur in dem Maße erfolgreich wie es ihnen gelingt, die Unterrichtspraxis der einzelnen Lehrkräfte zu beeinflussen. Deshalb wurde bei der Interviewführung und bei der Auswertung der Themenbereich *Einfluss der Bildungsstandards auf die Unterrichtsplanung* berücksichtigt. Dabei war von Interesse, ob und wenn ja wie Bildungsstandards zur Unterrichtsplanung herangezogen werden.
Der direkte Einfluss der Bildungsstandards ist nach Aussagen der Lehrer in Finnland und Bayern unterschiedlich stark ausgeprägt. Insgesamt ist er in Bayern sehr gering. Bayerische Lehrkräfte geben überwiegend an, aufgrund der Einführung von Bildungsstandards in methodischer Hinsicht ihren Unterricht verändert zu haben. D14 äußert, dass sie die methodische Umstellung aufgrund der Bildungsstandards bei ihren Schülern als sehr positiv erlebt hat.

In gewisser Weise bringt's/ Also mir hat es ein bisschen geholfen diese Bildungsstandards, dadurch dass man seinen Unterricht auch ändert, dass man die Schüler bei einer Erarbeitung auch erst mal etwas selbst machen lassen kann und dann versucht die in diese Richtung zu führen. Oder auch das Darstellen, Argumentieren, Diskutieren, ihre Meinung ist wichtig also, dass das die Schüler in der Richtung auch weiterbringt. (D14, 163)

In Bayern kommt zudem der Sonderfall hinzu, dass der inhaltliche Bereich der Bildungsstandards – Daten, Häufigkeit und Wahrscheinlichkeit – nicht im Lehrplan verankert ist. Deshalb nennen zwei Lehrkräfte diese inhaltliche Beeinflussung ihres Unterrichts durch die Bildungsstandards als direkten Einfluss.

> Interviewer: Haben Sie aufgrund der Bildungsstandards irgendetwas am Unterricht verändert? Also die wurden ja 2004 und dann ab Schuljahr 05/06 wurden die eingeführt. Würden sie sagen: Ich hab da was verändert an meinem Unterricht?
> D18: ... Also ich mein naja, wenn Bildungsstandards auftauchen, die in der Form vorher nicht da waren. Also gerade in Mathe diese Geschichte da mit den Häufigkeiten, das war ja früher eigentlich kein Thema. (D18, 18-19)

> Interviewer: Wenn ich jetzt in ihren Unterricht gehen und mich hinten reinsetzen würde, woran könnte ich erkennen, dass sie nach den Bildungsstandards unterrichten?
> D16: ... Sie könnten es wahrscheinlich/ Eigentlich wirklich nur erkennen vielleicht im Mathematikunterricht, wenn ich gerade einen Bereich hier behandle, der jetzt zum Beispiel bei den Vergleichsarbeiten abgeprüft worden ist und den wir jetzt verstärkt dann unterrichtet haben. Das ist der Bereich der Kombinatorik und diese ganzen Wahrscheinlichkeitsrechnungen, weil das etwas ist, das im Lehrplan in Bayern wenig Beachtung findet, also auch in unserem Lehrbuch sehr wenig Beachtung findet und da müsste ich mich in diesem Bereich mit Extramaterial auseinandersetzen und das wäre jetzt auch etwas, wo ich vom Fach her ganz eindeutig sehen kann, also dieser Bereich ist vom Lehrplan nicht wirklich abgedeckt und wenn ich mich damit beschäftige und versuche den Kindern das zu vermitteln, dann ist es ganz klar, dass ich mich an die Bildungsstandards halte. (D16, 6-7)

In Finnland hingegen nennen die Lehrkräfte andere Nutzungsweisen der Bildungsstandards. Dort werden die nationalen Vorgaben vor allem zur langfristigen Unterrichtsplanung herangezogen.

> I look it first in the autumn when I'm trying to plan the whole year. (F6, 9)

> Interviewer: You have this national opetussuunnitelman from the Opetushallitus so is it important for your everyday work so for your just normal lessons.
> F10: Not everyday work. But of course I/ that look is very important when I plan my work for longer time. And I check there if I/ What I can give up and what I have to take but I think the most important is our local curriculum because opetussuunnitelma the opetussuunnitelma of [town's name] is the most important because it is there are ... the things are there said ... what I/
> Interviewer: More detailed. (F10, 2-4)

Außerdem geben einige Lehrer an, dass sie im Laufe des Jahres anhand der Bildungsstandards Zwischenevaluationen vornehmen, ob sie im Unterricht alle wichtigen Inhalte berücksichtigt haben.

> I use it like I check it 3 to 5 times per year so that I'm doing/ And I have to check if I teach something right or what should I do before summer. (F7, 3)

Somit scheinen die finnischen Bildungsstandards hinsichtlich der Unterstützung der Unterrichtsplanung für die Lehrkräfte ihre Orientierungsfunktion zu erfüllen.
Eine weitere Kategorie, die nur in Finnland gefunden werden konnte, ist *Freiheit*. Darin wurden alle Aussagen der Lehrkräfte zusammengefasst, die darauf schließen lassen, dass

Lehrkräfte das Gefühl haben, dass ihnen die nationalen Bildungsstandards Freiheiten für ihr unterrichtliches Handeln geben.

F5 beschreibt, dass die Bildungsstandards durch ihre Konzentration insofern hilfreich sein können, da sie genau weiß, worauf es inhaltlich ankommt und was sie weglassen kann.

> Yes there is time when you look at the curriculum and you know all what I really have to teach. Then there is time. The curriculum is not the one that takes the time away, I think it keeps time. (F5, 75)

Das Gleiche wird auch von F6 beschrieben.

> Yes that's a help. Because then you don't have you don't have hurry anymore you just you don't have to teach everything in the world just these things that are in the opetussuunnitelma. (F6, 15)

Indirekt können die Bildungsstandards allerdings einen weit höheren Einfluss auf die Unterrichtsplanung ausüben. Dies gilt insbesondere für die alltägliche Unterrichtspraxis, die durch Sekundärmaterialien, Tests und Klassenlehrpläne stark beeinflusst wird. In Bayern sind die VERA-Aufgaben sehr einflussreich. Sie geben den Lehrkräften eine Orientierung, was mit Bildungsstandards erreicht werden soll.

> Also ich muss sagen, ich habe mir auch die letzten Vergleichsarbeiten angeschaut. In Deutsch haben wir auch viele unserer Leseproben oder Sprache-untersuchen-Proben auch mit an den alten VERA-Arbeiten ausgerichtet, um einfach da auch/ Was heißt für VERA geübt, das jetzt eher nicht, sondern um die Bildungsstandards und die Ziele des Lehrplans verwirklicht zu sehen. (D1, 44)

Aufgrund der VERA-Tests wurden bestimmte Aufgabentypen geübt. Das folgende Zitat einer Lehrkraft gibt an, dass sie sich aufgrund der Tests in ein Thema eingearbeitet hat und deshalb diese Aufgaben weiterverwenden will. Allerdings entscheidender als die Einarbeitung scheint die Tatsache zu sein, dass die Schüler positiv auf die neuen Aufgabenformen reagiert haben.

> Interviewer: Würden sie jetzt im nächsten Schuljahr mehr Kombinatorikaufgaben von Anfang an machen?
> D8: Auf alle Fälle, weil da habe ich mich jetzt in das Thema eingearbeitet und ganz viel gesammelt. Und habe mit ihnen gearbeitet und das macht ihnen ja auch Spaß. Und es ist auch für das Denken eine Förderung. (D8, 64-65)

Neben den Testaufgaben spielt auch das Sekundärmaterial eine große Rolle. In Finnland haben die Schulbücher einen großen Einfluss auf die Unterrichtsarbeit.

> I think people that are teachers in Finland they use study books a lot and with the study book there comes the teachers edition and I think the teachers edition there are ... the most important things that I should teach in the classes and then I check the study book and teachers edition that they match to the national curriculum. (F2, 55)

Seit den neunziger Jahren ist in Finnland die staatliche Zulassung der Schulbücher nicht mehr vorgeschrieben, aber die Verlage orientieren sich sehr stark an den nationalen Vorgaben, um die Bücher landesweit anbieten zu können.

In Bayern verwenden Lehrer bevorzugt Aufgabensammlungen ohne theoretischen Hintergrund zu den Bildungsstandards.

> Interviewer: Und steht dann immer dabei auf welchen der Bildungsstandards sich das dann bezieht?
> D11: Nein. Aber diese Beispiele nehme ich auch. Die helfen mir was und wenn ich eine theoretische Abhandlung über irgendeinen Standard lese, weiß ich nicht, ob ich da jetzt tatsächlich eine Aufgabe daraus machen könnte, die dem 1 zu 1 entspricht. (D11, 15-16)

Um sich über die Bildungsstandards zu informieren, gehen die Lehrkräfte von der Unterrichtspraxis aus und verwenden Aufgaben, die sie im Unterricht einsetzen können.

> Deswegen habe ich das über Arbeitsblätter gemacht. In dem Buch ist nichts davon vorhanden. Ist ja klar. Nicht mal in Anlehnung, deshalb habe ich auch selbst Arbeitsblätter erstellt, habe mir Materialien eben gekauft, um da auch mal zu sehen, was da verlangt ist. (D6, 80)

Eine weitere Differenzierung zwischen den beiden untersuchten Ländern besteht hinsichtlich der Bedeutung der unterschiedlichen Lehrplankonzepte. In Finnland ist der nationale Rahmenplan vor allem langfristige Orientierungshilfe, während zur alltäglichen Unterrichtsplanung der lokale Lehrplan verwendet wird, da er detailreicher ist.

> F5: Yes it has been written new curriculum like in ... I think like 10 years. But in that much the national curriculum/ but then we have like [town´s name] curriculum and then we have our schools own curriculum also so we can think we emphasize these things in our schools so what does it mean then in our curriculum but ... and mainly it is the [town´s name] curriculum that I am using.
> Interviewer: Ja. Maybe it contents all the other curriculums. (F5, 23-24)

Auch für F10 ist für die alltägliche Orientierung der lokale Lehrplan weit hilfreicher als die nationalen Zielvorgaben.

> F10: But I think the most important is our local curriculum. Because opetussuunnitelman/ The opetussuunnitelma of [town´s name] is the most important because it is there are ... the things are there said ... what I/
> Interviewer: More detailed?
> F10: Yes. Detailed. Yes and the national curriculum is the there is main things. (F10, 3-5)

Dieses Nutzungsverhalten korrespondiert mit dem klaren konzeptionellen Verständnis, das finnische Lehrkräfte von ihren curricularen Vorgaben haben. Die grundlegenden Dinge sind national festgeschrieben und im lokalen Lehrplan für die spezifische Situation vor Ort ausdifferenziert.

Dies stellt sich in Bayern ganz anders dar. In den Interviews der bayerischen Lehrkräfte finden sich einige Aussagen, die darauf schließen lassen, dass Lehrplan und Bildungsstandards in den Augen der Lehrkräfte zwei parallele curriculare Stränge sind. Der Lehrplan hat in der Wahrnehmung der Lehrer aber eine weit größere Orientierungsfunktion. Bildungsstandards werden deshalb von einigen Lehrenden nur soweit umgesetzt wie sie im Lehrplan verankert sind.

> Ich meine sicher die Bildungsstandards, die sich mit den Lehrplaninhalten überlappen, kommen dann auch mit zum Tragen und stehen vergleichbar da, aber andere Randthemen sage ich jetzt einfach mal, dafür fehlt dann einfach auch die Zeit und die Möglichkeiten, das durchzunehmen. (D1, 27)

Der Lehrplan scheint für Lehrer die curriculare Steuerung schlechthin zu sein. Bildungsstandards sind in der Wahrnehmung einiger Lehrkräfte im Lehrplan verankert, wobei eine eigene Überprüfung nicht stattgefunden hat.

> Also im Grunde orientieren wir uns eigentlich mehr am Lehrplan und der hat ja dann die Bildungsstandards dann mit drin. Also, dass wir jetzt sagen wir schauen welche Bildungsstandards erfüllen wir jetzt und planen danach unseren Unterricht ist eigentlich nicht so wirklich. Wir unterrichten nach dem Lehrplan und schauen, dass wir den erfüllen. (D15, 11)

Vor allem an der Schule eigens erstellte Stoffverteilungspläne sind entscheidend für die Unterrichtsplanung der Lehrkräfte. Auf diese Pläne setzt D12 regelrechtes Vertrauen. Er vertritt die Ansicht, dass die Orientierung am Klassenlehrplan ausreichend ist.

> Interviewer: Und der Lehrplan ist der irgendwie präsent, wenn sie ihren Unterricht planen?
> D12: Ja, natürlich. Also wir haben ja hier an der Schule klassenstufenmäßig Stoffverteilungspläne nach dem offiziellen Lehrplan ausgearbeitet. Die sollen ja auch jedes Jahr aufpoliert werden. Also wirklich schauen, ob es noch in Frage kommt, ob was anderes rein muss und von daher ist der schon präsent.
> Interviewer: Also in dem Fall eigentlich präsenter als die Bildungsstandards?
> D12: Ja, aber ich denke der Lehrplan richtet sich ja auch nach den Bildungsstandards. (D12, 28-31)

Neben der Verwendung der Bildungsstandards zur Unterrichtsplanung wird als weiterer spezieller Bereich der Nutzung die Leistungsmessung gesehen. Deshalb werden im folgenden Teilabschnitt die Nutzungsweisen von nationalen Zielvorgaben im Bereich der Leistungsmessung dargelegt.

5.3.3.3 Leistungsmessung

Die finnischen Rahmenlehrpläne geben sehr exakte Vorgaben für die Leistungsmessung. Von Lehrern werden diese durchaus als hilfreich angesehen, was sich daraus vermuten lässt, dass die Rahmenlehrpläne vor allem zur Benotung kurz vor den Zeugnissen (finn. Toritestus) herangezogen werden.

> Interviewer: And you have in the opetussuunnitelman you have also these criteria for marks.
> F5: Yes.
> Interviewer: Do you use that?
> F5: ... ... actually not so much when I'm evaluating giving them marks for individual tests but when I'm giving the toritestus if you know what it is the final numbers the paper that they get then I take a look at what is it said about number 8 what is the average. (F5, 86-90)

In den bayerischen Interviews sind in Bezug auf Leistungsmessung vor allem die Änderungen in den von den Lehrkräften selbst erstellten Tests interessant. Hierbei üben wiederum vor allem die VERA-Aufgaben einen hohen Einfluss aus.

Allerdings geben einige Lehrkräfte an, dass sie sich nicht an die geforderten Kompetenzstufen halten können, wenn sie ihre Schüler im Blick haben. Für sie sind die Anforderungen der Bildungsstandards wie sie in den VERA-Aufgaben konkretisiert sind zu hoch.

> Interviewer: Orientieren sie sich an den Kompetenzstufen, die es bei den Bildungsstandards gibt?
> D2: Also nach dem Autor brauche ich meine Kinder nicht fragen. Das wissen die nicht.
> Interviewer: Sie müssen die Ansprüche senken?

> D2: Ja und unsere Kinder waren auch noch nie in einer Hotellobby. Das war dieses Jahr bei VERA im Lesestück. (D2, 179-182)

Andere Lehrkräfte hingegen werden gerade durch die Bildungsstandards darauf aufmerksam, ihre Tests zur Leistungsmessung zu überdenken.

> Die sind schon/ Ich sage schon, wenn ich mir jetzt Probearbeiten anschaue, die jetzt schon länger geschrieben werden, die sind schon anders, ja. Es geht vielmehr auf Problemlösen, wirklich auch mal so ein bisschen um die Ecke denken. Also das flexible Anwenden. (D14, 61)

Zudem werden alte VERA-Tests oder Orientierungsarbeiten als Probearbeiten eins zu eins übernommen, weil sie als gut erachtet werden.

> Zum Beispiel unsere ganzen Leseproben. Wir verwenden da schon ab und zu mal eine alte Orientierungsarbeit als Leseprobe. Die sind ja zum Teil ganz gut. (D10, 180)

Das folgende Zitat zeigt, dass die Lehrkräfte ihre Leistungsmessung aufgrund der Bildungsstandards umgestellt haben. Allerdings ist dies wegen einer wahrgenommenen Anforderung initiiert worden. Sie gehen davon aus, dass von ihnen erwartet wird, ihre Leistungsmessung anzupassen. Da sie von verschiedenen Schwierigkeitsstufen sprechen, ist von einer Beeinflussung durch die Vergleichsarbeiten auszugehen, die verschiedene Kompetenzstufen verlangen. Allerdings geben die Lehrkräfte auch an, nicht genau zu prüfen, ob diese Umstellung genau den Kern der Innovation durch Bildungsstandards trifft.

> D3: Gut man schaut dann, dass die Proben bestimmte Schwierigkeitsstufen haben, insofern setzt man dann vielleicht die Bildungsstandards mit um.
> D4: Das schon, dass man auch versucht auch Transferaufgaben mit reinzubringen und etwas zum Nachdenken natürlich, aber so ganz bewusst, ob es jetzt wirklich hundertprozentig bildungsstandardgemäß ist, dieses letzte Nachprüfen fehlt. (D4 und D3, 80-81)

Nachdem die Nutzung der Bildungsstandards in Finnland und Bayern im Hinblick auf Legitimation, Unterrichtsplanung und Leistungsmessung vorgestellt wurde, werden diese Aspekte nun länderübergreifend zusammengefasst.

Zusammenfassung
Zur Nutzung der Bildungsstandards wurden die Interviews in die drei Hauptbereiche *Legitimation*, *Unterrichtsplanung* und *Leistungsmessung* strukturiert. Insgesamt ergab dieser Themenbereich sehr viele Unterschiede in ländervergleichender Perspektive, die nun dargestellt werden.
Legitimation scheint ein Bereich zu sein, der Lehrkräften aus Finnland und Bayern gleichermaßen als Nutzungstyp zuzuschreiben ist. Legitimation muss jedoch unterschieden werden in Bezug auf die eigene Arbeit und als Legitimation gegenüber Eltern. Besonders letzterer Aspekt scheint gerade in Bayern aufgrund der anstehenden Übertrittsentscheidung in der vierten Klasse von Bedeutung zu sein. Bildungsstandards und vor allem die Ergebnisse der darauf bezogenen Vergleichsarbeiten scheinen durchaus als höhere und externe Autorität in Elterngesprächen Verwendung zu finden.
Der hohe Nutzungsgrad der Bildungsstandards zur Legitimation steht in Diskrepanz zu einer geringen direkten Nutzung der Bildungsstandards für die Unterrichtsplanung. In Finnland finden sich einige Lehrer, die zur langfristigen Lehrplanung die Bildungsstandards heranziehen. Interessant ist daran, dass in der Wahrnehmung der finnischen Lehr-

kräfte Bildungsstandards durch ihre Konzentration der Inhalte auf das Wesentliche zeitliche Freiheit für eigene pädagogische Entscheidungen ermöglichen. In Bayern ist eine direkte Einflussnahme nur geringfügig im methodischen und im inhaltlichen Bereich (Daten, Häufigkeit und Wahrscheinlichkeit) gegeben. Wesentlich stärker ist der indirekte Einfluss. In Finnland sind Schulbücher für die Unterrichtsgestaltung bedeutsam, während in Deutschland vor allem die VERA-Aufgaben und Aufgabensammlungen zu den Bildungsstandards von Verlagen hohen Einfluss auf die Unterrichtspraxis nehmen. Die Aussagen der bayerischen Lehrkräfte deuten darauf hin, dass eine Annäherung an die Bildungsstandards und deren Umsetzung in die Unterrichtspraxis vor allem mittels Aufgaben zu erreichen versucht wird. Im Hinblick auf die Ergebnisse der Lehrplanwirksamkeitsforschung ist es interessant, dass zahlreiche bayerische Lehrkräfte angeben, dass für sie der Lehrplan einen sehr hohen Verbindlichkeitsgrad besitzt.

Durchaus haben Bildungsstandards in beiden Ländern Einfluss auf die Leistungsmessung. In Finnland ist dies ganz konkret an der Verwendung der staatlichen Vorgaben zur Leistungsbewertung für das Zeugnis zu sehen. Eigene Beurteilungen während des Schuljahrs bleiben davon weitgehend unberührt. In Bayern geben die Aussagen der Lehrkräfte Anlass zur Vermutung, dass nicht die Bildungsstandards an sich, sondern vielmehr die Aufgaben der Vergleichsarbeiten und die Einteilung in verschiedene Kompetenzstufen die Leistungsmessung der Lehrkräfte beeinflussen. Es werden sowohl alte VERA-Aufgaben verwendet als auch bei der Erstellung eigener Tests in Anlehnung an VERA darauf geachtet unterschiedliche Schwierigkeitsstufen zu haben. Allerdings lehnen einige wenige Lehrkräfte diese Kompetenzstufung mit Blick auf ihre leistungsschwachen Schüler ab.

5.3.4 Zusammenfassung des Ländervergleichs

Nachdem die Kategorien im direkten Vergleich zwischen Finnland und Bayern erläutert wurden, werden in der Zusammenfassung des Ländervergleichs länderspezifische Aussagen getroffen. Zunächst werden die Ergebnisse der finnischen Interviewaussagen im Hinblick auf die Fragestellung nach dem Einfluss länderspezifischer Regelungskontexte dargelegt, bevor die bayerische Perspektive entfaltet wird.

5.3.4.1 *Finnland*

Das Besondere am finnischen Implementationsweg, nämlich die starke Beteiligung der Lehrkräfte an der Ausarbeitung der Standards, führt zu einer hohen Akzeptanz der Bildungsstandards. Allerdings erscheint vor allem der dadurch stark kommunale Charakter für die positive Rezeption und Nutzung der Standards ausschlaggebend zu sein. Zudem wird dadurch erreicht, dass die nationalen Ziele als Kern der lokalen Lehrpläne, die ausdifferenziert und an die spezifische Situation vor Ort angepasst sind, verstanden werden. Somit wurde in den Aussagen der finnischen Lehrkräfte deutlich, dass kein Nebeneinander oder eine Konkurrenz von nationalen und lokalen Zielen wahrgenommen wird. Generell sind die Aussagen zum Implementationsweg sehr homogen. Dies korrespondiert mit einem ebenso homogenen Bild zum konzeptionellen Verständnis. Die nationalen Zielvorgaben werden als grundlegende Ziele verstanden, als kleinster gemeinsamer Nenner und damit als Garant für die Gleichheit im Bildungswesen.

Gleichheit sehen die finnischen Lehrkräfte übereinstimmend als Motiv für die Einführung nationaler Bildungsstandards. Da Gleichheit ein wichtiges Prinzip in der finnischen Kultur ist, stehen viele Lehrkräfte den Standards sehr positiv gegenüber. Darüber hinaus könnte dies auch der Grund für den hohen Verbindlichkeitsgrad sein, den die Standards für Lehrer haben.

Die Bildungsstandards haben für die Unterrichtsplanung in erster Linie eine Orientierungsfunktion bei der langfristigen Planung von Unterricht. Im Alltag spielen die Lehrbücher eine entscheidende Rolle. Da diese landesweit verkauft werden, scheinen sie für die Sicherung eines gleichen Standards für das ganze Land bedeutsam zu sein. Umso erstaunlicher ist die Tatsache, dass in den 1990-Jahren die staatliche Zulassung von Schulbüchern abgeschafft wurde (Ratzki et al., 2003).

Dass die nationalen Ziele vor allem für langfristige Aspekte des schulischen Unterrichtens herangezogen werden, stützen auch die Aussagen zur Leistungsmessung, da die Vorgaben der Standards zur Bewertung in erster Linie zur Notenvergabe in den Zeugnissen verwendet werden. Es scheint so zu sein, dass die nationalen Vorgaben für größere Einheiten Orientierung bieten, während alltägliche Entscheidungen auf lokaler Ebene getroffen werden.

Vermutlich sehr entscheidend für die hohe Verbindlichkeit der Standards sind neben Gleichheit, als von den Lehrern wahrgenommenes Motiv für die Einführung der Standards, die Tatsache, dass Lehrer das Gefühl haben, durch die Standards mehr Freiheit für eigene pädagogische Entscheidungen zu gewinnen.

5.3.4.2 Bayern

Für Bayern zeigt sich ein weit heterogeneres Bild der Wahrnehmung von Bildungsstandards durch Lehrkräfte. Eine direkte Implementation hat es aus Sicht der Lehrkräfte nicht gegeben. Indirekt sind vor allem unterrichtsnahe Implementationsmaßnahmen erfolgsversprechend. Je praktischer und vor allem je besser diese sofort in den Unterricht integriert werden können, desto beliebter und erfolgreicher sind diese bei den Lehrkräften. Vor allem Aufgaben spielen hierbei eine wichtige Rolle. Diese sekundäre Implementation bewirkt zwar eine verstärkte Umsetzung der Idee von Bildungsstandards, führt aber nicht zum Aufbau eines theoretisch fundierten Verständnisses bei den Lehrkräften. Auch VERA scheint starken Einfluss auf den Unterrichtsalltag zu nehmen. Positiv ist dazu anzumerken, dass es offenbar mittels des Testsystems gelingt, der Idee der Bildungsstandards praktische Relevanz zu geben.

Diese Ergebnisse korrespondieren mit den idealtypischen Vorstellungen von Lehrkräften zu den Bildungsstandards. Gemäß den bisherigen Ergebnissen der Lehrplanwirksamkeitsforschung (Vollstädt et al., 1999) wünschen sich bayerische Lehrkräfte eine Präzisierung der Standards, die stark an die Unterrichtspraxis angeglichen ist. Am liebsten hätten Lehrer, die sich anscheinend voll und ganz als Praktiker verstehen, konkrete Unterrichtsentwürfe und Aufgabensammlungen. Verpflichtende Anteile der Standards sollen möglichst gering gehalten werden.

Sehr stark kritisieren die Lehrkräfte die Parallelität von Lehrplan und Bildungsstandards in Bayern. Für sie hat der Lehrplan oberste Priorität und Bildungsstandards können nach Lehreraussagen erst dann einen höheren Grad an Verbindlichkeit erreichen, wenn sie im Lehrplan verankert sind. Im Moment werden sie von vielen Lehrkräften nur als Zusatzoption wahrgenommen. Dieses Ergebnis einer hohen Priorität des Lehrplans für Lehrkräfte erscheint vor dem Hintergrund der Lehrplanwirksamkeitsforschung, die eine durchweg niedrige Verbindlichkeit des Lehrplans bei Lehrkräften offenbart hat (Vollstädt et al., 1999), als erstaunlich. Auch eine stärkere Berücksichtigung in den Lehrwerken scheint aus der Perspektive von Lehrkräften eine Möglichkeit zu sein, Bildungsstandards besser in der Unterrichtspraxis zu verankern.

Erstaunlich ist auch die relativ große Zahl an Lehrkräften, die sich durchaus bewusst ist, dass sie sich nicht mit Bildungsstandards auskennt. Allerdings scheinen diese Lehrpersonen auch keine Notwendigkeit zu sehen, sich über die nationalen Leistungsziele zu informieren. Dies könnte zum einen am als gering wahrgenommenen Verbindlichkeitsgrad liegen, den die Bildungsstandards im Gegensatz zum anscheinend sehr verbindlich wahrgenommenen Lehrplan haben. Oder es könnte mit dem Motiv zusammenhängen, das viele Lehrkräfte hinter der Einführung von Bildungsstandards vermuten: Sie glauben, dass vor allem politische Motive zur Verabschiedung der Bildungsstandards geführt haben, weshalb sie eine Umsetzung auf Schulebene, die ihrer Meinung nach nicht im Entscheidungsprozess berücksichtigt worden ist, ablehnen.

Nachdem in diesem Abschnitt der Einfluss von unterschiedlichen Regelungskontexten auf das Rezeptionsverhalten von Lehrkräften dargestellt worden ist und dazu die bayerische Fallauswahl um Fälle aus Finnland ergänzt wurde, beziehen sich die Ergebnisse des folgenden Abschnitts nur auf die Aussagen der bayerischen Interviewpartner. Nun werden die Kategorien, die sich auf die Fragestellung nach dem unterschiedlichen Einfluss von Reformelementen auf die Unterrichtsentwicklung von Lehrkräften beziehen, vorgestellt. Diese gliedern sich in die beiden Schwerpunkte Veränderungen vor und nach der Testdurchführung.

5.4 Unterschiedlicher Einfluss von Reformelementen auf die Unterrichtsentwicklung von Lehrkräften

In der vierten Fragestellung geht es darum, die standardbasierte Reform in ihre einzelnen Elemente zu unterteilen und den Einfluss unterschiedlicher Phasen, nämlich die Phase vor dem Schreiben von VERA sowie die Phase nach dem Erhalt der Rückmeldungen zu VERA, zu erforschen. Im Interviewleitfaden wurde deshalb der Aspekt der Unterrichtsveränderung angesprochen und während des Auswertungsprozesses den Phasen vor VERA und den Phasen nach VERA zugeordnet. Veränderungen nach VERA wurden im Interview in Bezug auf die Testrückmeldungen, die Lehrkräfte erhalten, thematisiert. Die Zusammenfassung am Ende setzt beide Phasen in Beziehung und zeigt den Einfluss der jeweiligen Abschnitte im direkten Vergleich an.

5.4.1 Veränderungen vor VERA
Das Interesse, Veränderungen vor VERA zu erfragen entsteht aus der vielfältigen Kritik, dass VERA Teaching-to-the-test fördert. Deshalb werden im Folgenden verschiedene Aspekte der Unterrichtsveränderung im Vorfeld der Testdurchführung dargestellt und

insbesondere hinsichtlich ihrer Qualität für pädagogische Entwicklung unterschieden. Der Teilabschnitt beginnt allerdings nicht mit der Darstellung der Veränderungen, sondern mit der Beschreibung der Fälle, die angeben, bewusst keine Unterrichtsveränderungen vorgenommen zu haben.

Nachstehende Kategorien werden im Folgenden vorgestellt.

- Keine Unterrichtsveränderungen
- Unterrichtsveränderungen
  - Teaching-to-the-test
    - Inhaltlich
    - Aufgabentraining
  - Pädagogisch begründete Unterrichtsveränderungen

Es gibt Lehrkräfte, die im Vorfeld von VERA keine Unterrichtsveränderungen vornehmen. Ein Begründungsmuster dazu ist, dass VERA als externe Vorschrift wahrgenommen wird, die durchgeführt werden muss, für den eigenen Unterricht aber keine Bedeutung besitzt.

> Interviewer: Bereitet man die Kinder da schon irgendwie darauf vor?
> D19: Gar nicht. Nein. Ich mache da Garnichts, weil ich immer denke: Das ist VERA. Das bedeutet die sollen jetzt einfach zeigen, was sie können und wir schreiben das und dann haken wir das hinterher einfach ab. (D19, 49-50)

Zum anderen scheint gerade das Fach Deutsch nicht geeignet zu sein, Kinder speziell für VERA zu trainieren.

> Also, in Deutsch haben wir/ Also was will man da groß vorarbeiten. Das geht ja nicht. Natürlich ist es so, dass der individuelle Lehrplan bei jedem anders ist und manche Themen danach für einen selbst erst danach kommen. Das habe ich auch so gelassen. Was soll ich da jetzt hektisch umstellen. (D2, 45)

Besonders in Mathematik jedoch konnten in den Interviews Hinweise auf Teaching-to-the-test gefunden werden. Die Kategorie *Teaching-to-the-test*, verstanden als ein gezieltes Üben, das nicht aus Einsicht geschieht, wurde in die Subkategorien *Inhaltlich* und *Aufgabentraining* unterteilt. Auch hier wird wieder die Besonderheit Bayerns deutlich, dass der Bereich Daten, Häufigkeit und Wahrscheinlichkeit nicht im Lehrplan verankert ist, im Jahr 2010 der Datenerhebung jedoch zentraler Prüfungsinhalt von VERA war und deshalb im Vorfeld geübt wurde.

> Interviewer: Und jetzt so im Vorfeld von VERA. Sie sagten ja, dass man das eine Woche vorher einsehen kann/
> D7: Das war viel früher, als das war relativ früh einzusehen. Und ... meiner Meinung nach ist das auch der Grund, warum die VERA-Arbeiten von Jahr zu Jahr etwas besser werden. Weil natürlich dann auch gezielt darauf geübt wird in vielen Gegenden. Also wir haben jetzt zum Beispiel nicht die Arbeiten geübt, die drin waren, aber wir haben halt jetzt wirklich mal das Thema Kombinatorik jetzt einfach mal gemacht.
> Interviewer: Vorgezogen?
> D7: Genau. Das steht ja sonst immer Juli, ganz hinten. (D7, 48-51)

D10 hat das Gefühl, dass von staatlicher Seite ein Teaching-to-the-test explizit gefördert wird, indem die Themen von VERA im Vorfeld veröffentlicht werden und dazu Handreichungen für die Lehrkräfte bereitgestellt werden.

> Es war insofern dieses Jahr eine große Sache, als ja das Thema für Mathematik festgelegt wurde und gleichzeitig mit der Festlegung des Themas eine Handreichung veröffentlicht wurde für Daten, Häufigkeit und Wahrscheinlichkeit. Und das war ja quasi eine Aufforderung dieses Thema daraufhin vorzubereiten. Das Teaching-to-the-test. Die Themen werden immer schon eingegrenzt, aber dass man da gleich noch einen Handreichung dazu präsentiert bekommt, das war zum ersten Mal und da bin ich mir stark gegängelt vorgekommen. (D10, 121)

Besonders stark scheint ein gezieltes Aufgabentraining vor VERA zu sein. Dies korrespondiert mit dem als stark unterschiedlich zu den eigenen Aufgabentypen wahrgenommenem Testdesign von VERA.

> Interviewer: Versucht man dann anders auch noch die Kinder auf VERA vorzubereiten?
> D16: Nun gut, dass man halt insgesamt diese Art der Fragestellungen, die halt einfach etwas anders sind als wir sie oft im Unterricht, also in Probearbeiten sind, dass man sie schon ein bisschen darauf vorbereitet, das ist einfach eine andere Art der Fragestellung. (D16, 28-29)

Entscheidend für die Qualifizierung als Teaching-to-the-test im negativen Sinn ist die Annahme, dass die Aufgaben nicht dauerhaft in den Unterricht integriert werden, sondern nur der Testvorbereitung dienen, wie dies im folgenden Beispiel beschrieben wird.

> Interviewer: Und die werden dann regelmäßig im Laufe des Schuljahres verwendet?
> D15: Ja, also bei vielen, wenn man es ehrlich sieht, wird viel eben vor den Vergleichsarbeiten dann halt gemacht, um dann die Kinder etwas fitter zu kriegen. (D15, 36-37)

Deduktiv gebildete Kategorien, die in den Interviews Hinweise auf pädagogisch begründete und dauerhafte Unterrichtsveränderungen abbilden sollten, konnten nicht mit Interviewaussagen gefüllt werden.

5.4.2 Veränderungen nach VERA

Lehrkräfte erhalten nach der Testdurchführung Rückmeldungen zum Leistungsstand ihrer Klasse und zum Leistungsstand einzelner Schüler. Die Rückmeldungen sollen Grundlage für testbasierte Unterrichtsentwicklung sein. Um diesen Aspekt zu erfassen, wurde in den Interviews auch nach Veränderungen nach VERA gefragt. Während der Auswertung wurde frühzeitig deutlich, dass Unterrichtsveränderungen im Anschluss an VERA nicht ausschließlich auf Rückmeldungen, sondern auf unterschiedliche auslösende Momente zurückgeführt werden können.

Im Folgenden werden die Interviewaussagen anhand folgender Gliederung dargestellt:

- Keine Unterrichtsveränderungen
  - Kein Erkenntnisgewinn
  - Diskrepanz zu Testdesign
  - Zufriedenheit
  - Zeitprobleme
- Unterrichtsveränderungen
  - Auslöser Testdurchführung
    - Aufgabenformate
      - Änderung eigener Aufgabenstellung
      - Alte VERA-Aufgaben
  - Auslöser Testrückmeldungen

Einige Lehrkräfte verändern nach VERA ihren Unterricht nicht. Ein Begründungsmuster hierfür ist, dass die Lehrkräfte das Gefühl haben aus den Vergleichsarbeiten keinen Erkenntnisgewinn zu ziehen.

> Interviewer: Also sie sagen sie können nichts für ihren Unterricht da rausziehen. So in der Art, dass sie merken, dass sie in einem Bereich mehr machen müssten?
> D10: Das weiß ich vorher in der Regel. (D10, 233-234)

Andere Lehrkräfte begründen das Nicht-Nutzen der Ergebnisse von VERA mit einer wahrgenommenen Diskrepanz zwischen ihrem Unterricht und dem zentralen Test. Sie sehen nicht, dass VERA Rückschlüsse auf ihren Unterricht erlaubt.

> Interviewer: Also, dass die Arbeiten viel zu wenig Rückschlüsse auf den eigenen Unterricht erlauben, weil sie damit viel zu wenig zu tun haben?
> D11: Auf meinen eigenen Unterricht hat das überhaupt keine Rückschlüsse. (D11, 231-232)

Teilweise nehmen Lehrkräfte die Informationen der VERA-Ergebnisse zwar wahr, geben aber an, aus Zeitgründen die Ergebnisse nicht zur Unterrichtsentwicklung nutzen zu können.

> Wobei man natürlich mit dem Konsequenzen draus ziehen ist begrenzt durch die zeitliche Vorgabe. Wir haben ja noch andere Sachen, die wir durchnehmen müssen und können jetzt nicht plötzlich sagen: Wir machen jetzt nur noch Rechtschreiben und üben das verstärkt. Ich denke so eine Art Übung oder sowas verstärkt üben muss man dann fast auch ins Elternhaus geben und wenn dann die Eltern nicht mitmachen, ist es schwierig, weil wir von den zeitlichen Vorgaben/ Wir haben ja auch noch andere Sachen, die wir erledigen müssen. (D4, 248)

Zufriedenheit mit den Ergebnissen ist ein weiteres Begründungsmuster warum VERA-Ergebnisse keine Unterrichtsentwicklung anstoßen können. Wenn die Ergebnisse im Schnitt oder darüber liegen, scheinen Lehrkräfte keine Notwendigkeit zur Unterrichtsentwicklung wahrzunehmen.

> Nur bedingt lassen sich eigene Rückschlüsse ziehen. Ich sage nur dann, wenn was völlig aus dem Ruder läuft, dass man dann überlegen müsste, was ist da? Aber in der Regel, wenn man sich einfach im Mittelfeld, im Mittelfeld wie alle Schulen in Bayern mit kleinen Abweichungen nach oben oder nach unten, da hat es dann wenig Konsequenzen für den Unterricht. Man macht so weiter. (D17, 45)

Wie D17 argumentiert auch D18 damit, dass sie ihren Unterricht nur dann verändern würde, wenn die Ergebnisse unterdurchschnittlich wären.

> Interviewer: Und Sie haben jetzt gesehen, dass ihre Klasse im Schnitt liegt. Gibt's dann noch irgendwelche Rückschlüsse, die sie dann daraus für sich persönlich für den Unterricht ziehen können?
> D18: In dem Fall, wenn die Klasse im grünen Bereich liegt, sagt man sich: So schlecht kann's wohl nicht sein, ja also das ist dann der Rückschluss. Wenn man natürlich sehen würde, dass die Klasse weit unter dem Durchschnitt liegen würde, müsste man sich schon mal fragen: Natürlich wo hat man was versäumt, wo kann man etwas besser machen. (D18, 64-65)

Die tatsächlichen Unterrichtsveränderungen wurden eingeteilt in die verschiedenen auslösenden Phasen. Für D8 war die Testvorbereitungsphase der Auslöser auch nach VERA seinen Unterricht umzustellen. Da er sich im Vorfeld der Vergleichsarbeiten mit Kombinatorikaufgaben beschäftigt hat, fühlt er sich nun so gut in das Thema eingearbeitet, dass er es auch mit zukünftigen Jahrgängen durchnehmen möchte. Wichtig ist auch der Hinweis, dass er dieses Thema aufgrund der positiven Resonanz der Schüler und aus pädagogischer Einsicht beibehalten will.

> Interviewer: Würden sie jetzt im nächsten Schuljahr mehr Kombinatorikaufgaben von Anfang an machen?
> D8: Auf alle Fälle, weil da habe ich mich jetzt in das Thema eingearbeitet und ganz viel gesammelt. Und habe mit ihnen gearbeitet und das macht ihnen ja auch Spaß. Und es ist auch für das Denken eine Förderung. (D8, 65-65)

Die Testdurchführung als Auslöser scheint vor allem die Aufgabenkultur von Lehrern zu beeinflussen. Die VERA-Aufgaben werden auch nach der Testdurchführung zu Übungsphasen und zur eigenen Leistungsmessung herangezogen.

> Aber gut, ich würde auch sagen auch in Mathe. Eben nicht so gehäuft und in dem Umfang. Dass man da vielleicht auch mal einzelne Aufgaben schon auch mal in eine Übungsphase im Unterricht oder auch mal in eine Probe mit reinnehmen kann, aber es ist eben in der Häufung nicht möglich. (D4, 115)

Die VERA-Aufgaben regen die befragten Lehrkräfte aber auch an, ihre eigene Aufgabenstellung zu überdenken und zu verändern. Für D3 ist vor allem die Kombination mehrerer Teilbereiche interessant.

> Also eine Sache würde ich vielleicht schon zwischendurch mal versuchen. Das was im Deutschen war, dass ich Text habe, Arbeit zum Text, aber dann auch gleich Grammatik dazu verbinden. Ohne langes davor Wiederholen. Also das finde ich schon sehr gut. (D3, 309)

Auch D7 wird von den VERA-Aufgaben beeinflusst. Er überdenkt vor allem das Verhältnis von Reproduktion zu Transfer in seinen Proben neu.

> Ansonsten ja bringt es mich manchmal dazu manche Aufgabenstellungen in den Proben zu überdenken oder den Anteil von Reproduktion und Transfer/ Ja. (D7, 78)

Die Rückmeldungen scheinen eine dritte Phase zu sein, die Unterrichtsentwicklung auslösen kann. In dieser Phase scheint vor allem der landesweite Vergleich Grund für Veränderungen zu sein. D3 beschreibt, dass ihr durch die Rückmeldungen die Diskrepanz
zwischen den Leistungen ihrer Schüler und den Leistungen anderer Schüler bewusst
geworden ist.

> Interviewer: Und hat man dann gesagt, ja in Rechtschreiben da müssten wir noch mehr machen
> speziell in meiner Klasse?
> D3: Ja. Klar.
> Interviewer: Also man hat dann schon Konsequenzen draus gezogen.
> D3: Ich sage ja generell ist es für mich schon so, wenn ich sehe welches Niveau da ist und wel-
> ches Niveau wir haben ist es für mich eine klare Diskrepanz. (D3, 244-247)

Dieses Bewusstmachen einer den Lehrkräften eigentlich schon bekannten Tatsache beschreibt auch D10. Die Rückmeldungen haben ihr klar gemacht, dass mehr wiederholt
werden müsste. Für sie stellt sich allerdings das Problem, dass sie aufgrund der Rückmeldungen den Bedarf für Wiederholungen in der Klasse sieht, aber aus Zeitgründen
dem nicht so gerecht werden kann, wie sie gerne möchte.

> Es zeigt uns halt einfach, dass wir vielmehr wiederholen müssten. Also wir bräuchten vielmehr
> Wiederholungsphasen, damit der Stoff/ Also das ist schon gravierend. Das fällt einem auch
> selbst auf, wenn man das Thema dann in der vierten Klasse nochmal macht und die Kinder dann
> behaupten, dass sie das noch nie gemacht haben. Dass die Kinder eine sehr hohe Vergessensrate
> haben. Das ist uns bewusst, dass wir üben müssten und wiederholen müssten, aber uns rennt
> echt die Zeit weg. Eigentlich schürt es unser schlechtes Gewissen. (D10, 175)

Nachdem nun die beiden Phasen vor und nach VERA hinsichtlich ihres Einflusses auf
die professionelle Reflexion von Lehrkräften anhand der Interviewaussagen dargestellt
worden sind, folgt im nächsten Teilabschnitt eine auf die Fragestellung fokussierte Zusammenfassung der Ergebnisse.

5.4.3 Zusammenfassung

Unterrichtsveränderungen aufgrund von VERA sind in der obigen Ergebnisdarstellung
in die Phasen vor und nach den Vergleichsarbeiten aufgeteilt worden. Vor VERA gibt es
Lehrer, die eine Vorbereitung ablehnen, da sie entweder VERA an sich bemängeln und
nur pflichtgemäß durchführen oder weil sie der Meinung sind, dass eine Vorbereitung
keinen Sinn macht. Dies scheint insbesondere für das Fach Deutsch zu gelten. In Mathematik scheinen Lehrkräfte hingegen einen größeren Erfolg durch Training zu erwarten. Teaching-to-the-test zeigt sich vor allem im Aufgabenbereich. Da die Lehrkräfte die
Aufgabenstellung von VERA so gravierend verschieden zu ihrer eigenen wahrnehmen,
wird das Aufgabentraining sehr intensiv als Vorbereitung auf VERA durchgeführt.
Nach VERA gibt es ebenfalls Lehrkräfte, bei denen die Ergebnisse keine Unterrichtsentwicklung auslösen. Begründet wird dies mit Zeitproblemen oder damit, dass durch
die Ergebnisse keine neuen Erkenntnisse ersichtlich wurden. Der Hauptgrund für Lehrkräfte ihren Unterricht nicht zu verändern ist laut Lehreraussagen, dass durch die Ergebnisse die eigene Arbeit bestätigt worden ist. Es scheint als ob Ergebnisse, sobald sie im
oder über dem Durchschnitt liegen, keine Unterrichtsentwicklung anstoßen können.
Gemäß der Lehreraussagen konnten für das Auslösen von Unterrichtsveränderungen drei

Phasen nach VERA identifiziert werden, die Unterrichtsentwicklung anstoßen können. Zunächst berichten Lehrkräfte von der Testvorbereitung: Wenn sich Lehrkräfte in ein Thema aufgrund von VERA besonders eingearbeitet und dies auch aufgrund von positiven Schülerrückmeldungen für gut befunden haben, wird dies in die zukünftige Unterrichtsgestaltung integriert. Aber auch die Durchführung und Beschäftigung mit den VERA-Aufgaben an sich kann vor allem die Aufgabenkultur beeinflussen. Denn diese werden direkt übernommen oder regen die Lehrer zum Überdenken der eigenen Aufgabenstellung an. Die Phase der Rückmeldung scheint besonders geeignet zu sein, Lehrkräften Entwicklungsbedarf bewusst zu machen. Gerade der größere Vergleichsrahmen scheint Lehrkräfte anzuregen, einen Perspektivwechsel auf die Leistungsfähigkeit ihrer Klasse vorzunehmen. Jedoch ist vor allem die Phase der Testdurchführung am einflussreichsten, Unterrichtsentwicklungen anzustoßen.

6 Theoretische Perspektiven auf die Ergebnisse

Nachdem die Ergebnisse entlang des Kodierleitfadens auf die Fragestellungen bezogen wurden, sollen sie in diesem Kapitel noch einmal unter den verschiedenen theoretischen Perspektiven, die in Kapitel 2.2 vorgestellt worden sind, betrachtet werden. Durch die schematischen Einordnungen der Ergebnisse in die verschiedenen Theorien sollen die Daten besser interpretierbar und neue Einsichten in das Material ermöglicht werden. Die gegenstandsbezogenen Theorien werden den entsprechenden Fragestellungen zugeordnet, anhand derer sie bereits bei der Entwicklung der Fragestellungen erläutert worden sind.

6.1 Rezeption und Nutzung von Bildungsstandards

In diesem Abschnitt werden die empirischen Ergebnisse zur ersten Fragestellung mit den Theoriefolien der Theorie des Lehrplans (Vollstädt et al., 1999) und des Unterrichtsentwicklungsmodells (Helmke, 2009) betrachtet. Die Theorie des Lehrplans soll Aufschluss über das Verhältnis von Bildungsstandards und Vergleichsarbeiten geben. Vor allem soll geklärt werden, welche Erwartungen, die an die Bildungsstandards gestellt werden, tatsächlich von den Bildungsstandards oder in der Wahrnehmung von Lehrkräften eher von den Vergleichsarbeiten erfüllt werden. Das Unterrichtsentwicklungsmodell dient dazu, beeinflussende Kontextfaktoren auf den Rezeptionsprozess aufzuzeigen.

6.1.1 Theorie des Lehrplans

Im Folgenden werden die empirischen Ergebnisse unter der Perspektive der Theorie des Lehrplans betrachtet. Dabei geht es darum, inwieweit die Anforderungen, die an Bildungsstandards gestellt werden, auch von Lehrkräften wahrgenommen werden. Zudem wird in einem systematischen Abgleich die Erfüllung von Funktionen durch die Bildungsstandards selbst oder die Vergleichsarbeiten dargestellt. Daraus können Rückschlüsse auf die Bedeutung von VERA für die Konzeption der Bildungsstandards erschlossen werden.

Funktionen

Die empirischen Ergebnisse zeigen, inwieweit die intendierten Funktionen, die von offizieller Seite an Bildungsstandards gestellt werden, in der Praxis erfüllt werden. In dieser Studie ist vor allem interessant, welche Rolle die Vergleichsarbeiten in der Erfüllung der Funktionen von Bildungsstandards spielen. Alle Aussagen stammen von Lehrkräften, weshalb folgende Analyse die Lehrerperspektive darstellt. Es zeigt sich, dass viele Funktionen nur von Vergleichsarbeiten erfüllt werden und die Bildungsstandards nur indirekt mittels der Vergleichsarbeiten bestimmte Funktionen ausüben können.

Tab.14: Die Tabelle zeigt die Erfüllung (✔) und Nicht-Erfüllung (x) von intendierten Funktionen im Vergleich von Bildungsstandards und Vergleichsarbeiten.

Funktion	Bildungsstandards	Vergleichsarbeiten
Orientierungsfunktion	x	✔
Politische Funktion	✔	x
Steuerungsfunktion	x	✔
Innovationsfunktion	x	✔
Legitimationsfunktion	x	✔
Beratungsfunktion	x	✔
Rückmeldefunktion	x	x
Kontrollfunktion	✔	✔
Unterstützungsfunktion	x	✔

Die Bildungsstandards haben anscheinend keine Orientierungsfunktion für Lehrkräfte in dem Sinn, dass ihnen die Bildungsstandards für die Unterrichtsplanung als Orientierung dienen. In den Begründungsmustern der Lehrkräfte wird eine zu gering wahrgenommene unterrichtspraktische Relevanz und eine zu geringe Einbindung in bestehende curriculare Vorgaben (Lehrplan, Schulbuch) deutlich. Die Vergleichsarbeiten können durch ihre Operationalisierung in konkrete Aufgaben in den Augen der Lehrkräfte die Orientierungsfunktion sehr viel besser wahrnehmen als die Bildungsstandards. In den Äußerungen der Lehrkräfte wird deutlich, dass sie sich an den Tests selbst orientieren, indem Unterrichtsinhalte umgestellt oder speziell die Aufgabenformate von VERA geübt werden. Orientierung findet zudem in der Hinsicht statt, dass die Vergleichsarbeiten mit ihren Aufgaben Unterricht beeinflussen, indem Lehrkräfte Inhalte oder Aufgaben zur Unterrichtsgestaltung verwenden oder sich bei ihren eigenen Leistungsmessungen an den Kompetenzstufen der Vergleichsarbeiten orientieren.

Die politische Funktion erfüllen die Bildungsstandards aus Sicht der Lehrkräfte. In vielen Aussagen wird als Motiv für die Einführung der Bildungsstandards eine Aufwertung des deutschen Bildungswesens vermutet. Dies führt zu einer Diskrepanzwahrnehmung zwischen politischem Motiv der Einführung und von offiziellen Stellen kommuniziertem unterrichtspraktischen Nutzen der Standards. Mit den Vergleichsarbeiten hingegen werden nicht direkt politische Motive verknüpft. Jedoch nehmen einige Lehrkräfte die Vergleichsarbeiten durchaus als Kontrolle ihrer Arbeit wahr. Allerdings sehen sie die Überprüfung nicht für ihre individuelle Tätigkeit, sondern den Vergleich innerhalb einer größeren Vergleichsgruppe, nämlich der einzelnen Bundesländer untereinander.

Die Bildungsstandards scheinen für Lehrkräfte noch keine Verbindlichkeit erreicht zu haben und können damit ihre intendierte Steuerungsfunktion nicht erfüllen. Sie begründen dies mit der geringen unterrichtspraktischen Relevanz, die Bildungsstandards in ihren Augen besitzen. Die offizielle Verbindlichkeit der Bildungsstandards scheint durchaus bekannt zu sein, jedoch wird diese als nicht obligatorisch wahrgenommen. Durch den externen Vergleich erreicht VERA eine deutlich höhere Steuerungswirkung als die Bildungsstandards. Dies ist laut Begründungsmuster der Lehrkräfte auch darauf zurückzuführen, dass VERA klar operationalisiert ist. Die Steuerungswirkung wird demnach vor allem durch die konkreten Aufgaben erreicht. Zudem nehmen einige Lehrkräfte durch die Vergleichsarbeiten bewusst oder unbewusst Druck wahr, gut abzuschneiden. Dies führt dazu, dass die Vergleichsarbeiten besonders in den Wochen vor ihrer Durchführung das unterrichtliche Handeln von Lehrkräften steuern können.

Lehrkräfte geben nur sehr selten an, dass ihr Unterricht durch die Bildungsstandards innoviert wurde. Begründet wird dies damit, dass die Bildungsstandards als abstrakt und nur schwer operationalisierbar empfunden werden. VERA hingegen scheint Unterricht vor allem mittels der Aufgabenstellungen zu innovieren. Lehrkräfte äußern, dass ihnen erst durch VERA klar geworden ist, wie die Bildungsstandards Unterricht verändern wollen.

Bildungsstandards können Lehrkräfte anscheinend hinsichtlich der Rechtfertigung ihrer Unterrichtsinhalte gegenüber externen Gruppen (z.B. Eltern) nicht entlasten. Zumindest wird von Seiten der Lehrer keine Legitimationsfunktion wahrgenommen. Gerade in Gegenden, in denen Lehrkräfte eine sehr kritische Elternklientel haben, scheinen dagegen die Vergleichsarbeiten als höhere Autorität zu dienen. Eine Lehrerin gibt beispielsweise an, ihr Unterrichtsniveau mit dem Leistungsniveau der Vergleichsarbeiten zu rechtfertigen. Zudem dienen die Ergebnisse der Vergleichsarbeiten in einigen Fällen als zusätzliche Rechtfertigung für Laufbahnentscheidungen. Die Elternrückmeldungen der Vergleichsarbeiten an sich werden von einer großen Zahl der Lehrkräfte als nicht verständlich für die Eltern erachtet. Eine zu abstrakte Fachsprache und die Bezeichnung der verschiedenen Stufen mit römischen Ziffern scheinen in den Augen der Lehrkräfte gerade für bildungsferne Eltern eine unüberwindbare Hürde im Verständnis der Rückmeldungen zu sein.

Gemäß der Aussagen der Lehrkräfte scheinen Bildungsstandards für die Elternberatung keine Rolle zu spielen. Dazu sind Bildungsstandards an sich ihrer Meinung nach zu abstrakt. Die Lehrer können in vielen Fällen anscheinend selbst nichts mit den Bildungsstandards als Diagnoseinstrument anfangen, weshalb sie diese folglich auch nur selten für Elterngespräche heranziehen. Die Vergleichsarbeiten hingegen werden von Lehrkräften sehr häufig für die Elternberatung verwendet. Gerade gegenüber kritischen Eltern benutzen Lehrkräfte die Ergebnisse der Vergleichsarbeiten als höhere Autorität. Dieses Verhalten zeigt eine gewisse Willkür im Umgang mit den Ergebnissen, da diese gegenüber Eltern zur Erklärung von diagnostischen Einschätzungen verwendet, aber von den Lehrkräften selbst nicht als Erkenntnisgewinn in förderdiagnostischer und selektionsdiagnostischer Perspektive gesehen werden.

Bildungsstandards an sich sind durch ihre geringe Operationalisierung anscheinend nicht in der Lage, Lehrern Rückmeldung zum Leistungsstand der Schüler oder zur Qualität ihres Unterrichts zu geben. In den Aussagen der Lehrkräfte wird deutlich, dass aufgrund einer wahrgenommenen Diskrepanz zwischen Unterricht und den Testaufgaben keine Rückmeldung zur Qualität des eigenen Unterrichts und zum Leistungsstand der Schüler hergestellt wird. Jedoch scheinen die Vergleichsarbeiten dazu beizutragen in einzelnen Fällen irritierender Auslöser für einen differenzierten Blick der Lehrkräfte auf einzelne Schüler zu sein. Rückmeldefunktion nehmen die Vergleichsarbeiten anscheinend auch im Hinblick auf die Elternberatung wahr, da in Elterngesprächen die Ergebnisse der Vergleichsarbeiten von Lehrkräften teilweise mit herangezogen werden. Entgegen den Forderungen der Klieme-Expertise werden die Ergebnisse gerade im Hinblick auf Laufbahnentscheidungen in kritischen Fällen verwendet. Eingeschränkt wird diese Funktion, da die Rückmeldungen von VERA aus Sicht der Lehrkräfte in einer zu abstrakten Fachsprache verfasst sind, sodass diese von den meisten Eltern nicht verstanden werden können. Gegenüber den Schülern selbst spielt die Rückmeldefunktion keine Rolle.

Lehrkräfte sehen die Kontrollfunktion der Bildungsstandards. Ihrer Meinung nach sind Bildungsstandards die Grundlage für eine stärkere Vergleichbarkeit zwischen den Bundesländern. Somit wird die Kontrollfunktion in erster Linie als externe Kontrolle wahrgenommen. VERA wird von Lehrkräften ebenso wie die Bildungsstandards als externe Kontrolle wahrgenommen. Dies kann daraus geschlossen werden, dass sich die bayerischen Lehrkräfte in einem hohen Maße gegenüber Kollegen aus anderen Bundesländern durch den Testzeitpunkt von VERA benachteiligt fühlen, da das Schuljahr in Bayern später zu Ende geht. Die Kontrollfunktion wird also anscheinend nicht nur als extern von einer höheren Autorität, sondern auch innerhalb einer größeren Vergleichsgruppe (Bundesländer) gesehen.

Die Bildungsstandards an sich scheinen für Lehrkräfte keine Unterstützungsfunktion zu besitzen. Aspekte wie die Konzentration auf die wesentlichen Inhalte eines Fachs scheinen keine Rolle zu spielen. VERA dagegen erfüllt insofern eine Unterstützungsfunktion, da durch die Testaufgaben die Bildungsstandards für Lehrkräfte operationalisiert werden. In den Begründungen einiger Lehrkräfte wird deutlich, dass erst VERA ihnen die Idee der Bildungsstandards vermitteln konnte. Durch VERA sind sie unterstützt worden ihren Unterricht zu verändern. Vor allem die konkreten Aufgaben der Vergleichsarbeiten fördern die Entwicklung kompetenzorientierten Unterrichts. Eine weitere Unterstützung üben die Vergleichsarbeiten hinsichtlich der Begründung von Laufbahnentscheidungen der Lehrkräfte gegenüber Eltern aus. In einigen Fällen scheinen die Ergebnisse der Vergleichsarbeiten als höhere Autorität gegenüber Eltern eingesetzt zu werden, um eigene Entscheidungen zu belegen.

Steuerungsmodelle

Die Bildungsstandards wurden mit der Intention implementiert, das klassisch-bürokratische Modell, das eine Input-Steuerung vorsieht, um überprüfbare Ziele und damit einer Outcome-Steuerung zu ergänzen. Jedoch zeigt sich, dass die Lehrkräfte Bildungsstandards nicht als Outcome wahrnehmen, sondern vielmehr versuchen, die Bildungsstandards ähnlich wie Lehrpläne als Input-Vorgabe zu verstehen. Daraus erwächst der Wunsch der Lehrer nach sehr konkretem unterrichtspraktischem Material, welches direkt in den Unterricht integriert werden kann (Input).

In einer empirischen Studie konnte Diemer (2011) zeigen, dass insbesondere zentrale Lernstandserhebungen hauptsächlich Input-orientiert verwendet werden. Auch in den hier vorliegenden Aussagen von Lehrkräften wird deutlich, dass die Vergleichsarbeiten anscheinend ähnlich wie Lehrpläne (= Input) als Input-Steuerung von Lehrkräften rezipiert werden.

Wirkungsebenen

Auf institutioneller Ebene können Bildungsstandards anscheinend nur formal-bürokratische Wirkung entfalten. An den befragten Schulen hat es nach Aussagen der Lehrkräfte keine explizite Einführung der Bildungsstandards gegeben. Eine Zusammenarbeit im Lehrerkollegium gibt es vor allem in Bezug auf die Vorbereitung der Vergleichsarbeiten. Systematische Auswertungen der Ergebnisse finden an den Schulen statt, die bereits zuvor über eine enge Kooperation verfügt haben. In grundschulspezifischer Hinsicht hat sich bestätigt, dass Jahrgangsstufenteams in der Zusammenarbeit wesentlich wichtiger sind als Fächerverbünde. Zudem hat es sich als sehr förderlich für die Rezeption der Vergleichsarbeiten herausgestellt, wenn die Schulleitung eine positive Einstellung dazu vertritt und eine Aufarbeitung der VERA-Ergebnisse konkret einfordert. In den Äußerungen der Lehrer wird zudem deutlich, dass es noch eine sehr geringe oder nicht vorhandene externe Unterstützung von Seiten der Schulämter gibt. Es scheint, dass die Durchführung der Vergleichsarbeiten sehr professionell angeleitet wird, während die Auswertung den einzelnen Schulen und den einzelnen Lehrern überlassen bleibt.

Die individuellen Wirkungsebenen von Bildungsstandards und Vergleichsarbeiten sind der Hauptfokus dieser Studie gewesen. Es zeigt sich durchgängig, dass Lehrer die geringe unterrichtspraktische Relevanz, die Bildungsstandards in ihren Augen besitzen, bemängeln. Begründung hierfür kann sein, dass Lehrer nicht wissen, wie sie die Bildungsstandards konkret in unterrichtliches Handeln umsetzen können. Denn Lehramtsanwärter, die in ihrer Ausbildung viele Anregungen für die Umsetzung der Bildungsstandards erhalten, stehen Bildungsstandards und einem kompetenzorientierten Unterricht sehr positiv gegenüber. Viel stärker als die Bildungsstandards an sich werden die Vergleichsarbeiten von Lehrkräften rezipiert. Dies könnte zum einen daran liegen, dass sich die Lehrer einem externen Vergleich oder wie von einigen wahrgenommen, einer externen Kontrolle, unterziehen müssen. Einige schätzen aber auch die konkreten Anforderungen, die VERA an sie und ihre Unterrichtsarbeit stellt. Aufgaben können direkt im Unterricht eingesetzt oder die Stufung der Schwierigkeitsgrade für die eigene Leistungsmessung übernommen werden. Es scheint, dass in den Vergleichsarbeiten von Lehrkräften ein stärkerer unterrichtspraktischer Bezug wahrgenommen wird. Die Aussagen der Lehrer zeigen aber auch eine Beliebigkeit in der Verwendung der Vergleichsarbeiten. Für eigene Diagnosezwecke werden die Arbeiten häufig abgelehnt, jedoch als höhere Autorität für Leistungsbewertungen in Elterngesprächen vielfach eingesetzt.

Bildungsstandards wirken wie viele andere curriculare Innovationen stark über die sekundäre Ebene. Hierbei spielen vor allem reine Aufgabensammlungen ohne theoretischen Begleittext eine entscheidende Rolle. Gerade in der Zeit der Vorbereitung auf die Vergleichsarbeiten werden zusätzliche Materialien verwendet und auch die Vergleichsarbeiten an sich als Sekundärmaterial im Unterricht genutzt. Bildungsstandards können anders als neue Lehrpläne nicht zu einem Schulbuchwechsel führen. Obwohl einigen Lehrkräften bewusst ist, dass die verwendeten Schulbücher nicht exakt den Vorgaben der Bildungsstandards entsprechen, sehen sie keine Notwendigkeit, über neue Lehrwerke nachzudenken. Stattdessen warten sie auf den in Bayern angekündigten neuen Lehrplan, der in wenigen Jahren implementiert werden soll. Hinsichtlich der sekundären Wirkungsebene sind die Aussagen der Lehrkräfte relevant, die sich eine stärkere Integration der Bildungsstandards in die Schulbücher wünschen. Sie begründen dies damit, dass sie dadurch ohne zusätzlichen Zeitaufwand die Bildungsstandards in ihren Unterricht einbauen können. Die befragten Lehrer wirken sehr unterrichtspraktisch orientiert und haben am liebsten klare inhaltliche, aber unverbindliche Vorgaben, wie sie curriculare Vorgaben umsetzen können.

Die theoretische Perspektive der Theorie des Lehrplans hat gezeigt, dass eine Vielzahl der Ansprüche, die an Bildungsstandards gestellt werden, nur durch die Vergleichsarbeiten erfüllt wird. Damit wird die hohe Bedeutung dieses Reformelements sichtbar. Zudem lassen die empirischen Ergebnisse vermuten, dass es durch die Einführung der Bildungsstandards nicht zu einem Paradigmenwechsel von Input- zu Outcomesteuerung gekommen ist, sondern die Lehrer auch die Bildungsstandards und sogar VERA als Input-Vorgabe wahrnehmen.

6.1.2 Unterrichtsentwicklungsmodell

Um die Kontextbedingungen für das Gelingen der Implementation curricularer Innovationen zu erfassen, werden die Daten mit Hilfe des Unterrichtsentwicklungsmodells von Helmke (2009) betrachtet. In Bezug auf die Bildungsstandards soll diese theoretische Perspektive darüber hinaus klären, inwieweit die Standards zur Unterrichtsentwicklung beitragen.

Das Unterrichtsentwicklungsmodell erlaubt, die empirischen Ergebnisse vor allem auf die Bedingungsfaktoren für Unterrichtsentwicklung zu untersuchen. Zunächst sollen die unterschiedlichen Phasen mit empirischen Ergebnissen beschrieben werden. Dadurch soll geklärt werden, inwieweit die Implementation der Bildungsstandards an sich zur Unterrichtsentwicklung genutzt wird. Anschließend werden die individuellen und externen Bedingungsfaktoren für eine gelingende Rezeption ausführlich dargestellt.

Die Bildungsstandards werden in dieser theoretischen Betrachtung als Information über Unterricht gesehen. Einige Grundschullehrkräfte scheinen bereits die erste Phase nicht zu erreichen, da sie nicht von der Existenz von Bildungsstandards für den Primarbereich wissen, und damit die Bildungsstandards nicht als Information über Unterricht wahrnehmen.

In der ersten Phase des Unterrichtsentwicklungsmodells, der *Rezeption,* können anhand der empirischen Daten Missverständnisse vermutet werden. Es scheint, dass die Bildungsstandards der Forderung nach Verständlichkeit (Helmke, 2009) nicht nachkommen. Sehr viele Lehrkräfte beklagen sich über den hohen Abstraktionsgrad der Formulierungen. Einige Lehrer fühlen sich durch die geringe Konkretisierung der Bildungsstandards verunsichert.

Allerdings ist diese Verunsicherung auch ein Grund dafür, dass ein Übergang zur Phase der *Reflexion* stattfindet. In dieser Phase geben die Lehrkräfte an, dass sie versuchen, sich die Bildungsstandards mittels Zusatzmaterialien zu erschließen. Dieses Nachdenken und Suchen nach Erklärungen über die Bildungsstandards wird sehr unterrichtspraktisch vorgenommen. Lehrkräfte verwenden dazu Aufgabensammlungen und beschäftigen sich nur sehr selten mit den theoretischen Aspekten der Bildungsstandards, was einschränkend beachtet werden muss. Denn es ist fraglich, ob aufgrund dieser stark unterrichtspraktischen Annäherung schon von Reflexion über Bildungsstandards gesprochen werden kann.

Der Schritt von der Reflexion zur Phase der *Aktion* wird von Helmke (2009) als der schwierigste bezeichnet. Hinsichtlich der Umsetzung der Bildungsstandards sind in den Interviews nur selten Hinweise auf eine Nutzung der Bildungsstandards zur Unterrichtsentwicklung zu finden. Unterrichtsveränderungen werden, wenn überhaupt, in erster Linie auf methodischer Ebene vorgenommen. Zudem sind Lehrkräfte anscheinend sehr offen, neue Aufgaben in den Unterricht zu integrieren. Die empirischen Daten lassen zudem erkennen, dass der unterrichtliche Inhalt Daten, Häufigkeit und Wahrscheinlichkeit neu in den Unterricht aufgenommen worden ist. Diese inhaltliche Veränderung zeigt den bayerischen Sonderfall, da dieser Inhaltsbereich der Bildungsstandards nicht im bayerischen Lehrplan vorgegeben wird.

Die Phase der *Evaluation* ist nur sehr selten in den Daten nachzuweisen. Dennoch scheint das Schülerfeedback in dieser Phase entscheidend zu sein. Lehrer berichten, dass sie methodische Veränderungen, die sie aufgrund der Bildungsstandards vorgenommen haben, deshalb beibehalten, weil sie Leistungssteigerungen und mehr Freude am Lernen bei den Schülern beobachten.

Individuelle Bedingungsfaktoren, die ein Fortschreiten innerhalb des zyklischen Verlaufsmodells befördern oder behindern, sind Erfahrungen mit früheren Lehrplanreformen. Lehrkräfte, die die Erfahrung gemacht haben, dass Reformen wieder zurückgenommen oder verändert werden, sind weniger bereit sich auf eine erneute Reform einzulassen.

Damit hängt auch der weitere individuelle Bedingungsfaktor des Eifers zur Auseinandersetzung mit den Bildungsstandards zusammen. Diese Bereitschaft ist vor allem auf methodischer Ebene zu finden. Auch andere Studien (Barfknecht et al., 2010; Koch et al., 2006) zeigen, dass vor allem der methodische Bereich der Unterrichtsbereich ist, den Lehrkräfte am ehesten gewillt sind zu verändern. Dies unterstützt den generellen Eindruck, dass Lehrkräfte vor allem bereit sind, ihren Unterricht in methodischer Hinsicht weiterzuentwickeln.

Des Weiteren ist für die Nutzung der Ergebnisse zur Unterrichtsentwicklung Vorwissen von Vorteil. Lehrkräfte, die Erfahrung im Bereich standardisierter Forschung haben oder durch die Arbeit an zentralen Tests sowie Schulbüchern sich verstärkt mit den Bildungsstandards beschäftigt haben, stehen der Innovation meist offener gegenüber. Es scheint, dass diese Personen mehr den Nutzen, den die Bildungsstandards für die unterrichtliche Arbeit haben, sehen und diese weniger als Top-down-Vorgabe empfinden.

Vorwissen oder generell gesprochen umfangreicheres Wissen scheint auch der entscheidende Faktor zu sein, warum Personen, die in der Schulleitung tätig sind, die Bildungsstandards positiver wahrnehmen. Dies könnte auch damit erklärt werden, dass Mitglieder der Schulleitung eine besondere Personengruppe innerhalb der Lehrerschaft darstellen, die sich durch besonderes Engagement und Offenheit gegenüber bürokratischen Verordnungen auszeichnen. Dennoch lassen die Interviews vermuten, dass die höhere Akzeptanz auch damit zusammenhängt, dass die Mitglieder der Schulleitung Zugang zu umfangreicheren Informationen und Einblick in größere Zusammenhänge der Schulentwicklung haben. Die Dienststellung wirkt sich für den Personenkreis der Schulleitung positiv auf die Rezeption der Bildungsstandards aus. Jedoch sind Schulleiter und deren Stellvertreter häufig nur noch selten oder in einem geringeren Umfang mit dem Unterrichtsalltag vertraut. Die zweite Gruppe, die den Bedingungsfaktor Alter/Dienststellung in das Zentrum einer positiven Rezeption von Bildungsstandards rückt, ist dagegen stärker mit unterrichtlichen Aspekten betraut: Lehramtsanwärter scheinen sehr stark die Bildungsstandards zur eigenen Unterrichtsentwicklung heranzuziehen. Sicherlich geschieht dies auch aufgrund der Vorgaben im Seminar aus Verpflichtung, jedoch haben die Lehramtsanwärter grundsätzlich ein weit positiveres Bild von Bildungsstandards und schätzen auch deren Nutzen für die Unterrichtsarbeit höher ein.

Auf Grundlage der Aussagen kann vermutet werden, dass dies daran liegen könnte, dass Lehramtsanwärtern im Seminar ein klares Konzept zur Umsetzung der Bildungsstandards vorgegeben wird. Zudem besteht in der beruflichen Anfangsphase anscheinend stärker der Wunsch nach externen Vorgaben als bei berufserfahrenen Lehrkräften, die schon über gefestigte subjektive Theorien verfügen. Darüber hinaus ist bei Lehramtsanwärtern noch nicht von zu stabilen Gewohnheiten auszugehen.

Die Stabilität von Routinen ist ein weiterer individueller Bedingungsfaktor, der die Bereitschaft, eine Innovation in den Unterrichtsalltag zu integrieren, beeinflusst. Seine Bedeutung wird im Interviewmaterial aufgrund des bayerischen Sonderfalls offensichtlich. Der inhaltliche Teilbereich Daten, Häufigkeit und Wahrscheinlichkeit wird von allen Lehrkräften sehr positiv aufgenommen. Es wird vermutet, dass dies daran liegt, dass die Lehrkräfte zu diesem Bereich noch keine subjektiven Theorien oder Gewohnheiten aufgebaut haben, die verändert werden müssen. Es scheint, dass es leichter ist, Neuerungen in die Bereiche einzubringen, zu denen es keine oder nur instabile Gewohnheiten gibt, als in Bereiche, für die eine hohe Stabilität der Gewohnheiten aufgebaut worden ist. Dies korrespondiert mit dem Bedingungsfaktor Dienststellung, dass Lehramtsanwärter eher bereit sind, Bildungsstandards zur Unterrichtsentwicklung heranzuziehen und wird am Beispiel des Inhaltsbereichs Daten, Häufigkeit und Wahrscheinlichkeit sichtbar.

Neben den individuellen Bedingungsfaktoren spielen auch *externe Bedingungsfaktoren* eine entscheidende Rolle, ob Bildungsstandards zur Unterrichtsentwicklung genutzt werden. Wie sich schon bei den individuellen Bedingungsfaktoren gezeigt hat, kann die Lehrerausbildung eine wichtige Rolle hinsichtlich einer Nutzung der Bildungsstandards einnehmen. In der Ausbildung werden Hilfen für die konkrete Umsetzung der Bildungsstandards gegeben, wodurch Lehrkräfte im Umgang mit diesen sicherer werden. Aber auch Lehrerfortbildungen können ähnliche Wirkungen erzielen. Jedoch müssen dabei die stabilen Gewohnheiten von berufserfahrenen Lehrkräften berücksichtigt werden. Hinsichtlich der Fortbildungen scheinen vor allem unterrichtsnahe Orientierungen erfolgsversprechend zu sein, wobei allerdings darauf zu achten ist, dass die unterrichtspraktische Ausrichtung theoretisch verortet wird. Der Vorteil von Lehreraus- und -fortbildung liegt darin, dass die Lehrkräfte, die daran teilnehmen, an ihren Schulen als Multiplikatoren wirken können. Dies trifft besonders für die Schulen zu, an denen eine funktionierende Struktur der Zusammenarbeit besteht.

Somit ist die Kooperation an Schulen – an Grundschulen insbesondere innerhalb des Jahrgangstufenteams – ein weiterer externer Bedingungsfaktor für die Nutzung von Testergebnissen zur Unterrichtsentwicklung. Durch die Zusammenarbeit scheint es wahrscheinlicher, dass Neuerungen an Schulen bekannt sind und umgesetzt werden, da zeitliche und personelle Ressourcen gemeinsam genutzt werden.

Eine funktionierende Kooperation unter Lehrern ist häufig mit einem positiven Innovationsklima an der Schule kombiniert. Dieses wird meist durch die Einstellung der Schulleitung geprägt. Zudem kommt es darauf an, ob die Schulleitung in der Lage ist, dem Lehrerkollegium das Positive einer Innovation zu vermitteln und für die Nutzung genügend Ressourcen zur Verfügung stellt.

Die Wertschätzung von vorgenommenen Unterrichtsentwicklungen durch die Schulleitung, aber auch von Schülern, Eltern und der Kommune ist ein wichtiger Bedingungsfaktor, vor allem für die Beibehaltung einer Veränderung. Nach Aussagen der befragten Lehrer scheint für Grundschullehrkräfte hierbei die positive Wertschätzung der Unterrichtsveränderung durch die Schüler die höchste Bedeutung zu besitzen. Wenn Lehrkräfte positive Rückmeldungen zur Unterrichtsveränderungen von ihren Schülern bekommen oder Leistungssteigerungen bei diesen sehen, sind sie sehr stark geneigt, diese Neuerungen beizubehalten.

Sehr einflussreich auf die Arbeit von Lehrkräften scheinen Lehrbücher und der Klassenlehrplan zu sein. Zumindest geben fast alle Lehrer an, dass sie sich eine stärkere Einbindung der Bildungsstandards in Lehrplan und Lehrwerke wünschen. Damit scheint dieser externe Bedingungsfaktor, der im Moment noch nicht erfüllt ist, wichtig für eine positive Nutzung der Bildungsstandards zur Unterrichtsentwicklung zu sein. Dies korrespondiert mit den anderen Bedingungsfaktoren für eine positive Rezeption, die sich durchgängig auf unterrichtspraktische Aspekte beziehen lassen. Dies trifft auch auf den Bedingungsfaktor Sekundärmaterial zu. Materialien zu den Bildungsstandards werden von den Lehrpersonen gerne zur Konkretisierung der Standards herangezogen. Dabei wird allerdings bevorzugt auf Aufgabensammlungen ohne theoretische Fundierung zurückgegriffen, als auf die Beispielaufgaben des IQB, die zu jeder Aufgabe jeweils eine Erläuterung über den Bezug zu den Bildungsstandards enthalten. Jedoch sollte die hohe Einflussmöglichkeit auf Unterricht mittels Sekundärmaterial bei der Einführung von Bildungsstandards als wichtiger Bestandteil der weiteren Implementation berücksichtigt werden.

Das folgende Modell zeigt die schematische Einordnung der empirischen Daten in das Unterrichtsentwicklungsmodell:

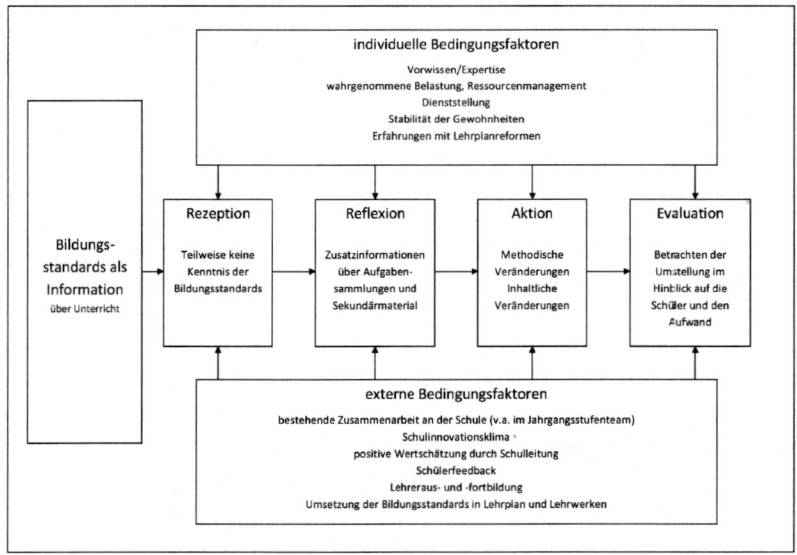

Abb.8: Übersicht über Bedingungsfaktoren zur Nutzung der Bildungsstandards für die Unterrichtsentwicklung. (Eigene Darstellung nach Helmke, 2009)

Die theoretische Perspektive des Unterrichtsentwicklungsmodells zeigt, dass die Bildungsstandards von einer umfangreichen Nutzung zur Unterrichtsentwicklung noch weit entfernt sind. Die Stärke der Betrachtung der empirischen Daten mit Hilfe des Unterrichtsentwicklungsmodells liegt in der Berücksichtigung von individuellen und externen Bedingungsfaktoren für die Nutzung der Bildungsstandards. Die Beachtung der empirisch gefundenen Faktoren im laufenden Implementationsprozess kann dazu beitragen, Unterrichtsentwicklung gezielter durch Bildungsstandards anzustoßen.

Das Unterrichtsentwicklungsmodell lässt allerdings hinsichtlich der Darstellung der gefundenen Ergebnisse Grenzen erkennen. So sind die vier Phasen der Rezeption, Reflexion, Aktion und Evaluation nicht ausreichend, um die Rezeption und Nutzung von Lehrkräften zu beschreiben. Vor allem die Phase der Evaluation ist in der Beschreibung, wie sie Helmke (2009) vorschlägt, nicht hinreichend für die vorliegenden Interviews analysierbar. Zudem erscheint in diesem Modell der Weg von der Information bis zur Aktion als kurz. Sinnvoll erscheint die Beachtung von Kontextfaktoren, die meines Erachtens jedoch nicht pauschal als den Prozess insgesamt begleitend, sondern für jede Phase speziell definiert werden müssten.

6.2 Rezeption und Nutzung von Vergleichsarbeiten

Nachdem im ersten Abschnitt die theoretischen Perspektiven im Hinblick auf Rezeption und Nutzung von Bildungsstandards dargelegt worden sind, werden nun die Vergleichsarbeiten in das Zentrum der Aufmerksamkeit gerückt. Dazu werden als Auswertungsfolien die Theorie der Stages of Concern (Hall et al., 2011) und das Unterrichtsentwicklungsmodell (Helmke, 2009) verwendet. Die Stages of Concern ermöglichen einen akteurzentrierten Blick auf die Ergebnisse und geben Aufschluss darüber, welche Bereiche für Lehrkräfte an VERA besonders relevant sind. Das Unterrichtsentwicklungsmodell richtet zunächst die Perspektive auf einzelne Phasen des Rezeptionsprozesses und die beeinflussenden Kontextfaktoren, bevor im Vergleich mit den Ergebnissen der theoretischen Perspektive zu den Bildungsstandards, eine Gegenüberstellung von VERA und Bildungsstandards hinsichtlich Nutzungsphasen und beeinflussenden Kontextfaktoren vorgenommen werden kann.

6.2.1 Stages of Concern

Im Folgenden werden die empirischen Ergebnisse mit dem Theorieansatz der Stages of Concern erläutert. Diese Theorie wird nur auf die Aussagen im Zusammenhang mit den Vergleichsarbeiten angewendet, da eine Vorannahme der Stages of Concern ist, dass eine Irritation von Routinen durch eine Innovation vorhanden sein muss. Dies trifft auf die Vergleichsarbeiten, nicht jedoch auf die Bildungsstandards zu. Denn in Aussagen der Grundschullehrkräfte ist deutlich geworden, dass die Bildungsstandards noch nicht bewusst als Innovation wahrgenommen werden und sogar einigen überhaupt noch nicht bekannt sind.

> Ich sage offen, wir haben dann aufgrund ihrer Anfrage die Bildungsstandards überhaupt erst einmal alle besorgt. (D3, 5)

Ziel dieser theoretischen Perspektive auf die Ergebnisse ist es, die empirischen Aussagen weiter zu systematisieren und die Aspekte, auf die VERA bei Grundschullehrkräften

Einfluss nimmt, zu identifizieren. Zudem soll sichtbar werden, inwieweit VERA Unterrichtshandeln von Lehrkräften beeinflussen kann.

Dazu sind die theoretischen Vorannahmen zu Indikatoren der einzelnen Stages für die Zuordnung herangezogen und Ankerbeispiele hinzugefügt worden. Mit diesem Schema sind alle Interviews auf deren Ausprägung untersucht worden. Dabei war es für die Zuordnung zu einer Kategorie ausreichend, wenn ein Interviewbeleg für die jeweilige Kategorie gefunden werden konnte.

Tab.15: Indikatoren der Einordnung der empirischen Ergebnisse nach SoC.

Stage		Indikator	Beispiel
Unrelated	Unconcerned	- Kein Interesse an VERA - Thematisieren von Dingen, die nicht mit VERA in Verbindung stehen	kein empirisches Ergebnis
Self	Informational	- VERA ist für die Lehrkräfte präsent; sie möchten mehr darüber erfahren - Keine Befürchtungen von Konsequenzen für die eigene Person durch VERA	Deswegen habe ich das über Arbeitsblätter gemacht. In dem Buch ist nichts davon vorhanden. Ist ja klar. Nicht mal in Anlehnung, deshalb habe ich auch selbst Arbeitsblätter erstellt, habe mir Materialien eben gekauft, um da auch mal zu sehen, was da verlangt ist. (D6, 80)
Self	Personal	- Befürchtungen für die eigene Person - Überlegungen, wie sich die eigene Rolle innerhalb der Schule durch VERA ändert	Interviewer: Also man war dann schon froh, dass man gleich liegt? D20: Natürlich logisch. Jetzt kann man ganz ehrlich sein. Wenn wir da jetzt grottenschlecht abgeschnitten hätten, natürlich würde ich das auch persönlich nehmen. Ich würde mich da nicht selbstbewusst hinstellen und sagen: Ich hatte einfach eine schwache Klasse. Das wäre jetzt ein bisschen überheblich. Aber man würde dann schon darüber nachdenken, woran das liegt und seine Konsequenzen draus ziehen oder sich Gedanken machen. Wenn man aber im normalen Bereich dabei ist und weiß, man hat das wirklich ehrlich angegangen, dann finde ich ist man wirklich zufrieden. (D20, 82-83)
Task	Management	- Organisatorische Aspekte der Vergleichsarbeiten stehen im Mittelpunkt - Aufgabenbezogene Themen sind wichtig	Die Korrektur geht auch noch, weil schön vorgegeben ist, was/ Aber es zieht sich schon, wenn man mal so sieht, dass wir 28 oder 29 Kinder haben und das Ganze zu verbessern und dann muss ich mich hinsetzen und muss jeden einzelnen Punkt in die Eingabemaske/ Also ich mach das dann vorher für mich immer noch auf dem Papier bevor ich das eingebe, weil das für mich schneller geht. Also es ist schon viel Zeit, die da drauf geht. (D15, 79)

Impact	**Consequence**	- VERA wird im Hinblick auf die Schüler betrachtet - Lehrkräfte reflektieren darüber, welche Auswirkungen VERA für die Schüler hat	Natürlich solche, die sich mit dem Lesen schwer tun, die dann nicht fertig wurden von der Zeitvorgabe her, die waren dann schon frustriert und haben gefragt, ob man nicht noch ein bisschen weiter machen kann. (D4, 161)
	Collaboration	- Zusammenarbeit mit anderen Lehrkräften - Lehrkraft beteiligt sich an Ableitungen, die im Jahrgangsstufenteam getroffen werden	Interviewer: Und wenn sie jetzt selbst diese offiziellen Rückmeldungen bekommen, wird das dann auch mal so in der Konferenz oder im Jahrgangsstufenteam thematisiert? D12: Ja, also bei uns in der Jahrgangsstufenkonferenz. Wir haben ja fast jede Woche eine, da sprechen wir dann schon darüber. Ja wo liegt ihr, wie steht's da. Dann wäre dann auch, was müssen wir ändern für nächstes Jahr. Müssen wir mehr solche Aufgaben machen oder weniger. (D12, 100-101)
	Refocusing	- Lehrkräfte denken über weiteren Nutzen der Vergleichsarbeiten nach - Folgen für alle an VERA Beteiligten werden bedacht	Wobei ich offen sagen muss, gerade im zweiten Teil da so bestimmte Lösungsmöglichkeiten ausschließen oder richtige erkennen, finde ich von der Aufgabenstellung her sehr gut, aber da ist eine deutliche Diskrepanz einfach zwischen dem, was die Schüler in diesem Jahr konnten, was wir auch abgefragt haben, sage ich offen und dem, was dann in VERA wirklich als Standard angesehen wird. Also man kommt schon ins Grübeln. Ich war schon so, dass ich gesagt habe, ich frage, ob dann unser Unterricht eigentlich richtig ausgerichtet auf das ist, was verlangt wird oder sagen wir mal, was als Standard angesehen wird. Aber trotz allem haben wir dann wieder das Problem, das wir mit den Schülern arbeiten mit dem, was sie können und dass wir dann nicht/ Dass wir erst mal Grundlagen schaffen müssen, bevor wir den Schritt eigentlich weiter gehen. (D3, 108)

Die folgende Tabelle zeigt eine Übersicht über die Zuordnung der Interviewpartner zu den einzelnen Stages. Auffällig sind das Nichtvorhandensein der Stage *Unconcerned*, sowie die zahlreichen Zuordnungen zu *Personal*, *Management* und *Consequence*. Nicht erwartungskonform sind die relativ häufigen Zuordnungen zur Stage *Refocusing*, die ein In-Frage-stellen und testbasierte Unterrichtsentwicklung beschreibt. Sehr gering ausgeprägt ist die Zusammenarbeit im Zusammenhang mit der Auswertung der Testergebnisse. Die Informationssuche (*Informational*) ist auch geringer ausgeprägt als dies vermutet worden ist.

Tab.16: Übersicht der Zuordnung der einzelnen Lehrkräfte zu den Stages of Concern.

	Un-related	Self		Task		Impact	
Code / Stages	Uncon-cerned	Infor-mational	Personal	Manage-ment	Con-sequence	Collabo-ration	Re-focusing
D1		✔		✔	✔		
D2		✔		✔	✔		
D3			✔	✔	✔	✔	✔
D4		✔	✔	✔	✔	✔	
D5		✔	✔				✔
D6			✔		✔		✔
D7		✔		✔	✔		✔
D8		✔	✔	✔	✔		✔
D9			✔		✔		
D10		✔	✔	✔	✔		✔
D11		✔	✔	✔	✔		
D12		✔	✔		✔	✔	✔
D13				✔	✔		
D14		✔	✔	✔			✔
D15		✔	✔	✔	✔	✔	
D16				✔	✔	✔	✔
D17			✔	✔	✔		
D18			✔	✔	✔		✔
D19				✔	✔		
D20			✔	✔	✔		

Die Interpretation der Ergebnisse versucht, die Hintergründe für die Ausprägung der einzelnen Stages zu beleuchten. In dieser Arbeit sind dabei nicht der Einzelfall, sondern die typischen Ausprägungen der Befragungsgruppe von Bedeutung. Die Kategorie *Unconcerned* konnte in keinem Lehrerinterview nachgewiesen werden. Alle Lehrkräfte scheinen in irgendeiner Form durch die Vergleichsarbeiten beeinflusst worden zu sein.

Informational ist in Bezug auf VERA in der Hinsicht für die Lehrer von Bedeutung, dass sie sich mit zusätzlichem Material ausstatten oder vorhandenes Material an der Schule nutzen, um auf die Vergleichsarbeiten vorbereitet zu sein. Der in vielen Interviews festgestellte Wunsch nach mehr Einbindung der Inhalte von VERA in Lehrplan und Schulbücher kann ebenfalls dieser Kategorie zugeordnet werden.

Die Beunruhigung über Folgen der Vergleichsarbeiten für ihre eigene Person wird der Kategorie *Personal* zugeordnet. Diese Äußerungen befinden sich hauptsächlich in der Kategorie *Emotional*, welche die Aussagen zu Stolz oder Scham, die durch Vergleichsarbeitsergebnisse ausgelöst werden, sammelt. Darin wird deutlich, dass sich einige Lehrkräfte durchaus mit persönlichen Folgen aufgrund von VERA auseinandersetzen. Auffallend ist, dass negative Gefühle wie Furcht, Enttäuschung und Scham überwiegen.

Eine Vielzahl der Aussagen kann der Kategorie *Management* zugeordnet werden. Dies entspricht der vielfach in den Interviews gefundenen formal-bürokratischen Umsetzung der Vergleichsarbeiten. An den Schulen werden in erster Linie Zeitabläufe und die Verteilung der Testhefte thematisiert. Vor allem die Auswertungsvorgaben scheinen an Schulen eine große Rolle zu spielen. Die Eingabe am Computer wird ausführlich besprochen und anscheinend als zentrales Moment der Vergleichsarbeiten wahrgenommen.

Consequence heißt die Kategorie, in der sich die Lehrpersonen mit den Folgen der Vergleichsarbeiten für die Schüler beschäftigen. Die Auswirkungen von VERA auf die Schüler werden ambivalent beschrieben. Für leistungsstarke Schüler werden die Vergleichsarbeiten als begrüßenswerte Herausforderungen gesehen, während leistungsschwache Schüler in den Augen der Lehrkräfte überfordert und dadurch demotiviert werden. Diese Kategoriezuweisung ist überraschend häufig festgestellt worden. Dies könnte an der stark pädagogischen Ausrichtung von Grundschullehrkräften liegen. In Bezug auf die Schüler wird vor allem auch das Auswertungsverfahren bemängelt, das vorgibt, eine Aufgabe schon dann als falsch zu werten, wenn nur eine Teilleistung nicht richtig gelöst worden ist.

In der Kategorie *Collaboration*, die die Zusammenarbeit mit anderen Lehrkräften beschreibt, sind vor allem diejenigen vertreten, die an Schulen mit festen Strukturen zum gegenseitigen Austausch unterrichten. In diesem Zusammenhang ist wieder auf die Bedeutung des Jahrgangsstufenteams in der Grundschule für die Unterrichtsentwicklung hinzuweisen. Jedoch findet anscheinend auch an Schulen, die in Bezug auf die tägliche Unterrichtsarbeit eng zusammenarbeiten, nur selten auch ein Austausch über Konsequenzen aus den Testergebnissen statt.

Häufiger als erwartet konnten Lehrkräfte der Kategorie *Refocusing* zugeordnet werden. Anscheinend hat VERA doch größere Auswirkungen auf die Unterrichtsarbeit, als dies aufgrund der theoretischen Analyse bisheriger Studien vermutet werden konnte. Jedoch muss berücksichtigt werden, dass die Einteilung in diese Kategorie mit für diese Studie festgelegten Indikatoren erfolgt ist. So ist eine pädagogisch begründete Änderung von Aufgaben oder das Überdenken der eigenen Leistungsmessung ausreichend. Es sind nicht die hohen Erwartungen, die an die Vergleichsarbeiten von der Bildungspolitik hinsichtlich einer testbasierten Unterrichtsentwicklung geknüpft werden, als Maßstab verwendet worden. In diesem Zusammenhang ist die anscheinend hohe Berücksichtigung der Testergebnisse durch Lehrkräfte positiv zu erwähnen und die Frage berechtigt, ob nicht die übersteigerten Erwartungen an die Nutzung der Testergebnisse Ursache für die oft dargestellte Nicht-Nutzung dieser sind.

Zusammenfassend zeigt die theoretische Perspektive der Stages of Concern, dass VERA ein für Lehrerhandeln stark irritierendes Reformelement ist. In Bezug auf die einzelnen Lehrergruppen zeigt sich bei den Lehramtsanwärtern, dass sie die einzigen sind, die in Bezug auf VERA nicht die Folgen für die Schüler berücksichtigen. Dies könnte zum einen daran liegen, dass Lehramtsanwärter aufgrund ihrer Ausbildung die Vergleichsarbeiten stärker als Evaluationsinstrument für ihren Unterricht begreifen. Allerdings könnte dies auch damit erklärt werden, dass sie noch stärker self-related sind und die Testergebnisse als externe Bestätigung ihrer Arbeit sehen wie sie dies von ihrer Ausbildung gewohnt sind. Die Stärke des Theorieansatzes der Stages of Concern liegt darin, dass das individuelle Lehrerhandeln stärker berücksichtigt werden kann. Grenzen dieser theoretischen Perspektive in Bezug auf die Beantwortung der Fragestellungen bestehen darin, dass Ursachen für das spezifische Lehrerverhalten nicht erfasst werden. Die Theorie der Stages of Concern ist durch die starke Fokussierung auf das individuelle Lehrerhandeln und seiner Entwicklung nicht in der Lage, beeinflussende Kontextfaktoren für Verhaltensweisen hinreichend zu berücksichtigen. Die theoretische Perspektive des Unterrichtsentwicklungsmodells nach Helmke (2009) soll deshalb nun stärker die Kontextfaktoren als Bedingungen für Lehrerhandeln beleuchten.

6.2.2 Unterrichtsentwicklungsmodell

Das Modell der Rezeption, Reflexion, Aktion und Evaluation (Helmke, 2009) wird nun auf die empirischen Ergebnisse zu den Vergleichsarbeiten angewandt. Dabei kann auf theoretische Vorarbeiten von Helmke zurückgegriffen werden, der sein Modell bereits theoretisch auf die Vergleichsarbeiten bezogen hat (Helmke, 2004) (siehe S. 46 in dieser Arbeit). Jedoch sollen – wie bereits im Theorieteil dargestellt – nicht nur die Rückmeldungen, sondern auch die Vergleichsarbeiten an sich als Information über Unterricht und damit als mögliches auslösendes Moment von Unterrichtsentwicklung betrachtet werden.

Für die Phase der *Rezeption* zeigen die empirischen Ergebnisse, dass die befragten Lehrkräfte die VERA-Rückmeldungen als übersichtlich wahrnehmen. Jedoch wird die Relevanz der Ergebnisse als sehr gering eingeschätzt. Begründet wird dies von den Lehrpersonen mit der von ihnen als gering wahrgenommenen curricularen Validität von VERA. Die Klassenergebnisse werden meist nicht vollständig, sondern nur selektiv von den Lehrkräften rezipiert. Dabei werden Diagramme dem Fließtext vorgezogen, weil diese in den Augen der Lehrkräfte eine schnellere Übersicht versprechen. In den Lehreraussagen zeigt sich hinsichtlich der Vorbereitungen auf VERA ein ambivalentes Bild. Während sich einige Lehrkräfte durch die Handreichungen im Vorfeld von VERA als „stark gegängelt" (D10, 121) fühlen, sehen sich andere Lehrkräfte dadurch in ihrem Unterrichten, wie sie ihn das ganze Jahr hindurch gestalten, bestätigt.

Die Phase der *Reflexion* geht von einer Eigendiagnose der Testergebnisse durch die Lehrkräfte aus. Während dieser Phase vergleichen viele Lehrpersonen die Testergebnisse ihrer Klasse mit denen der Parallelklassen. Erklärungshypothesen bei schlechten Ergebnissen werden anscheinend ausschließlich auf Seiten der Schüler, des Testdesigns und des Sekundärmaterials vermutet. Am stärksten scheint die Perspektive auf die Schüler zu sein, da Lehrpersonen die Testergebnisse in erster Linie auf die Begabungen der einzelnen Schüler attribuieren. Zudem wird das Testdesign an sich in Frage gestellt, das nach Meinung einiger Lehrkräfte Zufallsergebnisse produziert und nicht in der Lage ist, Rückschlüsse auf ihren Unterricht zu erlauben. Außerdem wird kritisiert, dass die in VERA abgefragten Inhalte nicht in den Schulbüchern vertreten sind. Allerdings scheinen die Vergleichsarbeiten, anders als der Lehrplan, kein Grund zu sein, neue Schulbücher, die auf die veränderten curricularen Vorgaben abgestimmt sind, anzuschaffen. Insgesamt scheint es in der Phase der Reflexion zu einer starken Externalisierung der Testergebnisse zu kommen. Nur selten werden auch Erklärungsmuster gesucht, die die eigene Diagnosekompetenz oder den erteilten Unterricht in Frage stellen. Nur berufsunerfahrene Lehrkräfte scheinen dazu zu neigen, Erklärungshypothesen von schlechten Ergebnissen auch in Bezug auf ihren Unterricht zu generieren. Positive Ergebnisse hingegen werden von allen Lehrergruppen häufig als Bestätigung der eigenen Arbeit betrachtet.

VERA scheint in der Lage zu sein, die Phase der *Aktion* weit häufiger anzustoßen, als dies hinsichtlich der Bildungsstandards der Fall ist. Die Ergebnisse werden in einigen Fällen zur förderdiagnostischen Nutzung herangezogen, wenngleich viele Lehrpersonen angeben, dass sie aufgrund von VERA keinen förderdiagnostischen Nutzen sehen. Jedoch scheint das Testinstrument in der Lage zu sein, den Blick auf einzelne Schüler zu schärfen und gerade in unsicheren Fällen eine zusätzliche externe Diagnosehilfe zu sein. Zudem werden vor allem im Vorfeld der Testdurchführung Veränderungen in inhaltlicher und methodischer Hinsicht vorgenommen. So scheint es in Bayern gelungen zu sein durch VERA einen neuen Inhalt (Daten, Häufigkeit und Wahrscheinlichkeit), der nicht im bayerischen Lehrplan festgeschrieben ist, zu einem festen Bestandteil des Grundschulunterrichts zu machen. Einen großen Einfluss auf den Unterricht scheinen die VERA-Aufgaben zu haben, die sehr häufig von den Lehrkräften im Unterricht eingesetzt werden. Darüber hinaus scheinen diese Aufgaben einige Lehrpersonen auch anzuregen, ihre eigenen Aufgabenstellungen zu überdenken.

Die Erfolgsüberprüfung in der Phase der *Evaluation* wird im Fall von VERA durch die erneute Testdurchführung begünstigt. Jedoch scheinen nur wenige Lehrkräfte davon Gebrauch zu machen. Eine diachrone Entwicklungsperspektive, die durch die Vergleichsarbeiten angeregt wird, scheint es nur sehr selten zu geben. Überprüfungen von Unterrichtsveränderungen geschehen in erster Linie auf Grundlage von Schülerfeedback. Dabei geht es weniger um Schülerleistung, sondern vor allem darum, ob die Schüler Gefallen an der Unterrichtsveränderung haben.

Beeinflusst wird dieser Entwicklungsprozess von *externen Bedingungsfaktoren*. Hierzu zählt zum einen die Zusammenarbeit an der Schule. Durch den Austausch mit Kollegen können neue Impulse und auch Unterstützung hinsichtlich der Aufarbeitung der Testergebnisse erfolgen. Die häufig gemeinsame Unterrichtsplanung innerhalb des Jahrgangsstufenteams begünstigt eine gemeinsame Auswertung der Testergebnisse oder das gemeinsame Vorbereiten auf die Tests.

Externe Unterstützung im Zusammenhang mit VERA scheint aus Perspektive der befragten Lehrer nur sehr schwach ausgeprägt zu sein. Außerhalb der Schule, zum Beispiel durch das Schulamt, nehmen Lehrpersonen überhaupt keine Unterstützung wahr. Innerhalb der Schule dominiert die individuelle Rezeption der Ergebnisse, jedoch finden dort Lehrkräfte noch am ehesten Unterstützung, wenn sie diese einfordern.

Der Führungsstil von Schulleitern ist ein weiterer Bedingungsfaktor für testbasierte Unterrichtsentwicklung. Sehr häufig scheint sich die Schulleitung aber nur damit zu beschäftigen, inwieweit die Schule insgesamt im Durchschnitt liegt, und unterstützt nicht den individuellen Unterrichtsentwicklungsprozess einzelner Lehrkräfte. Allerdings kann die Schulleitung anscheinend durch eine positive Wertschätzung und das Bereitstellen von zeitlichen sowie materiellen Ressourcen dazu beitragen, dass Unterrichtsentwicklung begonnen und vor allem aufrecht erhalten wird. Dazu können schulinterne Fortbildungen, zur Verfügung gestelltes Sekundärmaterial und eine Wertschätzung, die sich zum Beispiel in Gesprächen zeigt, beitragen.

Neben der Akzeptanz von Unterrichtsentwicklung bei der Schulleitung ist die Zustimmung von Eltern und Schülern zur Innovation ebenso wichtig. Auf die Bedeutung des Schülerfeedbacks hinsichtlich der Beibehaltung von Unterrichtsveränderungen, ist bei der Beschreibung der Phase Evaluation hingewiesen worden. Auch das Interesse von Eltern an den Testergebnissen kann die Motivation bei Lehrkräften steigern oder wecken, die Testrückmeldungen zur Unterrichtsentwicklung heranzuziehen. Dennoch gibt es Lehrkräfte, die Elterninteresse abwehren. Aber auch in diesem Verhalten zeigt sich eine weitere Beschäftigung mit den Testergebnissen, die bei kontinuierlichem Nachfragen von Eltern in Unterrichtsentwicklung münden könnte.

Ein Bedingungsfaktor, der in der Interpretation der empirischen Ergebnisse immer wiederkehrt, ist die Lehreraus- und -fortbildung. Auch im Zusammenhang mit der Unterrichtsentwicklung durch VERA scheinen sie ein wichtiger Bedingungsfaktor zu sein. Lehrkräfte, die eine Fortbildung zu VERA besucht haben, sind sehr viel stärker in der Lage die Testergebnisse zu nutzen. Vor allem Berufsanfänger legen großen Wert auf die externe Unterrichtsrückmeldung. Lehrerfortbildungen sind vor allem im methodischen Bereich sehr erfolgreich, allerdings sollten auch ganz praktische Aspekte wie eine Weiterbildung im Bereich der EDV-Kenntnisse berücksichtigt werden. In den empirischen Daten findet sich sogar eine Aussage, in der eine Lehrkraft angibt, dass sie ohne fremde Hilfe die Testergebnisse nicht aus dem Internet abrufen kann.

Sehr spezifisch für die Unterrichtsentwicklung durch VERA sind die Bedingungsfaktoren, die Testdesign und Testorganisation betreffen. Eine professionelle Organisation und eine transparente Kommunikation darüber scheinen wichtige Faktoren für eine positive Nutzung der Testdaten durch die Lehrer zu sein. Zahlreiche bayerische Lehrkräfte fühlen sich durch die Testorganisation benachteiligt, da das Schuljahr in Bayern nach dem Testzeitpunkt von VERA noch am längsten ist. Dies mindert die Akzeptanz der Vergleichsarbeiten. Zudem berichten die Lehrkräften von zu großen Zeitblöcken der Arbeiten, die sie für Grundschulkinder als zu umfangreich empfinden. In einem Fall wurde die Pilotierung der Arbeiten für das nächste Jahr beschrieben, die unmittelbar vor den eigentlichen Tests stattgefunden hat, weshalb die Lehrkraft die Professionalität der Testorganisation in Frage stellt. Auch das Testdesign wird von den Lehrpersonen sehr kritisch gesehen. Dies führt zu einer geringeren Relevanz der Tests und der Testergebnisse. Des Weiteren werden von den Lehrern die Gütekriterien in Frage gestellt. In Mathematik wird nach Meinung der Lehrkräfte zu stark das Leseverständnis abgeprüft, die curriculare Validität für zu gering gehalten und das Testformat als multiple-choice als wenig aussagekräftig angesehen. Insgesamt zeigen die externen Bedingungsfaktoren die Bereiche auf, die beim Implementationsprozess beeinflusst werden können und geben somit wichtige Hinweise für die weitere Implementation von VERA.

Neben externen Bedingungsfaktoren beeinflussen auch *individuelle Bedingungsfaktoren* einer Lehrkraft den Unterrichtsentwicklungsprozess im Zusammenhang mit VERA. Hinsichtlich einer Berücksichtigung von VERA für die Unterrichtsentwicklung spielt die Expertise und das Vorwissen einer Lehrkraft im Umgang mit standardisierten Leistungsvergleichen eine Rolle. Die empirischen Daten lassen die Vermutung zu, dass die Lehrkräfte, die selbst mit ähnlichen Testverfahren gearbeitet haben, eher ein Verständnis für testbasierte Unterrichtsentwicklung aufbauen. Zudem kann Expertise in Bezug auf Testdesign zum Verständnis und zur Aussagekraft der Testergebnisse in der Wahrnehmung der Lehrkräfte beitragen.

Neben Expertise kann auch die Erfahrung mit standardisierten Tests zu einer höheren Akzeptanz und Verständnis von VERA und deren Ergebnissen beitragen. Dieser Aspekt hat sich gezeigt, da in Bayern durch die langjährige Durchführung von Orientierungsarbeiten Erfahrungen im Umgang mit dem Ablauf landesweiter Tests vorhanden sind. Gerade hinsichtlich organisatorischer Details wie Testdurchführung und Verständnis der Ergebnisdarstellung wirkt sich der Zeitfaktor positiv aus. Außerdem zeigen die Lehreraussagen, dass durch die stärkere Vertrautheit in der Testdurchführung die wahrgenommene Belastung durch VERA abnimmt. Eine als gering wahrgenommene Belastung durch VERA ist ein wichtiger individueller Bedingungsfaktor für eine gelingende Unterrichtsentwicklung durch VERA. Belastung wird von den meisten Lehrkräften nur durch die Dateneingabe in den Computer wahrgenommen, die als sehr negativ eingeschätzt wird.

Die Selbstüberzeugung der Lehrer nimmt eine ambivalente Position ein. Zum einen zeigen Lehrkräfte mit einer hohen Selbstüberzeugung gerade im Hinblick auf ihre Diagnosekompetenz Resistenz gegenüber differenten VERA-Ergebnissen. Allerdings sind zum anderen Lehrkräfte, die eine hohe Selbstüberzeugung haben, eben deshalb bereit, sich und ihren Unterricht auf Grundlage der Testergebnisse in Frage zu stellen und weiterzuentwickeln.

Ein weiterer individueller Bedingungsfaktor ist die Einstellung einer Lehrkraft gegenüber staatlichen oder generell gegenüber externen Vorgaben. Im günstigsten Fall sollte hier eine Offenheit gegenüber Innovationen und externen Hinweisen vorliegen. Dies hängt eng mit dem Bedingungsfaktor Dienststellung zusammen. Lehramtsanwärter scheinen externe Vorgaben eher zu berücksichtigen, weil sie meist noch keine stabilen Unterrichtsgewohnheiten aufgebaut haben. Zudem sind sie durch viele neue Impulse für ihre Unterrichtsarbeit verunsichert, ob sie die Innovation richtig umsetzen. Durch das Referendariat sind sie zudem an externe Beurteilungen gewöhnt, weshalb ihnen externe Testrückmeldungen vertraut sind.

In Bezug auf die Lehramtsanwärter ist die Bedeutung der Stabilität der Gewohnheiten von Lehrpersonen bereits genannt worden. Die Interviews zeigen: je stabiler diese Gewohnheiten sind, desto schwieriger sind sie durch externes Feedback zu irritieren oder sogar zu ändern.

Hinsichtlich der Berücksichtigung der VERA-Ergebnisse zur Unterrichtsentwicklung ist zudem die Bereitschaft einer Lehrkraft bedeutend, zeitliche und materielle Ressourcen für die Unterrichtsentwicklung aufzuwenden, denn dafür sind ein hoher Grad an Motivation und Volition nötig. Begünstigt werden diese Faktoren von einem pädagogischen Grundverständnis, das einen Nutzen für den eigenen Unterricht in den Vergleichsarbeiten und deren Ergebnissen sieht. Wenn zum Beispiel eine Lehrkraft, die ein schülerorientiertes Grundverständnis hat, die Vergleichsarbeiten als förderlich für die Schüler einschätzt, wird sie eher eine testbasierte Unterrichtsentwicklung betreiben, als wenn sie in VERA keinen Nutzen für ihre Schüler sieht. Die Vielzahl der individuellen Bedingungsfaktoren für eine testbasierte Unterrichtsentwicklung zeigt die Komplexität des Innovationsprozesses auf. Zudem kann die Mehrheit dieser Faktoren nur schwer extern beeinflusst werden.

Das folgende Modell gibt eine schematische Übersicht zu den genannten Prozessbe-schreibungen und beeinflussenden Kontextfaktoren, die in der vorliegenden Studie ge-funden worden sind:

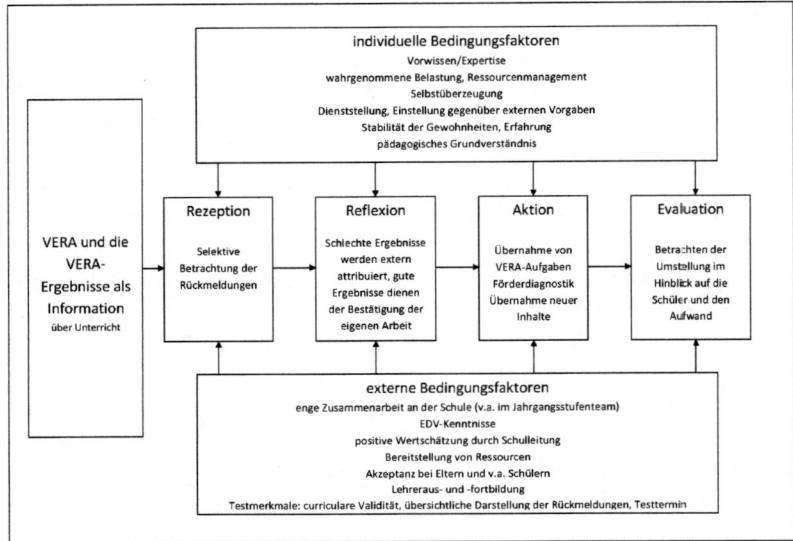

Abb.9: Übersicht über Bedingungsfaktoren zur Nutzung von VERA und deren Testergebnisse für die Unter-richtsentwicklung. (Eigene Darstellung nach Helmke, 2009)

Zusammenfassend stellt sich ein umfangreicher Bedingungsfaktorenkomplex für das Gelingen einer testbasierten Unterrichtsentwicklung dar. Die Stärke der theoretischen Perspektive des Unterrichtsentwicklungsmodells für die Beantwortung der vorliegenden Fragestellungen liegt darin, dass die Bedingungsfaktoren systematisiert betrachtet wer-den. Vor allem die Unterscheidung in externe und individuelle Bedingungsfaktoren liefert wichtige Erkenntnisse über beeinflussbare und weniger beeinflussbare Faktoren bei der Implementation curricularer Innovationen.

Vergleich der Rezeption und Nutzung von Bildungsstandards und Vergleichsarbei-ten nach dem Unterrichtsentwicklungsmodell (Helmke, 2009)
Nachdem Bildungsstandards (siehe S. 181) und VERA (siehe S. 190) individuell auf die Theorie des Unterrichtsentwicklungsmodells bezogen worden sind, sollen beide Re-formelemente nun vergleichend betrachtet werden. Die folgende Tabelle gibt eine Über-sicht zum Stand der Unterrichtsentwicklung, der sich in den Interviews überwiegend gezeigt hat.

Tab.17: Übersicht über die hauptsächliche Ausprägung der einzelnen Phasen, die durch Bildungsstandards und VERA angeregt werden. Die grau hinterlegten Balken zeigen den Stand an.

	Rezeption	Reflexion	Aktion	Evaluation
Bildungsstandards		Als Grund für den Schnitt zwischen Reflexion und Aktion geben die befragten Lehrkräfte vor allem Zeitprobleme und eine zu geringe unterrichtspraktische Ausrichtung der Bildungsstandards an.		
VERA		Die VERA-Ergebnisse werden sehr häufig externalisiert und aufgrund der Ablehnung des Testdesigns als nicht aussagekräftig wahrgenommen. Deshalb werden Ergebnisse häufig nicht in Aktion umgesetzt. Vor allem die Mehrheit der Lehrkräfte, deren Klassenergebnis im oder über dem Durchschnitt liegt, betreibt aufgrund der VERA-Ergebnisse nur sehr selten Unterrichtsentwicklung.		

Nachdem in der Tabelle die Phasen des Unterrichtsentwicklungsmodells verglichen worden sind, werden nun die beeinflussenden Kontextfaktoren betrachtet.

Hinsichtlich externer Bedingungsfaktoren zeigt der Vergleich (siehe Tab.18), dass es anscheinend viele Übereinstimmungen für Nutzung oder Nicht-Nutzung von Bildungsstandards und/oder VERA gibt. Von entscheidender Bedeutung scheinen äußere Rahmenbedingungen zu sein. Damit werden schulische Voraussetzungen berücksichtigt, die Lehrerhandeln beeinflussen können. So zeigen die Interviewaussagen, dass eine feste Strukturierung der Zusammenarbeit im Jahrgangsstufenteam sehr förderlich ist. Diese Zusammenarbeit ist nach Analyse der Lehreraussagen noch wesentlich entscheidender als ein generelles positives Schulinnovationsklima, das jedoch auch testbasierte Unterrichtsentwicklung begünstigen kann. Darüber hinaus spielen die Ressourcen, die für die Unterrichtsentwicklung zur Verfügung stehen eine Rolle. Lehrpersonen müssen das Gefühl haben, dass sie nicht schon mit anderen schulischen Aufgaben so belastet sind, dass sie für eine testbasierte Unterrichtsentwicklung keine Zeit mehr haben. Dazu kann eine Unterstützung durch die Schulleitung, die sowohl die Zusammenarbeit anregen und Ressourcen zur Verfügung stellen kann, einen wesentlichen Beitrag leisten.

Die Lehreraussagen haben zudem für Bildungsstandards und VERA übereinstimmend gezeigt, dass ein zustimmendes Schülerfeedback vor allem das Aufrechterhalten und Fortführen von testbasierter Unterrichtsentwicklung positiv beeinflusst.

Bereits mehrfach ist bei der Auswertung und Interpretation der Lehrerinterviews die Bedeutung von Lehreraus- und -fortbildung deutlich gemacht worden. Aber auch diese theoretische Perspektive hat die Lehrerbildung sowohl für Bildungsstandards als auch für VERA als einen wichtigen externen Bedingungsfaktor identifiziert.

Einen Unterschied für die Unterrichtsentwicklung aufgrund von Bildungsstandards oder VERA konnte hinsichtlich des Designs der Vorgaben ausgemacht werden. Während an den Bildungsstandards die äußere Form als zu abstrakt und zu wenig unterrichtspraktisch sowie als nicht im Lehrplan und den Lehrwerken vorhanden kritisiert worden ist, spielen bei VERA vor allem testorganisatorische Details eine Rolle. So ist für manche Lehrkräfte die computergestützte Durchführung und Auswertung eine Hürde. Zudem werden Aspekte wie mangelnde curriculare Validität, ein zu langes Testdesign, das nach Meinung der Lehrkräfte für Grundschüler ungeeignet ist, sowie die hohe zeitliche Belastung durch die Dateneingabe in den Computer genannt. Die folgende Tabelle stellt den Vergleich für die externen Bedingungsfaktoren noch einmal systematisch dar und gliedert die Faktoren in die vier Überpunkte äußere Rahmenbedingungen, die sich auf schulische Voraussetzungen beziehen, Reaktion der Klientel, Lehrerprofessionalisierung und Design der curricularen Vorgabe.

Tab.18: Übersicht über die Unterschiede zwischen Bildungsstandards und VERA hinsichtlich externer Bedingungsfaktoren.

	Bildungsstandards	VERA
Äußere Rahmenbedingungen	Schulische Voraussetzungen (Zusammenarbeit an Schule, Schulinnovationsklima, Bereitstellung von Ressourcen, Unterstützung durch Schulleitung)	
Reaktion der Klientel	Positives Schülerfeedback	
Lehrerprofessionalisierung	Angebote der Lehreraus- und -fortbildung	
Design	Umsetzung in Lehrplan und Lehrwerken	Testorganisation (EDV-Kenntnisse nötig, geringe curriculare Validität, zu lange Zeiteinheiten, Belastung durch Auswertungsvorgaben)

Neben den externen Bedingungsfaktoren zeigt auch der Vergleich der individuellen Bedingungsfaktoren Gemeinsamkeiten und Differenzen auf (siehe Tab.19). Sowohl für die testbasierte Unterrichtsentwicklung aufgrund von Bildungsstandards, als auch für VERA ist das Vorwissen, also die Expertise, ein entscheidender Faktor für eine positive Nutzung. Dieser Faktor hängt eng mit dem externen Bedingungsfaktor der Lehreraus- und -fortbildung zusammen. Wenn Lehrkräfte auf die Durchführung testbasierter Unterrichtsentwicklung vorbereitet sind, wird diese häufiger angewandt. Abzugrenzen von Vorwissen/Expertise, die vor allem eine theoriegeleitete Herangehensweise begünstigt, ist die Erfahrung im Umgang mit Rückmeldungen, die Grundlage für Unterrichtsentwicklungsprozesse sein kann. Dabei können negative Erfahrungen mit vorangegangenen Reformen negative und gute Erfahrungen positive Auswirkungen auf die Nutzung von Rückmeldungen zur Unterrichtsentwicklung haben. Neben Erfahrungen während der Zeit als Lehrkraft kommen bei diesem individuellen Bedingungsfaktor auch eigene Schulerfahrungen zum Tragen. Zu den individuellen Bedingungsfaktoren, die für Bildungsstandards und VERA gleichermaßen wichtig sind, zählt auch die Dienststellung. So ist bereits vielfach aufgezeigt worden, dass junge Lehrkräfte, vor allem Lehramtsanwärter, testbasierter Unterrichtsentwicklung positiver gegenüber stehen als sehr berufserfahrene Lehrkräfte. Auch Mitglieder der Schulleitung befürworten eher externe Rückmeldung als dies langjährige Klassenlehrer tun. Dies hängt vermutlich mit dem weiteren Bedingungsfaktor der stabilen Gewohnheiten zusammen. Es scheint für diesen Faktor nicht entscheidend zu sein, ob die Unterrichtsentwicklung durch Bildungsstandards oder

VERA ausgelöst wird. Ressourcenmanagement ist der letzte Faktor, der für beide Forschungsgegenstände zum Tragen kommt. Lehrkräfte müssen bereit und in der Lage sein, zeitliche und materielle Ressourcen für die Unterrichtsentwicklung aufzuwenden.

Motivation spielt hierzu vor allem bei den Bildungsstandards eine Rolle. Denn Bildungsstandards werden von Lehrkräften überwiegend als nicht verbindlich wahrgenommen. Darüber hinaus scheinen gemäß der Lehreraussagen nur die Wenigsten externen Druck hinsichtlich der Umsetzung der Bildungsstandards zu empfinden.

Die spezifischen Bedingungsfaktoren von VERA ergeben sich aus dem spezifischen Testdesign und der Art der Rückmeldung und sind somit extern. Darüber hinaus spielt der Grad der Selbstüberzeugung dahingehend eine Rolle, ob man externe Kritik zulassen kann und will. Zudem mindert eine als stark wahrgenommene Belastung durch die Testdurchführung von VERA die Bereitschaft von Lehrkräften die Testergebnisse umfassend zu rezipieren und zur Unterrichtsentwicklung heranzuziehen. Das pädagogische Grundverständnis, das laut Lehreraussagen teilweise sehr stark mit dem Testdesign von VERA differiert, ist außerdem ein individueller Bedingungsfaktor, der für oder gegen eine Nutzung der Testdaten steht.

Die folgende Tabelle gibt eine Übersicht über die eben vorgestellten Gemeinsamkeiten und Unterschiede der individuellen Bedingungsfaktoren hinsichtlich einer Nutzung von Testdaten und Bildungsstandards zur Unterrichtsentwicklung.

Tab.19: Übersicht zu den Unterschieden zwischen Bildungsstandards und VERA hinsichtlich individueller Bedingungsfaktoren.

Bildungsstandards	VERA
Vorwissen/Expertise	
Erfahrung	
Dienststellung	
Stabilität von Gewohnheiten	
Verwendung von zeitlichen und materiellen Ressourcen	
Motivation	
	Selbstüberzeugung
	Wahrgenommene Belastung
	Pädagogisches Grundverständnis

Zusammenfassend zeigen sich erstaunlich viele Übereinstimmungen hinsichtlich der Bedingungsfaktoren. Die Gemeinsamkeiten zeigen die Aspekte an, die anscheinend keinen Mehrwert von VERA innerhalb der Bildungsstandardreform ausmachen. Der Vergleich des Fortschritts der Nutzung von Bildungsstandards und Vergleichsarbeiten zeigt allerdings deutliche Vorteile für die Vergleichsarbeiten. Deshalb scheinen die wenigen Unterschiede zwischen Bildungsstandards und VERA die entscheidenden Faktoren zu sein, die Unterrichtsentwicklung beeinflussen können, und sollten in weiteren Implementationsmaßnahmen, neben den gemeinsamen Faktoren, verstärkt Beachtung finden. Der Vergleich hat ganz deutlich die spezifischen Aspekte von Bildungsstandards und Vergleichsarbeiten hinsichtlich Nutzung zur Unterrichtsentwicklung aufgezeigt. Zudem ist die Bedeutung von VERA für die Initiierung einer testbasierten Unterrichtsentwicklung herausgestellt worden.

6.3 Einfluss von länderspezifischen Regelungskontexten auf die professionelle Reflexion von Lehrkräften

Die dritte Fragestellung beschäftigt sich mit dem Einfluss des institutionellen Rahmens auf das Rezeptionsverhalten von Lehrkräften. Dazu ist die bayerische Fallauswahl um die finnische Perspektive erweitert worden, um einen Vergleich ziehen zu können.

In der folgenden Übersicht werden die empirischen Ergebnisse des Ländervergleichs auf Grundlage der Theorie des Lehrplans (Funktionen, Steuerungsmodelle, Wirkungsebenen) einem systematischen Ländervergleich unterzogen. Dazu werden zunächst die Funktionen der Bildungsstandards in beiden Ländern in einer Tabelle (Tab.20) direkt gegenübergestellt, um unterschiedliche Ausprägungen in den beiden Erhebungskontexten sichtbar zu machen. Es werden jeweils nur die Funktionen berücksichtigt, die den Standards in den jeweiligen Ländern innerhalb der curricularen Steuerung zugedacht sind.

Funktionen

Die folgende Tabelle zeigt, dass in Bayern nicht alle intendierten Funktionen der Bildungsstandards von Lehrkräften gesehen und umgesetzt werden, während in Finnland alle Funktionen wahrgenommen werden. Dort wird sogar eine nicht-intendierte Funktion (Legitimationsfunktion) von den Lehrkräften den nationalen Leistungsstandards zugesprochen.

Tab.20: Übersicht zur Erfüllung (✔) oder Nicht-Erfüllung (x) der intendierten Funktionen in Bayern und Finnland.

Funktion	Bayern	Finnland
Orientierungsfunktion	x	✔
Politische (gesellschaftliche) Funktion	✔	✔
Steuerungsfunktion	x	Nicht intendiert
Innovationsfunktion	x	Nicht intendiert
Legitimationsfunktion	✔	✔
Beratungsfunktion	x	Nicht intendiert
Rückmeldefunktion	x	✔
Kontrollfunktion	✔	Nicht intendiert
Unterstützungsfunktion	x	✔

In Bayern können die Bildungsstandards keine Orientierungsfunktion entfalten. Lediglich VERA-Aufgaben sind hinsichtlich der Umsetzung der Bildungsstandards orientierend. Die finnischen Bildungsstandards hingegen können ihre Orientierungsfunktion erfüllen. Sie dienen Lehrkräften zur langfristigen Unterrichtsplanung sowie zur Orientierung bei der Leistungsmessung.

Die politische Funktion der Bildungsstandards wird in den Aussagen der bayerischen Lehrkräfte sehr stark wahrgenommen. Allerdings führt dies zu einer Ablehnung der Bildungsstandards auf unterrichtspraktischer Ebene. Bildungsstandards und generell Schule sind in Finnland Teil der Gesellschaft. Deshalb werden die Standards zur Sicherung der Lernziele für die nachwachsende Generation verstanden und von den Lehrkräften als positiv wahrgenommen.

Eine direkte und vor allem gezielte Steuerungsfunktion können die Bildungsstandards in Bayern nicht erfüllen. Sie und vor allem VERA haben durchaus Einfluss auf die Unterrichtspraxis, jedoch kann dieser Einfluss nicht gezielt gesteuert werden.

Die deutschen Bildungsstandards können die Innovationsfunktion nur bedingt erfüllen. Es gelingt nur mittels Fortbildungsprogrammen oder mittels VERA die Neuerungen in die Unterrichtspraxis einzubringen.

Gerade im Hinblick auf den in der vierten Klasse anstehenden Übertritt scheinen die Bildungsstandards für bayerische Lehrkräfte eine Norm zu sein, die höhere Autorität besitzt. Deshalb werden teilweise von den Lehrkräften die auf den Bildungsstandards basierenden Vergleichsarbeiten als höhere Autorität bei Elterngesprächen zur Legitimation ihrer Beurteilung herangezogen. In offiziellen Dokumenten wird den finnischen Bildungsstandards zwar keine Legitimationsfunktion zugesprochen, jedoch konnte diese empirisch nachgewiesen werden. Bildungsstandards dienen der Legitimation von Unterrichtsinhalten gegenüber Eltern und der Gesellschaft sowie zur persönlichen Bestätigung des eigenen Unterrichts.

Die Beratungsfunktion erfüllen die bayerischen Bildungsstandards nur indirekt mittels der VERA-Ergebnisse. Direkt werden Bildungsstandards nur sehr selten in Beratungsgesprächen mit Eltern eingesetzt. Auch Lehrkräfte werden durch die Bildungsstandards nicht für ihre unterrichtliche Arbeit beraten.

In den empirischen Daten konnten keine Hinweise auf die Rückmeldefunktion der deutschen Bildungsstandards gefunden werden. Für Lehrer scheinen die Bildungsstandards hinsichtlich Unterrichtsentwicklung und Diagnostik nicht aussagekräftig zu sein. Die finnischen Bildungsstandards hingegen erfüllen ihre Rückmeldefunktion in der Hinsicht, dass sie mit der Angabe der „guten Kompetenz" einen vergleichbaren Maßstab für Leistungsbewertungen bieten, der von den Lehrkräften für die Zeugnisbewertung genutzt wird.

Die Kontrollfunktion der deutschen Bildungsstandards wird von vielen Lehrkräften sehr stark wahrgenommen. Dies führt allerdings zu einer Ablehnung der Standards.

Die deutschen Bildungsstandards erfüllen nicht ihre Unterstützungsfunktion. Sie sind für Lehrkräfte hinsichtlich der Unterrichtsplanung nicht hinreichend hilfreich. Einzig die Leistungsmessung wird beeinflusst. Dies geschieht jedoch wiederum stärker durch VERA als direkt durch die Bildungsstandards. Die Unterstützungsfunktion der Standards in Finnland zeigt sich empirisch in der Nutzung der Standards zur Leistungsmessung, der langfristigen Unterrichtsplanung und in der Legitimation des Unterrichts gegenüber Eltern und Gesellschaft durch Lehrkräfte.

Steuerungsmodell

Die Ergebniskontrolle der deutschen Standards wird durch VERA umgesetzt. Empirisch hat sich gezeigt, dass die Bildungsstandards in erster Linie durch VERA in den Schulen wahrgenommen werden. Die Zielvorgabe als Sicherung eines national einheitlichen Leistungsniveaus wird von den bayerischen Lehrkräften erkannt. In Finnland wird vor allem die Ausdifferenzierung der Standards auf lokaler Ebene von vielen Lehrkräften sehr positiv gesehen und trägt zur Akzeptanz der Standards bei. Mit der Festsetzung von Mindeststundenzahlen und der groben inhaltlichen Festlegung geben die finnischen

Bildungsstandards den Weg für Schule und Unterricht vor und sind damit eine Wegvorgabe, die als solche erkannt wird.

Wirkungsebenen

Auf institutioneller Ebene können die deutschen Bildungsstandards keine Wirkung erzielen. Nur wenn bereits Strukturen von Jahrgangsstufenteams vorhanden sind, ist von einer höheren Chance der Umsetzung der Standards auf Unterrichtsebene auszugehen. Als erfolgsversprechend haben sich in den empirischen Daten Fortbildungen im Methodenbereich gezeigt. Die institutionelle Ebene spielt in Finnland in der Praxis eine große Rolle. Durch die Verpflichtung die Schulcurricula regelmäßig an die veränderten nationalen und lokalen Rahmenlehrpläne anzupassen, ist eine Beschäftigung mit den Neuerungen an den einzelnen Schulen unvermeidbar.

In Deutschland spielen die Bildungsstandards auf individueller Ebene vor allem für Lehramtsanwärter eine entscheidende Rolle. Berufserfahrene Lehrer lassen sich nicht durch die Bildungsstandards und nur bedingt von VERA in ihren Unterrichtsroutinen irritieren. Anregungen werden in erster Linie in methodischer, in jedem Fall aber in unterrichtsnaher Hinsicht aufgenommen. Auf individueller Ebene spielen die finnischen Bildungsstandards insofern eine Rolle, inwieweit sich die Lehrkraft aus eigener Motivation damit auseinandersetzt. Empirisch konnten Lehrer gefunden werden, die für die langfristige Planung und einige Zwischenselbstevaluationen die nationalen Bildungsstandards heranziehen.

Die sekundäre Ebene ist in Bezug auf die deutschen Bildungsstandards sehr einflussreich. Viele Lehrer scheuen die offiziellen theoretischen Abhandlungen und ziehen es vor, Aufgabensammlungen zu verwenden, die direkt im Unterricht eingesetzt werden können. Da in zahlreichen Lehrbüchern die Bildungsstandards noch nicht umgesetzt sind, spielen diese keine Rolle bei der Implementation der Bildungsstandards. In Finnland hingegen leisten die Lehrbücher einen entscheidenden Beitrag zur Umsetzung der Bildungsstandards. Die meisten Lehrer orientieren sich an den Schulbüchern und den dazugehörigen Lehrerhandbüchern. Da sich die Verlage eng an den nationalen Bildungsstandards orientieren, um die Bücher im ganzen Land verkaufen zu können, spielt die sekundäre Ebene in Finnland eine entscheidende Rolle für die landesweite Standardsicherung.

Fazit

Durch die Systematisierung der Ergebnisse des Ländervergleichs mit Hilfe der Theorie des Lehrplans sind Aspekte von Regelungskontexten deutlich geworden, die eine positive Rezeption und Nutzung von Bildungsstandards durch Lehrkräfte fördern.

Es hat sich gezeigt, dass eine klare Konzeption und dabei vor allem die Integration von Bildungsstandards in die Lehrpläne von Vorteil ist. In Bayern wird die Parallelität von Bildungsstandards und Vergleichsarbeiten von den Lehrkräften als stark negativ wahrgenommen. Die Parallelität führt zudem zu einem verzerrten konzeptionellen Verständnis von Bildungsstandards. Indem man die Idee eines verbindlichen Kerncurriculums deutlich macht, steigt die Akzeptanz der Lehrkräfte, weil ihnen die Bildungsstandards nicht als zusätzliche Einschränkung ihrer Freiheit, sondern als deren Garant bewusst werden können. Des Weiteren wird am Beispiel Finnlands deutlich, dass eine Einbindung der Standards in die Leistungsbewertung die Akzeptanz erhöhen kann. Notengebung ist für Lehrkräfte im Unterrichtsalltag sehr zentral, weshalb ihnen der Ausschluss der Standards von der Leistungsbewertung (Benotungsverbot von VERA) als negativ erscheint. Eine Einbindung der Standards muss nicht zwangsläufig in der Freigabe von VERA zur Notengebung münden, sondern es könnte – ähnlich wie in Finnland – in den Standards ein einheitlicher Maßstab dafür festgelegt werden. Dies würde gerade Grundschullehrern helfen, die in der vierten Jahrgangsstufe in Bayern mit der Übertrittsentscheidung konfrontiert sind, da sie sich an einem deutschlandweit einheitlichen Maßstab orientieren könnten.

Die Kontrolle durch die Standards wird in Bayern sehr stark wahrgenommen. Eine Minimierung der Kontrolle und eine stärker professionsverantwortete Standardarbeit zeigen sich erfolgsversprechender. Denn nach Aussagen der Lehrkräfte scheint die Kontrollfunktion andere Funktionen, zum Beispiel die Rückmeldefunktion zu überlagern. Zudem zeigen die empirischen Ergebnisse, dass die offiziellen Rückmeldungen kaum zur Unterrichtsentwicklung genutzt werden.

Ein weiterer Faktor, der die Rezeption beeinflusst, ist das Vorhandensein von nebensteuernden Elementen, die zu einer höheren Akzeptanz von Bildungsstandards führen. Bislang sind vor allem die Vergleichsarbeiten maßgeblich dafür verantwortlich, dass Bildungsstandards auf Schul- und Unterrichtsebene wahrgenommen werden. Dadurch, dass in Finnland die nationalen Bildungsstandards mit Stundenzahlvorgaben kombiniert sind, erhalten sie mehr Aufmerksamkeit und erfordern bei einer Änderung meist auch organisatorische Maßnahmen. Dies verhindert eine oberflächliche Anpassung an neue Standards. Allerdings muss berücksichtigt werden, dass organisatorische Veränderungen, die mit Standards kombiniert sind, die Aufmerksamkeit stärker auf sich ziehen und damit inhaltliche Änderungen durch die Standards überlagern können.

Zentral für eine positive Wahrnehmung von Bildungsstandards durch Lehrkräfte scheint die Beteiligung der Profession an der Ausarbeitung zu sein. Das System der immer stärkeren Ausdifferenzierung von Standards bis hin zum individuellen Schulcurriculum in Finnland gewährleistet, dass jeder Lehrer in irgendeiner Form an der Entwicklung der Standards beteiligt ist. Besonders die Lehrkräfte, die auf regionaler Ebene an der Ausarbeitung beteiligt sind, beschäftigen sich intensiv mit den nationalen Standards und deren Umsetzungsmöglichkeiten im Unterricht. Aber auch die Lehrer, die nicht direkt an der regionalen Ausarbeitung mitarbeiten, empfinden es als sehr positiv, dass in erster Linie Lehrer das Curriculum ausdifferenzieren. Denn die hohe Lehrerbeteiligung an der Entwicklung führt zu einer sehr konkreten Ausgestaltung der Standards, die unterrichtspraktisch relevant ist.

Ambivalent ist die Funktion des Sekundärmaterials zu sehen. Einerseits scheint darüber in Finnland ein Großteil der Standards vermittelt zu werden, andererseits ist es aber auch gefährlich, da Schulen aus finanziellen Gründen mit alten Büchern arbeiten oder sich die Lehrkräfte zu stark an diesen orientieren, was die Individualität der Schüler negiert. Jedoch ist vor allem die unterrichtspraktische Ausrichtung der Lehrwerke für Lehrer sehr attraktiv. Ein günstiger Regelungskontext sollte deshalb darauf achten, dass Bücher den Unterschied zwischen Test- und fachdidaktischen Aufgaben zu den Bildungsstandards deutlich machen und auch von staatlicher Stelle entsprechendes Material zur Verfügung gestellt wird, wie dies in Deutschland durch das IQB geschieht.

Es zeigt sich, dass Regelungskontexte in der Lage sind, das Rezeptions- und Nutzungsverhalten von Lehrkräften in Bezug auf die Bildungsstandards zu beeinflussen. Als wichtigste Faktoren werden die Beteiligung von Lehrkräften an der Ausarbeitung und die Integration der Bildungsstandards in das Lehrplankonzept erachtet.

6.4 Testdurchführung als einflussreiches Reformelement auf die professionelle Reflexion

Nachdem die Bildungsstandards im Kontext von institutionellen Regelungskontexten in Finnland dargestellt worden sind, richtet sich nun wieder der Blick auf die standardbasierte Reform in Deutschland. Die empirischen Ergebnisse der bayerischen Fälle werden mit Hilfe des Unterrichtsentwicklungsmodells (Helmke, 2009) hinsichtlich ihres Einflusses auf die Unterrichtsentwicklung betrachtet. Dazu sind die Interviews dahingehend untersucht worden, inwieweit einzelne Reformelemente in die Phasen wie sie von Helmke (2009) definiert werden, einzuordnen sind. Dazu wird der Vergleich zwischen Bildungsstandards und VERA (siehe Tab.17) erweitert, indem VERA in die beiden Elemente Rückmeldungen und VERA-Durchführung unterteilt wird.

Die folgende Tabelle zeigt den unterschiedlichen Einflussgrad der einzelnen Reformelemente an:

Tab.21: Übersicht über die hauptsächliche Ausprägung der einzelnen Phasen, die durch Bildungsstandards, VERA-Rückmeldung und VERA-Durchführung angeregt werden. Die grau hinterlegten Balken zeigen den Stand an.

	Rezeption	Reflexion	Aktion	Evaluation
Bildungsstandards	Als Grund für den Schnitt zwischen Reflexion und Aktion geben die befragten Lehrkräfte vor allem Zeitprobleme und eine zu geringe unterrichtspraktische Ausrichtung der Bildungsstandards an.			
VERA-Rückmeldung	Die VERA-Rückmeldungen werden sehr häufig externalisiert und aufgrund der Ablehnung des Testdesigns als nicht aussagekräftig wahrgenommen. Deshalb werden diese häufig nicht in Aktion umgesetzt. Vor allem die Mehrheit der Lehrkräfte, deren Klassenergebnis im oder über dem Schnitt liegt, sieht aufgrund der VERA-Rückmeldungen nur sehr selten einen Anlass für Unterrichtsentwicklung.			
VERA-Durchführung	Die VERA-Durchführung an sich kann vor allem in der Phase der Testvorbereitung und der Testdurchführung einen starken Impuls für Unterrichtsentwicklung setzen. Ein Defizit scheint es noch in der Phase der Evaluation zu geben, da eine nachhaltige und evaluierte Nutzung noch sehr selten ist.			

Die Tabelle zeigt, dass offenbar nur die Durchführung von VERA eine vollständige Unterrichtsentwicklung im Sinne des Unterrichtsentwicklungsmodells von Helmke (2009) anstoßen kann. Dagegen scheinen die Testrückmeldungen nur Reflexion, aber keine tatsächliche Veränderung auf Unterrichtsebene auszulösen. Diese Tatsache ist erstaunlich, da von den Entwicklern der VERA-Tests gerade sie als entscheidender Anstoß für Unterrichtsentwicklung gesehen werden. In die Tabelle sind deshalb die VERA-Rückmeldungen und die Bildungsstandards separat als Auslöser für Unterrichtsentwicklung aufgenommen worden. Es zeigt sich, dass auch die Bildungsstandards ebenso wie die VERA-Rückmeldungen nicht über die Phasen der Rezeption/Reflexion hinauskommen. Die Gründe hierfür werden allerdings von den Lehrkräften unterschiedlich angegeben. Während an den Bildungsstandards vor allem ihre geringe unterrichtspraktische Ausrichtung kritisiert wird, um die Nicht-Nutzung zu begründen, ist in Bezug auf die VERA-Rückmeldungen die Tatsache, dass die Ergebnisse bei der Mehrheit der Lehrkräfte im oder über dem Schnitt liegen, Ursache für ihre wahrgenommene Irrelevanz für die Unterrichtsentwicklung. Bei den Lehrkräften, deren Ergebnis unterdurchschnittlich ist, wird jedoch auch keine Unterrichtsentwicklung ausgelöst, da entweder Frust entsteht oder eine externe Attribuierung der Ergebnisse vorgenommen wird.

Die VERA-Durchführung kann hingegen in einigen Fällen Unterrichtsentwicklung bis in die Phase der Evaluation auslösen. Allerdings ist diese Phase noch sehr schwach ausgeprägt, was an der mangelnden Erfahrung von deutschen Lehrkräften im Umgang mit Selbstevaluationsinstrumenten liegen könnte, wie dies auch Maier (2009) in seiner Studie beschreibt. Evaluationen der Maßnahmen finden in erster Linie sehr persönlich und nicht im Team statt, was an der individuellen Berufsauffassung deutscher Lehrkräfte liegen könnte. Dennoch ist die Durchführung stärker in der Lage, Unterrichtsentwicklung, vor allem im Bereich der Aufgabenkultur, zu befördern.

Nachdem in diesem Kapitel die Ergebnisse unter theoretischen Perspektiven betrachtet worden sind, werden in Kapitel 7 die Fragestellungen konzentriert beantwortet und die dazugehörigen Ergebnisse interpretiert.

7 Diskussion der empirischen Ergebnisse

Nach der textnahen Ergebnisdarstellung (Kapitel 5) und dem theoretischen Blick auf die Resultate (Kapitel 6) werden nun zunächst die gestellten Fragestellungen präzise beantwortet und im Rahmen der theoretischen Fundierung diskutiert (Abschnitt 7.1), bevor die Limitationen der Studie erläutert werden (Abschnitt 7.2). Anschließend werden die empirischen Ergebnisse zur Verstärkung oder Relativierung der erziehungswissenschaftlichen Kritik (Abschnitt 7.3) herangezogen. Des Weiteren werden Überlegungen hinsichtlich einer Weiterentwicklung der Beschreibung von Innovationsprozessen von Lehrkräften angestellt. Dazu werden die theoretischen Grundlagen unter Hinzuziehen der empirischen Ergebnisse beleuchtet (Abschnitt 7.4). Die Anbindung an weitere Studien wird im Abschnitt 7.5 *Anschlussfähigkeit an andere Studien* dargestellt, wodurch eine Einordnung der Ergebnisse in den schulpädagogischen Forschungskontext erfolgt und eine Verwendung der Daten für Anschlussforschungen ermöglicht wird. Konkrete Forschungsdesiderata, die sich aus den Ergebnissen ergeben, werden im *Ausblick* (Kapitel 8) vorgestellt. Da die Studie sehr praxisorientiert ist, können auch ansatzweise empirisch gestützte Handlungsempfehlungen skizziert werden, wie der Implementationsvorgang zu den Bildungsstandards weiter gestaltet werden könnte und wie zukünftige Implementationsprozesse aus der Sicht von Grundschullehrkräften strukturiert werden sollten (Abschnitt 7.6).

7.1 Zusammenfassung und Interpretation der Befunde

In der Zusammenfassung der Befunde werden die Fragestellungen hinsichtlich ihrer forschungsleitenden Relevanz eingeordnet und die einzelnen Teilaspekte anhand der empirischen Erkenntnisse beschrieben. Zudem werden die Ergebnisse in das Verhältnis zu Resultaten anderer Studien gestellt. Abschließend erfolgt für jede Fragestellung eine Interpretation der Daten.

7.1.1 Rezeption und Nutzung von Bildungsstandards

Fragestellung (A): Wie rezipieren und nutzen Grundschullehrkräfte Bildungsstandards im Hinblick auf Implementation, Konzeption und Unterricht?

Bildungsstandards gelten als zentrales Merkmal der standardbasierten Reform. Forschungsergebnisse früherer Studien stellen die Relevanz des Implementationsprozesses und des konzeptionellen Verständnisses der Adressaten einer Innovation heraus (Altrichter et al., 2006). Zudem ist die Veränderung auf Unterrichtsebene das zentrale Ziel von Innovationen im Bereich Schule und Unterricht.

Aufgrund einer Studie von Wacker (2008) ist die forschungsleitende Annahme vertreten worden, dass VERA als nebensteuerndes Element zentral für die Umsetzung der Bildungsstandards ist. Mit der Theorie des Lehrplans konnte die Komplexität des Forschungsgegenstands auf die Dimensionen Funktionen, Steuerungsmodelle und Wirkungsebenen reduziert und so die Bildungsstandards und VERA einem Vergleich unterzogen werden. Die Auswertung hat gezeigt, dass VERA tatsächlich das zentrale neben-steuernde Element der standardbasierten Reform darstellt und fast alle Funktionen, die laut offiziellen Dokumenten den Bildungsstandards zugeschrieben werden, von VERA erfüllt werden. In der Wahrnehmung der Lehrkräfte besitzen die Bildungsstandards nur negativ konnotierte Funktionen, wie die Kontrollfunktion und die politische Funktion.

Dieses Ergebnis kann im Zusammenhang mit der Implementation (A1) gesehen werden. Aus Sicht von Lehrkräften gab es keine Implementationsmaßnahmen zu den Bildungsstandards, sondern die Einführung verlief mittels sekundärer Maßnahmen. Somit zeigt sich eine ähnlich Struktur der Verlagerung wie bei den Funktionen: Nicht nur die zugeschriebenen Funktionen der Bildungsstandards werden sekundär erfüllt, sondern auch die Implementation wird von sekundären Maßnahmen, wie zum Beispiel dem Unterrichtsprogramm SINUS, ausgeführt.

Das konzeptionelle Verständnis (A2) der Lehrkräfte von Bildungsstandards ist sehr heterogen. Dominierend sind hierbei Vorstellungen von externen Vorgaben, die den Lehrern auferlegt worden sind. Andere Vorstellungen zeigen, dass Lehrkräfte die Innovationsfunktion der Bildungsstandards nicht sehen.

Mit der theoretischen Perspektive des Unterrichtsentwicklungsmodells (Helmke, 2009) können Überlegungen zur spezifischen Sicht von Grundschullehrkräften angestellt werden. Als entscheidender Faktor für die Rezeption und Nutzung (A3) konnten die Jahrgangsstufenteams an Grundschulen identifiziert werden. Die enge Zusammenarbeit, die aufgrund des bevorstehenden Übertritts schon vor Einführung der Bildungsstandards an vielen Schulen bestanden hat, ist förderlich für die Rezeption und Nutzung der Bildungsstandards. Zudem zeigen Grundschullehrkräfte eine starke Orientierung an den Interessen ihrer Schüler und stehen Bildungsstandards auch dann aufgeschlossener gegenüber, wenn zum Beispiel der Inhaltsbereich Daten, Häufigkeit und Wahrscheinlichkeit, der nicht im Lehrplan, sondern nur in den Standards festgeschrieben ist, von ihrer Klasse positiv aufgenommen wird.

Bildungsstandards sind in Anbetracht der vorliegenden empirischen Daten noch nicht bewusst bei den Lehrkräften auf Unterrichtsebene angekommen. Allerdings können in den Aussagen der Lehrer Interesse und Ansätze zur Nutzung festgestellt werden. Deshalb scheint es für die weitere Implementation der Bildungsstandards wichtig, vor allem das Verständnis für Bildungsstandards und das bewusste Umsetzen derselben anzuregen.

7.1.2   Rezeption und Nutzung von Vergleichsarbeiten

Fragestellung (B): Wie rezipieren und nutzen Grundschullehrkräfte Vergleichsarbeiten im Hinblick auf konzeptionelles Verständnis, Durchführung der Tests, VERA als Element der Elternberatung, Testdesign und Aufgaben, Kritik am Testdesign, Umgang mit den Ergebnissen und Diagnostik?

Vergleichsarbeiten sind als Instrument zur Rechenschaftslegung Ausdruck der neuen Outcome-Steuerung im deutschen Bildungssystem, weshalb in der Interviewstudie die Sicht der Lehrkräfte auf diese erfasst worden ist. Die Transkripte der Interviews geben damit Auskunft zur subjektiven Wahrnehmung von VERA.

Bestätigt hat sich die forschungsleitende Annahme, dass Vergleichsarbeiten für Lehrkräfte eine weit größere Veränderung ihres Arbeitsalltags darstellen als Bildungsstandards. Deshalb ist die Verwendung des Theoriemodells der Stages of Concern in Bezug auf VERA adäquat gewesen. Mit dieser theoretischen Perspektive konnte auch gezeigt werden, dass Lehrkräfte Folgen von VERA im Hinblick auf ihre eigene Person bedenken. Zudem ist deutlich geworden, dass formal-bürokratische Aspekte, wie Zeitabläufe und fristgerechte Dateneingabe, in Bezug auf VERA zentral sind. Ganz entscheidend hat sich seitens der Lehrer die starke Berücksichtigung der Konsequenzen von VERA für die Schüler gezeigt. Hingegen konnten keine Hinweise auf eine verstärkte Kooperation zwischen Lehrkräften aufgrund von VERA gefunden werden. Die Initiierung von Zusammenarbeit an Schulen ist eine Intention der Einführung von Vergleichsarbeiten.

Das Unterrichtsentwicklungsmodell hat noch einmal bedeutsame beeinflussende Faktoren für die VERA-Rezeption und VERA-Nutzung dargestellt. Für diese Fragestellung ist zudem der Vergleich der theoretischen Auswertung mit dem Unterrichtsentwicklungsmodell zwischen Bildungsstandards und Vergleichsarbeiten interessant gewesen. Trotz deutlicher Unterschiede in der Intensität des Einflusses von Bildungsstandards als wesentlich schwächeres Element in Kontrast zu den Vergleichsarbeiten, konnten unerwarteterweise nur wenige Unterschiede in den beeinflussenden Faktoren beider Reformelemente auf die Rezeption und Nutzung gefunden werden. Allerdings scheinen die wenigen verschiedenen Faktoren umso entscheidender für den unterschiedlichen Einflussgrad zu sein. Im Hinblick auf die Bildungsstandards werden besonders die Parallelität von Lehrplan und Bildungsstandards sowie die nicht vorhandene Einarbeitung in die Schulbücher als sehr hinderlich betrachtet. Für die Vergleichsarbeiten ist die stark wahrgenommene Belastung hoch einflussreich auf das Rezeptions- und Nutzungsverhalten von Lehrkräften. Allerdings führt die positive Resonanz der Schüler auf Aufgaben im VERA-Design zu einer Nutzung dieses Reformelements zur Unterrichtsentwicklung.

In konzeptioneller Hinsicht (B1) werden die Vergleichsarbeiten vor allem unter organisatorischen Aspekten wahrgenommen. Die Durchführung stellt Grundschullehrkräfte jedoch vor keine Herausforderungen (B2). Die Rückmeldungen (B3) werden einstimmig als zu komplex für Eltern gesehen, trotzdem gibt es nur wenige Lehrkräfte, die eine umfassende Elternberatung dazu anbieten. Die Ergebnisse von VERA werden nur willkürlich als externe Legitimation der eigenen Diagnostik gegenüber Eltern herangezogen. Das Testdesign (B4) wird von den Lehrkräften vor allem hinsichtlich der als gering wahrgenommenen curricularen Validität kritisiert. Dies erschwert es den Lehrpersonen auch einen Bezug zwischen Testaufgaben und eigenem Unterricht herzustellen. Die Kritik an VERA (B5) insgesamt konzentriert sich auf die als stark aufwändig wahrgenommene Dateneingabe, die keine externen Konsequenzen zur Folge hat. Unterdurchschnittliche Ergebnisse der Vergleichsarbeiten (B6) werden von Lehrkräften meist externalisiert, wobei einige allerdings berichten, dass sie sich von schlechten Ergebnissen persönlich betroffen fühlen und Emotionen wie Scham und Frust entwickeln. Durchschnittliche oder überdurchschnittliche Ergebnisse hingegen führen zu Bestätigung und zur Stabilität des Unterrichts. Diagnostischen Nutzen (B7) können die Vergleichsarbeiten aufgrund der Interviewaussagen anscheinend nicht entfalten. Die Ergebnisse werden bei Bedarf als Unterstützung der Selektionsentscheidung herangezogen und nur unsystematisch zu förderdiagnostischen Zwecken verwendet.

Ein besonderer Aspekt für die Interpretation besteht meines Erachtens in der Kritik der Lehrkräfte darüber, dass die Resultate der Vergleichsarbeiten keine externen Konsequenzen nach sich ziehen. Wie kann man dies verstehen? Schließlich werden in vielen erziehungswissenschaftlichen Aufsätzen immer wieder die Gefahren von High-stakes-tests beschrieben (Darling-Hammond, 2004) und die Vorteile des Low-stakes-settings in Deutschland betont, sowie dessen Beibehaltung angemahnt. Lehrkräfte scheinen in der Äußerung nach mehr externen Konsequenzen auf Grundlage der VERA-Ergebnisse nicht die größeren Zusammenhänge der Tests innerhalb von Low-stakes- und High-stakes-Umgebungen zu sehen. Ihnen geht es darum, dass Schulen mit unterdurchschnittlichen Ergebnissen zusätzliche Lehrerstunden und Förderlehrer erhalten. Durch diese Aussagen wird deutlich, dass Lehrkräfte Vergleichsarbeiten keineswegs als Diagnoseinstrument ihres Unterrichts, sondern vielmehr als Diagnoseinstrument der Schüler sehen, denn es werden in keinem Interview als Folgen für unterdurchschnittliche Resultate einer Klasse Lehrerfortbildungen oder andere instruktionsbezogene Maßnahmen gefordert. Meines Erachtens muss deshalb sehr viel stärker an der Vermittlung von VERA als Information über Unterricht für den Lehrer gearbeitet werden. Lehrer scheinen noch nicht die Bereitstellung von unterrichtsbezogenen Informationen durch VERA für ihre persönliche Weiterentwicklung erkannt zu haben.

7.1.3 Einfluss von unterschiedlichen Regelungskontexten auf das Rezeptionsverhalten von Lehrkräften

Fragestellung (C): Welchen Einfluss haben länderspezifische Regelungskontexte auf das Rezeptionsverhalten von Lehrkräften im Hinblick auf Implementation, konzeptionelles Verständnis und Nutzung von Bildungsstandards?

Große internationale Studien (z.B. PISA) geben Einblick in Ländervergleiche mit dem quantitativen Forschungsparadigma. In der vorliegenden Studie ist der ‚Blick über den Tellerrand' aus qualitativer Sicht geworfen worden. Ziel ist es gewesen, Sichtweisen von Lehrkräften aus Ländern mit unterschiedlichen Regelungskontexten zu erfassen. Dazu sind Befragungen in Bayern und Finnland durchgeführt worden. Als entscheidende Bereiche der länderspezifischen Regelungskontexte zu Bildungsstandards sind die Konzeption der Standards und deren Implementation angesehen worden. Da es gerade für Top-down-Implementationen entscheidend ist, die Unterrichtsebene zu erreichen, ist zudem nach der unterrichtsbezogenen Nutzung der Bildungsstandards in beiden Ländern gefragt worden.

Die theoretische Analyse der länderspezifischen Regelungskontexte mit der Theorie des Lehrplans hat Vorteile für den finnischen institutionellen Rahmen aufgezeigt. Die empirischen Ergebnisse können diese Annahme bestätigen. Vor allem die hohe Beteiligung von Praktikern an der Entwicklung und Implementation (C1) der Standards wird von den Lehrkräften in Finnland sehr positiv wahrgenommen. Das konzeptionelle Verständnis (C2) finnischer Lehrkräfte von den Standards ist zudem homogen, indem diese übereinstimmend als Grundlage verstanden werden. In Bayern hingegen dominieren heterogene Vorstellungen, die überwiegend negativ konnotiert sind. Die Nutzung der Standards (C3) ist in Finnland aus der Sicht von Lehrkräften vor allem für langfristige Aspekte, wie

Jahresplanung und Notengebung am Ende des Schuljahres, relevant. In Bayern können die Bildungsstandards in erster Linie durch ihr nebensteuerndes Element, die Vergleichsarbeiten, Unterricht in Bezug auf Inhalt und Methoden beeinflussen. Die im Theorieteil analysierte Funktionsüberfrachtung der deutschen Bildungsstandards führt wie erwartet dazu, dass nicht alle intendierten Funktionen in der Praxis wahrgenommen und erfüllt werden.

Der Ländervergleich hat interessante Ergebnisse gezeigt, da aufgrund der qualitativen Forschungsmethodik Praktiker aus beiden Ländern zu Wort gekommen und Begründungsmuster ersichtlich geworden sind. Im Vergleich schneidet der bayerische Regelungskontext zu Bildungsstandards schlechter ab, jedoch muss berücksichtigt werden, dass Finnland eine viel längere Tradition mit Standards aufweist und damit die Lehrkräfte vertrauter mit dieser curricularen Vorgabe sind. Sehr positiv ist meines Erachtens die ständige Revision des nationalen Lehrplans in Finnland zu sehen, die alle zehn Jahre stattfindet. Sie bietet ausreichend Beständigkeit, verhindert aber auch Stagnation und ermöglicht die Anpassung an aktuelle Entwicklungen.

7.1.4 Testdurchführung als einflussreiches Reformelement auf die professionelle Reflexion

Fragestellung (D): Welches Reformelement von VERA 3 hat den größten Einfluss auf die professionelle Reflexion im Hinblick auf die Reformelemente Bildungsstandards, Testrückmeldungen und Testdurchführung sowie der professionellen Reflexion im Hinblick auf Unterrichtsentwicklung?

In bisherigen Studien (z.B. Maier, 2009) ist überwiegend entweder der Einfluss von Bildungsstandards oder der von VERA untersucht worden. Damit ist der Zusammenhang einzelner Elemente der Reform vernachlässigt worden. Wacker (2008) jedoch hat in seiner Studie die Bedeutung nebensteuernder Elemente für die tatsächliche Implementation einer Innovation herausgestellt. Deshalb ist in der vorliegenden Fragestellung der Schwerpunkt auf den Einfluss der unterschiedlichen Elemente der standardbasierten Reform, Bildungsstandards und Vergleichsarbeiten gelegt worden. Zusätzlich ist VERA in seine beiden Bestandteile, nämlich die Tests an sich und die Testrückmeldungen, unterteilt worden.

Die Ergebnisse haben verdeutlicht, dass Bildungsstandards kaum tatsächliche Unterrichtsveränderungen hervorrufen können (D1). Dazu werden sie von den Lehrkräften als zu unterrichtsfern wahrgenommen. Unerwarteterweise hat sich die Unterscheidung zwischen Tests an sich und Testrückmeldungen hinsichtlich der Nutzung durch Lehrkräfte als zentral herausgestellt. Die Testrückmeldungen werden nur sehr selten zur Unterrichtsentwicklung herangezogen, obwohl sie nach der Konzeption von VERA die eigentliche Informationsquelle der Lehrkräfte für Unterrichtsentwicklung darstellen. Dies liegt daran, dass die Lehrkräfte, die durchschnittliche oder überdurchschnittliche Ergebnisse zurückgemeldet bekommen, keine Notwendigkeit für Veränderungen sehen und die Lehrkräfte mit unterdurchschnittlichen Ergebnissen entweder frustriert sind oder eine Externalisierung der Ergebnisse vornehmen. Diese Erkenntnis der geringen Nutzung der Testrückmeldungen kann auch die Befunde vorangegangener Studien (z.B. Maier, 2009) erklären, die von eben diesem ernüchternden Ergebnis hinsichtlich der testbasierten Unterrichtsentwicklung sprechen. In diesen Studien sind Vergleichsarbeiten hinsichtlich ihrer Möglichkeiten zur Unterrichtsentwicklung, die durch die Testrückmeldungen angestoßen werden, untersucht worden. Im Gegensatz zu den Testrückmeldungen wird die Testdurchführung sehr stark von Lehrkräften zur Unterrichtsentwicklung herangezogen (D2). Sie ist sowohl im Vorfeld der Tests als auch danach für diese bedeutsam. Im Vorfeld dominiert bei vielen Lehrkräften der Druck, bei den Vergleichsarbeiten gut abzuschneiden. Dies zeigt sich in zahlreichen Äußerungen von Lehrkräften, in denen deutlich wird, dass Lehrpersonen von schlechten Testrückmeldungen frustriert oder enttäuscht sind. Vor den Vergleichsarbeiten werden teilweise neue Stoffgebiete oder die speziellen Aufgabenformen von VERA in den Unterricht integriert. Nur in seltenen Fällen kommt es zu einem negativen Teaching-to-the-test, bei dem Unterrichtszeit für Testtraining verwendet wird. Dieser Aspekt tritt hauptsächlich in der Woche unmittelbar vor den Tests auf. Hinsichtlich der Unterrichtsentwicklung im Zusammenhang mit der Testdurchführung geben meist die konkreten Testaufgaben Anlass zu Veränderungen, was sich in der Übernahme von konkreten Aufgaben oder der Art der Aufgabenstellung aus den Tests äußert.

Die Unterscheidung der Elemente der standardbasierten Reform hinsichtlich ihres Einflusses hat überraschende Erkenntnisse gebracht. Wenig erstaunt hat allerdings das Ergebnis, dass die Bildungsstandards an sich nur einen geringen Einfluss auf die Unterrichtsentwicklung ausüben. Vielmehr hat hingegen das Resultat überrascht, dass die Differenzierung zwischen den unterschiedlichen Elementen von VERA so deutliche Unterschiede ergeben hat. Die Rückmeldungen scheinen ihre intendierte Wirkung in keiner Weise zu erfüllen, während die Tests an sich hoch einflussreich sind. Als Konsequenz sollten die Tests und deren Aufgaben sehr verantwortungsvoll gestaltet und die Investitionen in die VERA-Rückmeldungen überdacht werden.

7.2   Limitationen der Studie

In methodischer Hinsicht kann die Studie aufgrund ihres qualitativ-explorativen Charakters keine repräsentativen Aussagen zu Lehrereinschätzungen in Bezug auf Bildungsstandards und Vergleichsarbeiten bieten. Da der Schwerpunkt der vorliegenden Untersuchung auf der subjektiven Wahrnehmung von Grundschullehrkräften liegt, sind individuelle Begründungsmuster der Repräsentativität vorgezogen worden. Zudem ist die Fallauswahl auf bayerische Grundschullehrkräfte beschränkt, was Restriktionen hinsichtlich des Bundeslandes und der Schulform bedingt. Die Datenerhebung mittels leitfadengestützter Interviews konnte die individuelle Sichtweise von Grundschullehrkräften auf die standardbasierte Reform zum Ausdruck bringen, liefert jedoch keine Belege für die beschriebenen Aspekte in der Unterrichtswirklichkeit. Das tatsächliche Verhalten ließe sich mit Hilfe von Videostudien überprüfen. Des Weiteren hat sich die Datenerhebung in erster Linie auf die Lehrerwahrnehmung beschränkt und hat damit tatsächliche Effekte auf die Schulleistung von Schülern, die sich auf die Einstellung der Lehrkräfte zu Bildungsstandards und Vergleichsarbeiten zurückführen lassen, außer Acht gelassen.

Neben methodischen Restriktionen ist sich die Autorin auch inhaltlicher Begrenzungen der Studie bewusst. Die Komplexität des Forschungsfeldes und des Forschungsgegenstands erforderte eine Reduktion, die gleichzeitig aber auch eine Limitation darstellt. So ist jede Teilfragestellung auf bestimmte inhaltliche Aspekte, die aus dem Forschungsstand und den theoretischen Perspektiven entwickelt wurden, beschränkt worden. Hinsichtlich Teilfragestellung (A) sind die Teilbereiche der Implementation, der Konzeption und des Unterrichts festgelegt worden, wodurch Bereiche der schulischen Zusammenarbeit im Hinblick auf die Bildungsstandards weitgehend außer Acht geblieben und nur aus der Sicht einer Lehrkraft beschrieben worden sind. Des Weiteren sind die Bildungsstandards mit Hilfe der Theorie des Lehrplans auf bestimmte Punkte ihrer Konzeption reduziert worden. Allerdings sind dadurch andere Aspekte der Bildungsstandards und vor allem die Erfassung dieses Reformelements in seiner Gesamtheit vernachlässigt worden. Diese Restriktionen sind ebenso für Fragestellung (B) relevant, in deren Hinsicht noch zahlreiche inhaltliche Komponenten erfasst werden könnten. Die Einschränkung auf das konzeptionelle Verständnis, die Durchführung, VERA als Element der Elternberatung, Testdesign/Aufgaben, Kritik am Testdesign, Umgang mit den Ergebnissen und die Nutzung von VERA zu diagnostischen Zwecken deckt zwar wesentliche Bereiche ab, stellt jedoch auch eine Beschränkung des Forschungsgegenstands dar. In Bezug auf den Einfluss länderspezifischer Regelungskontexte in Fragestellung (C) ist in der vorliegenden Studie eine Reduktion auf Implementation und Konzeption der Standards vorgenommen worden. Allerdings spielen für die Rezeption und Nutzung der Bildungsstandards weitere länderspezifische Aspekte, wie zum Beispiel des Schulrechts und der Einbindung in das Schulsystem, eine Rolle. Darüber hinaus sind soziokulturellen Einflüssen aufgrund der Konzentration auf Implementation und Konzeption nur eine randständige Rolle zugestanden worden. Forschungsfrage (D) hat sich mit dem unterschiedlichen Einfluss der Reformelemente auf die professionelle Reflexion beschäftigt. Neben Reformelementen haben aber auch Sekundärmaterialien einen unterschiedlichen Einflussgrad. Des Weiteren ist die professionelle Reflexion als Unterrichtsentwicklung verstanden worden. Es ist aber möglich, dass dieses Konstrukt sehr viel mehr umfasst und vor allem vieles davon im Unterbewusstsein der Lehrkräfte verbleibt, was in einer Vorstellung von tatsächlicher, bewusster Unterrichtsveränderung unberücksichtigt geblieben ist.

7.3 Die Empirie und die Legitimationsproblematik der Bildungsstandards

Im folgenden Abschnitt soll der Versuch unternommen werden, die empirisch gefundenen Ergebnisse in den Kontext der theoretischen Diskussion um die Legitimationsproblematik der Bildungsstandards zu stellen. Dazu werden die im Theorieteil dargestellten kritischen Thesen zu den Bildungsstandards (Abschnitt 1.4.1.4) mit Hilfe der empirischen Ergebnisse verstärkt oder relativiert.

Bildungsstandards führen zum Teaching-to-the-test
Teaching-to-the-test ist die Hauptkritik an Bildungsstandards. Allerdings muss an dieser These zunächst kritisiert werden, dass sie vor allem auf Grundlage von Erfahrungen aus angloamerikanischen Ländern gestellt wird. Dadurch wird der wichtige Unterschied, der zwischen High-stakes-tests und Low-stakes-tests besteht, vernachlässigt. Bislang gibt es noch keine hinreichenden Studien, die den Schluss zulassen, dass die Effekte, die im Zusammenhang mit High-stakes-tests festgestellt werden konnten, auch auf Kontexte mit Low-stakes-tests übertragen werden können. Aus den empirischen Ergebnissen der vorliegenden Studie wird deutlich, dass Teaching-to-the-test nicht durch die Bildungsstandards direkt begünstigt wird, da diese von Lehrkräften kaum wahrgenommen werden. Der Einfluss von VERA auf die Unterrichtsarbeit ist jedoch gemäß der empirisch gefundenen Ergebnisse feststellbar. Man kann dies in Anbetracht an die an wirtschaftlichen Aspekten ausgerichtete Umsteuerung des deutschen Bildungswesens als logische Konsequenz betrachten. Mit der Reaktion von Lehrkräften ihre Schüler mit Hilfe eines verstärkten Trainings auf die Vergleichsarbeiten vorzubereiten, passen sie sich den stärker marktwirtschaftlich geprägten Anforderungen an. Jedoch haben die empirischen Ergebnisse gezeigt, dass Teaching-to-the-test nicht einseitig negativ gesehen werden darf, sondern qualitativ unterschieden werden muss. Empirisch wird die eingeschränkte Sichtweise, dass jegliche Veränderung des Unterrichts aufgrund zentraler Tests als negatives Teaching-to-the-test zu sehen ist, relativiert. Es hat sich gezeigt, dass VERA dazu beitragen kann, eingefahrene Routinen zu irritieren und Unterrichtsentwicklung anzuregen. Dabei sind vor allem die Aufgaben der Vergleichsarbeiten hoch einflussreich. Dieses Ergebnis mahnt eine verantwortungsvolle Entwicklung der Aufgaben an, da ihr Einfluss nur insoweit positiv gewertet werden kann, als auch die Aufgaben fachdidaktisch und testtheoretisch vertretbar gestaltet sind.

Bildungsstandards bergen die Gefahr eines Schulrankings
Die Befürchtung, dass Bildungsstandards ein Schulranking in Deutschland zur Folge haben, ist von Erfahrungen aus England geprägt. Die empirischen Ergebnisse können allerdings keine Aussagen über die Möglichkeit eines Schulrankings im Zusammenhang mit den zentralen Tests, die erst durch die zentrale Norm der Bildungsstandards ermöglicht worden sind, treffen. Jedoch zeigen die Ergebnisse Tendenzen, die diese These verstärken. Es scheint, dass teilweise innerhalb von Schulen Konkurrenzsituationen um die besseren VERA-Ergebnisse entstehen, die dazu führen, dass bei der Testdurchführung betrogen wird. Festmachen kann man die wahrgenommene Konkurrenz innerhalb von Schulen oder von einzelnen Lehrern gegenüber dem Staat daran, dass Lehrer die Testergebnisse teilweise mit Gefühlen verbinden. Bei guten Ergebnissen zeigt sich dies in Erleichterung, bei schlechten Ergebnissen in Form von Scham und Frustration. Die Ergebnisse der vorliegenden Studie können aufgrund des Forschungsdesigns keine Evidenz für ein mögliches Schulranking zeigen, jedoch die Befürchtung unterstützen, dass sich innerhalb von Schulen und der Lehrerschaft Konkurrenzdruck verbreitet.

Bildungsstandards führen zu einem Narrowing of the curriculum
Die Bezugnahme der empirischen Ergebnisse auf die These *Bildungsstandards führen zu einem Narrowing of the curriculum* ist ambivalent. Die Gefahr, dass Nebenfächer marginalisiert werden, ist für den Grundschulkontext nur bedingt relevant, weil in der Pri-

marstufe auch schon vor Einführung der Bildungsstandards ein Schwerpunkt auf Mathematik und Deutsch lag, da die Einübung der Kulturtechniken eine Hauptaufgabe der Grundschule darstellt. Vor allem der Deutschbereich, der viele persönlichkeitsentwickelnde Elemente enthält, zeigt sich sogar noch resistenter gegenüber Einflüssen durch VERA als das Fach Mathematik. Jedoch weisen die empirischen Ergebnisse auch darauf hin, dass sich die Lehrkräfte sehr stark an den VERA-Aufgaben orientieren. Inhalte wie Daten, Häufigkeit und Wahrscheinlichkeit werden übernommen oder Aufgabentypen komplett in den Unterricht integriert. Inwieweit dies zu einem Narrowing of the curriculum führt, wird sich erst in ein paar Jahren sicher zeigen lassen, da dies zudem stark von der Qualität der zukünftigen VERA-Aufgaben abhängt.

Bildungsstandards sind zugleich Ziel und Mittel der Unterrichtsentwicklung
Die Kritik, dass Bildungsstandards zugleich Ziel und Mittel der Unterrichtsentwicklung sind, richtet sich gegen die Konzeption der Bildungsstandards. Empirisch lässt sich an dieser These verstärken, dass Lehrer die Differenz zwischen eigenen Unterrichtsansprüchen und externen Vorgaben als sehr stark wahrnehmen. Zudem fühlen sie sich durch die Vorgaben in ihrer pädagogischen Freiheit eingeschränkt und kritisieren die geringe Berücksichtigung von leistungsschwachen Schülern. Weiter lässt sich an dieser These empirisch stärken, dass Bildungsstandards und Vergleichsarbeiten weniger als Outputsteuerung in der Praxis wahrgenommen werden, als es intendiert war, sondern sehr viel mehr als zusätzliche Input-Vorgabe gesehen werden. Lehrkräfte orientieren sich stark an den konkreten Inhalten und Aufgaben der zentralen Tests, anstatt die allgemeinen Ziele der Bildungsstandards zu verfolgen. Somit wird guter Unterricht anhand guter VERA-Ergebnisse festgemacht, anstatt individuelles Lehrerhandeln als Maßstab zu berücksichtigen.

Bildungsstandards manifestieren eine Lücke zwischen Unterricht, Wissen und Kompetenz
Die Kritik an der Kontextlosigkeit der Bildungsstandards kann durch die empirischen Ergebnisse verschärft werden, denn es scheint, dass sich Lehrkräfte nichts unter den Bildungsstandards vorstellen können. Diese Lücke kompensieren sie in der Nachahmung von Aufgaben zu den Bildungsstandards. Besonders kritisch ist hierbei die Übernahme von Testaufgaben zu Unterrichtszwecken zu nennen, da dadurch die von Benner (2007) angesprochene Differenz zwischen Testaufgaben und fachdidaktischen Aufgaben negiert wird. Nur in seltenen Fällen werden die Testaufgaben als Anregung für die Gestaltung eigener fachdidaktischer Aufgaben herangezogen. Hinsichtlich der Nutzung der Bildungsstandards für die Unterrichtspraxis sind Aussagen zum kompetenzorientierten Unterricht von Bedeutung. Unterricht wird als kompetenzorientiert bezeichnet, wenn er sich an den Vorgaben der Bildungsstandards ausrichtet und deshalb verstärkt die Eigenaktivität der Schüler fördert. Jedoch haben mangelnde Implementationsmaßnahmen, vor allem im Bereich der Fortbildung für erfahrene Lehrkräfte, dazu geführt, dass als Hauptumsetzungsmöglichkeit der Bildungsstandards die VERA-Aufgaben gesehen werden. Testaufgaben sind damit für viele Lehrer zum festen Bestandteil ihres Unterrichts geworden.

Fazit

Die Befürchtungen, die sich mit Bildungsstandards aus bildungstheoretischer Sicht verbinden, können durch die vorliegende Studie kaum belegt werden. Dazu haben die Bildungsstandards an sich einen viel zu geringen Grad an Aufmerksamkeit, der ihnen von den Lehrkräften geschenkt wird. Viele der vorgebrachten Thesen können aber durch das Rezeptions- und Nutzungsverhalten von Lehrern in Bezug auf die Vergleichsarbeiten verstärkt werden, weshalb sich zukünftige Kritik direkter auf die Vergleichsarbeiten beziehen sollte. Jedoch ist auch hier durch den institutionellen Rahmenkontext von Low-stakes-tests der Druck auf die Lehrkräfte so gering, dass extrem negative Auswirkungen, wie sie in Amerika oder England beobachtet werden können, für den deutschen Kontext bislang nicht zu erwarten sind. Allerdings muss berücksichtigt werden, dass gerade die Aufgaben der Vergleichsarbeiten den Unterricht, insbesondere in der Zeit vor dem Testzeitpunkt, in inhaltlicher und methodischer Hinsicht beeinflussen. Daraus folgt aus lehrplantheoretischer Sicht eine grundlegende Änderung hinsichtlich der Lehrplanpraxis, da nun Unterricht durch die Vergleichsarbeiten gesteuert wird. Dies führt zu einer großen Verantwortung des IQB, welches für die Erstellung der VERA-Aufgaben verantwortlich ist, da es mit seinen Schwerpunktsetzungen und Aufgabengestaltungen Unterricht indirekt mitgestaltet.

7.4 Wie Innovationen von Lehrern aufgenommen werden

Helmke (2009) zeigt in seinem Unterrichtsentwicklungsmodell den Weg einer Innovation in die Unterrichtspraxis von Lehrkräften auf. Dabei geht er von den vier Phasen der Rezeption, Reflexion, Aktion und Evaluation aus, die in einem Zyklus ständig wiederholt werden müssen, um eine fortlaufende Unterrichtsentwicklung zu sichern. Meines Erachtens verkürzt diese Sichtweise die komplexen Vorgänge, die bei einzelnen Akteuren auftreten, bis es zu einer Nutzung der Innovation kommt. Deshalb sollten Erkenntnisse aus der Theorie der Stages of Concern (Hall et al., 2011) hinzugezogen werden, da sie einen akteurzentrierten Blick auf die Entwicklung geben. Allerdings vernachlässigt diese Theorie den Einfluss von Kontextfaktoren auf die Akzeptanzentwicklung und zudem zeigt sich, dass die einzelnen Stufen in der Empirie nicht als Entwicklungsstufen, sondern als Kategorien zu finden sind. Die Schwäche an Helmkes Modell (siehe S. 45) liegt in der Beschreibung eines idealtypischen Verlaufs, der in der Praxis nur sehr selten zu finden ist, wie dies auch von den empirischen Ergebnissen der vorliegenden Studie bestätigt wird. Deshalb scheint es notwendig, noch stärker einzelne Abläufe, die nach dem ersten Kontakt der Adressaten mit einer Innovation entstehen, zu benennen.

Im Rückgriff auf die Theorie der personalen Konstrukte von Kelly (1955) und den Ergebnissen der kognitiv-konstruktivistischen Lern- und Gedächtnisforschung (Hasselhorn & Gold, 2009) muss berücksichtigt werden, dass zwischen der tatsächlichen Sachinformation und der vom Subjekt konstruierten Information ein Unterschied besteht. Kelly stellt in seiner Form des Konstruktivismus das Individuum in den Vordergrund und sieht in seinem subjektwissenschaftlichen Ansatz der Psychologie das Individuum als Wissenschaftler, das mit seinen Konstrukten einen Teil der Welt ausmacht. Dies muss besonders im Vorfeld der tatsächlichen Unterrichtsveränderung berücksichtigt werden. Denn sobald ein Individuum mit der Innovation in Kontakt kommt, geht es nicht mehr um das tatsächliche Konzept der Reform, sondern um die von den Lehrkräften wahrgenommene Konzeption. Gemäß des Individualitätskorollariums von Kelly (1955) ist jede Antizipation verschieden zur Antizipation eines anderen Individuums. In Anlehnung an Giddens (1995) kann die subjektive Interpretation als reflexive „Rückbettung" (Giddens, 1995, S. 102) bezeichnet werden, da die Antizipation der Innovation von den eigenen Einstellungen und Erfahrungen beeinflusst wird, aber vor allem von der Orts- und Zeitgebundenheit der Person abhängt.

Anschließend kommt es nach Erkenntnissen der kognitiv-konstruktivistischen Lerntheorie zu einem Abgleich der selbstkonstruierten neuen Informationen mit bereits vorhandenen Informationen. Im Laufe der Differenzbearbeitung kann ein Ausgleich der Differenz durch Veränderung oder Anpassung geschehen. Die kognitiv-konstruktivistische Lerntheorie, die die Eigentätigkeit des Lernenden in den Vordergrund stellt, betont die subjektiven Vorerfahrungen und Intentionen von Lernenden als entscheidende Bedingungen für Wissensaufbau und eigenständige Interpretationen des Wissensinhalts (Hasselhorn et al., 2009).

Erst nach diesen Vorgängen kann die neue Information in der je individuellen antizipierten Form umgesetzt werden. Wenn die Antizipation zur Aktion gebracht wird, sollte noch stärker der Charakter der Eigenkonstruktion betont werden. Das bedeutet, dass diese Phase ein ständiges Arbeiten, Ausprobieren, etwas Verwerfen und neu Probieren sowie das Beschreiten von Irrwegen von der Lehrkraft erfordert. Bereits Simmel (1992) beschreibt die Notwendigkeit, dem Subjekt Raum für die Auseinandersetzung mit Einflüssen aus der Umwelt zu geben. Durch die Standardisierung wird dieser Bereich aber immer weiter eingeschränkt. Die Phase des Ausprobierens meint eben diesen Raum, in der das Subjekt mit den neuen Einflüssen experimentiert. Dies ist auch die Phase für Wiederholungen der Handlung, die als simple Mnemotechnik dazu beitragen, das neue Wissen mit bereits vorhandenem Wissen zu verbinden, um dadurch die Behaltensleistung zu erhöhen (Hasselhorn et al., 2009). Auf diese Weise kann es zur Verfestigung und schließlich zur Stabilität der Veränderung kommen.

Bislang ist in Modellen zu wenig berücksichtigt worden, dass es interne und vor allem auch externe erhaltende Maßnahmen geben muss, damit eine Veränderung stabilisiert wird. Die empirischen Ergebnisse der vorliegenden Studie haben gezeigt, dass die Bestätigung der Unterrichtsveränderung durch die Schüler eine wesentliche Voraussetzung für die Nachhaltigkeit von Veränderungen darstellt. Dies wird auch durch die Analyse der Lehreraussagen mit dem Theorieansatz der Stages of Concern (Hall et al., 2011) gestützt, die gezeigt hat, dass der Blick auf den Nutzen der Innovation für die Schüler sehr entscheidend für die Akzeptanz und Beibehaltung der Innovation ist. Anschließend muss die Dauerhaftigkeit und Nachhaltigkeit einer Veränderung berücksichtigt werden, was sich im Eingehen der Veränderung in die Routine der Lehrkraft und einem automatisierten Verhalten ohne zusätzlichen Ressourceneinsatz vom Adressaten der Innovation zeigt. Stärkere Beachtung sollten auch die Möglichkeiten finden, dass sich Lehrer in Zwischenphasen befinden, sich gleichzeitig mit Aspekten verschiedener Phasen beschäftigen und in niedrigere Phasen zurückfallen können. Besonders wichtig erscheint es mir aufgrund der empirischen Datenlage der vorliegenden Studie und des Forschungsstands von einem idealtypischen Innovationsverlauf abzurücken. Deshalb müssen Entwicklungen von Innovationstheorien auch nicht-intendierte Verlaufsformen berücksichtigen. Die Stärke des Unterrichtsentwicklungsmodells in der Beachtung von Kontextfaktoren sollte dahingehend weiterentwickelt werden, dass auch zwischen beeinflussbaren und nicht-beeinflussbaren Kontextfaktoren unterschieden wird, um Interventionsmaßnahmen anregen zu können. Des Weiteren sollte bei einer zukünftigen Untersuchung von Kontextfaktoren der Schwerpunkt darauf liegen, die Faktoren zu identifizieren, die eine intendierte Umsetzung der Innovation unterstützen und diese Faktoren auf die einzelnen Phasen der Entwicklung bezogen werden.

7.5   Anschlussfähigkeit an andere Studien

In diesem Teilabschnitt sollen die Ergebnisse der vorliegenden Studie in ihrer Bedeutung für bisherige Forschungsergebnisse dargestellt werden. Dazu wird aufgezeigt, welche Forschungslücken geschlossen werden konnten. Konkrete Forschungsdesiderata werden systematisch im Ausblick (Kapitel 8) dargestellt.

Die vorliegende Studie schließt vor allem im Bereich der Primarstufe und des bayerischen institutionellen Rahmens Lücken der empirischen Forschung. Zudem konnte durch den Ländervergleich erstmals eine qualitative Studie zu Bildungsstandards im Kontext von Finnland vorgestellt werden. Außerdem sind die Bildungsstandards in die Tradition der Lehrplanwirksamkeitsforschung als auch in die Forschung zur Implementation der Bildungsstandards eingeordnet worden. Die Ergebnisse bieten darüber hinaus Erkenntnisse zum System der Rechenschaftslegung von Schulen in Bayern. Unter schulformvergleichender Perspektive ist deutlich geworden, dass Grundschullehrkräfte Lehrplanreformen sehr schülerorientiert bewerten. Hinsichtlich der Parallelität von Bildungsstandards und Lehrplan in Bayern konnte gezeigt werden, dass dies nicht zu einem erfolgreichen konzeptionellen Verständnis von Bildungsstandards führt, sondern die Standards dadurch als zusätzliche Vorgabe anstatt einer Konzentration der curricularen Vorgaben verstanden werden. Der Ländervergleich brachte im Gegensatz zu anderen Studien (z.B. Böttcher et al., 2008) Erkenntnisse über den Einfluss von Reglungskontexten auf die Rezeption von Bildungsstandards. Der Vergleich mit Finnland ist deshalb sinnvoll gewesen, weil zwei stark unterschiedliche Regelungskontexte verglichen und durch die qualitative Erhebung Nuancen in verschiedenen Begründungsmustern deutlich geworden sind. Hinsichtlich der bisherigen Forschung von VERA hat sich die Aufteilung der Reform in Testdurchführung und Testrückmeldungen als auslösendes Moment für Unterrichtsentwicklung als sehr sinnvoll erwiesen. Dadurch können nun Ergebnisse zum Rezeptions- und Nutzungsverhalten von Vergleichsarbeiten durch Lehrkräfte, die sich auf die Testrückmeldungen konzentriert haben (z.B. Maier, 2009), differenzierter eingeordnet werden. Außerdem zeigen die Daten, dass Rechenschaftslegung in einem Low-stakes-Kontext anscheinend nicht zur datenbasierten Unterrichtsentwicklung führt. Lehrkräfte wünschen sich sogar ganz explizit externe Konsequenzen aus VERA, die allerdings nicht negativ für einzelne Lehrer ausfallen sollen, sondern als Ressourcenzuteilung für leistungsschwache Klassen gewünscht werden.

Mit diesen Ergebnissen reiht sich die vorliegende Studie in die schulpädagogisch Forschung zu Bildungsstandards und Vergleichsarbeiten ein und konnte bisher offen geblie-
bene Fragen zum Forschungsgegenstand weiter eingrenzen und Antworten vorstellen.

7.6 Handlungsempfehlungen für curriculare Innovationen

Nachdem die empirischen Ergebnisse dargestellt, theoretisch erläutert und auf die Fragestellungen konzentriert worden sind, sollen in diesem Abschnitt Möglichkeiten vorgestellt werden, wie curriculare Implementationen aus Sicht von Lehrkräften gestaltet sein
sollten.
Die Studie weist Defizite in der Rezeption und Nutzung von Bildungsstandards und
Vergleichsarbeiten durch Lehrkräfte auf. Zudem konnte gezeigt werden, dass diese zum
Teil von institutionellen Regelungskontexten beeinflusst werden können. Deshalb sollen
als Konsequenz aus den empirischen Ergebnissen Handlungsempfehlungen für die Weiterentwicklung von Bildungsstandards und Vergleichsarbeiten skizziert werden.
Zunächst können Bildungsstandards an den Merkmalen guter Standards (Bundesministerium für Bildung und Forschung, 2007b) gemessen werden. Dabei sind vor allem die
beiden Aspekte Verständlichkeit und Realisierbarkeit zu betrachten. Lehrkräfte geben
an, dass Bildungsstandards für sie weder verständlich noch realisierbar sind. Die Verständlichkeit wäre mittels einer Fortbildungsoffensive zu lösen. Dabei könnte auf Konzepte zurückgegriffen werden, die in der zweiten Phase der Lehramtsausbildung – gemäß der Aussagen von Lehramtsanwärtern in dieser Studie – sehr erfolgreich dazu beitragen, die unterrichtspraktische Umsetzung von Bildungsstandards zu vermitteln. Die
Realisierbarkeit wird vor allem aufgrund der stark theoretischen und wenig unterrichtspraktischen Ausrichtung der Bildungsstandards kritisiert. Hierbei ist allerdings der Weg
des IQB, mittels Aufgabenbeispielen die tatsächliche Implementation der Bildungsstandards in den Klassenzimmern – oder nach Höhmann (2002) die Inkorporation der Bildungsstandards – zu fördern, kritisch zu betrachten. Einerseits ist deutlich geworden,
dass Lehrkräfte am ehesten über die Aufgabenkultur einen Zugang zu den Bildungsstandards erhalten, andererseits dadurch aber auch eine oft rein oberflächliche Anpassung
und unreflektierte Übernahme von Aufgaben gefördert sowie keine professionelle Reflexionskompetenz ausgebildet wird. Allerdings ist es wichtig, den für Lehrkräfte bedeut-
samen Bereich der Aufgabenkultur nicht vollständig nicht-staatlichen Verlagen zu überlassen. Jedoch sollte darauf geachtet werden, die Aufgaben immer im Kontext der Bildungsstandards unterrichtsnah zu beschreiben.
Lehrer sind auch deshalb bei der Nutzung von VERA zur Unterrichtsentwicklung zu-
rückhaltend, weil sie nicht die Einbindung der Maßnahme in das Gesamtsystem der
Qualitätsentwicklung von Schule und Unterricht sehen. Es ist notwendig, die Zusammenhänge zwischen einzelnen Maßnahmen (Schulautonomie, Bildungsstandards, zentralen Tests usw.) stärker zu verdeutlichen, um dadurch die Akzeptanz bei Lehrkräften zu
diesen Reformelementen zu erhöhen. So können an Schulen Synergieeffekte der bislang
als Einzelmaßnahmen wahrgenommenen Reformelemente genutzt werden.
Als unterschiedlich stark auslösende Faktoren von Unterrichtsentwicklung sind die Phasen der Testdurchführung und der Testrückmeldung identifiziert worden. Die VERA-

Rückmeldungen sind nur sehr begrenzt in der Lage Unterrichtsentwicklung anzustoßen. Bezüglich dieses Reformelements scheint es den größten Entwicklungsbedarf zu geben, weshalb eine zeitlich nähere Kopplung zur Testdurchführung und eine individuellere Auswertung anzuraten sind. Jedoch ist dies von zentralen Testinstituten kaum zu leisten, weshalb die Testrückmeldungen insgesamt in ihrer Sinnhaftigkeit in Frage gestellt werden sollten. Die Ergebnisse haben zudem gezeigt, dass die Lehrer, die im oder über dem Landesschnitt liegen, keine Notwendigkeit für Unterrichtsentwicklung sehen. Die Lehrkräfte, die darunter liegen, führen dies in den meisten Fällen auf ihre Schülerklientel zurück und sind frustriert. Einflussreich scheinen hingegen vor allem die Phase vor den Vergleichsarbeiten und die Tests an sich zu sein. Die Ressourcen, die durch ein Weglassen der Testrückmeldungen an Schulen und Lehrer frei werden, sollten deshalb in eine bessere Testentwicklung und didaktisches Begleitmaterial investiert werden. Rückmeldung und kollegialen Austausch erhalten Lehrkräfte durch die gemeinsame Eingabe der Testergebnisse in die Computermaske. Die Bedeutung der gemeinsamen Dateneingabe sollte Lehrkräften stärker als Reflexionsmöglichkeit der Klassenergebnisse vermittelt werden.

Dennoch hat die Analyse der Kontextfaktoren mit dem Unterrichtsentwicklungsmodell (Helmke, 2009) gezeigt, dass viele Prozesse nicht direkt beeinflussbar, sondern Teil des Gesamtsystems Schule sind. Somit ist der Spielraum von bildungspolitischen Veränderungen, die ein positives Rezeptions- und Nutzungsverhalten von Bildungsstandards und Vergleichsarbeiten bedingen können, begrenzt, aber vorhanden.

8 Ausblick

In dieser Studie ist der Versuch unternommen worden, Bildungsstandards und Vergleichsarbeiten in ihrer Aufeinander-Bezogenheit zu untersuchen. Während der Interviews ist es häufig schwierig gewesen, die Begründungen der Lehrkräfte genau den Bildungsstandards zuzuordnen, was schon Aufschluss über den engen Zusammenhang von diesen mit den Vergleichsarbeiten in der Schulpraxis gibt.

Die Aussagen der Lehrkräfte sind überwiegend unterrichtspraktisch geprägt, was Theoretikern häufig als Ausdruck einer mangelnden Reflexionskompetenz erscheint. Aber es ist zu bedenken, ob es nicht gerade die Aufgabe der Lehrerschaft ist, Reformprozesse aus unterrichtspraktischer Perspektive kritisch zu hinterfragen. Schließlich ist die Hauptaufgabe von Lehrkräften das Unterrichten. Allerdings muss die Gefahr einer zu stark unterrichtspraktisch geprägten Sichtweise berücksichtigt werden, da sich Routinen unreflektiert stabilisieren. Immerhin ist es eine noch nicht allzu lange Errungenschaft, dass auch Grundschullehrkräfte eine wissenschaftliche Ausbildung an Universitäten genießen, wodurch die Professionalisierung des Lehrberufs in der Primarstufe gesichert wird.

Aus lehrplantheoretischer Perspektive zeigt sich eine Revolution der Lehrplanpraxis, denn die nationalen Vergleichsarbeiten in der Grundschule scheinen Unterricht zentral mitzugestalten und damit gleichsam besonders in der Phase vor dem Testzeitpunkt die Rolle der Lehrpläne zu übernehmen. Dies zeigt sich zum Beispiel darin, dass neue Inhalte, die nicht im Lehrplan festgeschrieben sind, durch die Vergleichsarbeiten in den Unterricht integriert werden. Durch die Gestaltung der VERA-Aufgaben durch das nationale Institut, das IQB, werden damit national curriculare Richtlinien in Form von Aufgaben in die Klassenzimmer gebracht. Es bleibt offen, inwieweit dies im bildungsföderal organisierten Deutschland intendiert und vor allem auch sinnvoll ist. Sollten sich grundsätzlich alle curricularen Vorgaben auf Grundlage dieser Erkenntnisse ebenfalls in Richtung Aufgabenvorgaben entwickeln und damit traditionelle Lehrpläne überflüssig werden? In jedem Fall scheint ein verantwortungsvolles Gestalten der Aufgaben durch das IQB angeraten, das sich auch der Rolle der Vergleichsarbeiten als unterrichtsgestaltendes Moment bewusst sein sollte. Besonders kritisch sollte auch die Entwicklung gesehen werden, dass Lehrkräfte die Testaufgaben zu fachdidaktischen Aufgaben umwidmen.

Des Weiteren stellt sich am Ende dieser Arbeit die Frage nach dem Ertrag der ländervergleichenden Perspektive, wobei speziell das Verhältnis von Aufwand und Nutzen zu reflektieren ist. PISA und weitere internationale Vergleichsstudien haben einen Trend des Ländervergleichs vor allem auf quantitativer Ebene gesetzt. Und auch PISA muss sich immer wieder den Vorwurf gefallen lassen, keine verbindlichen Aussagen über Kausalzusammenhänge treffen zu können. Aber was bringt ein Ländervergleich mit qualitativer Perspektive? Der qualitative Forschungsansatz untersucht nur kleine Teilbereiche des Settings, wodurch es möglich wird, umfassend auf Kontextbedingungen einzugehen. Gerade diese sind es aber, die häufig für Länderunterschiede verantwortlich gemacht werden können, das Funktionieren von einzelnen Reformelementen in einem Land ermöglichen und eine unreflektierte Übertragung der Elemente auf andere Ländersettings unmöglich machen. Deshalb ist ein qualitativer Ländervergleich für spezifische Fragestellungen, wie sie hier mit der Implementation von Bildungsstandards vorgelegen hat, anzuraten. Zudem sind solche Studien in der Lage, Ergebnisse von large-scale-assessments besser einschätzen und bewerten zu können.

Die vorliegende Studie reiht sich in die Forschung zu Bildungsstandards und Vergleichsarbeiten ein. Im Anschluss an die Ergebnisse der vorgelegten Studie können folgende Forschungsdesiderata aufgegriffen werden:

- Die theoretische Rahmung dieser Studie bezog sich stark auf die individuelle Lehrersicht, die mit den Stages of Concern (Hall et al., 2011) und dem Unterrichtsentwicklungsmodell (Helmke, 2009) analysiert worden ist. Zudem wurden die Bildungsstandards mit der Theorie des Lehrplans lehrplantheoretisch verortet. Mit der Theorie des Neo-Institutionalismus bietet sich die Möglichkeit, eine organisationstheoretische Perspektive auf Bildungsstandards und Vergleichsarbeiten zu werfen. Dabei können Aspekte des Zusammenspiels zwischen verschiedenen Ebenen des Schulsystems hinsichtlich ihres Einflusses auf das individuelle Lehrerhandeln untersucht werden. Bei einem solchen Forschungsvorhaben ist auf die Passung zwischen staatlichen Vorgaben (Formalstruktur) und Lehr-/Lernprozessen (Aktivitätsstruktur) zu achten. Methodisches Desiderat besteht in der Hinsicht, ob man mit Interviews die Aktivitätsstruktur erfassen kann oder eine teilnehmende Beobachtung authentischere Daten liefert. In jedem Fall könnte eine Handlungsvalidierung der Interviews sinnvoll sein. Des Weiteren ist auf eine sehr genaue Definition der Aktivitätsstruktur in dem Sinn zu achten, inwieweit bereits informelles Handeln zu dieser gezählt werden kann.
- Die Ergebnisse geben einen detaillierten Einblick in das Rezeptions- und Nutzungsverhalten bayerischer Grundschullehrkräfte. Das spezifische Setting des bayerischen Implementationsweges der Bildungsstandards stellt das Forschungsdesiderat nach Vergleich der Aussagen mit anderen Bundesländern in Deutschland. Generell hat die Studie gezeigt, dass Grundschullehrer ein sehr schulformspezifisches Rezeptionsverhalten aufweisen, das in weiteren Studien untersucht werden müsste. Denn Primarstufenlehrer weisen ein besonderes Profil auf, indem sie eine stark pädagogisch ausgerichtete Ausbildung absolviert haben. Zudem sind in dieser Schulform Jahrgangsstufenteams wesentlich wichtiger als Fächerverbünde sowie auch das Klassenlehrerprinzip andere Anforderungen, aber auch Möglichkeiten für Unterrichtsentwicklung bieten. Daraus leitet sich das Forschungsdesiderat nach Forschung zur Unterrichtsentwicklung im Grundschulkontext ab.
- Die Auswirkungen von Bildungsstandards und Vergleichsarbeiten auf Grundschüler sind in dieser Studie weitgehend ausgeblendet worden. Es bleibt daher ein Forschungsdesiderat, die Einstellungen von Lehrkräften in Beziehung zum Schulleistungserfolg von Grundschülern zu betrachten.
- Zukünftige Forschungen zu Vergleichsarbeiten könnten stärker die Unterteilung der VERA-Reform in unterschiedliche Elemente berücksichtigen. Die Differenzierung in Testdurchführung und Testrückmeldung scheint in der Lage zu sein, spezifischere Aussagen zum Rezeptions- und Nutzungsverhalten von Lehrkräften zu geben. Außerdem können dadurch gezielter Handlungsempfehlungen für die Nutzung der Vergleichsarbeiten im Rahmen der Qualitätsentwicklung von Schule und Unterricht getroffen werden. Es scheint notwendig, das Rezeptionsverhalten noch stärker dem jeweils auslösenden Bereich der standardbasierten Reform zuzuordnen.

- Der Ländervergleich mit Finnland hat gezeigt, dass individuelle ländervergleichende Studien mit einem qualitativen Ansatz zu einzelnen Fragestellungen in der Lage sind, einen differenzierten Blick auf Länderunterschiede und bedingende Faktoren zu geben. Deshalb besteht dahingehend ein Forschungsdesiderat, durch mehr ländervergleichende qualitative Forschung Unterschiede, die durch large-scale-assessments aufgezeigt worden sind, auf ihre Begründungen und individuellen Faktoren zurückzuführen. Dadurch kann die Übertragbarkeit verschiedener Elemente der Bildungspolitik und der Einfluss von Regelungskontexten auf die Unterrichtsebene differenzierter bewertet werden. Finnland hat sich in der vorliegenden Studie nicht in allen Punkten als bildungspolitisches Musterland für die Implementation von Bildungsstandards ausgezeichnet. Es könnte deshalb interessante Ergebnisse bringen, das finnische Bildungswesen mittels weiterer Studien in einzelnen Teilbereichen auf seinen Vorbildcharakter hin zu untersuchen.
- Die Studie und die Zusammenschau der Forschungslage haben gezeigt, dass ein Forschungsdesiderat dahingehend besteht, mit weiteren empirischen Forschungen eine Innovationstheorie zu entwickeln, die der Komplexität des schulischen Feldes gerecht wird. Insbesondere sollten dabei auch nicht-intendierte Verlaufsformen und deren Verhinderungen durch das Setzen entsprechender Rahmenbedingungen berücksichtigt werden.

Die große Zahl an Forschungsdesiderata zeigt die Breite des Forschungsfelds in Bezug auf Bildungsstandards und Vergleichsarbeiten. Zudem wird deutlich, dass sich Bildungsstandards und Vergleichsarbeiten, wie dies auch von den Kultusministern immer wieder betont wird, noch in einem langwierigen Entwicklungsprozess befinden. Es scheint lohnenswert, diesen Prozess auch mit Studien zu begleiten, die von den Entwicklern der Testinstrumente unabhängig sind und dabei ebenso die Entwicklung in der Primarstufe, die in Form der Bildungsstandards mit einem neuen curricularen Steuerungsinstrument in Berührung kommt, nicht außer Acht zu lassen.

Literaturverzeichnis

Allalouf, A. & Shakhar, G. B. (2002, 11. Juli). The Effect of Coaching on the Predictive Validity of Scholastic Aptitude Tests.
Verfügbar unter: https://www.nite.org.il/files/reports/e218.pdf [24.5.2011].

Altrichter, H. & Heinrich, M. (2006). Evaluation als Steuerungsinstrument im Rahmen eines "neuen Steuerungsmodells" im Schulwesen. In W. Böttcher, H. G. Holtappels & M. Brohm (Hrsg.), Evaluation im Bildungswesen. Eine Einführung in Grundlagen und Praxisbeispiele. Dr. nach Typoskript. (Grundlagentexte Pädagogik, S. 51–64). Weinheim u.a.: Juventa-Verlag.

Altrichter, H. & Posch, P. (2007). Analyse erster Erfahrungen mit der Implementation von Bildungsstandards. Erziehung und Unterricht, 157 (7/8), S. 654-671.

Altrichter, H. & Wiesinger, S. (2004). Der Beitrag der Innovationsforschung im Bildungswesen zum Implementierungsproblem. In G. Reinmann & H. Mandl (Hrsg.), Psychologie des Wissensmanagements. Perspektiven, Theorien und Methoden (S. 220–233). Göttingen u.a.: Hogrefe.

Bähr, K. (1999). Wie Lehrpläne verbreitet werden. In R. Künzli, K. Bähr, A.-V. Fries, G. Gishla, M. Rosenmund & G. Seliner-Müller (Hrsg.), Lehrplanarbeit. Über den Nutzen von Lehrplänen für die Schule und ihre Entwicklung (Nationales Forschungsprogramm 33 – Wirksamkeit unserer Bildungssysteme, S. 66–76). Chur: Rüegger.

Barfknecht, T. & Saldern, M. von. (2010). Evaluation und Feedback der Lehrkräfte. In M. Demmer & M. von Saldern (Hrsg.), „Helden des Alltags". Erste Ergebnisse der Schulleitungs- und Lehrkräftebefragung (TALIS) in Deutschland (Die deutsche Schule Beiheft, S. 94–115). Münster u.a.: Waxmann.

Bayerisches Staatsministerium für Unterricht und Kultus. (Juli / 2000). Lehrplan für die bayerische Grundschule. (KWMBl. So.-Nr. 1/2000).

Beer, R. (2006). Qualitätsentwicklung durch Bildungsstandards? Ergebnisse einer Befragung der betroffenen Lehrerinnen und Lehrer in Wien – 2005. In F. Eder, A. Gastager & F. Hofmann (Hrsg.), Qualität durch Standards? Beiträge zum Schwerpunktthema der 67. Tagung der AEPF (S. 253–264). Münster u.a.: Waxmann.

Beer, R. (2007). Bildungsstandards: Einstellungen von Lehrerinnen und Lehrern. Schulpädagogik und pädagogische Psychologie: Bd. 1. Wien: LIT-Verlag.

Benner, D. (2002). Die Struktur der Allgemeinbildung im Kerncurriculum moderner Bildungssysteme: Ein Vorschlag zur bildungstheoretischen Rahmung von PISA. Zeitschrift für Pädagogik, 48 (1), S. 68-90.

Benner, D. (2007). Unterricht – Wissen – Kompetenz: Zur Differenz zwischen didaktischen Aufgaben und Testaufgaben. In D. Benner (Hrsg.), Bildungsstandards. Instrumente zur Qualitätssicherung im Bildungswesen. Chancen und Grenzen – Beispiele und Perspektiven (S. 124–138). Paderborn u.a.: Schöningh.

Biehl, J., Hopmann, S. & Ohlhaver, F. (1996). Wie wirken Lehrpläne?: Modelle, Strategien, Widersprüche. Pädagogik, 48 (5), S. 32-35.

Biehl, J., Hopmann, S., Ohlhaver, F. & Riquarts, K. (1998). Lehrplanarbeit in der Bundesrepublik Deutschland. In R. Künzli & S. Hopmann (Hrsg.), Lehrpläne: Wie sie entwickelt werden und was von ihnen erwartet wird. Forschungsstand, Zugänge und Ergebnisse aus der Schweiz und der Bundesrepublik Deutschland (Nationales Forschungsprogramm 33 – Wirksamkeit unserer Bildungssysteme, S. 277–296). Chur: Rüegger.

Biehl, J., Hopmann, S. & Riquarts, K. (März / 1999). Sekundäre Lehrplanbindungen: Vergleichende Untersuchungen zur Entstehung und Verwendung von Lehrplanentscheidungen: Endbericht zum DFG-Projekt. Kiel: Institut für die Pädagogik der Naturwissenschaften.

Blankertz, H. & Ruprecht, H. (1977). Stand der Curriculumforschung und der pragmatischen Curriculumrevision im Hinblick auf die bildungspolitischen Zielvorstellungen des Bundes. Schriftenreihe Bildungsplanung: Bd. 20. München: Gersbach.

Bleidick, U., Confent, A. & Wiemken, F. (1976). Lehrpläne im Urteil von Sonderschullehrern: Empirische Untersuchungen über Einstellungen von Lehrern an Lernbehindertenschulen zu einem bestehenden Lehrplan und zu künftigen Curricula. Zeitschrift für Heilpädagogik (6), S. 337-356.

Blinkert, B. (2009). Allgemeine Arbeitstechniken. In D. Schirmer (Hrsg.), Empirische Methoden der Sozialforschung. Grundlagen und Techniken. Mit Beiträgen von Baldo Blinkert und Sylvia Buchen unter Mitarbeit von Peter Brüstle (Basiswissen Soziologie, UTB: Bd. 3175, S. 83–128). Paderborn: Fink.

Blömeke, S., Eichler, D. & Müller, C. (2003). Rekonstruktion kognitiver Strukturen von Lehrpersonen als Herausforderung für die empirische Unterrichtsforschung: Theoretische und methodologische Überlegungen zu Chancen und Grenzen von Videostudien. Unterrichtswissenschaft, 31 (2), S. 103-121.

Bohnsack, R. (2005). Standards nicht-standardisierter Forschung in den Erziehungs- und Sozialwissenschaften. Zeitschrift für Erziehungswissenschaft, 8 (Beiheft 4), S. 63-81.

Bohnsack, R. (2010). Dokumentarische Methode. In B. Friebertshäuser, A. Langer & A. Prengel (Hrsg.), Handbuch Qualitative Forschungsmethoden in der Erziehungswissenschaft. 3. vollständig überarbeitete Auflage (Neuausgabe) (Juventa-Handbuch, S. 205–218). Weinheim u.a.: Juventa-Verlag.

Bonsen, M. & Rolff, H.-G. (2006). Professionelle Lerngemeinschaften von Lehrerinnen und Lehrern. Zeitschrift für Pädagogik, 52 (2), S. 167-184.

Bortz, J. & Döring, N. (2009). Forschungsmethoden und Evaluation: Für Human- und Sozialwissenschaftler (4. überarbeitete Auflage). Springer-Lehrbuch. Heidelberg: Springer-Medizin-Verlag (Mit 156 Abbildungen und 87 Tabellen).

Bortz, J. & Lienert, G. A. (2008). Kurzgefasste Statistik für die Klinische Forschung: Leitfaden für die verteilungsfreie Analyse kleiner Stichproben (3. aktualisierte und bearbeitete Auflage). Springer-Lehrbuch. Berlin u.a.: Springer Medizin Verlag (Mit 13 Abbildungen und 97 Tabellen sowie zahlreichen Formeln).

Bos, W. & Postlethwaite, T. N. (2002). Internationale Schulleistungsforschung: Ihre Entwicklungen und Folgen für die deutsche Bildungslandschaft. In F. E. Weinert (Hrsg.), Leistungsmessungen in Schulen. 2. Auflage (S. 251–267). Weinheim u.a.: Beltz.

Böttcher, W. (2006). Bildungsstandards und Evaluation im Paradigma der Outputsteuerung. In W. Böttcher, H. G. Holtappels & M. Brohm (Hrsg.), Evaluation im Bildungswesen. Eine Einführung in Grundlagen und Praxisbeispiele. Dr. nach Typoskript. (Grundlagentexte Pädagogik, S. 39–49). Weinheim u.a.: Juventa-Verlag.

Böttcher, W. & Dicke, J. N. (2008). Implementation von Standards: Empirische Ergebnisse einer Umfrage bei Deutschlehrern. In W. Böttcher, W. Bos, H. Döbert & H. G. Holtappels (Hrsg.), Bildungsmonitoring und Bildungscontrolling in nationaler und internationaler Perspektive. Dokumentation zur Herbsttagung der Kommission Bildungsorganisation, -planung, -recht (KBBB) (S. 143–156). Münster u.a.: Waxmann.

Boudah, D. J. (2011). Conducting Educational Research: Guide to Completing a Major Project. Los Angeles u.a.: SAGE Publications.

Bromme, R. (1992). Der Lehrer als Experte: Zur Psychologie des professionellen Wissens. Huber-Psychologie-Forschung. Bern u.a.: Huber.

Brügelmann, H. (2004). Kerncurricula, Bildungsstandards und Leistungstests: Zur unvergänglichen Hoffnung auf die Entwicklung der guten Schule durch Evaluation "von oben". Vierteljahresschrift für wissenschaftliche Pädagogik, 80 (4), S. 415-441.

Buchberger, F. & Buchberger, I. (2005). Warum sind die FinnInnen "Welt- und Europameister"? Vermutungen über Bedingungen hoher Schulleistungen. In H. Döbert & H.-W. Fuchs (Hrsg.), Leistungsmessungen und Innovationsstrategien in Schulsystemen. Ein internationaler Vergleich (Studien zur international und interkulturell vergleichenden Erziehungswissenschaft: Bd. 6, S. 157–163). Münster u.a.: Waxmann.

Bundesministerium für Bildung und Forschung (Hrsg.) (2007a). Vertiefender Vergleich der Schulsysteme ausgewählter PISA-Teilnehmerstaaten.

Bundesministerium für Bildung und Forschung (Hrsg.) (2007b). Zur Entwicklung nationaler Bildungsstandards: Eine Expertise. Bildungsforschung: Bd. 1. Bonn u.a.

Caselmann, C. (1964). Wesensformen des Lehrers: Versuch einer Typenlehre (3. erweiterte Auflage). Stuttgart: Klett.

Coffield, F. (2011). The Response of Professionals to New Ideas: Learning from Semmelweis. In M. Erhardt, F. Hörner, I. K. Uphoff & E. Witte (Hrsg.), Der skeptische Blick. Unzeitgemäße Sichtweisen auf Schule und Bildung (S. 139–154). Wiesbaden: VS Verlag für Sozialwissenschaften.

Congress of the United States of America. (2002, 08. Januar). No Child Left Behind Act of 2001: NCLB. Verfügbar unter: Pub. L. 107-110, 115 Stat. 1425 [5.7.2012].

Criblez, L., Oelkers, J., Reusser, K., Berner, E., Halbheer, U. & Huber, C. (2009). Bildungsstandards. Lehren lernen – Basiswissen für die Lehrerinnen- und Lehrerbildung. Seelze-Velber: Klett und Balmer.

Crössmann, A. (2010). Vergleichsarbeiten in Bayern. In B. Schaal & F. Huber (Hrsg.), Qualitätssicherung im Bildungswesen. Auftrag und Anspruch der bayerischen Qualitätsagentur (S. 151–167). Münster u.a.: Waxmann.

Darling-Hammond, L. (2004). Standards, Accountability, and School Reform. Teachers College Record, 106 (6), S. 1047-1085.

Diekmann, A. (2010). Empirische Sozialforschung: Grundlagen, Methoden, Anwendungen (4. vollständig überarbeitete und erweiterte Neuausgabe). Rororo Rowohlts Enzyklopädie: Bd. 55678. Reinbek bei Hamburg: Rowohlt-Taschenbuch-Verlag.

Diemer, T. (2011, 01. März). Konditional- und zweckprogrammierende Nutzungsweisen zentraler Lernstandserhebungen in Schulen. Bamberg: Vortrag auf der 75. Tagung der Arbeitsgruppe für Empirische Pädagogische Forschung, AEPF.

Diemer, T. & Kuper, H. (2010, 27. August). Autonomy and Accountability in the Use of Standard Tests in School. Helsinki: Vortrag auf der 17. European Conference on Educational Research, EERA.

Domisch, R. (2004). Lehrpläne als Mittel der Bildungsplanung, als Innovationsimpulse für schulische Arbeit und als Bildungsstandards, Finnland-Institut Deutschland. Verfügbar unter: http://www.finnland-institut.de/fileadmin/content/de/Publikationen/PDFs/Rainer_Domisch.pdf [5.7.2012].

Domisch, R. (2008). Die am häufigsten von Besuchern aus Deutschland gestellten zehn Fragen – und zehn Antworten darauf. In J. Sarjala & E. Häkli (Hrsg.), Jenseits von PISA. Finnlands Schulsystem und seine neuesten Entwicklungen (Schriftenreihe des Finnland-Instituts in Deutschland, S. 199–201). Berlin: BWV Berliner Wissenschafts-Verlag.

Esslinger, D. (2008, 08. Oktober). Der Feuerwehrmann steht ganz oben. sueddeutsche.de. Verfügbar unter: http://www.sueddeutsche.de/karriere/angesehene-berufe-der-feuerwehrmann-steht-ganz-oben-1.528106 [5.7.2012].

Fend, H. (2004). Was stimmt mit den deutschen Bildungssystemen nicht?: Wege zur Erklärung von Leistungsunterschieden zwischen Bildungssystemen. In G. Schümer, K.-J. Tillmann & M. Weiß (Hrsg.), Die Institution Schule und die Lebenswelt der Schüler. Vertiefende Analysen der PISA-2000-Daten zum Kontext von Schülerleistungen (S. 15–38). Wiesbaden: VS Verlag für Sozialwissenschaften.

Fischer, W. (1972). Sechs Thesen zur Problematik des Curriculum (Originalbeitrag). In W. Müller & P. Vogel (Hrsg.), Aufsätze zu Problemen des Unterrichts von Wolfgang Fischer und Jörg Ruhloff (Beiträge zur kritischen Pädagogik, S. 143–149). Nürnberg.

Freudenthaler, H. H. & Specht, W. (2006). Bildungsstandards: Der Implementationsprozess aus der Sicht der Praxis: Ergebnisse einer Fragebogen-Studie nach dem ersten Jahr der Pilotphase II. ZSE-Report: Bd. 71. Graz: Zentrum für Schulentwicklung.

Friebertshäuser, B. & Langer, A. (2010). Interviewformen und Interviewpraxis. In B. Friebertshäuser, A. Langer & A. Prengel (Hrsg.), Handbuch Qualitative Forschungsmethoden in der Erziehungswissenschaft. 3. vollständig überarbeitete Auflage (Neuausgabe) (Juventa-Handbuch, S. 437–455). Weinheim u.a.: Juventa-Verlag.

Früh, W. (2007). Inhaltsanalyse: Theorie und Praxis (6. überarbeitete Auflage). UTB: Bd. 2501. Konstanz: UVK Verlagsgesellschaft mbH.

Fuller, F. F. (1969). Concerns of Teachers: A Developmental Conceptualization. American Educational Research Journal, 6 (2), S. 207-226.

Fürstenau, S. (2007). Bildungsstandards im Kontext ethnischer Heterogenität: Erfahrungen aus England und Perspektiven in Deutschland. Zeitschrift für Pädagogik, 53 (1), S. 16-33.

Giddens, A. (1995). Konsequenzen der Moderne. Frankfurt am Main: Suhrkamp (Übersetzt von Joachim Schulte).

Glaser, B. G & Strauss, A. L. (2010). Grounded Theory: Strategien qualitativer Forschung (3. Auflage). Bern: Verlag Hans Huber (Aus dem Amerikanischen von Axel T. Paul und Stefan Kaufmann).

Greve, W. & Wentura, D. (1997). Wissenschaftliche Beobachtung: Eine Einführung (2. korrigierte Auflage). Weinheim: Beltz, Psychologie Verlags Union.

Grillitsch, M. (2010). Bildungsstandards auf dem Weg in die Praxis: Ergebnisse einer Befragung von Lehrkräften und Schulleiter/innen der Sekundarstufe I zur Rezeption der Bildungsstandards und deren Implementation (BIFIE-Report Nr. 6). Graz: Leykam.

Groeben, A. von der. (2005). Aus Falschem folgt Falsches: Wie Standards zum pädagogischen Bumerang werden können. In G. Becker, A. Bremerich-Vos, M. Demmer, K. Maag Merki, B. Priebe, K. Schwippert et al. (Hrsg.), Standards. Unterrichten zwischen Kompetenzen, zentralen Prüfungen und Vergleichsarbeiten (Friedrich-Jahresheft: Bd. 23, S. 78–79). Seelze: Friedrich.

Hakala, J. (2009). Die Ausbildung der Klassenlehrer für die neunjährige Grundschule. In A.-L. Matthies & E. K. Skiera (Hrsg.), Das Bildungswesen in Finnland. Geschichte, Struktur, Institutionen und pädagogisch-didaktische Konzeptionen, bildungs- und sozialpolitische Perspektiven (S. 193–202). Bad Heilbrunn: Klinkhardt.

Halinen, I. (2008). Der Lehrplan der Gemeinschaftsschule und die Weiterentwicklung der Schulausbildung in Finnland. In J. Sarjala & E. Häkli (Hrsg.), Jenseits von PISA. Finnlands Schulsystem und seine neuesten Entwicklungen (Schriftenreihe des Finnland-Instituts in Deutschland, S. 99–122). Berlin: BWV Berliner Wissenschafts-Verlag.

Hall, G. E. & Hord, S. M. (2011). Implementing change: patterns, principles, and potholes (3. Auflage). Boston u.a.: Pearson.

Haller, M. (2008). Das Interview: Ein Handbuch für Journalisten (4. unveränderter Nachdruck der 3. überarbeiteten Auflage 2001). Reihe praktischer Journalismus: Bd. 6. Konstanz: UVK-Medien.

Hasselhorn, M. & Gold, A. (2009). Pädagogische Psychologie: Erfolgreiches Lernen und Lehren (2. durchgesehene Auflage). Kohlhammer Standards Psychologie. Stuttgart: Kohlhammer.

Heid, H. (2007). Was vermag die Standardisierung wünschenswerter Lernoutputs zur Qualitätsverbesserung des Bildungswesens beizutragen? In D. Benner (Hrsg.), Bildungsstandards. Instrumente zur Qualitätssicherung im Bildungswesen. Chancen und Grenzen – Beispiele und Perspektiven (S. 29–48). Paderborn u.a.: Schöningh.

Heller, K. A. & Hany, E. A. (2002). Standardisierte Schulleistungsmessungen. In F. E. Weinert (Hrsg.), Leistungsmessungen in Schulen. 2. Auflage (S. 87–101). Weinheim u.a.: Beltz.

Helmke, A. (2004). Von der Evaluation zur Innovation: Pädagogische Nutzbarmachung von Vergleichsarbeiten in der Grundschule. Seminar, 10 (2), S. 90-112.

Helmke, A. (2007). Unterrichtsqualität – erfassen, bewerten, verbessern (5. Auflage). Schulisches Qualitätsmanagement. Seelze-Velber: Klett, Kallmeyer.

Helmke, A. (2009). Unterrichtsqualität und Lehrerprofessionalität: Diagnose, Evaluation und Verbesserung des Unterrichts. Seelze-Velber: Klett, Kallmeyer.

Helmke, A. & Schrader, F.-W. (2006). Lehrerprofessionalität und Unterrichtsqualität: Den eigenen Unterricht reflektieren und beurteilen. Schulmagazin 5 bis 10 (9), S. 5-12.

Höhmann, K. (2002). Was wird durch eine Lehrplanrevision verändert?: Die Einführung der hessischen Rahmenpläne (1993-1997) aus innovationstheoretischer Perspektive. Europäische Hochschulschriften Reihe XI, Pädagogik: Bd. 839. Frankfurt am Main u.a.: Peter Lang (zugl.: Diss. Univ. Bielefeld, 2001).

Hopmann, S. (2000). Lehrplan des Abendlandes – Abschied von seiner Geschichte?: Grundlinien der Entwicklung von Lehrplan und Lehrplanarbeit seit 1800. In R. W. Keck & C. Ritzi (Hrsg.), Geschichte und Gegenwart des Lehrplans. Josef Dolchs "Lehrplan des Abendlandes" als aktuelle Herausforderung (S. 377–400). Baltmannsweiler: Schneider Verlag Hohengehren.

Hosenfeld, I. (2005). Rezeption – Reflexion – Aktion: Wie lassen sich Lernstandserhebungen und Vergleichsarbeiten pädagogisch nutzen? In G. Becker, A. Bremerich-Vos, M. Demmer, K. Maag Merki, B. Priebe, K. Schwippert et al. (Hrsg.), Standards. Unterrichten zwischen Kompetenzen, zentralen Prüfungen und Vergleichsarbeiten (Friedrich-Jahresheft: Bd. 23, S. 112–114). Seelze: Friedrich.

IQB – VERA/Lernstandserhebungen. Verfügbar unter: http://www.iqb.hu-berlin.de/vera [5.7.2012].

Isaac, K., Halt, A. C., Hosenfeld, I., Helmke, A. & Groß Ophoff, J. (2006). VERA: Qualitätsentwicklung und Lehrerprofession durch Vergleichsarbeiten: Kommentar zur Diskussion um VERA. Die Deutsche Schule, 98 (1), S. 107-111.

Karakava, J. & Ullmann, K. (2008). Bildungsstandards Grundschule: Mathematik 4.Klasse. Hallbergmoos: Stark.

Kelle, U. & Kluge, S. (2010). Vom Einzelfall zum Typus: Fallvergleich und Fallkontrastierung in der qualitativen Sozialforschung (2. überarbeitete Auflage). Qualitative Sozialforschung: Bd. 15. Wiesbaden: VS Verlag für Sozialwissenschaften.

Kelly, G. A. (1955). The Psychology of Personal Constructs. New York: Norton.

Klafki, W. (2006). Die bildungstheoretische Didaktik im Rahmen kritisch-konstruktiver Erziehungswissenschaft: Oder: Zur Neufassung der Didaktischen Analyse. In H. Gudjons & R. Winkel (Hrsg.), Didaktische Theorien. 12. Auflage (PB-Bücher: Bd. 1, S. 13–34). Hamburg: Bergmann + Helbig.

Klein, H. P. (2010, 14. Oktober). Nivellierung der Ansprüche. Frankfurter Allgemeine Zeitung, 239, S. 8.

Klein, R. (2010). Fest-Stellungen: zur Entsorgung von Reflexivität durch Kultur- und Bildungsstandards. In R. Klein & S. Dungs (Hrsg.), Standardisierung der Bildung. Zwischen Subjekt und Kultur (S. 29–54). Wiesbaden: VS Verlag für Sozialwissenschaften.

Klieme, E. (2004). Was sind Kompetenzen und wie lassen sie sich messen? Pädagogik, 56 (6), S. 10-13.

Koch, U., Groß Ophoff, J., Hosenfeld, I. & Helmke, A. (2006). Von der Evaluation zur Schul- und Unterrichtsentwicklung – Ergebnisse der Lehrerbefragung zur Auseinandersetzung mit den VERA-Rückmeldungen. In F. Eder, A. Gastager & F. Hofmann (Hrsg.), Qualität durch Standards? Beiträge zum Schwerpunktthema der 67. Tagung der AEPF (S. 187–199). Münster u.a.: Waxmann.

Kohn, A. (1999). The Schools Our Children Deserve: Moving beyond traditional classrooms and "tougher standards". Boston u.a.: Houghton Mifflin.

Kohn, A. (2000). The Case Against Standardized Testing: Raising the Scores, Ruining the Schools. Portsmouth, NH: Heinemann.

Köller, O. (2010). Bildungsstandards. In R. Tippelt & B. Schmidt (Hrsg.), Handbuch Bildungsforschung. 3. durchgesehene Auflage (S. 529–548). Wiesbaden: VS Verlag für Sozialwissenschaften.

Köller, O. & Pant, H.-A. (2010). Die Rolle von Bildungsstandards in einem System der Qualitätssicherung und Qualitätsentwicklung. In B. Schaal & F. Huber (Hrsg.), Qualitätssicherung im Bildungswesen. Auftrag und Anspruch der bayerischen Qualitätsagentur (S. 55–67). Münster u.a.: Waxmann.

Kromrey, H. (2009). Empirische Sozialforschung: Modelle und Methoden der standardisierten Datenerhebung und Datenauswertung (12. überarbeitete Auflage). UTB: Bd. 1040. Stuttgart: Lucius & Lucius (mit ausführlichen Annotationen aus der Perspektive qualitativ-interpretativer Methoden von Jörg Strübing).

Kuckartz, U. (2010). Einführung in die computergestützte Analyse qualitativer Daten (3. aktualisierte Auflage). Wiesbaden: VS Verlag für Sozialwissenschaften.

Kuckartz, U. & Grunenberg, H. (2010). Qualitative Daten computergestützt auswerten: Methoden, Techniken, Software. In B. Friebertshäuser, A. Langer & A. Prengel (Hrsg.), Handbuch Qualitative Forschungsmethoden in der Erziehungswissenschaft. 3. vollständig überarbeitete Auflage (Neuausgabe) (Juventa-Handbuch, S. 501–514). Weinheim u.a.: Juventa-Verlag.

Kultusministerium Bayern. KM-Bayern – Schule – Qualitätssicherung – Maßnahmen. Verfügbar unter: http://192.68.214.70/km/schule/qualitaetssicherung/massnahmen/ [23.2.2011].

Künzli, R. (1999). Lehrplanarbeit – Steuerung von Schule und Unterricht. In R. Künzli, K. Bähr, A.-V. Fries, G. Gishla, M. Rosenmund & G. Seliner-Müller (Hrsg.), Lehrplanarbeit. Über den Nutzen von Lehrplänen für die Schule und ihre Entwicklung (Nationales Forschungsprogramm 33 – Wirksamkeit unserer Bildungssysteme, S. 11–30). Chur: Rüegger.

Künzli, R. (2006). Standards statt Lehrpläne – zurück zu den Bildungsinhalten? In L. Criblez, P. Gautschi, P. Hirt Monico & H. Messner (Hrsg.), Lehrpläne und Bildungsstandards. Was Schülerinnen und Schüler lernen sollen. Festschrift zum 65. Geburtstag von Prof. Dr. Rudolf Künzli (S. 83–102). Bern: hep.

Künzli, R. & Santini-Amgarten, B. (1999). Wie Lehrpläne umgesetzt und verwendet werden. In R. Künzli, K. Bähr, A.-V. Fries, G. Gishla, M. Rosenmund & G. Seliner-Müller (Hrsg.), Lehrplanarbeit. Über den Nutzen von Lehrplänen für die Schule und ihre Entwicklung (Nationales Forschungsprogramm 33 – Wirksamkeit unserer Bildungssysteme, S. 144–163). Chur: Rüegger.

Lam, T. (2004). Issues and Strategies in Standards-Based School Reform: the Canadian Experience. In T. Fitzner (Hrsg.), Bildungsstandards. Internationale Erfahrungen – Schulentwicklung – Bildungsreform (Edition Akademie: Bd. 7, S. 103–149). Bad Boll: Evangelische Akademie.

Lamnek, S. (2010). Qualitative Sozialforschung: Lehrbuch (5. überarbeite Auflage). Weinheim: Beltz PVU (Unter Mitarbeit von Claudia Krell).

Langer, A. (2010). Transkribieren – Grundlagen und Regeln. In B. Friebertshäuser, A. Langer & A. Prengel (Hrsg.), Handbuch Qualitative Forschungsmethoden in der Erziehungswissenschaft. 3. vollständig überarbeitete Auflage (Neuausgabe) (Juventa-Handbuch, S. 515–526). Weinheim u.a.: Juventa-Verlag.

Lankes, E.-M. (1991). Vom Amtlichen Lehrplan zum Klassenlehrplan: Eine empirische Untersuchung im Praxisfeld. Deutsche Hochschuledition: Bd. 19. München: ars una (zugl.: Diss. Univ. München, 1991).

Linnakylä, P. (2004). Educational "Standards" in Finland: Opportunities and Threats. In T. Fitzner (Hrsg.), Bildungsstandards. Internationale Erfahrungen – Schulentwicklung – Bildungsreform (Edition Akademie: Bd. 7, S. 43–53). Bad Boll: Evangelische Akademie.

Lortie, D. C. (1975). School-teacher: A Sociological Study. Chicago: University of Chicago Press.

Maier, U. (2008). Vergleichsarbeiten im Vergleich: Akzeptanz und wahrgenommener Nutzen standardbasierter Leistungsmessungen in Baden-Württemberg und Thüringen. Zeitschrift für Erziehungswissenschaft, 11 (3), S. 453-474.

Maier, U. (2009). Wie gehen Lehrerinnen und Lehrer mit Vergleichsarbeiten um?: Eine Studie zu testbasierten Schulreformen in Baden-Württemberg und Thüringen. Schul- und Unterrichtsforschung: Bd. 7. Baltmannsweiler: Schneider-Verlag Hohengehren (zugl.: Habil.-Schrift Univ. Tübingen, 2009).

Mayer, H. O. (2008). Interview und schriftliche Befragung: Entwicklung, Durchführung und Auswertung (4. überarbeitete und erweiterte Auflage). München: Oldenbourg.

Mayring, P. (2002). Einführung in die qualitative Sozialforschung: Eine Anleitung zu qualitativem Denken (5. überarbeitete und neu ausgestattete Auflage). Beltz Studium. Weinheim u.a.: Beltz.

Mayring, P. & Brunner, E. (2010). Qualitative Inhaltsanalyse. In B. Friebertshäuser, A. Langer & A. Prengel (Hrsg.), Handbuch Qualitative Forschungsmethoden in der Erziehungswissenschaft. 3. vollständig überarbeitete Auflage (Neuausgabe) (Juventa-Handbuch, S. 323–333). Weinheim u.a.: Juventa-Verlag.

Merimaa, E. (2009). Die allgemeine Grundschule – Neun Jahre gemeinsames Lernen für alle. In A.-L. Matthies & E. K. Skiera (Hrsg.), Das Bildungswesen in Finnland. Geschichte, Struktur, Institutionen und pädagogisch-didaktische Konzeptionen, bildungs- und sozialpolitische Perspektiven (S. 137–148). Bad Heilbrunn: Klinkhardt.

Merkens, H. (2003). Stichproben bei qualitativen Studien. In B. Friebertshäuser & A. Prengel (Hrsg.), Handbuch qualitative Forschungsmethoden in der Erziehungswissenschaft (S. 97–106). Weinheim u.a.: Juventa-Verlag.

Meuser, M. & Nagel, U. (2010). Experteninterviews – wissenssoziologische Voraussetzungen und methodische Durchführung. In B. Friebertshäuser, A. Langer & A. Prengel (Hrsg.), Handbuch Qualitative Forschungsmethoden in der Erziehungswissenschaft. 3. vollständig überarbeitete Auflage (Neuausgabe) (Juventa-Handbuch, S. 457–471). Weinheim u.a.: Juventa-Verlag.

Müller, W. (2007). Die KMK-Bildungsstandards: Ein Lehrstück für das Verhältnis von Politik und Pädagogik. In W. Böhm & K. Hillenbrand (Hrsg.), Engagiert aus dem Glauben. Beiträge zu Theologie, Pädagogik und Politik. Für Walter Eykmann zum 70. Geburtstag (S. 225–240). Würzburg: Echter.

Müller, W. (2007). Lehrplantheorie und Lehrplanentwicklung. In H. J. Apel & W. Sacher (Hrsg.), Studienbuch Schulpädagogik. 3. überarbeitete und erweiterte Auflage (UTB: Bd. 2949, S. 71–103). Bad Heilbrunn: Klinkhardt.

Nichols, B. (2008). Improving Student Achievement: 50 Research-Based Strategies. Columbus, Ohio: Linworth Publishing.

Nichols, S. L. & Berliner, D. C. (2007). Collateral Damage: How High-Stakes Testing Corrupts America's Schools. Cambridge, Mass.: Harvard Education Press.

Nießler, K.-H. (2003). SINUS – Steigerung der Effizienz des mathematisch-naturwissenschaftlichen Unterrichts: Abschlussdokumentation der Thüringer Schulen (Thüringer Institut für Lehrerfortbildung, L. u. M., Hrsg.) (Impulse Nr. 42). Bad Berka.

O'Day, J. (2002). Complexity, Accountability, and School Improvement. Harvard Educational Review, 72 (3), S. 293-329.

Oelkers, J. (2010, 10. November). Akzeptanz durch Unterstützung: Strategien zur Implementation von Lehrplan und Bildungsstandards. Landshut: Vortrag bei der Sparkassenakademie Bayern.

Overesch, A. (2007). Wie die Schulpolitik ihre Probleme (nicht) löst: Deutschland und Finnland im Vergleich. Internationale Hochschulschriften: Bd. 492. Münster u.a.: Waxmann (zugl.: Diss. Univ. Münster, 2007).

Pant, H. A., Vock, M., Pöhlmann, C. & Köller, O. (2008). Eine modellbasierte Erfassung der Auseinandersetzung von Lehrkräften mit den länderübergreifenden Bildungsstandards. In E.-M. Lankes (Hrsg.), Pädagogische Professionalität als Gegenstand empirischer Forschung (S. 245–260). Münster u.a.: Waxmann.

Pant, H. A., Vock, M., Pöhlmann, C. & Köller, O. (2008). Offenheit für Innovationen: Befunde aus einer Studie zur Rezeption der Bildungsstandards bei Lehrkräften und Zusammenhänge mit Schülerleistungen. Zeitschrift für Pädagogik, 54, S. 827-845.

Peez, G. (2001). Qualitative empirische Forschung in der Kunstpädagogik: Methodologische Analysen und praxisbezogene Konzepte zu Fallstudien über ästhetische Prozesse, biografische Aspekte und soziale Interaktion in unterschiedlichen Bereichen der Kunstpädagogik (2. unveränderte Auflage). Norderstedt: Books on Demand (zugl.: Habil.-Schrift Univ. Frankfurt am Main, 2000).

Polanyi, M. (2010). The Tacit Dimension. Chicago u.a.: University of Chicago Press (With a New Foreword by Amartya Sen).

Popham, W. J. (2003). Test Better, Teach Better: The Instructional Role of Assessment. Alexandria, VA: Association for Supervision and Curriculum Development.

Prenzel, M., Friedrich, A. & Stadler, M. (Hrsg.). (2009). Von SINUS lernen – wie Unterrichtsentwicklung gelingt. Seelze-Velber: Klett, Kallmeyer.

Ratzki, A. & Linderoos, P. (2003). Finnland: Standards als Teil der Kultur. Lernende Schule, 6 (24), S. 32-34.

Rauin, U. (1995). Was halten Lehrerinnen und Lehrer von Rahmenplänen?: Ergebnisse einer Repräsentativbefragung in den Fächern Chemie, Deutsch, Mathematik und Geschichte. In W. Vollstädt, K. Höhmann, U. Rauin & K.-J. Tillmann (Hrsg.), Lehrpläne und Lehreralltag. Einführung neuer Rahmenpläne in Hessen (Materialien zur Schulentwicklung, S. 79–117). Wiesbaden.

Rauin, U. & Maier, U. (Dezember / 2007). Bildungsstandards für Hauptschulen: Rezeption und Auswirkungen auf Leistungsmessung und Unterricht: Pädagogische Hochschule Schwäbisch Gmünd (Abschlussbericht).

Reiche, S. (2004). Anwendung und Nutzen der Bildungsstandards. In T. Fitzner (Hrsg.), Bildungsstandards. Internationale Erfahrungen – Schulentwicklung – Bildungsreform (Edition Akademie: Bd. 7, S. 322–342). Bad Boll: Evangelische Akademie.

Reichertz, J. (2003). Die Abduktion in der qualitativen Sozialforschung. Qualitative Sozialforschung: Bd. 13. Opladen: Leske + Budrich.

Reusser, K. & Halbheer, U. (2008). Die Implementation von Bildungsstandards als Anstoß zur Qualitätsentwicklung in Schule und Unterricht. In LISUM & BMUKK & EDK (Hrsg.), Bildungsmonitoring, Vergleichsstudien und Innovationen. Von evidenzbasierter Steuerung zur Praxis. OECD/CERI-Regionalseminar für die deutschsprachigen Länder in Potsdam (Deutschland) vom 25.-28.September 2007 (S. 125–138). Berlin: BWV Berliner Wissenschafts-Verlag.

Robinsohn, S. B. (1967). Bildungsreform als Revision des Curriculum. Aktuelle Pädagogik. Neuwied a. Rhein u.a.: Luchterhand.

Rolff, H.-G. (2002). Was bringt die vergleichende Leistungsmessung für die pädagogische Arbeit in Schulen? In F. E. Weinert (Hrsg.), Leistungsmessungen in Schulen. 2. Auflage (S. 337–352). Weinheim u.a.: Beltz.

Rolff, H.-G. (2007). Studien zu einer Theorie der Schulentwicklung. Beltz-Bibliothek. Weinheim: Beltz.

Ruhloff, J. (2007). Grenzen von Standards im pädagogischen Kontext. In D. Benner (Hrsg.), Bildungsstandards. Instrumente zur Qualitätssicherung im Bildungswesen. Chancen und Grenzen – Beispiele und Perspektiven (S. 49–59). Paderborn u.a.: Schöningh.

Santini, B. (1971). Das Curriculum im Urteil der Lehrer: Eine empirische Untersuchung. Beltz-Monographien. Basel: Beltz.

Scheele, B. & Groeben, N. (1988). Dialog-Konsens-Methoden zur Rekonstruktion subjektiver Theorien: Die Heidelberger Struktur-Lege-Technik (SLT), konsensuale Ziel-Mittel-Argumentation u. kommunikative Flußdiagramm-Beschreibung von Handlungen. Tübingen: Francke.

Schmidt, C. (2010). Auswertungstechniken für Leitfadeninterviews. In B. Friebertshäuser, A. Langer & A. Prengel (Hrsg.), Handbuch Qualitative Forschungsmethoden in der Erziehungswissenschaft. 3. vollständig überarbeitete Auflage (Neuausgabe) (Juventa-Handbuch, S. 473–486). Weinheim u.a.: Juventa-Verlag.

Scholl, D. (2009). Sind die traditionellen Lehrpläne überflüssig?: Zur lehrplantheoretischen Problematik von Bildungsstandards und Kernlehrplänen. Wiesbaden: VS Verlag für Sozialwissenschaften (zugl.: Diss. Univ. Köln, 2008).

Sekretariat der Ständigen Konferenz der Kultusminister der Länder in der Bundesrepublik Deutschland (Hrsg.). (2004). Standards für die Lehrerbildung: Bildungswissenschaften: Kultusministerkonferenz (Beschluss der Kultusministerkonferenz vom 16.12.2004). Verfügbar unter: http://www.kmk.org/fileadmin/veroeffentlichungen_beschluesse/2004/2004_12_16-Standards-Lehrerbildung.pdf [5.7.2012].

Sekretariat der Ständigen Konferenz der Kultusminister der Länder in der Bundesrepublik Deutschland (Hrsg.). (2005). Bildungsstandards der Kultusministerkonferenz. Erläuterungen zur Konzeption und Entwicklung (Veröffentlichungen der Kultusministerkonferenz). München: LinkLuchterhand (Am 16.12.2004 von der Kultusministerkonferenz zustimmend zur Kenntnis genommen). Verfügbar unter: http://www.kmk.org/fileadmin/veroeffentlichungen_beschluesse/2004/2004_12_16-Bildungsstandards-Konzeption-Entwicklung.pdf [5.7.2012].

Sekretariat der Ständigen Konferenz der Kultusminister der Länder in der Bundesrepublik Deutschland (Hrsg.). (2006). Gesamtstrategie der Kultusministerkonferenz zum Bildungsmonitoring. München: LinkLuchterhand. Verfügbar unter: http://www.kmk.org/fileadmin/veroeffentlichungen_beschluesse/2006/_01_01-Gesamtstrategie-Endf.pdf [5.7.2012].

Sekretariat der Ständigen Konferenz der Kultusminister der Länder in der Bundesrepublik Deutschland (Hrsg.). (2010). Konzeption der Kultusministerkonferenz zur Nutzung der Bildungsstandards für die Unterrichtsentwicklung. Köln: Carl Link. Verfügbar unter: http://www.kmk.org/fileadmin/veroeffentlichungen_beschluesse/2010/2010_00_00-Konzeption-Bildungsstandards.pdf [5.7.2012].

Seliner-Müller, G. & Künzli, R. (1998). Lehrplanarbeit in der Schweiz: Ergebnisse der Befragung von Lehrplanentwicklerinnen und -entwicklern und von Lehrplanvermittlerinnen und -vermittlern. In R. Künzli & S. Hopmann (Hrsg.), Lehrpläne: Wie sie entwickelt werden und was von ihnen erwartet wird. Forschungsstand, Zugänge und Ergebnisse aus der Schweiz und der Bundesrepublik Deutschland (Nationales Forschungsprogramm 33 – Wirksamkeit unserer Bildungssysteme, S. 263–276). Chur: Rüegger.

Siebenborn, R. (2005). Aufgabe: "Aufgabenentwicklerin": Aus der Arbeit mit Vergleichsarbeiten lernen. In G. Becker, A. Bremerich-Vos, M. Demmer, K. Maag Merki, B. Priebe, K. Schwippert et al. (Hrsg.), Standards. Unterrichten zwischen Kompetenzen, zentralen Prüfungen und Vergleichsarbeiten (Friedrich-Jahresheft: Bd. 23, S. 46–47). Seelze: Friedrich.

Simmel, G. (1992). Soziologie: Untersuchungen über die Formen der Vergesellschaftung. Georg Simmel Gesamtausgabe: Bd. 11. Frankfurt am Main: Suhrkamp.

Staatsinstitut für Schulpädagogik München (Hrsg.). (1980). Lehrer und Lehrplan in der Grundschule: Ergebnisse einer repräsentativen Lehrerbefragung in Bayern. Wissenschaftliche Reihe. München: Ehrenwirth.

Staatsinstitut für Schulqualität und Bildungsforschung München. (2005). KMK-Bildungsstandards: Konsequenzen für die Arbeit an bayerischen Schulen. München. Verfügbar unter: http://www.isb.bayern.de/isb/download.aspx?DownloadFileID=507c5c4c9dd580b1c53f22b10a1f3406 [5.7.2012].

Staatsinstitut für Schulqualität und Bildungsforschung München. (2006). Glossar: Begriffe im Kontext von Lehrplänen und Bildungsstandards. München. Verfügbar unter: http://www.isb.bayern.de/isb/download.aspx?DownloadFileID=c22ffadf50911000cf1d618984e8c3ae [5.7.2012].

Tenorth, H.-E. (2005). Auch eine Konvention bedarf der Rechtfertigung: Legitimationsprobleme der Bildungsstandards. In G. Becker, A. Bremerich-Vos, M. Demmer, K. Maag Merki, B. Priebe, K. Schwippert et al. (Hrsg.), Standards. Unterrichten zwischen Kompetenzen, zentralen Prüfungen und Vergleichsarbeiten (Friedrich-Jahresheft: Bd. 23, S. 30–31). Seelze: Friedrich.

Terhart, E. (2002). Standards für die Lehrerbildung: Eine Expertise für die Kultusministerkonferenz. Westfälische Wilhelms-Universität Münster: Institut für Pädagogik und Allgemeine Didaktik. Verfügbar unter:

http://miami.uni-muenster.de/servlets/DerivateServlet/Derivate-1151/Standards_fuer_
die_Lehrerbildung_Eine_Expertise_fuer_die_Kultusministerkonferenz.pdf [5.7.2012].

The Finnish National Board of Education. (2010, 12. Juli). Finland and PISA. Verfügbar unter: http://www.oph.fi/english/sources_of_information/pisa [5.7.2012].

Vollstädt, W., Tillmann, K.-J., Rauin, U., Höhmann, K. & Tebrügge, A. (1999). Lehrpläne im Schulalltag: Eine empirische Studie zur Akzeptanz und Wirkung von Lehrplänen in der Sekundarstufe I. Reihe Schule und Gesellschaft: Bd. 18. Opladen: Leske + Budrich.

Wacker, A. (2008). Bildungsstandards als Steuerungsinstrumente der Bildungsplanung: Eine empirische Studie zur Realschule in Baden-Württemberg. Klinkhardt Forschung. Bad Heilbrunn: Klinkhardt (zugl.: Diss. PH Ludwigsburg, 2008).

Weber, M. (1956). Wirtschaft und Gesellschaft: Grundriss der verstehenden Soziologie (4. Auflage). Tübingen: Mohr-Siebeck.

Weick, K. E. (2009). Bildungsorganisationen als lose gekoppelte Systeme. In S. Koch & M. Schemmann (Hrsg.), Neo-Institutionalismus in der Erziehungswissenschaft. Grundlegende Texte und empirische Studien (Organisation und Pädagogik: Bd. 6, S. 85–109). Wiesbaden: VS Verlag für Sozialwissenschaften.

Weinert, F. E. (Hrsg.). (2002). Leistungsmessungen in Schulen (2. Auflage). Weinheim u.a.: Beltz.

Weinert, F. E. (2002). Schulleistungen – Leistungen der Schule oder der Schüler? In F. E. Weinert (Hrsg.), Leistungsmessungen in Schulen. 2. Auflage (S. 73–86). Weinheim u.a.: Beltz.

Weischer, C. (2007). Sozialforschung. UTB Soziologie: Bd. 2924. Konstanz: UVK Verlagsgesellschaft mbH.

Weniger, E. (1956). Theorie der Bildungsinhalte und des Lehrplans (2. Auflage). Didaktik der Bildungslehre: Bd. 1. Weinheim: Beltz.

Westphalen, K. (1985). Lehrplan – Richtlinien – Curriculum. Grundlagentexte Schulpädagogik. Stuttgart: Klett.

Wirtz, M. A. & Caspar, F. (2002). Beurteilerübereinstimmung und Beurteilerreliabilität: Methoden zur Bestimmung und Verbesserung der Zuverlässigkeit von Einschätzungen mittels Kategoriensystemen und Ratingskalen. Göttingen u.a.: Hogrefe Verlag für Psychologie.

Zeitler, S. K., Heller, N. & Asbrand, B. (2012). Bildungsstandards in der Schule: Eine rekonstruktive Studie zur Implementation der Bildungsstandards. Münster u.a.: Waxmann.

Zeitler, S. K., Köller, O. & Tesch, B. (2010). Bildungsstandards und ihre Implikationen für Qualitätssicherung und Qualitätsentwicklung. In A. Gehrmann, U. Hericks & M. Lüders (Hrsg.), Bildungsstandards und Kompetenzmodelle. Beiträge zu einer aktuellen Diskussion über Schule, Lehrerbildung und Unterricht (S. 23–36). Bad Heilbrunn: Klinkhardt.

Zentralamt für Unterrichtswesen Helsinki. (2004). Rahmenlehrpläne und Standards für den grundbildenden Unterricht an finnischen Schulen (Perusopetus): Perusopetus ist der Unterricht für alle Schüler von Klasse 1-9. Helsinki: Zentralamt für Unterrichtswesen.

Abbildungsverzeichnis

Tabellenverzeichnis

Anlagen

Interviewleitfaden Bayern

Vorbemerkungen:
Um die Aufzeichnung auf ein Diktiergerät bitten
Kurze Vorstellung des Forschungsvorhabens:

- Wie gehen Lehrerinnen und Lehrer mit der staatlichen Verordnung der Bildungsstandards um?
- Die Arbeit beschäftigt sich mit der Lehrersicht und hat das Ziel den Rezeptionsprozess zu beschreiben.

Einstiegsfrage

1. Frage	Was assoziieren Sie mit dem Begriff „Bildungsstandards"?
Ersatzfrage	-
Intention	Diese Frage fungiert als Eisbrecherfrage. Zudem werden durch sie Vorwissen und Einstellungen zum Thema erfragt

Thema: Bildungsstandards

Bildungsstandards allgemein

1. Frage	Welche Ziele verfolgt die Politik mit der Einführung von Bildungsstandards?
Ersatzfrage	-
Intention	Mit dieser Frage wird das Vorwissen über Bildungsstandards erfragt.

2. Frage	Wie sollten Bildungsstandards aussehen, damit sie für Ihren Unterricht hilfreich sind?
Ersatzfrage	-
Intention	Diese Frage erlaubt, Rückschlüsse auf das konzeptionelle Verständnis der Lehrkräfte von Bildungsstandards zu ziehen. Zudem können Wünsche geäußert werden wie Bildungsstandards aussehen sollten.

3. Frage	Wenn ich mir Ihren Unterricht anschauen würde, woran würde ich erkennen, dass Sie kompetenzorientiert (nach Bildungsstandards) unterrichten?
Ersatzfrage	-
Intention	Diese Frage soll implizit die Vorstellung der Lehrkräfte von einem kompetenzorientierten Unterricht abfragen.

Mehrebenensystem

1. Frage	Wie haben Sie von den Bildungsstandards für den Primarbereich erfahren?
Ersatzfrage	Hat Ihr Rektor/Ihre Rektorin dabei eine Rolle gespielt?
Intention	Diese Fragen betreffen den Austausch der Ebene Schulleitung – individueller Lehrer und lassen Rückschlüsse auf den Leitungsstil des Rektors/der Rektorin zu.

Veränderungen aufgrund von BS im Unterricht

1. Frage	Wie verbindlich sind die Bildungsstandards für Sie? Warum?
Ersatzfrage	-
Intention	Mit dieser Frage soll erhoben werden, ob Bildungsstandards die gleiche Verbindlichkeit wie der Lehrplan erreicht haben oder ob graduelle Unterschiede hinsichtlich der Verbindlichkeit in der Wahrnehmung von Lehrkräften bestehen.

2. Frage	Haben Sie aufgrund der Einführung der Bildungsstandards irgendetwas an Ihrem Unterricht geändert?
Ersatzfrage	-
Intention	Hiermit wird nach dem expliziten Handlungswissen der Lehrkräfte gefragt.

Sekundärmaterial

1. Frage	Haben Sie Bildungsstandards, VERA und Beispielaufgaben zu den BS schon einmal bei der Unterrichtsplanung verwendet? Warum?
Ersatzfrage	-
Intention	VERA soll die Nutzung des Internets für Unterrichtsentwicklung erhöhen. In dieser Frage wird abgeprüft, ob die Lehrkräfte Beispielaufgaben von der IQB-Homepage verwenden. Neben den Aufgabenbeispielen im Internet wird weiteres Aufgabenmaterial zu den Bildungsstandards zur Verfügung gestellt. Es soll ebenso geprüft werden, ob dieses auf Unterrichtsebene verwendet wird.

2. Frage	Kam es aufgrund der Bildungsstandards zu Veränderungen in der Schule? Wurden neue Schulbücher, Unterrichtsmaterialien, Bücher zu BS oder VERA angeschafft?
Ersatzfrage	-
Intention	Sekundärmaterialien spielen für Unterrichtsentwicklung eine wichtige Rolle. Deshalb wird nach Veränderungen im Bereich des Sekundärmaterials und hier insbesondere nach neuen Schulbüchern gefragt.

3. Frage	Wurde spezielles Sekundärmaterial für die Bildungsstandards/VERA angeschafft? (Lehrerbibliothek?)
Ersatzfrage	-
Intention	Diese Frage klärt, ob Lehrkräfte Zugang zu Sekundärmaterial bezüglich Bildungsstandards/VERA haben. Zudem wird damit erfasst, inwieweit sich Schulen mit curricularen Innovationen auf der Ebene der Unterrichtsmaterialien auseinandersetzen.

Lehrplan

1. Frage	Welche Rolle spielt der Lehrplan bei der Unterrichtsplanung?
Ersatzfrage	Ist der Lehrplan bei der Unterrichtsplanung hilfreich?
Intention	Mit diesen Fragen soll die Einstellung der befragten Lehrkraft zum Lehrplan erhoben werden.

Thema: Vergleichsarbeiten (VERA)

Vor VERA

1. Frage	VERA – Die Vergleichsarbeiten waren für Sie in der 3. Klasse relevant. Welche Unterschiede sehen Sie zwischen VERA und den davor gestellten Orientierungsarbeiten (Deutsch/Mathematik)?
Ersatzfrage	-
Intention	Mit dieser Frage kann erhoben werden, wie intensiv sich eine Lehrkraft mit zentral verordneten Tests beschäftigt. Je nachdem wie stark sie beide Testdesigns differenzieren kann, desto höher erscheint die Beschäftigung mit diesen Tests.

2. Frage	Haben Sie im Vorfeld von VERA neue Inhalte geübt, eine andere Reihenfolge der Inhalte gewählt oder andere Schwerpunkte gesetzt?
Ersatzfragen	Haben Sie andere Methoden benutzt? Haben Sie die Aufgabenstellungen geübt? Welche Unterschiede zu Ihren eigenen Aufgabenstellungen gibt es? Mehr Stunden des Förderunterrichts für Deutsch/Mathematik? Besondere Inhalte (z.B. Testaufgaben aus dem letzten Jahr)? Irgendwelche spezielle Vorbereitungsmaßnahmen, um die Schüler fit für VERA zu machen? (Vergleichsarbeiten aus den letzten Jahren?)
Intention	Der Fragenkomplex beschäftigt sich mit der Phase vor den Vergleichsarbeiten. Es wird nach Veränderungen auf verschiedenen Unterrichtsebenen (Inhalte, Methoden, Aufgaben) gefragt, sowie grundsätzlich ein mögliches Teaching-to-the-test besprochen. In diesem Zusammenhang wird besonders viel Wert auf qualitative Differenzen in den Veränderungen gelegt.

Durchführung

1. Frage	Können Sie mir den Ablauf von VERA beschreiben? (Probleme)
Ersatzfrage	-
Intention	Diese Frage soll die Lehrkräfte anregen, über die Durchführung von VERA zu berichten. Dabei können Lehrkräfte eigene Schwerpunkte setzen, wodurch erhoben werden kann, welche Aspekte der Vergleichsarbeiten von Lehrkräften am stärksten wahrgenommen werden.

2. Frage	Wie empfinden Sie VERA? (hilfreich, Zusatzbelastung)
Ersatzfrage	-
Intention	Es soll erhoben werden, ob die Durchführung von VERA positiven oder negativen Druck auf die Lehrer ausübt. Zudem wird mit dieser Frage die Akzeptanz erfragt.

3. Frage	Wie schätzen Sie den Schwierigkeitsgrad der Aufgaben ein (Deutsch/ Mathematik getrennt)?
Ersatzfrage	Fanden Sie die Aufgaben des Tests für die Schüler anspruchsvoll genug?
Intention	Die Lehrkräfte sollen eine Einschätzung des Schwierigkeitsgrades vornehmen, was Vergleiche zu den von den Lehrkräften selbst gestellten Aufgaben in Klassenarbeiten initiieren soll. (Innovationsfunktion, Steuerungsfunktion, Rückmeldefunktion)

Ergebnisse

1. Frage	Wovon hängt es bei VERA ab, ob die Schüler gut oder schlecht abschneiden?
Ersatzfrage	-
Intention	Welche Ansicht von Leistungsattribuierung in Bezug auf die Vergleichsarbeiten haben Lehrkräfte? Attribuieren sie Leistungen ausschließlich extern auf die Begabungen der Schüler oder beziehen sie Leistungen auch auf ihren erteilten Unterricht?

2. Frage	Wie oder von wem bekommen Sie die Ergebnisse und was machen Sie dann damit? (Deutsch/Mathe getrennt)
Ersatzfrage	Fließen die Arbeiten in irgendeiner Form in die Zeugnisnote ein?
Intention	Inwieweit werden die Arbeiten selektionsdiagnostisch instrumentalisiert?

3. Frage	Sind die Ergebnisse von VERA oder die Bildungsstandards in irgendeiner Form Teil von Elterngesprächen?
Ersatzfrage	-
Intention	Mit dieser Frage sollen besonders die Legitimationsfunktion, die Entlastungsfunktion (gegenüber Eltern) und die Orientierungsfunktion (in diesem Fall für die Eltern) der Bildungsstandards überprüft werden.

4. Frage	Decken sich die Ergebnisse bei VERA mit den Resultaten einer Klassenarbeit? Warum?
Ersatzfrage	-
Intention	Hiermit soll die förderdiagnostische Kompetenz von Lehrkräften erfragt werden. Lehrkräfte sollen ihre Selbsteinschätzung mit der Fremdeinschätzung vergleichen und gegebenenfalls Erklärungsmuster für Differenzen darlegen.

Rückmeldung

1. Frage	Werden die Rückmeldungen/Ergebnisse in den Konferenzen (welchen?) thematisiert?
Ersatzfrage	Ableitung von Fördermaßnahmen? (Konkrete Beispiele nennen lassen!)
Intention	Mit diesen Fragen wird die Zusammenarbeit im Kollegium erhoben. Zudem werden dadurch Planungsroutinen innerhalb des Kollegiums/Jahrgangsstufenteams deutlich. Außerdem soll geklärt werden, ob sich die Zusammenarbeit im Kollegium durch die Einführung von VERA verändert hat. (Steuerungsfunktion, Innovationsfunktion, Orientierungsfunktion)

2. Frage	Warum verändern Sie etwas an ihrem Unterricht aufgrund der Rückmeldungen?
Ersatzfrage	-
Intention	Die Intention liegt darin, die Gründe für vorgenommene Veränderung zu erfragen. Nach Böttger-Beer & Koch (2008) sind Veränderungen aufgrund von Einsicht, von der Furcht vor Konsequenzen und aus Gründen des Wettbewerbs möglich. Mit dieser Frage soll eine Einschätzung der befragten Personen hinsichtlich ihrer pädagogischer Grundorientierung möglich werden.

Thema: Rekontextualisierungsprozesse

1. Frage	Welche Rolle spielen Ihr Rektor und das Schulamt bei den VERA-Rückmeldungen
Ersatzfrage	-
Intention	Diese Frage erhebt in welcher strukturellen Umgebung Lehrer Testfeedback rezipieren.

2. Frage	Gibt es Unterstützungssysteme? Welche Rolle spielt die Schulaufsicht? SCHILF (Schulinterne Fortbildung: zu welchen Themen fanden die letzten statt)?
Ersatzfrage	-
Intention	Gibt es Unterstützungssysteme schulintern oder von der Schulaufsicht, um erfolgreich mit dem Testfeedback zu arbeiten.

3. Frage	Gibt es Anreizsysteme, die ein gutes Abschneiden provozieren?
Ersatzfrage	-
Intention	In dieser Frage geht es darum, ob externe oder schulinterne Anreize geschaffen wurden, um gute Ergebnisse bei den zentralen Leistungsvergleichen zu erzielen.

4. Frage	Wo haben Sie gelernt kompetenzorientiert zu unterrichten; VERA durchzuführen und auszuwerten?
Ersatzfrage	-
Intention	Mit dieser Frage soll erfasst werden, inwieweit Professionalisierungsstrategien bei Lehrkräften ausgebildet wurde, um mit Testfeedback umzugehen.

Thema: Leistungsmessungsverhalten

1. Frage	Wie erstellen Sie bei einer eigenen Klassenarbeit den Bewertungsschlüssel? (Innen- oder Außenorientierung)
Ersatzfrage	-
Intention	Durch die Frage nach der Erstellung des Bewertungsschlüssels können ergänzende Hinweise zur pädagogischen Grundorientierung der Lehrkraft gewonnen werden. Zudem wird überprüft, ob die Lehrkraft kriteriale Bezugsnormen – wie sie bei zentralen Vergleichstests angesetzt werden – akzeptiert oder gar selbst verwendet/befürwortet.

2. Frage	Wenn Sie selbst eine Klassenarbeit erstellen: Wie sieht das Verhältnis von offenen zu geschlossenen Aufgaben aus? Warum?
Ersatzfrage	-
Intention	In dieser Frage wird die je fachspezifische Einstellung der befragten Lehrkräfte erhoben. Außerdem sollen sie in dieser Frage eine Selbsteinschätzung zu den verwendeten Aufgabentypen vornehmen.

Thema: Abschlussstatements

1. Frage	Inwieweit haben Sie die PISA-Debatte verfolgt?
Ersatzfrage	-
Intention	Grundsätzliches Interesse und Einstellung zu zentralen Vergleichsstudien; allgemeines Verständnis von Vergleichen; Vorwissen über Testdesigns

2. Frage	Was ist für Sie ein guter Unterricht?
Ersatzfrage	Was haben Bildungsstandards, VERA oder der Lehrplan damit zu tun?
Intention	Erfragen der pädagogischen Grundorientierung der Lehrkräfte; konzeptionelles Verständnis eines guten Unterrichts

ABSCHLUSSSTATEMENT ZU BILDUNGSSTANDARDS; VERA UND LEHRPLAN

Vielen Dank für das Interview! Haben Sie noch Fragen oder ergänzende Aussagen?

Interviewleitfaden Finnland

Preliminary Statements:
Ask for the recording with a voice recorder
Short information about the research project: It is about how teachers handle national education guidelines. The dissertation shows school education from the perspective of teachers. Finland is used as a contrast and row model for Germany.
Now I start the recording, if you wish it can temporarily be stopped.

Topic: national core curriculum (Opetussuunnitelman perusteet)

1. Frage	How important is the national core curriculum for your teaching? Does it affect the lesson in any way?
Ersatzfrage	-
Intention	Zu Beginn des Interviews fungiert diese Frage als Eisbrecherfrage. Zudem können dadurch Vorwissen und Interessensschwerpunkte abgefragt werden.

2. Frage	What do you think are the advantages and disadvantages for every school/or teacher if they have to stick to national learning objectives?
Ersatzfrage	-
Intention	Durch diese Fragen soll die grundsätzliche Einstellung der Lehrkraft zu Standards erhoben werden. Zudem bietet die Frage die Möglichkeit, spezifisch finnische Vor- und Nachteile der Standards für die Lehrkräfte zu erfahren.

3. Frage	Are there revisions of the national core curriculum? How often?
Ersatzfrage	Do you have ideas how the core curriculum can be improved? Do you have a possibility of expressing your ideas? When there is a new national core curriculum. How is it implemented by the state? How is the local curriculum implemented?
Intention	Es soll geklärt werden, wie zufrieden die Lehrkräfte mit den Standards sind und welche Wünsche sie an die in Finnland regelmäßig stattfindende Revision der Standards haben. Zudem soll die Zusammenarbeit mit dem Ministerium und Opetushallitus (Zentralamt für Unterrichtswesen) eine Rolle spielen. Welche Möglichkeiten der Mitarbeit auf nationaler Ebene haben finnische Lehrkräfte?

Topic: Local curriculum

1. Frage	How is the local curriculum made?
Ersatzfrage	Have you already been part of the group who is generating the local curriculum? What was your input? Which groups e.g. parents, teachers, pupils, politicians have influence on the local curriculum?
Intention	Diese Frage soll den Weg der national erlassenen Standards auf Ebene der Kommune/der einzelnen Schule nachzeichnen. Besonderer Schwerpunkt liegt auf der Mitarbeit einzelner Interessensgruppen, insbesondere die der Lehrer. Dadurch soll die Intensität der Mitbestimmungsmöglichkeit der Lehrkräfte geklärt werden, um dadurch evtl. Zusammenhänge zwischen Mitarbeit am und Akzeptanz des Curriculums herstellen zu können.

Topic: Preparation of lessons

1. Frage	I am interested how you prepare your lessons and especially if you look to the local or national standards.
Ersatzfrage	Which utilities do you use? Do you have one schoolbook for the whole community or can every school choose its own book? Do you prepare lessons as a team or every teacher every time by him- or herself? Do you talk about learning objectives and preparation of lessons? How compulsory are the local objectives for you?
Intention	Diese Frage wendet sich nun den unterrichtlichen Aspekten von Standards zu. Hier soll geklärt werden, welche Rolle Standards für die Unterrichtsplanung spielen und wie sie auf Unterrichtsebene von den Lehrkräften rezipiert werden. Dabei soll auch nach Sekundärmaterial und dessen Art gefragt werden, um evtl. sekundäre Lehrplanbindungen und deren Intensität zu erfahren. Da die Bildungsstandards in Deutschland eine starke Ausrichtung auf das einzelne Lehrerkollegium haben, soll zudem erfragt werden, welche Rolle das Lehrerkollegium in Finnland für die Planung einer Unterrichtsstunde im Zusammenhang mit Standards spielt.

Topic: Evaluation

1. Frage	Schools have the obligation of informing regularly the Opetushallitus about the school achievement of the pupils. How does it run?
Ersatzfragen	How do you find out which level your pupils have to give the information to the Opetushallitus? Are there regulations for the act of informing the Opetushallitus? Is there a feedback from the Opetushallitus? How does it look like and what are you doing with it in school? Are there any changes?
Intention	Finnische Schulen müssen regelmäßig das Opetushallitus über die Leistungen an der Schule informieren. In dieser Frage soll geklärt werden wie dies abläuft und auf welcher Grundlage die Informationen erstellt werden. Zudem soll die Einstellung zu dieser Maßnahme überprüft werden. Außerdem ist von Interesse, ob es spezielle Vorgaben für die Informationen gibt und ob die Lehrkräfte/die Schule eine Rückmeldung zu den Daten erhalten/erhält. Des Weiteren soll überprüft werden, welches Wissen die Lehrkräfte über die Verwendung dieser Daten haben.

2. Frage	Does the state also in other ways control if you stick to the standards?
Ersatzfrage	How do the local authorities control that you stick to the standards?
Intention	Die Überprüfung der Standards spielt in Deutschland eine große Rolle. Diese Frage soll klären, wie in Finnland die Einhaltung der Standards gewährleistet wird und ob überhaupt Kontrollmechanismen von den Lehrkräften als solche wahrgenommen werden. Wenn ja: direkt, indirekt...

3. Frage	Where do you get the exams for the evaluations? How does such an evaluation work?
Ersatzfragen	What about the results? Do you discuss them with your colleagues? Are there consequences for the school? If you and your colleagues discover that you have big problems with reaching the national learning objectives. Where do you get help? How often do you evaluate your school?
Intention	Diese Frage bezieht sich auf die Evaluationskultur der einzelnen Schule. Hier soll das Procedere geklärt und vor allem die Konsequenzen auf Ebene der einzelnen Schule erhoben werden. Schwerpunkte werden dabei auf die Zusammenarbeit im Kollegium, im Umgang mit den Testergebnissen, konkreten Veränderungen an der Schule und die Möglichkeit außerschulische Hilfestellungen zu erhalten gesetzt.

4. Frage	Do you already have participated in a national evaluation of the school system?
Ersatzfragen	Are the tests for every class individual or are they standardized? What happened with the results? Did you get to know them? Do you think evaluation leads to competition between schools?
Intention	Diese Frage wendet sich den nationalen Vergleichstests (Systemmonitoring) zu. Nachdem die persönliche Teilnahme abgefragt wurde, interessiert hier v.a. der Bereich der Möglichkeit zur individuellen Ausgestaltung national vorgegebener Vergleichsarbeiten. Zudem soll auch hier wieder ein Schwerpunkt auf die Konsequenzen – negativ in Hinsicht auf evtl. entstehende Konkurrenz und positiv in Hinsicht auf positive Schulentwicklung – gelegt werden.

Topic: PISA

1. Frage	Finland won the PISA-„contest". Since then, do you have another view on the Finnish school system especially on the national standards which are said to be one reason for the success?
Ersatzfragen	How does a "good lesson" look like? Do you need standards for it?
Intention	Die PISA-Diskussion hat in Deutschland zeitlich eine erziehungswissenschaftliche Trendwende markiert. Diese Frage möchte klären, inwieweit finnische Lehrkräfte die Ergebnisse der PISA-Studie wahrgenommen und rezipiert haben. Des Weiteren wird nach der Vorstellung von einem guten Unterricht gefragt.

THANK YOU FOR THE CHAT! DO YOU WANT TO ADD SOMETHING?

Kodierleitfaden für

- Rezeption und Nutzung von Bildungsstandards (A)
- Rezeption und Nutzung von Vergleichsarbeiten (B)
- Einfluss von unterschiedlichen Reformelementen auf die professionelle Reflexion von Lehrkräften (D)

1. Bildungsstandards (BS)
In diesen Themenbereich werden alle Kategorien eingeordnet, die Aussagen zum Thema Bildungsstandards beinhalten.

1.1. Implementation

Alle Aussagen, die in Zusammenhang mit der von Lehrkräften wahrgenommenen Implementation der Bildungsstandards stehen, werden in dieser Kategorie zusammengefasst.

1.1.1 Sekundäre Implementation
Die Idee der BS wird durch Unterrichtsentwicklungsprogramme, z.B. SINUS, an den Schulen implementiert, was allerdings für die Interviewpartner (IP) teilweise unbewusst als Implementation der Bildungsstandards geschehen ist. Außerdem wurde die Idee der BS durch andere, nicht direkte Implementationsmaßnahmen zu den BS in die Schulen eingebracht.
1.1.1.1 Vorwissen/Expertise
Vorwissen oder Expertise (z.B. Mitarbeit in einem Schulbuchverlag) machte IP mit Bildungsstandards vertraut.

> […] eigentlich gerade im Deutschbereich, weil wir ein Lesebuch geschrieben haben oder überarbeitet haben und da eben die Bildungsstandards jetzt immer unten auf den Seiten mit draufstehen müssen oder sollen. (D15, 25)

1.1.1.2 VERA
VERA machte Lehrer auf Bildungsstandards aufmerksam.

> Interviewer: Wie haben sie von den Bildungsstandards erfahren, dass es sowas für die Grundschule gibt?
> D7: Also ich habe es von den Nachrichten erfahren, so von den Kultusministern, die da eben mal interviewt wurden. Und wir haben das natürlich auch stark durch die VERA-Arbeiten gemerkt, durch diese Tests. (D7, 24-25)

1.1.1.3 Unterrichtsentwicklungsprogramme

Idee der Bildungsstandards wird durch Unterrichtsentwicklungsprogramme, z.B. SINUS vermittelt.

> Und in Mathe ist es so, dass wir wenn dann eigentlich dadurch, dass die Schule SINUS-Schule ist, dass wir dann in anderen Büchern schauen, wenn das unser Lehrwerk nicht abdeckt, wo sind so Aufgaben, die Richtung SINUS gehen. Wobei SINUS auch ganz stark auf den Bildungsstandards fußt. Insofern machen wir da eigentlich/ Aber sie sehen, man ist sich oft eigentlich gar nicht bewusst, dass mit Sicherheit wir mit viel mehr Dingen wir die Bildungsstandards wahrscheinlich beachten, aber wir machen uns das nicht bewusst, sondern wir arbeiten halt und die anspruchsvollen Aufgaben beinhalten die ja letztlich in vielen Formen. (D3, 44)

1.1.1.4 Lehreraus- und -fortbildung

Im Rahmen der Lehramtsausbildung oder in Fortbildungsmaßnahmen (nicht direkt zu den BS) werden die BS implementiert.

> Interviewer: Wenn sie jetzt das Wort Bildungsstandards hören, was kommt ihnen in den Kopf? Woran denken sie?
>
> D1: Sofort an die Bildungsstandards Deutsch und Mathe. Gut ich bin jetzt auch noch im zweiten Referendariatsjahr, jetzt in den letzten Wochen. Von daher habe ich jetzt auch in der Ausbildung, ja viel darüber gemacht, viel darüber auch diskutiert, gesprochen, alles mal so angeschaut wie das so ausschaut. (D1, 2-3)

1.1.2 Explizites Wissen der Lehrkräfte zur Umsetzung der BS

In diese Kategorien werden alle Aussagen zusammengefasst, die das explizite Wissen der IP zur Beeinflussung ihres Unterrichts durch BS wiedergeben.

1.1.2.1 Keine Umsetzung der BS

In diesen Kategorien befinden sich alle Aussagen, in denen Lehrer angeben, dass sie der Meinung sind, dass sich ihr Unterricht nicht durch die Einführung von Bildungsstandards verändert hat. Nicht entscheidend ist hierbei, ob sich der Unterricht tatsächlich verändert hat, sondern nur, inwieweit die IP eine Veränderung des eigenen Unterrichts wahrgenommen haben.

> Also ich weiß, sie haben recht, aber das spielt keine Rolle, ich habe keine Möglichkeit. Ich sehe ich muss damit leben, aufgrund was wir jeden Tag leisten, hier noch mehr reinzupowern und das was möglich wäre und was auch umgesetzt werden müsste, da fehlen uns einfach die Ressourcen. (D5, 36)

1.1.2.2 Umsetzung der BS

Diese Kategorie sammelt alle Aussagen, in denen die IP angeben, dass sich ihr Unterricht durch die BS verändert hat. Nicht entscheidend ist hierbei, ob sich der Unterricht tatsächlich verändert hat, sondern nur, inwieweit dies in der Wahrnehmung der IP geschehen ist.

> Interviewer: Haben Sie aufgrund der Bildungsstandards irgendetwas am Unterricht verändert? Also die wurden ja 2004 und dann ab Schuljahr 05/06 wurden die eingeführt. Würden sie sagen: Ich hab da was verändert an meinem Unterricht?
> D18: ... Also ich mein naja, wenn Bildungsstandards auftauchen, die in der Form vorher nicht da waren. Also gerade in Mathe diese Geschichte da mit den Häufigkeiten, das war ja früher eigentlich kein Thema. (D18, 18-19)

1.2 Konzeption

In diese Kategorie werden alle Aussagen zusammengefasst, in denen sich die IP zur Konzeption der BS äußern.

1.2.1 Bestehende Konzeption

In diese Kategorie fallen alle Aussagen, in denen sich die IP wertend zur bestehenden Konzeption der BS äußern.

1.2.1.1 Positive Äußerungen

In diese Kategorie werden alle Aussagen eingeordnet, in denen sich die IP positiv zur bestehenden Konzeption der BS äußern.

> Ich finde die Bildungsstandards ganz gut, müsste eben noch mehr irgendwie verankert sein und/ Damit das noch mehr umgesetzt wird. (D14, 167)

Bildungsgerechtigkeit: Äußerungen, in denen die IP die durch BS angestrebte Erhöhung der Bildungsgerechtigkeit positiv sehen.

> Und ich denke, dass das jetzt auch ein Weg ist das Ganze jetzt zu vereinheitlichen, um den Kindern auch Schulwechsel zu erleichtern oder die Zulassung zu Universitäten zum Beispiel gleichwertiger zu machen. (D7, 5)

1.2.1.2 Negative Äußerungen

In die Subkategorie "negative Äußerungen" werden alle Aussagen eingeordnet, in denen sich die IP kritisch zur bestehenden Konzeption der BS äußern.

Keine Fortbildungsmaßnahmen im Zuge der Implementation: In den Äußerungen, die hier eingeordnet werden, wird kritisiert, dass keine Fortbildungen begleitend zur Implementation der BS stattgefunden haben; also Aussagen, die anzeigen, dass die Lehrkräfte in ihrer Wahrnehmung keine ausreichende Hilfestellung für die Umsetzbarkeit in die Praxis haben.

> [...] da wird fortgebildet zu jedem Fach zu jedem Teilbereich des Fachs fast. Und als das eingeführt wurde/ Also wie gesagt ich habe noch nicht einmal mitbekommen, ab wann das jetzt fest eingeführt wurde. Die Diskussion läuft schon ewig und mir war nicht klar, irgendwann, ach jetzt gibt es wirklich/ (D10, 73)

Keine Einbindung in Lehrwerke und Lehrplan: In diese Kategorie fallen Äußerungen, in denen sich die IP negativ zur schlechten Umsetzung in LP und Lehrwerken äußern.

> Und weder in den Büchern noch im Lehrplan ist eigentlich wirklich explizit sofort zu erkennen, Bildungsstandards: das ist in der und der Weise eingearbeitet. (D3, 10)

Externe Vorgabe: In diese Kategorie fallen Aussagen, deren Kritik an den Bildungsstandards sich darauf bezieht, dass sie eine externe Vorgabe darstellen, die von den Lehrkräften erfüllt werden muss.

> [...] ist es erst mal eine Vorgabe von oben. (D15, 3)

Keine unterrichtspraktische Relevanz: Lehrkräfte geben an, dass die BS ohne Blick auf den Unterricht entwickelt wurden und für die Unterrichtspraxis nicht tauglich sind.

> Interviewer: Wenn Sie das Wort Bildungsstandards hören, was verbinden sie damit?
> D20: Erst mal viel Theorie und nicht das praktische Leben. Bildungsstandard ist für mich ein recht weiter Begriff. (D20, 2-3)

1.2.2 Idealtypische Vorstellung

In diese Subkategorie werden alle Aussagen der Kategorie „Konzeption" subsumiert, die Aufschluss über die idealtypische Vorstellung der IP von der Konzeption der Bildungsstandards geben.

1.2.2.1 Verdichtung/Präzisierung

Diese Aussagen zeigen, dass die Lehrkräfte eine Verdichtung des Theorieteils zu den Bildungsstandards wünschen, was sich in kürzeren Beschreibungen äußern soll.

> Kurz, prägnant, übersichtlich und nicht ewige Seiten. Wo man dann auch einfach zeitlich nicht durchkommt. (D19, 9)

1.2.2.2 Unterrichtsbeispiele

Aussagen, in denen erkennbar ist, dass sich die Lehrkräfte Praxisbeispiele zu den einzelnen Bildungsstandards wünschen.

> Noch mehr Praxisbeispiele, mehr Anregungen noch, wie man das dann wirklich umsetzen kann. Das muss man sich ja immer noch selbst raussuchen, weshalb sich auch manche davor scheuen, die Bildungsstandards einzusetzen. Man bräuchte genauere Anweisungen noch. Genauere, ja greifbare/ (D5, 11)

1.2.2.3 Abstimmung mit Lehrplan und Lehrwerken

Nach der idealtypischen Vorstellung dieser IP sollten die BS in den LP und in die Lehrwerke integriert werden.

> Also ich fände es wünschenswert, dass es überhaupt nicht diese parallelen Stränge gibt in der Form, dass wir einerseits als Lehrer verpflichtet sind nach unseren Lehrplänen zu unterrichten und auf der anderen Seite parallel dazu, diese Verbindlichkeit besteht, dass wir auch noch die Bildungsstandards einhalten sollen. Also das finde ich eigentlich eine sehr unglückliche Kombination. Ich würde mir wünschen, dass wenn ich nach Bildungsstandards unterrichte, dass das bereits in meinen Lehrplan integriert ist, dass ich

auch Lehrbücher habe, die das auch wirklich im verstärkten Maße berücksichtigen. (D16, 9)

1.3 Unterricht (BS)

Diese Kategorie beinhaltet die Subkategorien, die Aussagen enthalten, wie die Bildungsstandards die Unterrichtsarbeit beeinflussen.

1.3.1 Verständnis eines kompetenzorientierten Unterrichts

In dieser Kategorie werden alle Antworten auf die Frage: „Wenn ich mir Ihren Unterricht anschauen würde, woran könnte ich erkennen, dass Sie kompetenzorientiert unterrichten?", zusammengefasst.

> Einmal würde man es daran erkennen und auch am problemlösenden Denken, was ja auch so mit so Hauptschwerpunkt sowohl in Deutsch als auch in Mathematik ist, erreiche ich viel durch offene Aufgabenstellungen, Knobelaufgaben. Dass einfach die Kinder zum Nachdenken angeregt werden, dass sie auch selbst Strategien erarbeiten, wie kann ich da ran gehen. (D1, 12)

1.3.2 Sekundärmaterial

Aussagen zur Einflussnahme von Sekundärmaterial auf den Unterricht, das zu den Bildungsstandards entwickelt wurde.

1.3.2.1 Material von staatlicher Stelle

Inwieweit hat Sekundärmaterial von staatlicher Stelle zu den BS (z.B. IQB, ISB, Anmerkungen im grünen Heft der BS) Einfluss auf die Unterrichtsarbeit? Dabei wird auch das Lehrwerk berücksichtigt, da es von staatlicher Seite zugelassen werden muss.

> **VERA/Material zu VERA:** Beispielaufgaben zu VERA werden von den Lehrkräften zur Unterrichtsgestaltung genutzt.

> > Interviewer: Haben Sie sich jetzt aufgrund von VERA und Bildungsstandards/ Da gibt's jetzt ja ganz viele Materialien zu kaufen, so Bildungsstandards konkret oder in der Praxis. Haben Sie sich da privat was gekauft oder für die Lehrerbibliothek angeschafft?
> > D8: Zum Teil wurde was angeschafft, zum Teil habe ich das selbst gekauft. In dem Sinn, dass ich jetzt Übungsaufgaben gekauft habe, das habe ich nicht gemacht, weil ich auf die Aufgaben in den letzten Jahren zurückgreifen kann. (D8, 40-41)

> **Beispielaufgaben zu BS:** In diesen Aussagen wird deutlich, dass den IP die Beispielaufgaben zu den Bildungsstandards bekannt sind. Allein schon die Kenntnis ist eine nicht selbstverständliche Tatsache, weshalb es für die Zuordnung in diese Kategorie nicht relevant ist, ob die Beispielaufgaben tatsächlich für die unterrichtliche Tätigkeit genutzt werden.

> > Ja, also aus den fertigen Heften und dann sind ja auch in diesen kleinen/ Wir haben ja auch diese kleinen grünen Hefte, wo die Bildungsstandards zusammengefasst sind, da sind ja auch Beispielaufgaben drin, da haben wir teilweise

dann auch selbst dann abgetippt und als Blatt gestaltet, weil die eigentlich ganz gut sind die Beispiele. (D15, 35)

> *Lehrwerke:* In dieser Kategorie werden Aussagen über den vorhandenen oder nicht vorhandenen Einfluss von BS auf die Anschaffung neuer Lehrwerke gesammelt.
>
> Genau. Und es war jetzt angedacht in zum Beispiel im Bereich von Deutsch wollten wir jetzt eigentlich ein neues Sprachbuch uns zulegen, aber da ist es eben so, dass es jetzt heißt, dass in spätestens drei vier Jahren wird ja der Lehrplan Grundschule wieder überarbeitet. Dann werden dann mit Sicherheit nochmal Werke kommen, deswegen stellen wir das jetzt zurück bis die Lehrplanüberarbeitung abgeschlossen ist. (D3, 19)

1.3.2.2 Verlagsmaterial

Sekundärmaterial, das von Verlagen erstellt wurde und frei verkäuflich ist.

Aufgabensammlungen zu BS: Lehrkräfte geben in den Aussagen dieser Kategorie an, dass sie Sekundärmaterial (ausschließlich Aufgabenbeispiele) einsetzen.

> Interviewer: Also das sind ausschließlich Aufgaben?
>
> D11: Ausschließlich Aufgaben. Keine Beschreibung, keine Kompetenzen oder so, sondern wirklich so eine Beispielsammlung.
>
> Interviewer: Und steht dann immer dabei, auf welchen der Bildungsstandards sich das dann bezieht?
>
> D11: Nein. Aber diese Beispiele nehme ich auch. Die helfen mir was und wenn ich eine theoretische Abhandlung über irgendeinen Standard lese, weiß ich nicht, ob ich da jetzt tatsächlich eine Aufgabe daraus machen könnte, die dem eins zu eins entspricht. (D11, 13-16)

Kein Material vorhanden: Lehrkraft hat sich persönlich kein Material angeschafft.

> Ich habe jetzt so gegrinst, weil ich gar nicht einsehe Geld auszugeben für private Lektüre, wenn ich ehrlich bin. (D4, 40)

Material vorhanden – keine Nutzung: In den Aussagen dieser Kategorie wird deutlich, dass Lehrkräften zusätzliches Material von Verlagen zur Verfügung steht, aber von diesen nicht genutzt wird.

> *Lehrerhandbuch:* In den Aussagen dieser Kategorie wird angegeben, dass das Material nicht genutzt wird, weil die Lehrerhandbücher und die Lehrwerke als ausreichend erachtet werden.
>
> Ich sage offen nein. Also wir haben jetzt wie gesagt die Grundlagen bekommen von Mathe und Deutsch, aber es ist einfach so: Man hat sowieso viel selbst gekauft. Mittlerweile muss ich sagen fahre ich das etwas runter das Private. Weil erstens ist hier viel und wenn man ein gutes Lehrerhandbuch hat, ist man mehrheitlich eigentlich damit beschäftigt, weil es muss sich ja auch irgendwie auf die Materialien beziehen, die wir hier haben. (D3, 39)
>
> *Zeit:* Zusatzmaterialien werden mit der Begründung „Zeitknappheit" nicht verwendet.

Also schon in der Schule, immer wieder von den Rektoren oder auch durch Bücher. Gibt ja jetzt auch oft solche Arbeitshefte, die nennen sich dann auch Lernstandserhebungen und da sieht man schon: Aha, das ist schon ein wenig anders als das, was in den Schulbüchern vorkommt und dann nehmen wir da schon Übungen raus, aber im Grunde reicht die Zeit immer nicht, dass wir damit arbeiten, daraufhin arbeitet. (D12, 15)

2. Vergleichsarbeiten

In diesen Themenbereich fallen alle Kategorien, die sich mit dem Rezeptions- und Nutzungsverhalten der IP gegenüber Vergleichsarbeiten befassen.

2.1 Konzeptionelles Verständnis

In diese Kategorie werden die Aussagen der IP zusammengefasst, die sich auf das konzeptionelle Verständnis von VERA 3 beziehen. Betreffen kann dies Aussagen zu Zielen, Motiven und Nutzen der Vergleichsarbeiten.

2.1.1 Organisatorische Rahmenbedingungen

Die Vergleichsarbeiten werden v.a. hinsichtlich ihrer organisatorischen Rahmenbedingungen wahrgenommen.

Interviewer: Ist VERA anders als die Orientierungsarbeiten davor in der dritten Klasse?

D17: Nein, es ist die Art der Aufgabenstellung ist vergleichbar wie vorher bei den Orientierungsarbeiten, auch die Bepunktung ist gleich. Nur, dass halt jetzt VERA bundesweit läuft und die Orientierungsarbeiten nur bayernweit. (D17, 50-51)

2.1.2 Gestiegenes Niveau im Vergleich zu Orientierungsarbeiten

Alle Aussagen, in denen mit VERA, ein im Vergleich zu den Orientierungsarbeiten, gestiegenes Leistungsniveau verbunden wird.

Interviewer: Stellen sie da Unterschiede fest oder würden sie sagen: Gleicher Test, neuer Name?

D4: Also ich würde sagen, VERA-Arbeiten sind/

D3: anspruchsvoller.

D4: anspruchsvoller. Gerade in Mathematik. Die sind viel schwieriger als die Orientierungsarbeiten. (D4 und D3, 88-91)

2.1.3 Kein Unterschied zu Orientierungsarbeiten

IP haben keinen Unterschied zu den davor geschriebenen Orientierungsarbeiten festgestellt.

> Interviewer: In der dritten Klasse gab es VERA. Sie werden sicher noch die Orientie-
> rungsarbeiten kennen, die früher in der dritten Klasse geschrieben wurden und jetzt
> durch VERA ersetzt wurden. Stellen sie da Unterschiede fest oder ist das einfach ein
> neuer Name?
>
> D2: Also ich habe nicht so einen großen Unterschied festgestellt. (D2, 39-40)

2.2 Durchführung

In diese Kategorie fallen alle Aussagen, in denen sich die Lehrkräfte zur organisatorischen Durchführung von VERA äußern. Unberücksichtigt bleibt hier, ob die Lehrkraft
die Durchführung als aufwändig ansieht. In dieser Kategorie werden nur Aussagen ge-
bündelt, die sich mit organisatorischen Aspekten der Durchführung (zeitlicher Ablauf,
Zuschicken der Testhefte ...) beschäftigen.

2.2.1 Unproblematisch

Unter diese Kategorie fallen alle Aussagen, die darauf schließen lassen oder in denen
die IP angeben, dass die organisatorische Durchführung von VERA unproblematisch
ist.

> Also die Durchführung ist so, wie sie geplant ist, in Ordnung. Ich muss mir das einfach
> runterladen und das durchlesen und mich darauf vorbereiten. Das ist für mich kein The-
> ma. (D5, 52)

2.2.2 Problematisch

Aussagen von IP, die von problematischen Aspekten bei der Durchführung von
VERA 3 berichten, fallen unter die Kategorie: Problematisch. Dabei ist nicht die tat-
sächliche Problematik entscheidend, sondern, ob die Durchführung vom individuellen
IP als problematisch wahrgenommen wird. In dieser Kategorie finden sich ausschließ-
lich Aussagen, die von organisatorischen Problemen berichten (Klasse hatte eigentlich
Sport o.ä.).

> Was ja nicht einfach war, weil die eine Klasse eigentlich Sport hatte. Das war schon
> aufwändig. (D2, 59)

2.3 VERA als Element der Elternberatung

In diese Kategorien werden alle Aussagen eingeordnet, aus denen die Relevanz der Ergebnisse von VERA 3 für die Elternberatung erschlossen werden kann.

2.3.1 Elternrückmeldungen

Dieser Kategorie werden alle Aussagen zugeordnet, die sich auf die Rückmeldungen zu VERA beziehen, die an die Eltern weitergegeben werden.

2.3.1.1 Unverständlich

Dieser Kategorie werden alle Aussagen zugeordnet, in denen die Lehrkräfte einschätzen, dass die Rückmeldungen, die an die Eltern gehen, unverständlich sind.

> Und eben so und so viele Punkte konnte man erreichen und so viele Punkte hat ihr Kind erreicht. Das ist immer noch eindeutiger für die Eltern als jetzt diese Begrifflichkeiten: Ihr Kind befindet sich in der Stufe 3 und diesen Text, der dabei steht, den die Eltern erst mal durchdringen müssen. (D4, 129)

2.3.1.2 Individuelle Anmerkungen auf den Rückmeldebogen

Die befragten Lehrkräfte geben an, dass sie Rückmeldebogen mit eigenen Anmerkungen an die Eltern weitergeben, weil sie die Verständlichkeit und Aussagekraft anzweifeln.

> Ich hab mir das zum Glück mitgeschrieben gehabt und habe das auf den Bogen mit drauf geschrieben, aber wenn Eltern nicht wissen, dass mein Kind einfach nicht fertig geworden ist und dadurch sieben, acht Aufgaben fehlen, dann denken sie erst mal: Oh Hilfe. Also daher ist es ja auch nicht objektiv oder vergleichbar. (D20, 69)

2.3.1.3 Bürokratische Übermittlung der Rückmeldungen an Eltern

Rückmeldungen werden in einem bürokratischen Verfahren pflichtgemäß den Eltern ausgehändigt, spielen aber in der Elternberatung keine Rolle.

> Die Kinder haben das mit heim genommen und die Eltern mussten dann unterschreiben, dass sie es bekommen haben. (D2, 151)

2.3.2 Rückmeldungen spielen für Elternberatung keine Rolle

Die Rückmeldungen zu VERA spielen für die Elternberatung keine Rolle.

2.3.2.1 Desinteresse der Lehrkräfte

In diese Kategorie fallen alle Aussagen, die den Rückschluss erlauben, dass die VERA-Rückmeldungen deshalb keine Rolle für Elterngespräche spielen, weil die Lehrkraft dafür kein Interesse hat.

> Interviewer: Die VERA-Aufgaben sind dann auch Grundlage für Elterngespräche?
> D7: Also ich hatte jetzt nicht speziell deswegen Elterngespräche, weil ich hatte nur einen Zettel rausgegeben, wer eben die Testhefte mal anschauen möchte und habe da eben auch drauf geschrieben: Wer im Anschluss ein Gespräch möchte, soll sich nochmal melden, aber das war/ Das haben die Eltern jetzt einfach zur Kenntnis genommen. Ich habe allerdings schon Vorfeld schon verbreitet, weil ich habe viele Meckereltern, dass also an der Aufgabenstellung und an der Art der Auswertung nichts zu meckern ist, weil das von oben vorgegeben ist. (D7, 81-82)

2.3.2.2 Desinteresse der Eltern

Eltern interessieren sich nicht für eine Auswertung der VERA-Rückmeldung ihres Kindes.

> Die Eltern fragen einfach: Zählt das zur Note?, und wenn ich dann sage: Nein, dann ist es eigentlich kein Thema mehr. (D13, 79)

2.3.3 Rückmeldungen spielen für Elternberatung eine Rolle

Die Rückmeldungen spielen bei der Elternberatung eine Rolle und werden in diese mit einbezogen.

2.3.3.1 Interesse der Lehrkräfte

VERA-Aufgaben werden mit Eltern systematisch besprochen.

> Die Eltern sind immer erstaunt, was da abgeprüft wird. Ich hatte da jetzt viele Gespräche mit den Eltern, die wollten die Rückmeldung natürlich auch bekommen, ich hatte die ja vom Institut geschickt und noch dazu eine eigene und dann sind wir Aufgabe für Aufgabe durchgegangen. Ich habe mit den Eltern jeweils nochmal fast eine Stunde ein Gespräch gehabt, weil sie wissen wollten, wie die Kinder abschneiden, und ob man da schon Schlüsse für den Übertritt ziehen kann. Was natürlich noch recht früh ist in der dritten Klasse, aber ich habe da schon versucht den Eltern das näher zu bringen. (D6, 153)

2.3.3.2 Höhere Autorität gegenüber Eltern

Die VERA-Rückmeldungen werden von den Lehrkräften als besondere Autorität in der Elternberatung eingesetzt.

> Genau es ist auch wirklich mal etwas Allgemeines. Also wenn ich sage: Ihr Kind arbeitet nicht kontinuierlich. Das geht hier rein und dort wieder raus (deutet auf die Ohren). Aber wenn die Eltern dann ein Testheft sehen, wo mal locker drei Seiten ausgelassen sind. dann ist das schon etwas anderes. Und es sind ja auch die Anweisungen genormt, die man den Kindern sagen darf, und von daher ist es für die Eltern schon eine Autorität. (D7, 88)

2.4 Testdesign/Aufgaben

Diese Kategorie fasst alle Aussagen zusammen, die sich mit dem Testdesign und den Aufgaben von VERA 3 befassen (z.B. Schwierigkeitsgrad der Aufgaben).

2.4.1 Wahrnehmung der Testaufgaben durch Lehrkräfte

Die VERA-Aufgaben sind in der Einschätzung der IP anspruchsvoller als ihre eigenen Aufgaben. In diese Kategorien fallen auch Aussagen, in denen die IP angeben, dass sich die Aufgaben von ihren eigenen in irgendeiner Form unterscheiden.

2.4.1.1 Höherer Schwierigkeitsgrad als eigene Aufgaben

In der Wahrnehmung der Lehrkraft waren die VERA-Aufgaben sehr anspruchsvoll.

> Interviewer: Und der Schwierigkeitsgrad der Aufgaben ist der ok gewesen aus Ihrer Sicht?
>
> D14: Ich fand den schon hoch. Also hoch angesetzt.
>
> Interviewer: Also anspruchsvoller als die eigenen Klassenarbeiten?
>
> D14: Ja. (D14, 92-95)

2.4.1.2 Keine curriculare Validität

IP empfinden Inhalte von VERA als nicht LP-konform.

> Weniger zum Rechnen. Wir haben festgestellt, also in der dritten Klasse ist es so ein großes Thema die schriftlichen Normalverfahren Plus und Minus und das ist eigentlich jetzt so in VERA überhaupt nicht drangekommen. Es werden Sachen angekreuzt: durch was musst du teilen, damit das Ergebnis kommt und dann gibt es mehrere Möglichkeiten und dann muss man das Richtige ankreuzen. Und dann sowas: wie viele Aufgaben mit was ist sicher, was ist möglich, was ist unmöglich/ (D4, 95)

2.4.1.3 Rückbezug der Testaufgaben auf eigenen Unterricht

Inwieweit sehen die Lehrer Diskrepanzen zwischen den Testaufgaben und ihrem eigenen Unterricht?

2.4.1.4 Erfolgreiche Verknüpfung zwischen Unterricht und Testaufgaben

IP nehmen wahr, dass die VERA-Aufgaben etwas über ihren Unterricht aussagen.

> Interviewer: Also können Sie die Tests, obwohl die so wahnsinnig standardisiert sind, irgendwie doch auf Ihren Unterricht beziehen?
>
> D18: Ja, das schon. Ich meine jetzt zum Beispiel Rechtschreiben, da war eine lange Aufgabe, wo ein Wort zu schreiben war. Die Sätze standen da mit einer Lücke und dieses Wort war zu schreiben und da war praktisch alles drin, was praktisch in der dritten Klasse dran sein soll. Jetzt hatten wir aber Anfang Mai oder Ende April ja noch nicht alles gemacht, als jetzt zum Beispiel in meiner Klasse erkennen, dass sie das Wort mit der Nachsilbe -ung fast alle kleingeschrieben haben. Da muss ich mir jetzt aber keine Gewissensbisse machen, weil das hatten wir einfach noch nicht. (D18, 66-67)

2.4.1.5 Kein Rückbezug auf den eigenen Unterricht

Äußerungen, in denen IP angeben, dass Lehrkräfte ihren Unterricht durch die VERA-Aufgaben nicht geprüft sehen, weil die Aufgaben/-formate als zu verschieden wahrgenommen werden.

> Nein, wirkliche Rückschlüsse glaube ich nicht, dass ich ziehen kann. Es hilft mir bei einem einzelnen Kind mal einen Blick drauf zu werfen, aber richtige Rückschlüsse finde ich kann man nicht draus ziehen, weil es einfach teilweise wenig mit dem normalen Unterricht zu tun hat oder zu abstrakt war, dass ich mich gefragt habe: Was hat das mit dem Leben der Kinder zu tun? (D20, 73)

2.4.2 Kritik am Testdesign

In diese Kategorie fallen Aussagen, in denen von den Lehrkräften Kritik am Testdesign von VERA 3 geäußert wird.

2.4.2.1 Organisation

In diese Kategorie werden alle Aussagen eingeordnet, die sich auf Organisatorisches beziehen.

Die Korrektur ist/ Also ich finde zum Beispiel die ganzen VERA-Arbeiten nicht schlecht, um uns auch zu zeigen: Ok, eben so standardmäßig das sollte ich vielleicht auch mal machen, gerade was die Wahrscheinlichkeit betrifft. Aber es würde reichen, wenn man das alle paar Jahre machen würde. Es muss nicht jedes Jahr gemacht werden. (D10, 195)

2.4.2.2 Gütekriterien

Zeitorganisation: Es wird Kritik an der zeitlichen Organisation der Testdurchführung geübt.

Und in Mathematik vor allem. Da war sogar eine Pause dazwischen, das waren dann 80 Minuten. Also für einen Grundschüler ist das undenkbar. (D10, 139)

Aufbau/Inhalte: Aufbau der Tests ist in der Wahrnehmung der IP nicht kindgemäß.

Und wir haben als Einstieg in Mathe zum Beispiel immer reine Rechenfertigkeit, damit man auch den Kindern/ Das vermitteln wir auch den Kindern, dass man sagen kann, wenn eine Aufgabe gut läuft, ist es nicht hinten zum Beispiel Zahlenrätsel, Sachaufgaben, sondern meistens sind es die Punkte, die in der Rechenfertigkeit fehlen. Also es ist schon auch vom Aufbau her, dass man sagt, erst einmal etwas, wo die Kinder eigentlich sicher einsteigen können und auch so das Gefühl haben, dass sie erst mal zeigen können, was sie in Anführungszeichen gelernt haben. Auch so mal schriftliche Verfahren und das ist ja letztlich so gut wie gar nicht. (D3, 159)

Testdesign als multiple-choice: In den Augen der IP sind die Ergebnisse nicht aussagekräftig, weil das Testdesign (multiple choice) schlecht ist.

Die und die Kompetenzstufe passt und manchmal sagt man dann eben, das sind die wenigstens Fälle, aber die hatte man auch schon, wo man sagt: Na hoppla, warum ist die jetzt so gut gewesen, wobei man natürlich auch immer schauen muss, wenn das Ankreuzaufgaben sind, ist natürlich auch/ Wenn die Glück haben, haben sie viele richtig angekreuzt, obwohl sie eigentlich gar nicht wussten, was sie ankreuzen. Also das ist da immer/ Inwieweit man das dann wirklich als aussagekräftig nehmen kann. (D15, 75)

Textlastigkeit: Es wird kritisiert, dass der Test Schüler bevorzugt, die ein gutes Leseverständnis haben.

Und bei diesen Wahrscheinlichkeitssachen war es hauptsächlich ein Lesetest. Wenn da ein schwacher Leser/ Der schafft die Aufgaben schon vom Lesen her nicht. Das ist natürlich schwierig sowas anders abzufragen, aber das fand ich bei ein paar Aufgaben/ Ja, die guten Leser lesen das durch, verstehen es und machen es, aber die schwachen Leser haben da keine Chance, wenn da schon ein langer Texte am Beginn der Aufgabe steht. (D9, 84)

Benachteiligung Bayern/Objektivität: IP bezweifeln, ob die Ergebnisse von VERA vergleichbar sind, da die einzelnen Bundesländer zum Testzeitpunkt unterschiedlich weit im Schuljahr fortgeschritten sind. Bayern sehen sie dabei benachteiligt.

Und in Bayern muss man eben immer schauen, dass, wenn man vielleicht noch überhaupt nichts in Daten, Häufigkeit und Wahrscheinlichkeit/ Was heißt muss man machen. Vielleicht ist es auch egal. Aber das ist glaube ich so ein Problem bei VERA, dass man die Vergleichbarkeit überhaupt nicht so gegeben ist. (D14, 49)

Geringe curriculare Validität: Es wird kritisiert, dass die Testinhalte nicht LP-konform sind.

Also mir gefällt das System nicht, wenn sie mich jetzt so fragen, dass ich jetzt eine Woche vorher mal reinschauen kann und dann erschrecke und so wie dieses Jahr erschrocken bin und denke: Upps, Kombinatorik habe ich noch nichts gemacht. Wo findet man was, was/ Und dann fängst du das Suchen an und das Fragen an: Hast du schon, hast du schon, hast du schon? Also das kann ja nicht Sinn und Zweck der Sache sein. Also ich würde mir Vergleichsarbeiten wünschen, die wirklich dann das abfragen, was im Lehrplan ausgeschildert ist. (D8, 61)

2.4.2.3 Auswertung

Dateneingabe: Negative Äußerungen der IP, dich sich auf die Eingabe der Daten in eine Computermaske beziehen.

Die Auswertung ist natürlich unendlich anstrengend. Ich weiß nicht wie es dieses Jahr war, aber es kostet viel Zeit, das in den Computer einzugeben. (D13, 57)

EDV: Aussagen, in denen IP angeben, dass sie Probleme mit der elektronischen Rückmeldung haben.

Ja, also Mathe hat die Sekretärin ausgedruckt, das habe ich mir angeschaut. Deutsch drucke ich mir noch aus. Also ich bin nicht ganz so fit in diesen [EDV] Geschichten. (D18, 59)

Korrekturanweisungen: In diese Kategorie fallen alle Aussagen, die eine Ablehnung der Korrekturvorschriften aus pädagogischen Gründen anzeigen. Dies ist meist kombiniert mit einer Diskrepanzwahrnehmung zum eigenen Korrekturverhalten.

Und auch diese mehrschrittigen Aufgaben, die bei einem Fehler bereits als falsch gewertet werden müssen, das finde ich ein Unding, weil nämlich das die mittelmäßig bis guten Schüler betrifft. Diejenigen, die so eine Ahnung haben und die sagen, das müsste, aber machen dann einen kleinen Fehler. Das braucht nur ein Zahlendreher sein oder so. Einmal passiert, dann ist alles falsch. Das kann doch nicht sein. (D10, 160)

2.4.2.4 Rückmeldungen

Alle Kategorien, die die Rückmeldung betreffen.

Zu abstrakt: Rückmeldungen sind zu abstrakt.

Interviewer: Für Sie wäre es jetzt schöner, wenn da so ein kurzer Text wäre über eine halbe Seite über den Schülern, wo er noch gefördert werden müsste, oder?

D13: Das ist jetzt so wie beim Lesen: Das kann oder das kann er nicht. Bei Mathe steht ja auch sowas drin, wobei ja die Beurteilung teilweise gar nicht stimmt, was die da schreiben. Was der bei 1a noch kann, das stimmt auch nicht immer. Die ist zu pauschal. Also nicht aufs Kind, weil die schauen halt nur die Punkte an. Also ich bin nicht davon überzeugt, sagen wir es mal so. (D13, 86-87)

Organisatorische Probleme: Bei der Rückmeldung traten organisatorische Probleme auf.

Ja, also die Rückmeldung gut, bei den Eingaben habe ich Schwierigkeiten gehabt, weil ich bei manchen Fächern fehlende Kinder hatte und bei anderen wieder nicht und da/ Ich weiß nicht, ob das nur mein Problem war, da habe ich dann im Nachhinein, dass der Schüler mit der bestimmten Nummer nicht da war, weil das ja immer durchnummeriert wird und da hat es mich selbst etwas verwirrt. Die letzten Jahre hatte ich eigentlich keine Schwierigkeiten. Dieses Jahr ist das mal aufgetreten. (D12, 125)

Zu undifferenzierter fairer Vergleich: Möglichkeiten, Kinder mit Störungen anzugeben, waren zu undifferenziert.

Genau sowas mit so einer optischen Störung ist überhaupt nicht bei den Bereichen, was als Störung zählt, erfasst. (D3, 101)

2.4.2.5 Keine Konsequenz aus den Ergebnissen

IP kritisieren, dass die Ergebnisse keine Konsequenzen nach sich ziehen.

Nur durch das Wiegen wird das Schwein nicht fetter. Wir vermissen eigentlich gerade für Schulen, die das gerade sehr dringend brauchen, wo auch dieser Bedarf entdeckt wird bei VERA, vermissen wir dann einfach, dass das Ganze eine ganz konsequente Folge hat. Und die konsequente Folge drückt sich bei uns aus: Gut ihr braucht scheinbar für euer Schülerklientel, weil ihr mehr Ausländer oder so habt, entweder kleinere Klassen oder mehr Lehrerstunden. (D17, 29)

2.4.2.6 Ablehnungsstrategien

In diesen Äußerungen geben IP an, dass sie aufgrund der eigenen Ablehnung der Vergleichsarbeiten Ablehnungsstrategien entwickelt haben, die während der Test-durchführung zum Tragen kommen.

Da haben wir nur einmal zu den Kindern gesagt: So diese Aufgabe bearbeiten wir alle nicht. Das haben wir mal bei den Vergleichsarbeiten gemacht, damit es wirklich mal auf-fällt, wenn das keiner kann. Das heißt dann, ihr habt dieses Thema noch nicht gemacht. Das war was in Mathematik einmal. Ich glaube in Deutsch bei Sprachbetrachtung mit Satzgliedern, wo wir den ganzen Bereich noch nicht gemacht hatten. (D10, 169)

2.5 Umgang mit den Ergebnissen von VERA

2.5.1 Austausch über Ergebnisse mit Kollegen

2.5.1.1 Gesamtkonferenz

Aussagen über den Austausch oder die Vorstellung der Ergebnisse von VERA in der Gesamtlehrerkonferenz.

Interviewer: Wenn Sie jetzt Konferenzen abhalten und jetzt waren die VERA-Arbeiten, die Rückmeldungen sind jetzt ja gekommen. Werden die jetzt nochmal thematisiert?
D17: Ja, die werden nochmal thematisiert. Dahingehend zum einen, dass wir unsere Schule orten, wo liegen wir. Jede Lehrkraft von den dritten Klassen erhält eine sehr aus-führliche Beschreibung der Ergebnisse, eigentlich für jeden einzelnen Schüler auch das Gesamt: Wo steht sie mit ihrer Klasse im bayernweiten Vergleich und da kann man das dann erkennen. (D17, 18-19)

2.5.1.2 Jahrgangsstufenteam

Austausch über die Ergebnisse von VERA im Jahrgangsstufenteam.

Ja, also bei uns in der Jahrgangsstufenkonferenz, wir haben ja fast jede Woche eine, da sprechen wir dann schon darüber: Ja wo liegt ihr, wie steht's da. Dann wäre dann auch, was müssen wir ändern für nächstes Jahr. Müssen wir mehr solche Aufgaben machen oder weniger. (D12, 101)

2.5.2 Persönlicher Umgang mit den Ergebnissen

In diese Kategorie fallen Äußerungen der IP, in denen sie sich zu ihrem individuellen Rezeptionsverhalten äußern.

2.5.2.1 Überprüfung der eigenen Diagnosekompetenz

VERA war für IP eine Möglichkeit, die eigenen Einschätzungen ihrer Klasse zu überprüfen.

> Mich hat es nur so ein bisschen gewundert, weil meine Klasse eigentlich gerade in Mathe hätte ich sie wirklich für stark gehalten und wurde auch dann in meiner Lehrprobe dann auch bestätigt mehr oder weniger. Die haben da wirklich tolle Ideen gehabt, haben aber in diesem Bereich, da waren sie bloß in der Mitte. Also ich hätte sie auf jeden Fall, da ist ja diese Kurve bei der Auswertung, da waren sie genau in der Mitte. In Lesen waren sie ein ganzes Stück hinten, in Rechtschreiben auch. Und ich bin eigentlich/ Ich fand meine Klasse schon stärker, nach der Auswertung eigentlich nicht. (D14, 71)

2.5.2.2 Bestätigung der eigenen Arbeit

VERA führte zu einer externen Bestätigung der eigenen Arbeit.

> Also für mich war es jetzt auch eine gute Rückmeldung zu sehen, dass das, was wir das Jahr über gemacht haben, angekommen ist. (D6, 60)

2.5.2.3 Kein Erkenntnisgewinn

In diesen Aussagen geben die Lehrkräfte an, dass ihnen VERA keinen Erkenntnisgewinn gebracht hat.

> Nichts gebracht. Kein Erkenntnisgewinn. (D2, 106)

2.5.2.4 Umgang mit Rückmeldungen

Alle Aussagen, die Aufschluss darüber geben, wie die Lehrkräfte mit den Rückmeldungen umgehen.

> Ich habe mir vor allem die Diagramme angeschaut. Ich habe mir nicht alles durchgelesen. Und dann die Schüler halt, natürlich dann einmal die Spalten, wo dann das Kreuz ist und dann wo der halt ungefähr steht. Das dann schon. Also man schaut/ Also ich habe jetzt nicht alles durchgeschaut, sondern so überflogen mehr oder weniger. (D14, 113)

2.5.2.5 Emotional

In dieser Kategorie finden sich Aussagen zu emotionalen Gefühlen der Lehrkräfte, die durch die VERA-Rückmeldungen ausgelöst werden.

> Ich bin dann ja nicht wirklich schlecht, aber ich fühle mich schlecht. (D11, 225)

2.5.3 Erklärungsmuster für Schülerleistungen bei VERA

In diese Kategorie fallen alle Aussagen, die einen Rückschluss darüber zulassen, wie Lehrkräfte die Ergebnisse von VERA 3 attribuieren – entweder auf ihren Unterricht oder extern bezogen.

2.5.3.1 Rückbezug auf eigenen Unterricht

In dieser Kategorie finden sich Aussagen, in denen Lehrkräfte angeben, dass die Ergebnisse von VERA 3 durch ihren Unterricht beeinflussbar sind. Das bedeutet, dass sie durchaus in der Lage sind von den Ergebnissen auf den Erfolg ihres Unterrichts zu schließen. Ob dies tatsächlich geschieht, ist für diese Kategorie nicht relevant, jedoch ist bei diesen Lehrkräften eine erste Verknüpfung zwischen Test und eigenem Unterricht sichtbar.

> Von ich sage mal auch, was du behandelt was. Wenn du ein Thema nicht behandelt hast, dann kann er das auch nicht lösen. (D8, 75)

2.5.3.2 Extern

In diese Kategorie fallen alle Aussagen, die zeigen, dass Lehrkräfte die Ergebnisse von VERA 3 externalisieren und damit als nicht beeinflussbar sehen. Dies bedeutet, dass sie keinen Zusammenhang zwischen Test und eigenem Unterrichtsverhalten herstellen.

Testdesign: Erfolg und Misserfolg werden auf das spezielle Testdesign von VERA zurückgeführt.

> Also es muss es von der Zeit her schaffen und ein Kind, das einfach langsam arbeitet oder schlecht liest hat es von der Zeit her nicht geschafft. Es waren bei mir fünf, sechs Stück, die es definitiv nicht geschafft hatten mit der Wahrscheinlichkeit, den Teil. Und dann können sie ja schon gar nicht gut abschneiden, selbst wenn sie es können. (D20, 71)

Begabung: Erfolg bei VERA wird auf Begabung zurückgeführt.

> Aber es hängt zu gewissem Maße auch von der Begabung ab, also problemlösendes Denken. Sie kennen das ja selbst. Auch was in Sachaufgaben oft vorkommt. Entweder hat man ein Gespür dafür oder eben nicht. (D7, 73)

Simple Externalisierung: Es werden keine spezifischen Gründe angegeben. Begründung erfolgt z.T. mit Alltagsfloskeln.

> Interviewer: Wovon hängt es ab, ob ein Schüler gut oder schlecht bei VERA abschneidet?
>
> D2: Das ist genau wie im richtigen Leben.
>
> D1: Entweder es ist richtig oder falsch. (D2 und D1, 107-109)

2.6 Diagnostik

2.6.1 Förderdiagnostischer Nutzen

Unter diese Kategorie fallen alle Aussagen, die zeigen, ob die Ergebnisse von VERA 3 zu förderdiagnostischen Zwecken verwendet werden.

2.6.1.1 Keine neuen Erkenntnisse

Die Ergebnisse und die Rückmeldung zu VERA 3 bringen in der Wahrnehmung der Lehrkräfte keine neuen Erkenntnisse darüber, ob ein Kind Förderbedarf hat.

> Wir haben ja auch alles schon gewusst. Das hätte jeder von uns vorhersagen können. Für meine Klasse hätte ich auch die Reihenfolge vorhersagen können. (D2, 134)

2.6.1.2 Verwendung zu förderdiagnostischen Zwecken

Die Ergebnisse und Rückmeldungen von VERA 3 dienen dazu Förderbedarf festzustellen und/oder Fördermaßnahmen für bestimmte Kinder einzuleiten.

> Und wir nehmen die Ergebnisse der Orientierungsarbeiten und VERA als Grundlage für die Förderkurse mit. Also wir erstellen Listen, also wir setzen uns in der Jahrgangsstufe zusammen und überlegen: Wer hat jetzt am wenigsten Punkte im Grunde, in welchem Bereich und was hat der für eine Note. Also das beziehen wir auch mit ein und da machen wir so eine Gliederung, also eine Staffelung, wer hat es am dringendsten und wer hat es nicht so dringend. Und so erstellen wir unsere Förderkurse. (D15, 103)

2.6.2 Selektionsdiagnostischer Nutzen

Unter diese Kategorie fallen alle Aussagen, die den Rückschluss erlauben, ob die Ergebnisse von VERA 3 zu selektionsdiagnostischen Zwecken verwendet werden.

2.6.2.1 Keine selektionsdiagnostische Beeinflussung

Dieser Kategorie werden Aussagen zugeordnet, die den Rückschluss erlauben, dass die Ergebnisse und die Rückmeldung von VERA 3 nicht zu Selektionszwecken verwendet werden und auch nicht in die Benotung einfließen.

> Interviewer: Ziehen Sie VERA auch für den Übertritt heran?
>
> D10: Nein, weil es mir zu zufällig ist. (D10, 245-246)

2.6.2.2 Verwendung der VERA-Ergebnisse zu Selektionszwecken

In diese Kategorie werden Aussagen eingeordnet, in denen die IP angeben, dass sie die Ergebnisse und die Rückmeldung zu selektionsdiagnostischen Zwecken (z.T. auch Übertritt) verwenden.

> Manchmal so zum Zeugnis machen wir das hin, weil das dann auch eine gute Sicht gibt und man klarer sagen kann, was da fehlt in dem Bereich, was da noch gearbeitet werden muss. (D12, 53)

2.7 Unterricht (VERA 3)

In diese Kategorie fallen alle Subkategorien, die sich auf das Verhältnis zu und einer Beziehung zwischen Unterricht und VERA beziehen.

2.7.1 Vor VERA 3 Veränderungen

In diese Kategorie fallen Aussagen, die sich auf Unterrichtsveränderungen im Vorfeld der VERA-Testung beziehen.

2.7.1.1 Keine Unterrichtsveränderungen

Im Vorfeld von VERA findet keine Unterrichtsveränderung aufgrund der bevorstehenden Testung statt. Es wird auch keine Testvorbereitung vorgenommen.

Interviewer: Bereitet man die Kinder da schon irgendwie darauf vor?

D19: Gar nicht. Nein. Ich mache da Garnichts, weil ich immer denke: Das ist VERA. Das bedeutet die sollen jetzt einfach zeigen, was sie können und wir schreiben das und dann haken wir das hinterher einfach ab. (D19, 49-50)

Deutsch: Im Fach Deutsch wird keine Unterrichtsveränderung vorgenommen.

> Also, in Deutsch haben wir/ Also was will man da groß vorarbeiten. Das geht ja nicht. Natürlich ist es so, dass der individuelle Lehrplan bei jedem anders ist und manche Themen danach für einen selbst erst danach kommen. Das habe ich auch so gelassen. Was soll ich da jetzt hektisch umstellen. (D1, 45)

2.7.1.2 Unterrichtsveränderungen

Im Vorfeld von VERA 3 sind Unterrichtsveränderungen feststellbar.

Teaching-to-the-test: In diese Kategorie fallen Aussagen, die auf Teaching-to-the-test schließen lassen. Ausschlusskriterium ist, dass Veränderungen nicht pädagogisch, sondern mit dem anstehenden Test begründet werden. Veränderungen dienen ausschließlich der Testvorbereitung und einem besseren Abschneiden und werden nach dem Test nicht beibehalten.

Teilweise ist Lehrkräften bewusst, dass dies ein Teaching-to-the-test ist, teilweise bemühen sich die Lehrer sogar zu betonen, dass dies auf keinen Fall Teaching-to-the-test ist.

> *Inhaltlich:* Bestimmte Inhalte wurden gezielt vor dem Test besprochen, um ein besseres Abschneiden zu erreichen. Das Begründungsmuster der Lehrkräfte ist durchgängig, dass man in Bayern mit dem Stoff hintendran ist und deshalb gezielt auf die VERA-Arbeiten hinarbeiten muss, damit der Stoff abgedeckt ist.

> Was wir auch mal angeschaut haben, es kam ja vorher eine Meldung, welche Bereiche in VERA abgefragt werden und da haben sie ja auch für Daten, Häufigkeit und Wahrscheinlichkeit im Internet so eine didaktische Handreichung veröffentlicht. Da haben wir dann auch mal reingeschaut, damit wir die Begrifflichkeiten haben oder wie gehe ich an so eine kombinatorische Aufgabe ran, durch Aufzeichnen wie kann ich mir das auf das Blatt machen, damit ich das lösen kann. Also ich denke, da müssen die Kinder schon ein bisschen ran geführt werden, dass/ Sonst können die überhaupt nicht mit der Aufgabe umgehen. (D4, 140)

> *Aufgabentraining:* Training mit alten Aufgaben, wobei Lehrer dies nicht zwingend als gezielte Vorbereitung auf VERA sehen.

> Also manche Aufgabenformate haben wir auch immer geübt, weil sie doch sehr anders sind als die Aufgaben, die in den Mathebüchern zum Beispiel sind. (D7, 59)

Pädagogisch begründete Unterrichtsveränderung: In diese Kategorien werden alle Aussagen eingeordnet, die auf eine pädagogisch begründete Veränderung aufgrund der bevorstehenden Tests schließen lassen. Diese Veränderung dient nicht allein der Testvorbereitung, sondern wird durch den bevorstehenden Test angeregt.

> Kein empirischer Beleg in den Daten der vorliegenden Studie.

2.7.2 Nach VERA 3 Veränderungen

In diese Kategorien werden alle Aussagen eingeordnet, die auf Unterrichtsveränderung aufgrund von VERA 3 schließen lassen. Ausschlusskriterium ist, dass die Veränderungen in erster Linie auf VERA 3 zurückzuführen sind.

2.7.2.1 Keine Unterrichtsveränderung

Aufgrund der Testdurchführung und Testauswertung sowie der Rückmeldungen werden keine Unterrichtsveränderungen vorgenommen.

Kein Erkenntnisgewinn: Da sich die Ergebnisse von VERA 3 in der Wahrnehmung der IP mit den eigenen Erwartungen decken, wird aufgrund der Ergebnisse nichts verändert, denn für die IP ist mit den Ergebnissen und Rückmeldungen von VERA 3 kein Erkenntnisgewinn verbunden.

> Interviewer: Also Sie sagen, Sie können nichts für ihren Unterricht da rausziehen. So in der Art, dass Sie merken, dass Sie in einem Bereich mehr machen müssten?
>
> D10: Das weiß ich vorher in der Regel. (D10, 233)

Diskrepanz zu Testdesign: In diesen Aussagen wird deutlich, dass die Lehrkräfte das Testdesign ablehnen und deshalb nicht übernehmen möchten.

> Interviewer: Also, dass die Arbeiten viel zu wenig Rückschlüsse auf den eigenen Unterricht erlauben, weil sie damit viel zu wenig zu tun haben?
>
> D11: Auf meinen eigenen Unterricht hat das überhaupt keine Rückschlüsse. (D11, 231-232)

Zufriedenheit: Da Lehrkräfte mit den Ergebnissen zufrieden sind, fühlen sie sich in ihrer Arbeit bestätigt und verändern nach VERA 3 nichts an ihrem Unterricht.

> Ja klar, wenn man sieht wir sind mit unseren Punkten, die wir erreicht haben, eigentlich im großen Durchschnitt von Bayern, dann kann man schon sagen, ok anscheinend passt das so ungefähr. Natürlich kann man noch für einzelne Kinder was rausziehen, aber im Großen und Ganzen kann man sagen, das passt anscheinend. Wenn man besonders weit unten liegt, ist das dann so, oje, da müsste man das vielleicht noch verstärkt üben. (D4, 297)

Zeitprobleme: Lehrer begründen die Nicht-Umsetzung von Rückschlüssen aus VERA mit Zeitproblemen.

> Wobei man natürlich mit dem Konsequenzen draus ziehen ist begrenzt durch die zeitliche Vorgabe. Wir haben ja noch andere Sachen, die wir durchnehmen müssen und können jetzt nicht plötzlich sagen: Wir machen jetzt nur noch Rechtschreiben und üben das verstärkt. Ich denke so eine Art Übung oder sowas verstärkt üben muss man dann fast auch ins Elternhaus geben und wenn dann die Eltern nicht mitmachen, ist es schwierig, weil wir von den zeitlichen Vorgaben/ Wir haben ja auch noch andere Sachen, die wir erledigen müssen. (D4, 248)

2.7.2.2 Unterrichtsveränderung

Es sind Unterrichtsveränderungen nach VERA feststellbar.

Auslöser Testvorbereitung: Durch die Testvorbereitung gab es eine intensive Beschäftigung mit einem Thema, weshalb dieses von den IP in den kommenden Schuljahren fortgeführt wird.

> Interviewer: Würden Sie jetzt im nächsten Schuljahr mehr Kombinatorik-aufgaben von Anfang an machen?
>
> D8: Auf alle Fälle, weil da habe ich mich jetzt in das Thema eingearbeitet und ganz viel gesammelt. Und habe mit ihnen gearbeitet und das macht ihnen ja auch Spaß. Und es ist auch für das Denken eine Förderung. (D8, 64-65)

Auslöser Testdurchführung: In diese Kategorie werden Aussagen zu post-Test-Unterrichtsänderungen eingeordnet, wenn sie durch die Testdurchführung hervorgerufen wurden. Ausschlusskriterium ist, dass nicht die Testrückmeldung, sondern bereits die Testdurchführung zu Veränderungen führt.

> *Änderung eigener Aufgabenstellung:* Die IP geben an, dass sie aufgrund der Tests die eigene Aufgabenstellung verändert haben.
>
> Ansonsten ja bringt es mich manchmal dazu manche Aufgabenstellungen in den Proben zu überdenken oder den Anteil von Reproduktion und Transfer/ Ja. (D7, 78)
>
> *Alte VERA-Aufgaben:* Die Aussagen dieser Kategorie lassen den Schluss zu, dass VERA-Aufgaben in den Unterricht übernommen werden.
>
> Aber gut, ich würde auch sagen auch in Mathe. Eben nicht so gehäuft und in dem Umfang. Dass man da vielleicht auch mal einzelne Aufgaben schon auch mal in eine Übungsphase im Unterricht oder auch mal in eine Probe mit rein-nehmen kann […]. (D4, 115)

Auslöser Testrückmeldungen: Auslöser für die Unterrichtsveränderung nach VERA 3 sind die Testrückmeldungen.

> Also ich frage mich schon, ob wir uns zu wenig nach oben strecken. Also für die Vierte müssen wir mehr beidig sein. Also das Bewusstsein ist da, dass wir eigentlich mehr nach oben, aber momentan dieses Jahr ist eben einfach so, dass es, ja, dass wir trotzdem, dass ich mich vor allem mehr nach unten orientiere, weil da mehr Kinder sind. (D3, 249)

Kodierleitfaden für

- Einfluss von länderspezifischen Regelungskontexten auf das Rezeptionsverhalten von Lehrkräften (C)

1. Wahrgenommener Implementationsweg

1.1 Implementationsweg

In dieser Kategorie werden alle Äußerungen gesammelt, die Aufschluss darüber geben, wie Lehrkräfte die Implementation (inkl. Begleitmaßnahmen) neuer nationaler Zielvereinbarungen (NZ) wahrnehmen.

1.1.1 Implementationsmaßnahmen
Begleitende Fortbildungen o.ä.
1.1.1.1 Direkt
Vorhanden: In der Wahrnehmung der IP sind direkte Begleitveranstaltungen zur Implementation neuer NZ vorhanden (z.B. Seminare, Workshops, Lehrerversammlungen).

> Yes we have. When the opetussuunnitelman has been changed, then we have some ... studies about it and cities make their own opetussuunnitelman. (F2, 33)

Nicht vorhanden: In den Augen der IP hat es keine verpflichtenden Fortbildungsveranstaltungen gegeben.

> Zu den Bildungsstandards weiß ich jetzt nichts, also zumindest nichts Verpflichtendes auf jeden Fall. (D3, 54)

1.1.1.2 Indirekt
Implementation über indirekte Wege.
Ausarbeitung des lokalen LP: Diese Kategorie findet sich ausschließlich in Finnland. Durch die Ausarbeitung der nationalen Ziele zu einem regionalen Lehrplan auf kommunaler Ebene entsteht bei einigen Lehrern auch ein Gefühl von ownership.

> Yes yes, we have meetings and every time when we/ When the curriculum is changed it's made by the teachers it doesn't come from the heaven you know. So actually when the curriculum is done, it's done by teachers. (F7, 53)

Lehreraus- und -fortbildung: NZ waren Thema in Ausbildung, Universität oder Seminar oder bei jungen Lehramtsanwärtern.

> Also ich bin ja noch im Seminar, weshalb mir die Bildungsstandards sehr vertraut sind. (D6, 4)

Begleitende Testmaßnahmen: Die begleitenden Testmaßnahmen (VERA) haben die Idee von NZ vermittelt.

> Interviewer: Wenn Sie jetzt mal zurückdenken, wie Sie erfahren haben, dass es Bildungsstandards für die Grundschule gibt.
>
> D10: Ja mit der Einführung dieser Vergleichsarbeiten natürlich. (D10, 29-30)

Sekundärmaterialien: Durch neue Lehrwerke oder anderes Sekundärmaterial wird die Idee von NZ an Schulen implementiert.

> Also schon in der Schule, immer wieder von den Rektoren oder auch durch Bücher. Gibt ja jetzt auch oft solche Arbeitshefte, die nennen sich dann auch Lernstandserhebungen und da sieht man schon: Aha, das ist schon ein wenig anders als das, was in den Schulbüchern vorkommt und dann nehmen wir da schon Übungen raus. (D12, 15)

1.2 Grad der Verbindlichkeit

In diese Kategorien werden Aussagen eingeordnet, die einen Rückschluss darüber erlauben, in welcher Intensität die NZ für verbindlich gehalten werden.

1.2.1 Hoher Verbindlichkeitsgrad

NZ besitzen in der Wahrnehmung der IP einen hohen Verbindlichkeitsgrad.

> Oh yes degrees we have to obey the degrees so all the minister of education and of course the adds or example ... what is there said about teaching we have to obey those things. (F10, 9)

1.2.2 NZ spielen untergeordnete Rolle

Andere Instrumente überlagern die Steuerungsfunktion der NZ.

1.2.2.1 Lehrbuch hat höhere Verbindlichkeit

Die Orientierung am Lehrwerk überlagert die NZ und übt eine höhere Steuerungsfunktion auf den Unterricht aus.

> Sagen wir mal umgekehrt: Ich weiß, dass die Bildungsstandards verbindlich sind, aber wenn wir mit dem Lehrplan arbeiten, nachdem wir den umsetzen in den Klassenlehrplan, nachdem dann auch die Arbeit mit den Büchern läuft, ist das sowas, was im Laufe des Schuljahres einfach im Vordergrund steht. Und weder in den Büchern noch im Lehrplan ist eigentlich wirklich explizit sofort zu erkennen: Bildungsstandards, das ist in der und der Weise eingearbeitet. (D3, 10)

1.2.2.2 LP hat höhere Autorität

NZ werden nur insoweit berücksichtigt, wie sie im LP verankert sind. Allerdings wird nicht explizit darauf geachtet, dass der LP mit den NZ konform ist.

> Ja. Und der Lehrplan ja genau, verbindlicher angesehen wird, als so ein Kultusministerkonferenzbeschluss. Habe ich das Gefühl. Also jetzt ist 2010 und ich denke die Bildungsstandards sind noch nicht bei allen Lehrern angekommen. (D14, 131)

2. Konzeptionelles Verständnis

Überkategorie zu allen Kategorien, die sich mit Äußerungen zur Konzeption der NZ befassen.

2.1 Konzeptionelles Verständnis von NZ

In diese Kategorie werden alle Äußerungen der IP eingruppiert, die sich auf das konzeptionelle Verständnis der Lehrkräfte von NZ beziehen. Bei der Analyse wird aufgrund der Besonderheit der Fremdsprachlichkeit der finnischen Interviews darauf geachtet, dass z.B. guideline nicht nur als Bezeichnung, sondern als konzeptionelles Verständnis sichtbar wird. Hier eingruppierte Äußerungen beziehen sich ausschließlich auf die gegenwärtig implementierten NZ. Wunschvorstellungen werden der Kategorie „Idealtypische Vorstellung von NZ" zugeordnet.

2.1.1 Grundlagen/Richtlinien

Die NZ werden als Grundlagenkenntnisse verstanden, die als Richtschnur des Unterrichtens dienen.

> The national is quite large it doesn´t tell very much what to do it just gives what you need to know what you need to know this and this and this. (F6, 17)

2.1.2 Alter Wein in neuen Schläuchen

Lehrer sehen BS einfach nur als neuen Begriff, das konzeptionell keine Veränderungen mit sich bringt.

> Das ist ein neues Wort für eine althergebrachte Sache. (D8, 23)

2.1.3 Externe Verordnung

IP verbinden mit den NZ stark externe Faktoren.

2.1.3.1 Mit NZ verbundene Lernstandserhebungen

IP verbindet mit NZ die zur Überprüfung eingesetzten Vergleichsarbeiten.

> Interviewer: Wenn sie den Begriff Bildungsstandards hören. Woran denken Sie?
> D8: Bildungsstandards? Puh. Da kommt mir die PISA-Studie in Kopf. Die ganzen Orientierungsarbeiten, die Vergleichsarbeiten… Das kommt mir in den Kopf. (D8, 2-3)

2.1.3.2 Vorgabe von oben

IP empfindet NZ als eine Vorgabe, der man sich unterwerfen muss.

> Vorgabe von oben, die dann kommt. (D15, 3)

2.1.3.3 Niveau

NZ als Niveauangabe.

> Hohe Ansprüche, denen nur ganz wenige Schüler gerecht werden können. Auch Ansprüche, Anforderungen an uns Lehrer, wobei man immer ein schlechtes Gewissen hat, weil man genau weiß, dass man denen nicht entsprechen kann. (D12, 3)

2.1.4 Vergleichbares

IP sieht Vergleichbarkeit als das zentrale Konzeptionsmerkmal der NZ.

> Also ich finde es grundsätzlich gut, dass über Bildungsstandards jetzt mehr Vergleichbarkeit ist. (D7, 132)

2.1.5 Kompetenzen

Dieser Kategorie werden alle Aussagen zugeordnet, die darauf schließen lassen, dass die NZ von den IP als Kompetenzen (Fertigkeiten, Fähigkeiten) wahrgenommen werden.

> Standards sind für mich Kompetenzen, Fähigkeiten, die Schüler nachhaltig beherrschen sollten. (D5, 3)

2.1.6 Bewusste Unsicherheit

IP kennen sich nicht mit NZ aus und sind sich dessen bewusst.

> Danach hat man schon viel über Bildungsstandards diskutiert, aber keiner hat so richtig auch gewusst, was eigentlich drin steht. (D4, 59)

2.2 Motive für NZ aus Lehrersicht

Ausschlusskriterium ist, dass in den zugeordneten Aussagen Ziele und Auswirkungen genannt werden. Abgrenzung zum konzeptionellen Verständnis ist, dass es in der Kategorie „Konzeptionelles Verständnis" darum geht, wie die IP die gegenwärtigen NZ verstehen.

2.2.1 Gleichheit

NZ garantieren gleiche oder ähnliche Bedingungen für alle, unabhängig vom Wohnort. Die Kategorie „Gleichheit" bündelt Aussagen, die Gerechtigkeit implizieren, während die Kategorie „Vergleichbarkeit" Konkurrenz impliziert.

> Every child has the same opportunities and same resources and not perhaps not resources but same opportunities to get international guidelines, I like that and as I said I see it as a matter of equality that´s important. (F1, 165)

2.2.2 Schulwechsel

Durch gleiche Richtlinien im ganzen Land wird der Schulwechsel (z.B. bedingt durch einen Umzug) erleichtert.

> It´s important because children move in other town and it´s important that they have learnt something here that it´s the same in the Helsinki when they move and they learn everything in the primary school. (F9, 9)

2.2.3 Politische Motive

IP geben an, dass NZ aufgrund politischer Motive eingeführt wurden. In diesem Begründungsmuster wird v.a. die PISA-Studie als Hauptursache wahrgenommen.

> … Also ich denke, dass es damit zusammenhängt, dass mit dieser PISA-Krise, dass man letztendlich daran aufgemerkt worden ist, dass man da gesagt hat, man muss da einfach

versuchen insgesamt das Level etwas höher zu bekommen und eben auch einheitlich zu bekommen und dass man dann deutschlandweit eben in etwa dieselben Ergebnisse hat und nicht nur einzelne Bundesländer vielleicht da besser oder schlechter abschneiden. Also ich denke mir, dass das eigentlich so der Hintergrund ist, dass das beabsichtigt worden ist. (D16, 5)

2.2.4 Vergleichbarkeit

Aussagen der Kategorie „Vergleichbarkeit" beinhalten den Konkurrenzaspekt zwischen den einzelnen Bundesländern. IP empfinden den Wunsch der Politik nach Vergleichbarkeit als Motiv für die Einführung der NZ.

> Ja gut, einfach Vergleichbarkeit. So hat jeder vor sich hergewurschtelt und jetzt man dann gemeinsame Anhaltspunkte. Unser Schulsystem in Deutschland ist ja sowieso so verschieden. Da blickt ja keiner durch, wenn man sich nicht auf etwas Gemeinsames einigt. (D9, 5)

2.3 Idealtypische Vorstellung von NZ

Welche idealtypische Konzeptionsvorstellung haben Lehrkräfte? In diese Kategorien fallen auch Aussagen, in denen die IP angeben, dass nichts verändert werden sollte, weil dadurch deutlich wird, dass entweder die NZ für die befragen Personen so passen wie sie sind oder man sieht, dass sich die IP dazu noch keine Gedanken gemacht haben.
Alle Aussagen beziehen sich auf noch nicht vorhandene Konzeptvarianten.

2.3.1 Organisatorisch-bürokratisch

Alle Aussagen, die sich auf organisatorisch-bürokratische Aspekte der NZ beziehen.

> But I would increase the lessons. (F1, 27)

2.3.2 Inhalt der NZ

Äußerungen, die sich auf den Inhalt der NZ beziehen.

Aber gehört für mich dann auch dazu, dass sie soziale Kompetenzen oder sowas haben und nicht nur auf das Kognitive beschränkt. (D20, 3)

2.3.3 Detailliertheit der NZ

Aussagen, die sich auf die Detailliertheit der NZ beziehen.

> Also es ist einfach schwierig Bildungsstandards für allgemeingültig zu schreiben. Ich denke man müsste sie insgesamt niedriger ansetzen. Nicht ganz unten, aber auch nicht ganz oben. Es müsste so eine Mittelschicht sein und manche werden die sicher übertreffen und manche werden drunter bleiben. So eine Mittellinie ist das praktisch für mich, Bildungsstandards. Ein gewisses Maß, das ein Kind können soll, bis es aus der Schule kommt. (D13, 9)

2.3.4 Unterrichtspraxis
IP wünschen sich mehr Konkretes, mehr Anhaltspunkte, was darunter zu verstehen ist.

2.3.4.1 Verankerung im LP
NZ sollen im LP verankert werden.

> Allein schon zeitlich, weil das ja immer extra läuft. Das ist ja nicht die normale Lehr-
> planarbeit, weil das ja leider nicht mit integriert ist. Ich würde mir da wirklich wünschen,
> dass das wirklich ein fester Bestandteil eines festen Lehrplanes wäre. (D16, 39)

2.3.4.2 Verankerung in Lehrwerken und Sekundärmaterialien
NZ sollten in den Lehrwerken verankert sein.

> Ja, also da fällt mir ein, da würde ich mir für die Zukunft wünschen, aber ich glaube das
> ist auch im Kommen, dass es wirklich mehr in Lehrwerken verankert ist. (D4, 15)

2.3.4.3 Unterrichtsbeispiele
NZ sollten nicht stärker verpflichtend werden, aber konkretere Beispiele beinhalten.

> Noch mehr Praxisbeispiele, mehr Anregungen noch, wie man das dann wirklich umset-
> zen kann. Das muss man sich ja immer noch selbst raussuchen, weshalb sich auch man-
> che davor scheuen, die Bildungsstandards einzusetzen. Man bräuchte genauere Anwei-
> sungen noch. Genauere, ja greifbare/ (D6, 11)

3. Nutzung der NZ
In diesem Themenbereich geht es um die Äußerungen, die zeigen, wie und v.a. wofür die
IP die NZ nutzen.

3.1 Legitimation

Wenn Aussagen den Rückschluss erlauben, dass Lehrkräfte die NZ zur Legitimation
ihres Unterrichts (z.B. gegenüber Eltern) verwenden, werden sie in diese Kategorie eingeordnet. Bei den bayerischen Interviews geschieht dies indirekt über die VERA-
Aufgaben.

> It gives me the feeling that that I I'm doing the work right. (F10, 266)

3.2 Unterrichtsplanung

3.2.1 Direkt
3.2.1.1 Methode
Unterrichtsmethoden werden aufgrund der NZ umgestellt.

> In gewisser Weise bringt's/ Also mir hat es ein bisschen geholfen diese Bildungsstan-
> dards, dadurch dass man seinen Unterricht auch ändert, dass man die Schüler bei einer
> Erarbeitung auch erst mal etwas selbst machen lassen kann und dann versucht die in die-
> se Richtung zu führen. Oder auch das Darstellen, Argumentieren, Diskutieren, ihre Mei-
> nung ist wichtig, also das das die Schüler in der Richtung auch weiterbringt. (D14, 163)

3.2.1.2 Inhalt
Veränderung in der Gewichtung der LP-Inhalte oder neue Inhalte aufgrund der NZ.

Interviewer: Haben Sie aufgrund der Bildungsstandards irgendetwas am Unterricht verändert? Also die wurden ja 2004 und dann ab Schuljahr 05/06 wurden die eingeführt. Würden Sie sagen: Ich hab da was verändert an meinem Unterricht?

D13: ... Also ich mein naja, wenn Bildungsstandards auftauchen, die in der Form vorher nicht da waren. Also gerade in Mathe diese Geschichte da mit den Häufigkeiten, das war ja früher eigentlich kein Thema. (D13, 18-19)

3.2.1.3 Langfristige Planung

NZ werden zur langfristigen Planung, meist zu Beginn des Schuljahres, verwendet.

I look it first in the autumn when I'm trying to plan the whole year. (F6, 9)

3.2.1.4 Zwischenevaluationen

IP verwenden NZ zur Zwischenüberprüfung, ob bisher behandelte Inhalte gemäß der Standards sind und was noch bis zum Schuljahresende durchgenommen werden muss.

I use it like I check it 3 to 5 times per year so that I'm doing/ And I have to check if I teach something right or what should I do before summer you know what I mean. (F7, 3)

3.2.1.5 Freiheit

NZ dient in der Wahrnehmung der IP dazu, sich auf das Wesentliche zu konzentrieren und Freiheiten zu gewinnen.

Yes there is time when you look at the curriculum and you know all what I really have to teach. Then there is time. The curriculum is not the one that takes the time away, I think it keeps time. (F5, 75)

3.2.2 Indirekt

3.2.2.1 Einfluss von Sekundärmaterial

Alle Aussagen, die einen Einfluss von Sekundärmaterial, das speziell zu den NZ entwickelt wurde, auf den Unterricht der IP erkennen lassen.

Mostly we have the books and we go by books. But we must check if there is everything we must teach. (F3, 9)

3.2.2.2 VERA-Aufgaben

In diese Kategorie fallen die Aussagen, in denen die IP angeben, dass die VERA-Aufgaben die Unterrichtsplanung beeinflussen.

Also ich muss sagen, ich habe mir auch die letzten Vergleichsarbeiten angeschaut. In Deutsch haben wir auch viele unserer Leseproben oder Sprache-untersuchen-Proben auch mit an den alten VERA-Arbeiten ausgerichtet, um einfach da auch/ Was heißt für VERA geübt, das jetzt eher nicht, sondern um die Bildungsstandards und die Ziele des Lehrplans verwirklicht zu sehen. (D1, 44)

3.2.2.3 Lehrplan

IP orientiert sich am LP, wobei sie darauf achten, dass NZ im LP verankert sind.

Ich meine sicher die Bildungsstandards, die sich mit den Lehrplaninhalten überlappen, kommen dann auch mit zum Tragen und stehen vergleichbar da, aber andere Randthemen sage ich jetzt einfach mal, dafür fehlt dann einfach auch die Zeit und die Möglichkeiten, das durchzunehmen. (D1, 27)

3.3 Leistungsmessung

In diese Kategorie fallen Aussagen, in denen sich die IP zu ihrem Leistungsmessungs-verhalten äußern und diese direkt mit den NZ zu tun haben.

3.3.1 Vorgaben der NZ werden zur Zeugnisbewertung genutzt

Die finnischen NZ geben die Kompetenzen an, die für die Bewertung 8 (Notenstufe von vier bis zehn) erreicht werden müssen. In dieser Kategorie werden alle Aussagen von Lehrkräften zusammengefasst, die darauf hindeuten, dass die Vorgaben für die eigene Leistungsbewertung eine Rolle spielen.

> You have the criteria for the numbers that number 8 which is good you have to know this and this and this things and you get number 9 which is a little better you have to do this and this and this and you get number 10, the excellent one you have to know this and this and you have to do this and this and this so it helps really. (F6, 17)

3.3.2 Änderungen des eigenen Leistungsmessungsverhaltens

Diese Lehrkräfte gestalten ihre Tests zur Leistungsmessung bewusst oder unbewusst kompetenzorientiert. Das bedeutet, dass Transferaufgaben vorhanden sind oder Aufgaben zu verschiedenen Kompetenzstufen abgefragt werden.

> Gut man schaut dann, dass die Proben bestimmte Schwierigkeitsstufen haben, insofern setzt man dann vielleicht die Bildungsstandards mit um. (D3, 80)